辞规的理论与实践【增订本】

胡习之 著

中国科学技术大学出版社

内容简介

本书为研究汉语消极修辞方式——辞规的首部专著,丰富发展了陈望道、吴士文的消极修辞理论和辞规理论。对从消极修辞的提出到现今的研究,特别是对吴士文所倡导的辞规的研究、辞规理论以及辞规的构建第一次作了全面系统的介绍、评述和总结。对辞规理论的修辞观、哲学基础、思维基础、修辞理论基础、辞规的特征及与辞格的差异、辞格与辞规的转化、辞规的研究方法等作了深入的分析和探求,有助于读者对消极修辞的研究和辞规理论的历史发展,以及现有辞规的构建等有一个全面、系统、清晰的认识。

本书初版在学术界受到广泛好评,并获安徽省社会科学文学艺术奖,此次增订再版,加入了作者的再思考和最新的研究成果。

图书在版编目(CIP)数据

辞规的理论与实践/胡习之著. —增订本. —合肥:中国科学技术大学出版社,2023.9

ISBN 978-7-312-05677-2

Ⅰ. 辞⋯ Ⅱ. 胡⋯ Ⅲ. 汉语—修辞方法—研究 Ⅳ. H15

中国国家版本馆 CIP 数据核字(2023)第 130118 号

辞规的理论与实践(增订本)
CIGUI DE LILUN YU SHIJIAN (ZENGDING BEN)

出版	中国科学技术大学出版社 安徽省合肥市金寨路 96 号,230026 http://press.ustc.edu.cn http://zgkxjsdxcbs.tmall.com
印刷	合肥华苑印刷包装有限公司
发行	中国科学技术大学出版社
开本	710 mm×1000 mm　1/16
印张	19.75
字数	352 千
版次	2023 年 9 月第 1 版
印次	2023 年 9 月第 1 次印刷
定价	88.00 元

作 者 简 介

胡习之,1963年2月生,安徽无为人,全国优秀教师,安徽省教学名师,阜阳师范大学文学院教授、硕士生导师。曾任《阜阳师范大学学报》主编、文学院院长。兼任中国语文现代化学会理事、中国修辞学会常务理事、安徽省语言学会副会长。主要研究方向为汉语语言学及应用语言学、修辞学、言语交际学、传播学。

独著《能言善讲》《语言交际美学》《辞规的理论与实践》《汉语语言学及应用语言学研究》《核心修辞学》,合著《学会说话》《三一语言学导论》《皖北民俗语言概观》等,主编《普通话学习与水平测试教程》《现代汉语:课程导学与考研辅导》《普通话学习与测试培训教程》《修辞学研学导引》等。在《当代修辞学》《古汉语研究》《汉语学习》《浙江社会科学》《中国科技期刊研究》《演讲与口才》《现代交际》《公共关系》等发表学术论文与一般文章130余篇。在汉语修辞理论、消极修辞和言语交际学研究方面较有建树,修辞学研究成果被多种汉语修辞学、汉语修辞学史论著所肯定;言语交际学研究成果被众多著作援引。修辞学、言语交际学相关研究成果被苏教版"普通高中课程标准实验教科书·语文"《语言规范与创新(选修)》,人教版小学实验教材《语文·语言表达》(五年级第二学期用)采用。获安徽省优秀教学成果一、二、三等奖多项,安徽省社会科学优秀成果著作三等奖2项。

初 版 序

《辞规的理论与实践》同大家见面了。这是研究汉语消极修辞方式——辞规的第一本专著,是修辞学界早已期待的书,我感到格外欣慰。

辞规是指消极修辞的方式或手法,是与积极修辞方式或手法相对应的。把修辞分为消极修辞和积极修辞,这是著名修辞学家陈望道先生提出来的。他在1924年发表的《修辞学在中国之使命》里,开始把消极修辞和积极修辞作为修辞学的"职务"。他说:"修辞学的职务,就消极方面说,就是要使不至于不通;就积极方面说,就是要成为工。"1932年,陈望道的《修辞学发凡》问世了。这是我国现代修辞学的里程碑。他明确提出修辞学研究的对象是修辞现象,又把修辞现象列为两大分野,把消极修辞和积极修辞定为修辞现象的两大纲领,并且从理论上作了系统的、详细的阐述。这就给我们指明了修辞学既要研究消极修辞现象,又要研究积极修辞现象,从而探求它们的修辞规律,建立科学的修辞学体系。但是《修辞学发凡》一书,对积极修辞研究得更为系统深入,总结了38个修辞格,体系严密,成就突出,这对以后修辞研究和教学产生了深远的影响。而对消极修辞的研究比较概括、简略,也没有总结出一些消极修辞的方式或手法。作为一本开创性的专著,论述的内容有所侧重,这是无可非议的。

《修辞学发凡》问世以后,消极修辞和积极修辞的学说影响是很大的,无论在修辞理论上或修辞实践中大都采用了两大分野的说法。如叶圣陶等的《文心》,就是运用两大分野的理论来指导语文实践的。这是老一辈语文工作者都较为熟悉的。1963年,东北师范大学中文系在编写教材和语言学名词解释的工具书中,也进一步探讨"消极修辞"的理论,并提出了消极修辞的规律叫"修辞律"这一术语,以此和积极修辞的"修辞格"相对应。但是随着修辞研究的深入,特别是1980年12月中国修辞学会成立以来,修辞学的研究掀起了一股热潮。由于对消极修辞这个术语的不同理解、多年来各家对消极修辞的说法不一等原因,有人对修辞两大分野的学说表示异议,尤其是对消极修辞。1984年10月,华东修辞学会第三届年会在烟台召开。在大会发言中,一位同行的朋友不赞成有消极修辞的提法,在大会上激动地说,如果有消极修辞的话,请你拿出来给我们看看！怎么到现在还拿不出来？这时，与会者有的笑了，有的沉思了。确实，光在理论上讨论有没有消极修辞，虽然推论很充分，但是往往不容易说服人。会后吴士文先生跟我交谈对这个问题的认识。吴士文是中国修辞学会的常务理事，应邀参加了华东修辞学会的年会。他对《修辞学发凡》很有研究，对两大分野的理论深信不疑，并不断在探索中。他在1982年出版的《修辞讲话》一书中，把"消极修辞"称为"一般性修辞"，并概括了26种修辞方式；把"积极修辞"称为"特殊性修辞"，讲了25种修辞方式。很明显，他意在探求两大分野修辞方式的系列化。他当时对我说，看来有必要专门组织力量加强对消极修辞的研究。后来，吴士文就一直在筹划这一事宜。

1987年，他主编了《营口师专学报》的《修辞学研究》专栏，专门作为消极修辞方式研究成果的发表阵地。在他的倡议下，一批有志于研究这一课题的学者汇集在他的麾下深入开展探讨，使消极修辞的研究掀起了一个高潮，并结出一批丰硕的成果，仅拟建的辞规就有50多个。这一专项的研究，直到1995年5月底才告一段落。他还准备以专著《修辞的常规方法》对辞规的研究工作作一总结。令人惋惜的是吴士文先生于1996年7月12日不幸与世长辞，修辞学界失去一位中坚，辞规研究的阶段总结也因此中断。而本书作者胡习之是较早参与吴先生所倡导的辞规探讨和研究的，发表论文多篇。我几次参加学术会议见到吴先生，他都赞赏习之的文章质量高，我也为此而感到高兴。现在习之撰写《辞规的理论与实践》，对吴先生所倡导的辞规研究作了回顾和评述，也是做了吴先生生前未竟之事业，这是修辞学界所期盼的，我怎么能不感到欣慰呢！

本书有下列三个特色：

首先，对辞规的理论和辞规研究作了较为全面的述评与系统的总结，具有史论的色彩。

本书对从消极修辞的提出到现今的研究，特别是对吴士文先生所倡导的辞规的研究、辞规理论以及辞规的构建都作了全面系统的介绍、评述和总结。对辞规理论的修辞观、哲学基础、思维基础、修辞理论基础、辞规的特征及与辞格的差异、辞格与辞规的转化、辞规的研究方法等都作了深入的分析和探求，把问题的来龙去脉叙述得简洁明了，对理论的阐述严谨，逻辑性强，史论色彩明显。这些可以使读者对消极修辞的研究和辞规理论的历史发展以及现有辞规的构建等，有一个全面、系统、清晰的认识。

其次，对辞规理论的探索，在别人研究的基础上，力求完善和丰富，提出了不少独到的见解。诸如：

（1）认为辞格、辞规在很大程度上是原型范畴，辞规与非辞规有中介现象，应当承认并研究这种现象。引进原型范畴理论有助于辩证地观察、分析和解释很多复杂的修辞现象。

（2）认为与积极修辞的"辞趣"相对应的"辞风"主要包括意风、音风、形风。

（3）认为消极修辞应研究零度修辞现象，即从正面来研究常规修辞现象；至于零度以下的修辞现象，可由"病句修辞学"来研究。

（4）认为辞规与辞格的最大差别在修辞效果上，其次在使用成分上，最后在组织结构上。

（5）认为辞规理论的出发点不能仅是完善修辞方式系统和全面分析言语事实，还应增加一个出发点，即揭示言语生成技巧、规律。

这些见解是作者长时间以来探索修辞的结果，有助于进一步深化"两大分野"的研究，特别是辞规理论的完善与丰富。

再次，"辞规应用"部分根据辞规理论，精选了 10 个辞规①，使理论和应用紧密地统一起来，有力地指导了辞规的实践。

十几年来，拟建的辞规已有 50 来个，作者们是花了一番心血的，而且大都是原创性的。本书作者又根据辞规理论加以整合归并，认为真正具备辞规资格的约 40 个，又从中精选了 10 个辞规作重点介绍。其中前 3 个是本书作者拟建的，其他 7 个分别是由吴士文、王希杰等先生拟建的，作者根据自己的认识对之作了适当的调整。作者对每一个辞规都加以定义、分类并说明功能和运用。这使得辞规同辞格的表述也大致相应起来。曾经对消积修辞有异议的同志，他们也正是要看看"辞规"是什么样的，能否成立，这样也容易鉴别些。这一部分对我们认识辞规这种修辞方式是有说服力的，对修辞实践是有指导意义的，对进一步规范辞规或深入开展辞规的系统化整理，使之更加严密也是有启示的。

本书还有其他一些特点和优点，这里就不一一说明了。

我和作者是语言教学多年的同事。他勤奋好学，思维敏捷，善于思考，勤于写作，成果多多。他任教逻辑学、现代汉语、言语交际学等，尤其对言语交际学颇多建树。他对修辞学也很有研究，功底扎实，所以能够全面驾驭对消极修辞学的研究。我有缘较早读了这本书稿，很感钦佩，也深受启发，为此，我也特向研究修辞学的同行们和广大爱好修辞的读者们推荐。

是为序。

倪祥和
于阜阳师范学院
2002 年 2 月

---

① 本版介绍了 22 个辞规。

前　　言

修辞是一种言语行为,用中国现代修辞学奠基者陈望道先生的话来说,"修辞不过是调整语辞使达意传情能够适切的一种努力"[①]。这种"努力",既受交际时具体的交际动机、交际目的、特定的时空场合等因素的制约,也受当时的社会文化背景、交际双方的社会心理因素(如角色规范、审美心理、道德观念)等的制约。因此,作为一种言语行为,修辞并不是单纯的个人行为,它同时也是一种社会行为。

"修"与"辞"二字连用最早见于《易·文言》:"君子进德修业。忠信,所以进德也;修辞立其诚,所以居业也。"不过,这里的"修辞"和我们现在所言的"修辞"有些不同。唐代孔颖达说:"修辞立其诚,所以居业者,辞谓文教,诚谓诚实也;外则修理文教,内则立其诚实,内外相成,则有功业可居,故云居业也。"根据孔颖达的解释,这里的"修辞"是个动宾词组,是"修理文教"的意思。我们现在所言的"修辞",解说不一,陈望道先生在《修辞学发凡》中将其概括为"大体各可分为广狭两义:(甲)狭义,以为修当作修饰解,辞当作文辞解,修辞就是修饰文辞;(乙)广义,以为修当作调整或适用解,辞当作语辞解,修辞就是调整或适用语辞。两相交互,共得四种用法",即:

(1) 调整或适用文辞;

(2) 修饰文辞;

(3) 调整或适用语辞;

(4) 修饰语辞。

"这四种用法,现在可说都是有人在那里用的,不过有意识的不意识的分别罢了。"[②]

我们赞同陈望道先生的观点,修辞就是调整或适用语辞,使语言和思想感情切合,以取得好的表达效果的一种努力。这种努力既包括文采上的修饰,即

[①][②] 陈望道.修辞学发凡[M].上海:上海教育出版社,1979:3.

"积极修辞",也包括质朴地调整语辞,即"消极修辞"。它既存在于"添注涂改穷日累月"的言语行为之中,也存在于"随笔冲口一晃就过的"言语行为之中。

对积极修辞,人们用力最多、成果最丰的应该是其模式——辞格的研究。从1923年唐钺出版《修辞格》,首次提出积极修辞的模式"修辞格"这个术语,到陈望道1932年出版《修辞学发凡》总结出38个修辞格,这个名称已广泛流传、深入人心。几十年来,修辞格成为修辞学的主要内容,修辞格研究成为修辞研究中最有成绩的部分。著名修辞学家张弓先生在其被修辞学界誉为"现代修辞学的又一里程碑"[①]的《现代汉语修辞学》中认为,修辞格"是修辞范畴的主要形式,它好像和语法方面词法的词类,句法的单句、复句结构等一样。语法学必须以词类和句法结构为研究的主要对象;修辞方式(指修辞格——引者注)自然也应该算作修辞科学研究的一个主要对象"。张弓先生还认为修辞学假如忽略或舍掉了修辞格这部分内容,"就是疏忽了或放弃了这门科学研究的重要责任的一个方面,可以说是旷职"[②]。张弓先生的看法极为深刻也极具代表性。修辞学研究者们对修辞格的研究较之修辞学其他内容的研究倾注了更大的精力与热情,20世纪80年代以来有关辞格的论文数以千计,有关辞格的专著也有几十种之多。就辞格的拟建来说,《修辞学发凡》归纳了38个辞格,而到1991年出版的《辞格汇编》(增订本)中增加到"一百一十九格,格下又分八十五式,合计二百余格式"[③],到2010年出版的《汉语修辞格大辞典》"共收一级修辞格和二级修辞格287种"[④],数量可谓惊人。当然这其中有些能否成为辞格还值得讨论,但由此也可见人们对辞格研究的偏爱。然而对消极修辞人们则少有热情,在消极修辞方式的研究上几乎是一片空白,一般性修辞方法的研究局面"令人十分不安"。为了改变这种状况,著名修辞学家吴士文教授身体力行,于20世纪80年代初提出辞规理论,为消极修辞的研究指明了方向,后又带领全国部分修辞工作者陆续拟定了几十个辞规——主要发表于《营口师专学报》(1987—1996),取得了令人瞩目的成就。

所谓"辞规",是和"辞格"相对应的一种修辞方式,其实质是《修辞学发凡》中一部分"消极修辞"的又一个名称。这个术语首见于吴士文先生1983年和1984年发表的两篇颇有影响的修辞学论文。这两篇论文一篇名为《修辞格的定

[①] 宗廷虎.中国现代修辞学史[M].杭州:浙江教育出版社,1990.
[②] 张弓.现代汉语修辞学[M].石家庄:河北教育出版社,2014:21-22.
[③] 黄民裕.辞格汇编[M].长沙:湖南出版社,1991.
[④] 谭学纯,濮侃,沈孟璎.汉语修辞格大辞典[M].上海:上海辞书出版社,2010.

义及其他》①，另一篇名为《"修辞方式"的系列化》②。在《修辞格的定义及其他》一文中，吴先生说：

　　认定了不是辞格，但它有方法可言，那更多的情况是属于一般性修辞方式。一般性修辞方式是修辞常规的方式，可简称"辞规"。辞规，当然有方式可寻，然而我们对它的研究，从方式上看，几乎是一项空白。这极大地影响了修辞学的发展，令人十分不安。认清了这个问题后，我们应有更多的人以最大的勇气和决心下苦功夫来拼搏，以摆脱"几乎是空白"的"令人十分不安"的局面。

　　这里吴士文先生只对"辞规"这一术语作了简单的语词说明，同时向修辞研究者们发出了下决心苦拼一般性修辞方式的呼吁。在《"修辞方式"的系列化》一文中，吴士文先生从与辞格对立的角度，对辞规的本质属性作了多方面的揭示：

　　辞规与辞格的关系从语体和语言运用的角度说是一般和特定的关系。一般一是说它在一般语体中都可应用，二是说它所用的语言是一般的，即平平常常的，一片本色的，不需要任何修饰的。只要具有明确、通顺、贴切、简洁的效果就行。遇有不明确、不通顺、不贴切、不简洁的语言，只要选用一般性的语词加以限定、修改、调整就能奏效。特定，一般地说它只能应用在特定的语体之中，而且某些修辞方式往往只适用于某一语体。它所用的语言，还必须用特定性的加工方式，以使语言优美活泼、清新动人、不落俗套、不死气沉沉。从总体来说，一般和特定的关系，也可以说是对立统一关系。比如，"辞格是具有特定功能、特定结构、特定方法，符合特定类聚系统的模式"，辞规就该从它相对的方面来理解。它就应该是具有一般功能、一般结构、一般方法，符合一般类聚系统的模式。所谓一般功能，即准确、明白、通顺、简洁；一般结构，即普通所说的语法结构；一般方法，即用常规的方法；符合一般类聚系统，即符合辞规的类聚系统。它在标准上虽也要有同一性，范围上虽也要有全异性，命名上虽也要有一贯性，层次上虽也要有平列性，但这个同一性、全异性、一贯性、平列性是一般的类聚，而不是特定的类聚（即辞规的类聚）……"一般"和"特定"构成了矛盾的两个方面。

　　在稍后出版的《修辞格论析》（上海教育出版社，1986）一书中，吴士文先生对辞规又作了相应的理论阐述。与此同时，吴士文先生应邀主编《营口师专学报·修辞学研究》专栏，除自己之外，他还组织发表了陆文耀、胡习之、李玉琯、

---

① 原刊于《丹东师专学报》1983年第4期，后收入中国修辞学会编《修辞学论文集·第二集》（福建人民出版社，1984）。

② 吴士文."修辞方式"的系列化[J].丹东师专学报，1984(4).

姚汉铭、汪启明、周世烈、张万友、赵家新、潘庆云、尹日高、缪树晟、车竞等学者研究辞规的论文数十篇。

吴士文先生所组织倡导的"辞规"研究,在修辞学界产生了积极的影响。李嘉耀先生认为吴士文先生提出"辞规"这一术语,"是从修辞方式的层次性的特点去考虑的,不是作者故意标新立异"。让"辞格"与"辞趣"、"辞规"与"辞风"两两对应,就形成了作者对整个修辞方式系列化的构想。从宏观的角度对修辞方式进行研究,在方法论上是十分可取的。①

胡裕树、李熙宗先生认为"'辞规''辞风'的研究,使消极修辞研究显得更为具体、实在,并且以这两类消极修辞手法组成的矛盾一方,同'辞格''辞趣'组成的积极手法相对,从而形成了一个关于修辞手法的完整系统。探讨是有新意的"②。袁晖先生在评述吴士文先生对中国修辞学的贡献时说,20世纪"80年代以来,吴士文对中国修辞学的贡献集中在两个方面:积极修辞方面的辞格和消极修辞方面的辞规。如果说,辞格研究是他在前人和时贤的研究成果的基础上,潜心探索取得了引人注目的成绩,那么辞规研究则是他带领和组织一支队伍从80年代后期到90年代初期集体攻关而形成了修辞学的一道亮丽的风景线"③。

1992年,吴士文先生发表《关于"辞规"建设进程的报告》,通过对五六年来辞规研究同仁们研究成果的展示,向学术界作出重要报告:"上述40篇辞规之作已经表明了如下三个重要事实:一是辞规和词汇、语法、逻辑不是一回事儿。如果说它和词汇、语法、逻辑有瓜葛,分不清,那也只能说它的规律是从词汇、语法、逻辑中得到的启示。……二是建立辞规也是有捷径可行的。……三是辞规和辞格一样都是'修辞术'。"④

在这篇文章的结尾,吴士文先生充满了对辞规研究的坚定信心与美好期望。他说:"90年代已经过去两年了。我们要看到我们的成绩,但更重要的是重视我们的不足,而且还要理直气壮地承认我们搞的是'术'。不要怕别人小瞧,因为没有'术',谁也别想建立起来他的'学'。从这个意义上说,我们搞的既是'术',又是'学',即'术'中有'学'。我相信,有这么多矢志不渝的建设辞规的同道,有继《营口师专学报》之后,《鞍山师专学报》《铁岭师专学报》又为我们开辟

---

① 李嘉耀.评《修辞格论析》:兼论修辞研究的方法论[M]//复旦大学语法修辞研究室.语法修辞方法论.上海:复旦大学出版社,1991.
② 胡裕树,李熙宗.四十年修辞手法研究概述[J].修辞学习,1990(2).
③ 袁晖.二十世纪的汉语修辞学[M].太原:书海出版社,2000:481.
④ 吴士文.关于"辞规"建设进程的报告[J].修辞学习,1992(6).

了'修辞学研究专栏',有开始提及的这么多专家学者著文支持,辞规的建设目前虽未达到预期的目的,但再有三五年肯定会'初步系列化起来,并取得突破性进展的'。"

1995年5月底,吴士文先生曾给若干辞规研究同道去信,表示"'辞规'的研究即将告一段落",准备以专著《修辞的常规方法》对十几年来的辞规研究作一番总结。然而,令人扼腕叹息的是,1996年7月12日,吴先生在与病魔长期顽强战斗之后(先生早就身患绝症,病魔长期缠绕着他),永远离开了我们,永远离开了他正在全力以赴进行的研究工作,即将开始的辞规研究的总结工作也因此而中断了。

先生仙逝,给我们留下了不尽的缅思与痛惜。我们唯有努力,继续研究辞规,并对已有的研究成果进行梳理,力争早日使辞规研究取得突破性进展,以告慰先生在天之灵。

我一直关注并参与了辞规的研究工作,深感辞规理论仍需进一步探讨,辞规研究仍需众多修辞学者的支持与参与。这本小书想对吴士文先生的"辞规"思想作些阐释,就"辞规"这一消极修辞模式有关理论问题和应用问题作一些归纳、概括,同时提出自己对消极修辞、辞格与辞趣、辞规与辞风等的若干看法。其阐释过程既是一个"六经注我"的过程,更是一个"我注六经"的过程。我们希望这本小书能为20世纪八九十年代我国的辞规研究勾画出较为清晰的轮廓,为辞规的进一步研究提供一份较有价值的参考。

目 录

初版序 ·· (i)

前言 ·· (v)

第一章　辞规理论 ·· (1)

　一、辞规理论的出发点 ·· (1)

　二、辞规理论的修辞观 ·· (5)

　三、辞规理论的哲学基础 ··· (8)

　四、辞规理论的思维基础 ··· (10)

　五、辞规理论的修辞理论基础 ··································· (15)

　六、辞规的前提：消极修辞 ······································ (19)

　七、辞规的特征及与辞格的差别 ································ (33)

　八、辞格与辞规的转化 ·· (39)

　九、辞格与辞规的中介现象 ······································ (46)

　十、辞规与辞趣、辞风 ·· (58)

　十一、辞规的研究捷径 ·· (74)

　十二、20世纪后期(1987—2000)辞规研究简述 ············· (78)

　十三、21世纪(2001—　)辞规研究简述 ····················· (90)

第二章　辞规应用(上) ·· (94)

　一、面中显点——"显点"：辞规之一 ························· (95)

　二、约义明语——"约义"：辞规之二 ························· (99)

　三、正面释义——"释义"：辞规之三 ························· (102)

　四、以例解义——"例解"：辞规之四 ························· (106)

　五、引用言语——"引语"：辞规之五 ························· (109)

　六、概述细说——"概细"：辞规之六 ························· (114)

　七、明域确延——"确延"：辞规之七 ························· (117)

　八、提示聚焦——"聚焦"：辞规之八 ························· (123)

— xi —

九、被动主受——"被动":辞规之九 ……………………………… (142)
　　十、顺序铺陈 ——"顺陈":辞规之十 …………………………… (147)
　　十一、追加补救——"追补":辞规之十一 ……………………… (154)
　　十二、提出疑问——"提问":辞规之十二 ……………………… (158)

第三章　辞规应用(下) ……………………………………………… (163)
　　十三、否全回环——"否环":辞规之十三 ……………………… (163)
　　十四、排名有序——"名序":辞规之十四 ……………………… (169)
　　十五、列举分承——"分承":辞规之十五 ……………………… (175)
　　十六、列举单承——"单承":辞规之十六 ……………………… (181)
　　十七、换言述义——"换述":辞规之十七 ……………………… (185)
　　十八、数字概括——"数概":辞规之十八 ……………………… (189)
　　十九、分章列条——"分列":辞规之十九 ……………………… (195)
　　二十、核实撤除——"撤除":辞规之二十 ……………………… (198)
　　二十一、回说补述——"回补":辞规之二十一 …………………… (202)
　　二十二、沿用反击——"沿反":辞规之二十二 …………………… (206)

第四章　消极修辞(辞规)研究的新探索 …………………………… (210)
　　一、辞规研究的再思考 …………………………………………… (210)
　　二、两种典型消极修辞文本的语篇建构 ………………………… (215)
　　三、会话引发语"怎么称呼?" …………………………………… (235)
　　四、构式"你才×呢" ……………………………………………… (244)
　　五、会话结束语"就这样吧" ……………………………………… (257)

结语 …………………………………………………………………… (269)

附录一　汉语言运用的审美追求与汉语的特点 …………………… (272)

附录二　学术界对初版《辞规的理论与实践》相关评介摘录 ……… (281)

附录三　初版书评两则 ……………………………………………… (285)
　　辞规理论的系统化和科学化:读胡习之《辞规的理论与实践》 …… (285)
　　《辞规的理论与实践》评介 ………………………………………… (288)

参考文献 ……………………………………………………………… (293)

初版后记 ……………………………………………………………… (297)

后记 …………………………………………………………………… (299)

第一章　辞　规　理　论

辞规理论其实就是一种研究消极修辞的理论。它认为消极修辞现象和积极修辞现象一样也是修辞学的研究对象；消极修辞的研究也应从"功能、结构、方法"相统一的角度进行；消极修辞方式包括辞规和辞风，其中辞规是消极修辞的核心。这种理论建立在陈望道先生的两大分野学说的基础之上，立足于修辞的系统观念，承认修辞现象的两极对立，也承认修辞现象的中介现象。本章对吴士文先生所倡导的辞规研究的若干理论问题进行概括与探索，在相关阐释中明了20世纪后期汉语消极修辞学的研究。

一、辞规理论的出发点

辞规理论的出发点主要有两个：一是完善修辞方式理论体系，二是全面分析言语事实。

（一）完善修辞方式理论体系

1932年陈望道先生出版了重要著作《修辞学发凡》，树起了中国现代修辞学的第一座里程碑。《修辞学发凡》明确指出，修辞学的研究对象是修辞现象，并且把修辞现象大致分为两类——消极修辞现象和积极修辞现象，构建了自己的理论体系：

消极修辞：明确、通顺、平匀、稳密；

积极修辞：辞格（材料上的、意境上的、词语上的、章句上的），辞趣（意味、音调、形貌）。

陈望道先生认为积极修辞包含有两种要素：第一，内容是富有体验性、具体性的。第二,形式是在利用字义之外,还利用字音、字形的。他说:"这种形式方面的字义、字音、字形的利用,同那内容方面的体验性、具体性相结合,把语辞运用的可能性发扬张大了,往往可以造成超脱寻常文字、寻常文法以至寻常逻辑的新形式,而使语辞呈现出一种动人的魅力。"①据此,陈望道先生把积极修辞的内容分为两方面:一是辞格,二是辞趣。辞格涉及语辞和意旨,"比较同内容贴切的,其魅力比较地深厚";辞趣大体只是语言文字本身的情趣的利用,"比较同内容疏远的,其魅力也比较地淡浅"。

在辞格方面,《修辞学发凡》从汉语实际出发归纳建立了38个辞格,并从方法、功能、结构等方面对它们进行了深入的研究。例如,对比喻辞格,陈望道先生从语言材料的结构着眼,明确指出它由思想的对象、另外的事物和类似点三个要素组成,而表现在文章上也就有正文、譬喻和譬喻词三个成分。凭着这三个成分的异同及隐现,陈先生将比喻辞格分为明喻、暗喻和借喻三类。对辞趣,《修辞学发凡》从辞的意味、辞的音调和辞的形貌三个方面进行了研究。

对消极修辞,《修辞学发凡》总结其总纲为明白,在内容上要做到意义明确、伦次通顺,在形式上要做到词句平匀、安排稳密。很显然,在消极修辞方面,《修辞学发凡》只是从"要求"的角度提出了问题,没有像对积极修辞那样从方法、功能、结构等方面作进一步的探讨,从而留下了修辞方式研究不平衡的遗憾。正如袁晖先生所说:"跟积极修辞比较起来,陈望道对消极修辞的研究比较薄弱,所提出的纲领和内容比较概括和原则。其实在人们的语言实践中,消极修辞是大量的、常见的。但是,陈望道研究得并不充分和深入,虽然其中有些例子选得很精当,有些论述语言也很中肯。这就形成了积极修辞和消极修辞不成比例的畸重畸轻的状况。"②

《修辞学发凡》之后,我国修辞学的研究,无论是广度还是深度都有了巨大的发展。但是几十年来的修辞学研究仍然厚爱积极修辞,忽视、冷淡了消极修辞。消极修辞的研究一直是修辞学的薄弱环节。这期间虽有一些学者问津,但他们仍从"要求"和"改错"的角度着手,例如,华宏仪先生的《汉语消极修辞》(广西教育出版社,1990)一书是以"消极修辞"命名的唯一专著,但它既不重点讨论消极修辞的理论原则,也不侧重从方法、功能、结构角度总结消极修辞的规律。它主要是对病句进行探讨,它以从病句中总结出的消极修辞手法为纲,而后对各类病句进行分析,归纳病因,指出改正方法。显然,用这种方法来研究消极修

---

① 陈望道.修辞学发凡[M].上海:上海教育出版社,1979:4.
② 袁晖.二十世纪的汉语修辞学[M].太原:书海出版社,2000:110-111.

辞不可能深入,也不可能有什么突破。因而,修辞方法的研究仍然还是积极修辞重,消极修辞轻,这种局面很不协调。

1948年左右诞生的系统论对很多学科都产生了巨大的影响,当然也影响了修辞学。系统论认为系统是为达到共同目的、具有特定功能的、相互间具有有机联系的许多要素构成的整体。系统由要素组成,要素以某种方式相互作用,形成整体结构构成系统,而且系统和要素可以在一定条件下相互转化。由此观之,修辞学是系统,修辞方式是要素;修辞方式是系统,消极修辞和积极修辞是要素;积极修辞是系统,辞格、辞趣是要素。而消极修辞系统呢?传统的修辞学研究还没有归纳出与积极修辞系统相对应的要素,因此,它包括哪些修辞方式,这些修辞方式之间的内部关系如何,人们并不清楚。所以,从系统论的角度来看,修辞方式系统有待进一步完善。

(二) 全面分析言语事实

就目前修辞研究现状来看,在众多的言语片断面前,用原有的修辞方式系统分析,往往会感到无能为力,常常会路断悬崖绝壁。比如有这么一个言语片断,一共10句话,按原有的修辞方式来分析,往往只能是这样:

第一句(比拟),第二句(?),第三句(比喻),第四句(?),第五句(反问),第六句(?),第七句(?),第八句(回环),第九句(?),第十句(夸张)。

一会儿能分析,一会儿又不能分析。10句中,能够分析出来的只有几句。那另外几句呢?不知道是什么修辞方法。另外几句有三个可能:第一,都是积极修辞,但我们还未研究出来是什么积极修辞;第二,都是消极修辞;第三,其中有的属积极修辞,但我们还未研究,有的属消极修辞。

这说明一个问题:还有很多修辞方式我们还未很好把握,甚至还未研究,特别是消极修辞。如果上面几句都是消极修辞的话,用原有的"意义明确""伦次通顺""词句平匀""安排稳密"来分析,肯定会遭人反对,因为它们与修辞格并列很不协调,而且关系紊乱。如:

第一句(比拟),第二句(意义明确),第三句(比喻),第四句(伦次通顺),第五句(反问),第六句(词句平匀),第七句(安排稳密),第八句(回环),第九句(意义明确),第十句(夸张)。

很明显,第一、三、五、八、十句是从"方法"上进行分析的,而第二、四、六、七、九句则是从"要求"上进行分析的。它们角度不同,层次不一,难以同列于一个平面。因而就言语事实全面分析来说,修辞方式,特别是消极修辞方式仍需我们花大力气去研究。

总之,无论是修辞方式理论体系的完善,还是言语作品的全面分析,都向修辞研究提出了要求:第一,必须重视消极修辞的研究;第二,消极修辞的研究必须另辟蹊径,"从研究上要来一个转向,要为全面分析而研究,要立足于方法的研究,即把从'要求'着手的研究转移到从'方法'上着手的研究"①。

有鉴于此,吴士文先生在20世纪80年代初提出了"辞规"与"辞风"这两个概念作为消极修辞的下位层次与积极修辞的"辞格"和"辞趣"对举。吴士文先生对消极修辞体系的构想,不仅为人们研究消极修辞指明了方向与途径,而且还丰富、充实了整个修辞学体系:

修辞方式:消极(一般性)修辞、积极(特定性)修辞;

一般性修辞:辞规、辞风;

特定性修辞:辞格、辞趣。

"辞规"这一概念的提出,不但可以强化消极修辞的规律性,而且还可以避免消极修辞研究中所出现的弊端,有着重大的理论价值和实际价值。

说到消极修辞理论体系的完善,如果从时间的角度来说,早在吴士文先生之前就有少数学者对此作出可贵的努力了。比如1963年,东北师范大学中文系在编写教材和语言学名词解释的工具书中,就提出了把消极修辞的规律和手法叫"修辞律",以此和积极修辞的手法"修辞格"对应。1979年,宋振华、王今铮两位先生在《语言学概论》(吉林人民出版社)中,专门论述了"消极修辞和辞律""积极修辞和辞格"的内容。消极修辞的辞律分为同语音有关的辞律、同词汇有关的辞律、同语法有关的辞律三个方面。

1984年宋振华等先生主编的《现代汉语修辞学》(吉林人民出版社)将一般修辞(即消极修辞)的各种规则简称为"辞律",并将辞律概括为两种,即词语选用的规律和句式选择的规律。

不过,提出"辞律"这一术语的学者们仍是从"要求"的角度来研究消极修辞,而不是像研究辞格那样从"方法"角度来进行。比如《现代汉语修辞学》就将"词义要确切""感情色彩要鲜明""语体色彩要谐调"等看作辞律。这种从"要求"的角度来概括消极修辞的规律、模式,角度与积极修辞的规律、模式的概括不同,因此无法做到整个修辞方式的系列化,而且会出现很多弊端。

吴士文先生提出辞规理论的出发点如上所言,一为完善修辞方式理论体系,二为全面分析言语事实。应该说这两个出发点的明确有助于研究更趋科学

---

① 吴士文.建立辞规,完善修辞方式的系统[J].营口师专学报,1989(2).

与严密。但是吴先生特别强调"为全面分析而研究",强调"使所有的语言片断,在修辞方法上都能做出全面而科学的分析",这就使得辞规研究比较适合阐释式的作品分析,而对说写的指导则退到次要的位置了。这是一个缺陷。当然,这个缺陷不只是辞规理论的缺陷,更是整个修辞学的缺陷。陈望道先生在《修辞学发凡》中曾经说过"修辞对写说的缘分最浅"。这句话曾得到叶圣陶先生的称赞。叶先生认为这句话很精当,也很实事求是,不像有些人一味吹嘘自己的东西。1962年11月19日陈望道先生在复旦大学语言研究室解答有关修辞学问题时又说:"其实,修辞与阅读欣赏的关系最大,对写说的作用则次之,修辞学家的修辞不一定好,因为写说是要适应题旨情境的,只有适应当时的题旨情境的修辞,才是好的修辞。"[①]1962年12月17日,陈望道先生在复旦大学纪念《修辞学发凡》出版三十周年座谈会上的讲话也说过类似的话:"我认为修辞对阅读和欣赏的帮助,比对写说的帮助更大一些,因为随机应变的技巧,不能告诉,而原则却是可以告诉的。"陈望道先生的这种修辞学思想得到很多后来者的认同与实践,可以说整个修辞学偏重于静态的分析,而缺少动态的探求,缺少言语生成的揭示。这不能不说是修辞学整个学科功能上的重大缺憾与缺陷。"随机应变的技巧"能不能告诉?修辞与写说能不能密切起来?看看修辞学的近邻口才学,答案应是肯定的。我们认为修辞学的两大功用,应调一个个儿,即首先是有助于写说,然后才是有助于阅读与欣赏。本来修辞就是一种言语行为,修辞学理应揭示言语生成的技巧,修辞学就要告诉别人有用的修辞术。如果修辞学永远"与写说的缘分最浅",修辞学将永远难以得到认同与发展。因此,我们认为辞规理论的出发点就不能只是完善修辞方式理论体系,全面分析言语作品,还应增加一个,即揭示言语生成的技巧。

二、辞规理论的修辞观

从修辞学史上看,修辞学者的修辞观并不完全相同。人们对修辞学的研究对象和研究范围认识多有不一。如果粗略一点考察,大体可以分为严、宽两派,严派认为修辞就是对语言的美化。他们只承认形象生动、有魅力可言的是修辞。这种修辞观可称为"美辞观"。下面这些认识大体可归为"美辞观":

---

① 复旦大学语法修辞研究室.陈望道修辞论集[M].合肥:安徽教育出版社,1985:273.

(1) 若夫修辞之事,乃欲冀文辞之美,与治文法惟求达者殊科。①

(2) 文法者,言语律也;逻辑者,思想律也;发诸心,出乎口,何如斯为当,文法、逻辑之事也;修辞学则不惟欲其当,必使吾之言说何如斯可以晓人而动人……故示文章之破格或正格,文法之事也,而修辞则在别文章之美恶。②

(3) 修辞学的使命在:"美感"或"欣赏"。……修辞学最大最重要的功用在创造优美的言辞。③

(4) 修辞是"讲词句的艺术加工的法则","目的是要求词句在语法的基础上合乎艺术的美化与表达的效果"。"修辞研究的对象是艺术性的语言。"④

当代著名修辞学家谭永祥先生是美辞观的突出代表。他的美辞观最为直接明了。他认为,"修辞是具有审美价值的言语艺术,是言语和美学相互渗透的产物"。详而言之,"修辞,是理性、情感和美感等信息量丰富甚至超载的言语现象,也称修辞现象。把理性、情感和美感等信息最大限度地注入载体,叫修辞活动。研究修辞现象和修辞活动的规律的科学叫修辞学,亦可称为言语美学或修辞美学"⑤。谭永祥先生旗帜鲜明地反对修辞学研究消极修辞,在《汉语修辞美学》一书中态度坚决地认为"消极修辞正是为了'求达',理当属于语法(文法)的范围"。他认为"修辞研究的主要内容就是辞格和辞趣,因为只有辞格和辞趣才是属于'理性、情感和美感等信息丰富甚至超载的言语现象',是一种言语美学,或曰修辞美学。舍此,都不是修辞研究的对象和范围,而是属于别的学科,尽管它们大都是修辞学的左邻右舍"。

宽派的突出代表是陈望道先生。陈先生认为修辞学的研究对象是修辞现象,即在修辞过程中产生的各种具体的语文现象。

言语成品(一篇文章或一席演说)的形成,大致要经过三个阶段:第一,收集材料;第二,剪裁配置(主要是确定主题和取舍材料);第三,写说发表。第一阶段"与生活经验及自然社会的知识有关系",第二阶段"最与见解、识力、逻辑、因明等有关系",这两个阶段是修辞的前提,也是修辞时必须考虑的因素,但它们还不是修辞本身。这第三个阶段才是修辞的所在。第三阶段写说发表的全过程,就是修辞的全过程。《修辞学发凡》对这个过程有一个说明:"材料配置定妥之后,配置定妥和语辞定着之间往往还有一个对于语辞力加调整、力求适用的

---

① 杨树达. 中国修辞学[M]. 上海:上海世界书局,1933.
② 金兆梓. 实用国文修辞学[M]. 北京:中华书局,1932.
③ 黄庆萱. 修辞学[M]. 台北:台北三民书局,1975.
④ 朱星. 语言学概论[M]. 天津:天津人民出版社,1957.
⑤ 谭永祥. 汉语修辞美学[M]. 北京:北京语言学院出版社,1992:22.

过程;或是随笔冲口一晃就过的,或是添注涂改穷日累月的。这个过程便是我们所谓修辞的过程;这个过程上所有的现象,便是我们所谓修辞的现象。"①由此可见修辞现象产生于修辞过程之中。修辞过程有长短之别,短的可能"随笔冲口一晃就过",长的可能"添加涂改穷日累月"。但不论过程长短,只要是在这个过程中产生的语文现象,都是修辞现象。

修辞现象在人们的写说中无处不在,只要人们开口说话,动手写文章,这种现象便会产生。陈望道先生认为:"每一句话都可以看作文法现象,也都可以看作修辞现象。文法是讲语文组织的,一句话的主语、谓语等就是讲语文组织的。修辞是语言文字的运用,一句话里凡是与运用语言文字有关的现象,包括运用语文组织规律的现象,都可当作修辞现象。比如'我吃饭了''我把饭吃了''饭我吃了'这三个句子,从语文组织规律上看,都是文法现象;从对语文组织规律的运用上看,又都是修辞现象。""有人认为凡是明白通顺的句子只有文法,没有修辞。其实明白通顺的句子也是对语言文字的一种运用,所以也是修辞现象,不过它不是积极修辞现象,而是一种消极修辞现象。"②

辞规理论的修辞观属于宽派修辞观。它认为一切语文现象都有修辞,一切言语活动都有修辞。在言语作品中凡能对应题旨情境的都是修辞。吴士文先生在《修辞的敏感》一文中说:"如果我们都能有修辞无所不在的敏感,那么,所有的普普通通的说法就都可以找到规律,说明用法了。"比如,钦文的《鉴湖风景如画》,它一开头是这样写的:

艺术家依照自然景物作画,叫作写生。所谓风景如画,是说美好的风景。拿画来形容风景的好,因为有些画是经过艺术家美化了的风景的写照。

这里有辞格吗?看不出来。但它对应了题旨、情境,你不能说它不是修辞。它有方法可说,但它和词典的解词方法又不一样:它不是就孤立的词解释孤立的词,而是对应题旨、情境的解释,并且有意借着解释安排下文,以便更好地把鉴湖如画的风景写出来,给人以美的享受。其实这里也有修辞方式,不过它不是积极修辞方式,而是消极修辞方式。吴士文先生称之为"正面释言"。再如,郭沫若《伟大的爱国诗人——屈原》中有这么一句:"这个国王被一群反动派包围,一味地骄奢淫逸,轻举妄动,多树敌人,容易受人欺骗,也容易受人挑衅,结果一败再败。"这句话也没有辞格,但你得承认它也有修辞,这其中也包含有修辞规律。吴士文先生认为:"这个规律不是别的,就是一个复句,当第一分句用

---

① 陈望道.修辞学发凡[M].上海:上海教育出版社,1979:7.
② 复旦大学语法修辞研究室.陈望道修辞论集[M].合肥:安徽教育出版社,1985:306.

的是被动句时,后面与之相应的主语都可以省略。这样的写法不仅显得简洁,而且也显得衔接紧凑,语意连贯。"①

"辞规"理论的修辞观认为凡有言语的地方就有修辞。这种广泛的修辞观曾遭到一些学者的反对与责难。你不是说一切言语活动都有修辞吗?那么,请问,"请你坐在椅子上"这句话有什么修辞?当然,如果认为修辞就是辞格,辞格就是修辞,这里的确不好说有什么修辞。然而如果认为修辞是在一定语言环境中呈现出来的达意传情的语言手段,如果承认修辞有自觉和不自觉之分,那么应该说这句话有修辞。比如说,在一定的语言环境之下,为什么这么说而不那么说,为什么用了这些词,没有用别的词,等等,这里应该有修辞,只是不同的人解说起来可能有所不同而已,而这又是以往没有研究,现在则需要大力研究的问题。

既然一切语文现象、一切言语活动都有修辞,那么就不能只着眼于积极修辞,也应该着眼于消极修辞,否则在言语事实面前可能会束手无策。但是以往的消极修辞研究缺乏修辞的全面观点,角度与方向产生了偏差,成果微薄,以之分析语言事实也常常使人力不从心。辞规的提出与建立,正是用系统方法,即按照事物本身的系统性把对象放在系统的形式中加以考察的方法来研究修辞现象,研究消极修辞方式,"从另一个方面完善修辞方式的系统","使所有的语言片断,在修辞方法上都能做出全面而科学的分析"②。

三、辞规理论的哲学基础

人类思想史上早已存在对立统一的观点。例如,西汉哲学家董仲舒强调一切事物都是成对偶的,他说:"凡物必有合。合,必有上,必有下;必有左,必有右;必有前,必有后;必有表,必有里。"(《春秋繁露·基义》)这里的"合",就是对偶的意思。董仲舒甚至还认为对偶是相互渗透的:"于浊之中,必知其清;于清之中,必知其浊。于曲之中,必见其直;于直之中,必见其曲。"(《春秋繁露·保位权》)清浊曲直,互为包含。明末清初的方以智在前人成就的基础上,提出著名的"二而一,一而二。分合、合分"(《东西均·张驰》)的对立统一观点。他认为世界万物既是对立的,又是统一的。他说:"虚实也,动静也,阴阳也,……尽

---

① 吴士文.修辞的敏感[J].语文月刊,1985(5).
② 吴士文.建立辞规,完善修辞方式的系统[J].营口师专学报,1989(2).

天地古今皆二也。两间无不交,则无不二而一。""交也者,合二而一也。"(《东西均·三征》)"尽天地古今皆二",即事物都是对立的;"两间无不交"而"合二而一",即对立面又是统一的。这也就是说,事物既是"一分为二"的,也是"合二而一"的。被列宁称为"辩证法的奠基人之一"的古希腊的赫拉克利特从事物的相互联系和不断运动变化中觉察到对立面的统一。他说:"我们既存在,又不存在。""在我的身上,生和死,醒和梦,少与老,都始终是同一的东西,后者变化了,就成为前者,前者再变化,又成为后者。"[1]马克思主义经典作家恩格斯则比较全面地阐述了对立统一学说。在他的著作中,从不同角度多次谈到过对立面的相互关系问题。在《自然辩证法》"运动的基本形式"一节中他更为完整地表述了对立统一规律。他说:"所有的两极对立,总是决定于相互对立的两极的相互作用;这两极的分离和对立,只存在于它们的相互依存和相互联系之中,反过来说,它们的相互联系,只存在于它们的相互分离之中,它们的相互依存,只存在于它们的相互对立之中。"[2]

的确,自然界、人类社会和人类思维中任何事物与现象,无一不是矛盾的对立统一,无一不是作为矛盾统一体而存在的。比如,人有生死,月有圆缺,化学有化合和分解,物体有收缩和膨胀,人际有吸引与排斥,理论有真理与谬误,等等。因此,唯物辩证法认为,一切事物都包含矛盾,一切事物都是矛盾的对立统一。唯物辩证法的根本规律——对立统一规律还揭示了如下的内容:事物内部矛盾双方的对立统一构成了事物发展的源泉、动力和实质内容,而且事物的矛盾对立方面在一定条件下互相依存转化,组成一个统一体。

我们认为修辞现象作为一种社会现象毫不例外也是矛盾的对立统一。比如,修辞现象的平直与奇曲,衔接与跳脱,整齐与错综,简省与繁复,常规与变异,藻丽与平实,等等,都是修辞现象的对立统一。宗廷虎、邓明以、李熙宗、李金苓四位先生所著的《修辞新论》(上海教育出版社,1988)认为修辞现象的对立统一,表现在多层次性和依存转化等方面。多层次性,指修辞现象的对立统一,表现在不同层次的平面上。第一个层次是修辞现象本身,它是语言形式与思想内容的对立统一。在内容与形式的关系中,内容决定形式,形式为内容服务,但形式也能反作用于内容。二者既相依存,又相对立。同一语言形式可以表达不同的思想内容,同一思想内容可由不同的语言形式表达。它们各自统一在不同的题旨情境中。第二个层次是消极修辞与积极修辞两大分野的对立统一。第

---

[1] 北京大学哲学系.古希腊罗马哲学[M].北京:商务印书馆,1982:27.
[2] 马克思,恩格斯.马克思恩格斯选集:第4卷[M].北京:人民出版社,1995:349.

三个层次是消极修辞与积极修辞下位的对立统一。第四个层次是在第三个层次的下位的对立统一。依存转化,指修辞现象中对立统一的双方,一方面都不能离开对方而存在,如没有平直,也就谈不上奇曲,没有奇曲,也就没有平直;另一方面,在一定的条件下可以互相转化。以常规和变异这一对矛盾为例,变异的现象用得久了,用得多了,便常常转化为常规现象。由此观之,消极修辞与积极修辞构成修辞矛盾的对立与统一;辞格和辞趣构成积极修辞矛盾的对立与统一。至于消极修辞矛盾的对立与统一是什么呢?以往的修辞研究没有明确告诉我们,现在吴士文教授提出了"辞规"与"辞风"的概念,辞规和辞风就是消极修辞矛盾的对立统一。辞格、辞趣和辞规、辞风构成修辞现象矛盾对立统一的两个方面,这两个方面虽然相互对立,但又不能孤立存在,它们互为存在的条件,共处于修辞现象这个统一体中。没有辞格、辞趣,就没有辞规、辞风;没有辞规、辞风,也就没有辞格和辞趣。这也就是黑格尔所揭示过的哲理:"在对立中,有差别之物并不是一般的他物,而是与它正相反对的他物;这就是说,每一方只有在它与另一方的联系中才能获得它自己的(本质)规定,此一方只有反映另一方,才能反映自己。另一方也是如此,所以,每一方都是它自己的对方的对方。"①

辞规理论是有其坚实的哲学基础的,这就是唯物辩证法的对立统一规律。

四、辞规理论的思维基础

人类思维是一种极其复杂的现象,从产生到现在,经历了好几个发展阶段。每个阶段虽然是以一种思维形态为主,但也创造、使用了其他形态。

对于思维形态,人们认识不一。过去,人们一般只把抽象思维或逻辑思维看作思维形态,并对此进行了比较充分的研究,总结出它的规律,形成了逻辑学;但对其他思维形态就少有涉及,甚至不承认其他思维形态的存在,一提到思维,仅仅就指抽象思维。然而,随着现代科学和技术的发展,人们对思维形态的认识越来越广泛,越来越深刻。如我国著名科学家钱学森教授在20世纪80年代初提倡重视对其他思维形态的研究,提倡建立一门思维科学。1980年,他在《中国社会科学》第6期上发表了《关于形象思维的一封信》,明确提出,形象思维是同于抽象思维的一种新的思维形态。1981年,他在《自然杂志》第1期上发

---

① 黑格尔.小逻辑[M].王义国,译.北京:商务印书馆,1980:254-255.

表《系统科学、思维科学与人体科学》时,曾将思维形态分作三类。他说:"现在让我们考虑有意识的思维到底有几大类。一般好像认为思维有两大类,一类叫逻辑思维,或抽象思维,一类叫形象思维。""但我认为就是现在也不能以为思维就只有逻辑思维和形象思维两类,还有一类可称为灵感,也就是人在科学或文艺创造中的高潮,突然出现的、瞬息即逝的短暂思维过程。""灵感是又一种可以控制的大脑活动,又一种思维,也是有规律的,我们也要研究它,要创立一门'灵感学'。"这里钱学森先生将人的受意识支配的思维分为三种形式,即抽象(逻辑)思维、形象(直感)思维和灵感(顿悟)思维。1984年8月,钱学森先生在全国首届思维科学讨论会上所作的报告中,又提出一种思维形态——社会思维。他说:"人的思维是不是集体的?答案是肯定的。因为我们要认识客观世界,不但靠实践,而且还要利用过去人类创造出来的精神财富。什么知识都不用,那就回到了一百多万年以前我们的祖先那里去了。所以人的思维质量好坏,一是靠社会实践,二是靠知识。知识是人类社会实践的一个非常重要的补充。所以人的思维是集体的。"①在钱学森先生之后有很多学者对思维的形态作了各种各样的概括。如温德成先生以"思维原料的形态"为标准,把思维分为实物操作思维、形象思维、抽象思维和模式思维。② 孔宪毅先生根据多个标准作了多次分类:按"思维过程特点",思维分为形象思维和抽象思维;按"思维依据",思维分为直觉思维和逻辑思维;按"思维发生方式",思维分为常规思维和灵感思维;按"思维结果和功能",思维分为创造性和非创造性思维;按"思维结构",思维分为单一思维和综合思维;按"世界观方法论",思维分为形而上学思维和辩证思维。③

我们认为无论思维形态多么复杂,有多少种类,从语言运用的角度来说,最基本的也就两种,即抽象思维和形象思维。这两种思维形态表现有别,本质不同,分属逻辑学和形象思维学的研究对象。

作为逻辑学的研究对象的抽象思维,其基本特征,卢明森先生概括为概念性、抽象性和逻辑性。概念性是抽象思维的第一特征。因为概念是抽象思维的基本单元,任何抽象思维都是建立在概念、概念体系的基础之上的。抽象性指抽象思维依据大量的感性材料和经验事实,经过比较、分类、分析、综合,将一类事物同其他事物分离开来,排除个别的、偶然的、外部的表面现象,抽取出普遍的、必然的、内部的本质或规律,从而实现对客观事物的认识。逻辑性,指抽象思维活动符合逻辑规律的程度。一个人的抽象思维活动符合逻辑规律的程度

---

① 钱学森.关于思维科学[M].上海:上海人民出版社,1986.
② 温德成.四种思维形式及其转化[J].自然杂志,1984(3).
③ 孔宪毅.浅谈思维的分类[J].思维科学通讯,1989(1).

高,那么其逻辑性就强,反之,则弱。逻辑性的具体内容相当丰富,主要包括:第一,抽象思维活动所用的各种思维形式,必须符合逻辑学所总结出来的形式结构。第二,抽象思维活动必须遵守逻辑规律和规则。第三,推理要正确严密,论证要有说服力。第四,条理性和系统性。客观事物不是杂乱无章的,而是有秩序、有系统的。抽象思维要想正确反映客观事物,也必然有条理性、系统性。第五,线性,即抽象思维总是按照一定的逻辑程序和步骤一步一步地进行;抽象思维不可能按照几条思路同时进行,不能同时进行几个分析、综合、推理、论证,总是先进行一个,再进行另一个,而且只有在进行前一个思维活动的基础上,才能进行后一思维活动。① 抽象思维的基本特征反映到语言运用上常常就是语辞抽象概括、单纯质朴,措词精确、庄重,造句严谨缜密,表现出明确、简要、平实、稳密的特点。消极修辞现象所反映的就是抽象思维的特点,它所要遵守的是抽象思维的规律,即一般所谓形式逻辑的规律,要求表现准确恰当,切合实际。正如陈望道先生所说的:"大概消极修辞是抽象的,概念的。必须处处同事理符合。说事实必须合乎事情的实际,说理论又须合乎理论的联系。其活动都有一定的常轨:说事实常以自然的、社会的关系为常轨;说理论常以因明、逻辑的关系为常轨。我们从事消极方面的修辞,都是循这常轨来做伸缩的工夫。"②

形象思维属形象思维学的研究对象。人类对形象思维问题的研究发轫于文学艺术领域中对联想、想象的探讨。在人类历史上第一次将"形象"与"思维"两个概念联系在一起并加以探讨的是19世纪俄国的文艺批评家别林斯基。1838年他在《伊凡·瓦年科夫讲述〈俄罗斯童话〉》一文中说:"诗歌不是什么别的东西,而是寓于形象的思维。"③后来,他在一系列论文中对这一观点又作了进一步的阐述。1930年苏联作家法捷耶夫在《争取做一个辩证唯物主义的艺术家》的演说中首次采用了"形象思维"这一用语。然而,何谓形象思维?这是一个至今仍有争论的问题。学者们给出了各种各样的定义,但都难以令人满意。我们觉得卢明森先生的定义属于较好的定义。卢明森先生认为,"所谓形象思维,就是把各种感官所获得并储存于大脑中的客观事物形象的信息,运用比较、分析、抽象等方法,加工成为反映事物的共性或本质的一系列意象,以这些意象为基本单元,通过联想、类比、想象等形式,形象地反映事物的内在本质和规律

---

① 卢明森.思维奥秘探索[M].北京:北京农业大学出版社,1994:180-187.
② 陈望道.修辞学发凡[M].上海:上海教育出版社,1979:47.
③ 复旦大学中文系文艺理论教研组.形象思维问题参考资料:第2辑[M].上海:上海文艺出版社,1979:112.

的思维活动"。① 形象思维是与抽象思维相比较而存在的,其基本特征,卢明森先生概括为形象性、想象性和非逻辑性。

形象性是形象思维最主要的特征。从思维科学的角度来考察,形象思维的形象性的含义为:其反映对象是客观事物的形象,其思维形式是意象、联想、想象等形象性的观念,其表达、表现的工具、手段是观念形象的物化——图形、图像、造型、表达形象的语言文字、色彩、音调、旋律、节奏、手势等。

想象性是形象思维的关键性特征,在形象思维中起着决定性的作用。可以说没有想象,也就没有形象思维。那么,何谓想象？想象就是利用储存在大脑中各种意象或感性形象,形成新形象的思维过程。艺术形象的创造,比喻、比拟、示现、夸张等修辞方法的使用都必须运用想象。

非逻辑性是形象思维同抽象思维相区别的重要特征。所谓非逻辑性,是指形象思维活动不遵守或不完全遵守形式逻辑的规律,它不是由一些形象一步步严格地推演出另外一些形象,它不是线性的,而是面性或立体性的。形象思维可以同时调用许多意象或感性形象,将其组合在一起形成一个新的形象。它的信息加工不是系列加工,而是平行加工。②

形象思维的思维特征反映到语言运用上常常就是语辞形象具体,丰富、多样,语气错综,句法多变,有极强的感染力和艺术魅力,体现出生动活泼、形象可感、蕴藉绚丽的特点。积极修辞现象反映的就是形象思维的特征。它不受形式逻辑、抽象思维规律的限制,它以生活实际作为客观基础,通过艺术加工,或者说"艺术真实"来具体形象地表现生活。陈望道先生在《修辞学发凡》中对此作过精辟的论述:"然而积极的修辞,都是具体的、体验的。价值的高下全凭意境的高下而定。只要能够体现生活的真理,反映生活的趋向,便是现实界所不曾经见的现象也可以出现,逻辑律所未能推定的意境也可以存在。其轨道是意趣的连贯。它同事物虽然不无关系,却不一定有直接的关系。"③

形象思维和抽象思维作为两种思维形态,特征不同,表现不同,以之作为基础的语言运用当然也就不同。就语言的体式——语体来说,公文语体、科技语体必须以抽象思维作为最主要的思维形态,表现到语言运用上则有明确性、简要性、精确性、严密性、平易性等特征。而文艺语体则必须以形象思维作为最主要的思维形态,表现到语言运用上则有形象性、情感性、丰富性、美感性等特征。别林斯基曾经说过:"在诗中,想象是主要的活动力量,创作过程只有通过想象

---

① 卢明森.思维奥秘探索[M].北京:农业大学出版社,1994:257.
② 卢明森.思维奥秘探索[M].北京:北京农业大学出版社,1994:262-265.
③ 陈望道.修辞学发凡[M].上海:上海教育出版社,1979:48-49.

才能够得到完成。诗歌也进行议论和思考,这是不错的,因为它们的内容,正像思维的内容一样,也是真理;可是,诗歌里用形象和画面,而不是用三段论法和两端论法来进行议论和思考的。一切感情和一切思想都必须形象地表现出来,才能够是富有诗意的。诗歌的本质正就在这一点:给予无实体的概念以生动的、感性的、美丽的形象。"① "哲学家以三段论说话,诗人则以形象和图画说话,然而他们说的都是同一件事。……一个是证明,另一个是显示,他们都在说服人,所不同的只是一个用逻辑论据,另一个用描绘而已。"② 别林斯基的这两段话语其实也道出了思维形态不同的修辞现象所表现的语言运用上的差异。

当然,抽象思维与形象思维并不决然对立、孤立存在,而是相辅相成,既对立又统一的。从现实思维而言,在抽象思维中,要用到形象思维,只不过此时以抽象思维为主而已;同样,在形象思维中,也要用到抽象思维,只不过此时以形象思维为主而已。比如,在艺术家的创作中,形象思维和抽象思维就不是形而上学的对立物。著名美学家李泽厚先生说得好:"形象思维不需硬插一个概念阶段,并不是不要思想,相反,思想是整个创作的基础。逻辑思维作为艺术家的世界观和创作基础必须化在形象思维整个过程中体现出来,而不是作为某个脱离具体形象想象的孤立的抽象阶段出现在创作过程中。"③ 李泽厚先生的一个"化"字很好地指明了形象思维与抽象思维的辩证统一关系。其实在语言运用上,以这两种思维形态为基础的积极修辞现象和消极修辞现象也并非绝然对立的,二者也具有辩证统一的关系。

抽象思维与形象思维有联系,有统一的一面,但特征不同,有对立的一面,因而需要分开研究。体现这两种思维形态的语言运用现象即修辞现象,当然也需要分开研究。因为作为修辞现象的两极对立——积极修辞现象与消极修辞现象有联系的一面,但也有基本特征不同的对立的一面。"辞规"理论是一种消极修辞理论,它以承认积极修辞和消极修辞的两极对立为前提。既然抽象思维和形象思维这两种思维形态自身特征的对立反映到语言运用上便有消极修辞和积极修辞的差异,那么,"辞规"理论也就有了坚实的思维形态的基础,这就是抽象思维与形象思维的对立与统一。

---

① 复旦大学中文系文艺理论教研组.形象思维问题参考资料:第2辑[M].上海:上海文艺出版社,1979:123.

② 复旦大学中文系文艺理论教研组.形象思维问题参考资料:第2辑[M].上海:上海文艺出版社,1979:129.

③ 陈宗明.现代汉语逻辑初探[M].北京:生活·读书·新知三联书店,1979:172.

五、辞规理论的修辞理论基础

人们的言语表达有两种不同的要求：一是要求准确、清楚、明白、通顺；一是要求形象、生动，富有感染力。比如，写一份产品说明书和写一篇抒情散文要求是不同的。这实际上显示了两种不同的修辞现象，即消极修辞和积极修辞。

修辞现象的"消极"与"积极"的对立统一是人们无法否认的客观存在。

第一，两种修辞手法都要表达语辞的意义，但是侧重点有所不同。

"消极手法侧重在理解，积极手法侧重在情感。"就是说，消极修辞着重在把要表达的意思表达得明确，没有歧义，也没有费解之处。于是，语辞要用质朴的，要符合逻辑和语法规律。积极修辞却侧重在把想表述的意思表达得形象生动，只要能够表述得形象动人，每次说到的事物都像亲身经历过的那样带有体验性，因而临时可以跳脱事理的实际，也可以超越逻辑和语法的规律。

第二，两种修辞手法使词语的形式和意义之间的关系有所不同。

消极修辞的语词形式和意义紧密结合，接受者可以直接从词面上去理解。积极修辞的情况常常不同，"积极手法的辞面和辞里之间，又常常有相当的离异，不像消极手法那样的密合"。换句话说，积极修辞的词义和词形有时有暂时分离的现象，不能简单从词面上去理解，只能从情境上去领会，只能从词义和上下文去考察。比如"蓝蓝的天上没有一丝云彩"，这句中的"云彩"就是我们平常所理解的天上的云，或如辞书中所解释的"在空中悬浮的由水滴、冰晶聚集形成的物体"。[①] 但下面这段文字中的"云彩"显然应作另外的理解，需作另外的领会：

临走还有7天，蔡朝东的房间里只剩下一张床和一条盖单，最后连水杯也送给一个老乡了。

蔡朝东告别大关，不带走一片云彩。[②]

此处"蔡朝东告别大关，不带走一片云彩"与现代诗人徐志摩脍炙人口的诗篇《再别康桥》形成互文性关系，"不带走一片云彩"直接源自《再别康桥》的最后一句。《再别康桥》的开头与结尾段落分别为：

轻轻的我走了，

---

① 中国社科院语言研究所辞典编辑室.现代汉语词典[M].北京:商务印书馆,1996.
② 彭建梅.蔡朝东:以"创业"超越"理解"[N].南方周末,1997-05-02.

正如我轻轻的来；
我轻轻的招手，
作别西天的云彩。
…………
悄悄的我走了，
正如我悄悄的来；
我挥一挥衣袖，
不带走一片云彩。

《再别康桥》开头最后的"西天的云彩"，为其后的描写布下了一笔绚丽的色彩；结尾"云彩"有象征意味，代表彩虹似的梦，它倒映在水中，但并不带走，因此再别康桥不是和他母校告别，而是和给他一生带来最大变化的康桥文化告别，是再别康桥理想。

"蔡朝东告别大关，不带走一片云彩"，在文章所建构的语境中，表达主人公不带走任何物质的东西，却留下宝贵的精神财富。

第三，两种修辞手法对语辞各要素的运用有差别。

消极修辞关心语辞的意义，以意义明白为目标。这种方式须了解语辞的意义，选用意义明白的语辞，还要讲究语句的顺序和衔接等。"总之力求意义明白，而且容易明白。"积极修辞不仅注意语辞的意义，而且注意语辞的声音、形体、功能，随合语境加以利用，它对各种要素都十分注意利用，以便使人感动。

第四，两种修辞手法对思维的运用也有所不同。

如前所述，消极修辞采用抽象思维，在认识过程中剔除具体的感性材料，透过现象认识事物的本质。它用抽象的语词表达出来，目的在于"平实地记述事物的条理"，以理服人。积极修辞常用形象思维方式，在理性认识的指导下，对社会生活的生动现象进行观察和研究。也就是说，要认识现象怎样反映本质，本质又怎样通过现象显示。它用具体的语词表达出来，目的在于"生动地表现生活的体验"，以情动人。

第五，两种修辞手法的修辞效果迥异。

积极修辞形象生动，有或强或弱的艺术魅力，或曰感染力；而消极修辞只是以事示人，以理服人，不以形象生动感人，只求明白、准确、通顺、简洁。①

修辞的两大分野(消极修辞和积极修辞)是一种客观事实，因此陈望道先生才创立了"两大分野学说"。"辞规"的提出就是以陈望道先生的两大分野学说作为自己的修辞理论基础的。

陈望道先生的两大分野学说并非无源之水，它继承、借鉴、升华了前人与时

---

① 杜高印.试论修辞的两大分野[M]//中国修辞学会华东分会.修辞学研究：第2辑.合肥：安徽教育出版社，1983：24-26.

贤关于修辞现象"消极"与"积极"的认识,完成了自己的理论体系的创造。

我国古代的文学家、文论家、史学家、教育家等在诗话、文谈、随笔、杂记等中对修辞现象的两极对立有过众多的论述。早在先秦时代,诸子的言论就反映出了消极修辞与积极修辞的对立统一,反映出诸子对两种修辞手法的探索。例如孔子的"辞达"说、"辞巧说"和"文质"说应是"修辞两大分野"的理论源头。孔子说"辞达而已矣。"(《论语·卫灵公》)"情欲信,辞欲巧。"(《礼记·表记》)"达"为消极修辞,"巧"为积极修辞。孔子的"辞达"说和"辞巧"说并非为自相矛盾的相互否定,而是辩证统一的。这种"辞达"与"辞巧"的辩证统一,在他的"文质"说中有明确的体现。他说:"质胜文则野,文胜质则史。文质彬彬,然后君子。"(《论语·雍也》)"质"指语辞明白、精确,"文"指语辞华丽、形象。对于修辞而言,"质"与"文"同等重要,因此宜将二者结合协调,以求在语辞运用上达到完美的境界。陈望道先生在《修辞学发凡》中论说"修辞两大分野"曾指出:消极修辞以明白精确为主,"这是古话所谓'质'的部分";积极修辞则在表意明确的基础上力求语辞生动感人,这是"古话所谓'文'的部分"。"可见,消极修辞着重在辞达,以求言语表达的明确质实,积极修辞着重在辞巧,以求言语表达的生动文采。这修辞两大分野的理论同孔子对于修辞的见解具有显然的历史渊源,而又有新的发展。"①

先秦往下,关涉修辞两大手法的论述更多。如汉代董仲舒主张"质文两备",如果在实际的论事过程中不能达到"质文两备",只能偏重一方,那就"宁有质而无文"。他说:"志为质,物为文,文著于质。质不居文,文安施质?质文两备,然后其礼成;文质偏行,不得有我尔之名。俱不能备而偏行之,宁有质而无文。虽弗予能礼,尚少善之,'介葛庐来'是也。有文无质,非直不予,乃少恶之,'谓州公实来'是也。然则《春秋》之序道也,先质而后文,右志而左物。"(《春秋繁露·玉杯第二》)唐代刘知几《史通》史体修辞论提倡典实,反对绮丽,以"文而不丽,质而非野"为修辞的最高境界。宋代陈师道在《后山诗话》中提出的"宁拙毋华,宁粗毋弱,宁僻毋俗,诗人皆然"观点中的"拙与巧""朴与华"其实也就是消极修辞和积极修辞的问题。

修辞现象"消极""积极"名称的使用,最早见于清末龙伯纯的《文字发凡·修辞》(上海广智书局,1905)。在"修词现象"②一章,龙伯纯引进日本学者岛村泷太郎《新美辞学》中的观点,把"辞藻"称为"修词现象",并将它分为语彩和想

---

① 陈光磊,王俊衡.中国修辞学通史:先秦两汉魏晋南北朝卷[M].长春:吉林教育出版社,1998:30.

② 原文为"修词现象",应为"修辞现象",此为引用,遵原书。下同。

彩两大类。所谓"语彩",即"言语上之彩色,属于外形的辞藻"。所谓"想彩",即"思想的彩色",属于内容上的辞藻。语彩和想彩又各分为消极的和积极的两种。所谓消极者,乃"修辞最低之标准,准备上必要者也"。所谓积极者,"乃修辞最高之准备也"。

　　在龙伯纯之后,王易在《修辞学》(商务印书馆,1926)和《修辞学通诠》(上海神州国光社,1930)两书中对修辞现象也作了类似于龙氏的分类。王易把修辞现象分为消极、积极两部分。前者"思想止求于事理明晰,不求深刻,言语止求与思想切合,不求工丽",后者"内容为理想之发展,外形为表情之利用"。二者的关系为"一切文章必先经过消极修辞过程,然后加以积极修辞,方成为美文";"缺少消极条件之辞并不能成为文章"。王易和龙伯纯一样,也是先将修辞现象分为"内容——想彩""外形——语彩"两部分。"内容——想彩"又分为"消极""积极"两类。"消极之想彩"包括"命题完备""叙次顺序"两种;"积极之想彩"包括"想念增加"(譬喻法)、"想念变形"(化成法,包括拟人、夸张等)、"想念排列"(布置法,包括对偶、复叠等)、"想念态度"(表出法,包括咏叹、反语、警句等),共四种。"外形——语彩"也分为"消极""积极"两类,"消极之语彩"包括"行文纯正""用语明确"两种;"积极之语彩"包括"语调表情""音调表情"两种。

　　龙伯纯与王易并未将修辞现象两分为消极修辞和积极修辞,只将消极的和积极的作为外形上和内容上的表现。他们对修辞现象的认识与归类远不如陈望道《修辞学发凡》科学、准确。正如宗廷虎先生在评述王易论修辞现象时所指出的"把消极修辞、积极修辞分别归属于'想彩''语彩'之下,分类容易引起纠缠,再加上作者有些地方解释得比较含混(例如对'辞藻'就未解释,实指'修辞现象'),这样的分类显得不清楚。"①

　　陈望道先生"两大分野"学说的核心就是将修辞现象大别为消极修辞和积极修辞,并将二者作为修辞的总纲,以此来贯串区分修辞现象和修辞手法的始终。陈望道先生认为:"消极修辞是抽象的概念的;积极修辞是具体的体验的。对于语言一则利用语言的概念因素,一则利用语言的体验因素。对于情境也一常利用概念的关系。一常利用经验所及的体验关系。一只怕对方不明白,一还想对方会感动、会感染自己所怀抱的感念。"②他同时还认为消极修辞是一种基本的修辞法,是积极修辞的基础;积极修辞手法是消极修辞手法的形象化,积极修辞必须以消极修辞做底子,它只有在需要把话说得生动形象时才用得上。

---

① 宗廷虎.中国现代修辞学史[M].杭州:浙江教育出版社,1990:77.
② 陈望道.修辞学发凡[M].上海:上海教育出版社,1979:51.

六、辞规的前提：消极修辞

辞规的理论基础就是修辞的两大分野理论。作为两大分野之中的对立的一方，消极修辞以语言表达得明白精确为目的。在此目的的追求中所形成的各种语言模式便成了各类辞规。由此可见辞规的存在前提是消极修辞的存在。如果说客观世界之中根本就没有消极修辞，那么辞规也就成了空中楼阁、海市蜃楼；如果说消极修辞是一种客观存在，那么辞规作为消极修辞的模式，无论你怎么否定，也否定不了。

（一）消极修辞是一种客观存在

第一，从语辞使用的三境界来看，消极修辞是一种客观存在。

陈望道先生在《修辞学发凡》中曾将语辞的使用分作三个境界：

（甲）记述的境界——以记述事物的条理为目的，在书面如一切法令的文字，科学的记载，在口头如一切实务的说明谈商，便是这一境界的典型。

（乙）表现的境界——以表现生活的体验为目的，在书面如诗歌，在口头如歌谣，便是这一境界的典型。

（丙）糅合的境界——这是以上两界糅合所成的一种语辞，在书面如一切的杂文，在口头如一切的闲谈，便是这一境界的常例。

语言运用的这三种境界的存在是不争的事实，无论你怎样变换术语，其实质你无法改变。这其中表现的境界常用积极修辞，已成共识。糅合的境界要用积极修辞，也要用到其他修辞，你无法否认，因为否认该境界也要运用其他修辞，就等于否认有糅合境界与表现境界的区别。那么这"其他修辞"是什么呢？从对立的角度来说只能是消极修辞。表现的境界有修辞，糅合的境界有修辞，记述的境界自然也应该有修辞，因为它们属于"对应题旨情境而来的语文运用"[1]。这样，作为与常用积极修辞的表现境界的对立境界——记述的境界，其常用消极修辞也就成了顺理成章的事。

第二，从修辞的本质来看，消极修辞是一种客观存在。

---

[1] 复旦大学语法修辞研究室.陈望道修辞论集[M].合肥:安徽教育出版社,1985:236.

修辞的本质是一种言语行为,一种对语言进行选择、加工的言语行为。人们在一定的情境之下,依据特定的题旨对语言进行选择、加工,其具体目的虽然不同(有的可能是为了追求语言的生动、形象,增添特别的艺术韵味,有的则可能是为了追求语言的精确、简练、明白、晓畅),但本质上是相同的,即都是通过调适语辞以增强表达效果。因此积极修辞是修辞,消极修辞也是修辞。

对语言进行选择、加工有一个经典的修辞实例。宋代洪迈在《容斋随笔》卷八,记载了王安石对《泊船瓜洲》中"春风又绿江南岸"一句由"到",而改为"过""入""满",最后确定为"绿"字的选择、加工过程。这种选择、加工的言语活动是修辞,下面这类对语言的选择、加工同样也应该是修辞。

唐朝诗人高适,在担任两浙观察使的时候,有一次去台州巡察,路过杭州清风岭。这时,秋意正浓,凉风飕飕。在苍劲的古松上,白鹤扑棱着翅膀,凉冰冰的露水,正好落在他的衣裳上。他观赏着修直挺拔的翠竹、幽雅清静的古刹,观赏着清澈的江水映照着前村的一弯残月,不觉诗兴大作,就挥笔在僧房上题了一首诗:

绝岭秋风已自凉,

鹤翻松露湿衣裳,

前村月落一江水,

僧在翠微角竹房。

高适写好,吟哦几遍就走了。他虽然离开了清风岭,却的琢磨着诗句,途中经过钱塘江,正好又是月亮西沉的时候,他仔细观察江水,发现月落的时候,江水随潮而退,只剩半江。这时,他联想到自己在清风岭上所看到的月亮,已经西斜,江水应该也只剩下一"半"。当时由于在夜间,又是从山顶远望,所以把"半江水"误为"一江水"。尽管走出百里了,他还是不辞辛劳,特地赶回僧房改诗,到那里一看,诗已经被人改了,正是把"一"字改为"半"字。①

"到""过""入""满"改为"绿"与"一"改为"半"都是对语言的选择、加工活动,前者是修辞,后者自然也是修辞,只不过前者属于"使人感受"的积极修辞,后者属于"使人理会"的消极修辞。

第三,从言语现象的多面性来看,消极修辞是一种客观存在。

任何言语现象都有多面性,也就是任何言语现象都有语音平面(记录下来有文字平面)、词汇平面、语法平面、逻辑平面和修辞平面,任何言语现象都可以进行语音平面的分析(记录下来的还可进行文字平面的分析)、词汇平面的分

---

① 郑颐寿.比较修辞[M].福州:福建人民出版社,1982:4-5.

析、语法平面的分析、逻辑平面的分析和修辞平面的分析。例如：

秋天的美，美在一分明澈。

有人的眸子像秋，有人的风韵像秋。（罗兰《秋颂》）

这段言语现象可以进行语音平面的分析，如说（或读）的时候有声音的抑扬顿挫；可以进行文字平面的分析，如对楷体汉字的形音义的考察、汉字的运用分析；可以进行词汇平面的分析，如语词的理性意义、色彩意义（情感色彩、语体色彩），语词结构的分析；可以进行语法平面的分析，如词性的分析、句子成分的分析；可以进行逻辑平面的分析，如概念内涵与外延的分析，对思维对象的断定的分析；也可以进行修辞平面的分析，如句式运用的分析、修辞方式的分析。

我们认为任何言语现象，无论是变异的话语还是常规的话语，是通顺的话语还是不通顺的话语，是生动的话语还是质朴抽象的话语，都存在修辞平面，因为任何言语现象的产生、存在都有一个对应题旨情境的问题，而言语现象与题旨情境的对应与否正是修辞平面的内容。修辞平面显然不等于积极修辞，那些对应于题旨情境的常规的话语，质朴抽象的话语也有修辞的问题，而这不是消极修辞又是什么？我们来对比两个言语现象：

（1）你爱看电影吗？你儿时看过的电影现在还记得吗？

这是黄西毓《全都是好人》一文的开头，两句话构成了一个自然段。这两句话没有上文所举罗兰《秋颂》开头的两句话形象生动，但它毫无疑问存在语音平面、文字平面、词汇平面、语法平面、逻辑平面、修辞平面，可以进行这些平面的分析。就修辞平面的分析来说这两句话是两个设问，它们并不要求读者回答，目的是引起读者的注意，同时为下文的展开作铺垫。这两句话适应文章的题旨情境，是较好的修辞。

（2）2001年6月6日，一个很平常的日子。上午10时40分，清华大学综合体育馆内，清华大学经济管理学院的全体师生和其他院系的学生代表聚集到这里。他们面前的主席台上坐着当今中华人民共和国国务院总理朱镕基，还有教育部部长陈至立和清华大学校长王大中等人。

这是曲力秋《特别告别》一文的开头，三个句子，一个自然段。它不如罗兰《秋颂》开头形象生动，独具别致的艺术魅力，也不像黄西毓《全都是好人》的开头连用设问来感染读者，但它依然存在语音平面、文字平面、词汇平面、语法平面、逻辑平面、修辞平面，依然可以进行上述平面的分析。这几句话普通、平常，一片本色，但它对应文章的题旨情境，也有修辞。文章写朱镕基总理来清华大学出席辞去清华大学经济管理学院院长告别会，在会上发表了真诚的告别演说。因此交代时间、地点、主要及相关人物很有必要。这三句话较好地适应了题旨情境。其中不可否认包含有修辞。然而它不是积极修辞,只能是消极修辞。

第四,消极修辞有自己独特的研究内容与角度,消极修辞是一种客观存在。

消极修辞与词汇、语法、逻辑有着较为密切的联系,而且以往的消极修辞研究缺乏修辞的全面观点,常常只从"要求"和"改错"的角度探讨,角度与方向产生了偏差,很容易使人感到消极修辞"在同语法、词汇、逻辑三家争地盘,或者说从它们三家的'大锅饭'里分一瓢羹"。① 因此,"没有自己独特的研究内容与研究角度"就成了否认消极修辞的学者们否定消极修辞最有力的根据。如季世昌和费枝美先生说:"从消极修辞的内容来看,把词汇学、语法学、语音学甚至逻辑学的研究对象同修辞混为一谈,没有它独特的角度和内容。"②齐沪扬先生在分析陈望道"两大分野"体系的局限时,也指出"理论体系的外延是模糊不清的。它把自己建立在语法学、词汇学、逻辑学的夹缝之间,从而生出了无数'剪不断、理还乱'的复杂关系,这样的关系表明了修辞和语法、修辞和词汇、修辞和逻辑之间理论上有许多重合之处。"③谭永祥先生多次著文,认为消极修辞的内容跟词汇、语法和逻辑等界限不清,消极修辞没有自己的研究内容,从而否认消极修辞是种客观存在。如他在《"修辞的两大分野"献疑》④一文中说:"由于消极修辞的内容实际上都是词汇、语法、逻辑等学科研究的对象,消极修辞本身是一个没有什么内容的空壳。"

我们认为如果只从"改错"的角度来研究消极修辞,确实不易分清消极修辞与词汇、语法、逻辑之彼此。消极修辞否定论者也正是以此为突破口,否定消极修辞的存在。然而,以消极修辞研究中的偏差为突破口并不能从根本上否定消极修辞是一种客观存在。从大的方面来说,词汇、语法(包括语音)是研究语言规律,逻辑研究思维规律;消极修辞与积极修辞一样研究使用语言的规律,因此,消极修辞与词汇、语法、逻辑等有联系,但并不相同,更不会消融其中。举例来说,"假设"作为一种语义关系,逻辑学要研究,但逻辑学侧重的是前后之间的真值关系;语法学也要研究,但语法学侧重于句法结构,着重考察的是作为复句的构成成分——分句之间的一种假设与结论的语义关系。逻辑也好,语法也好,对于语言中的假设并不从功能、结构、方法相统一的角度来研究,而消极修辞正是从功能、结构、方法相统一的角度来研究假设,从方法上概括出作为一种

---

① 谭永祥.汉语修辞美学[M].北京:北京语言学院出版社,1992:25.
② 季世昌,费枝美.现代汉语修辞学研究中的几个问题[J].徐州师范学院学报,1981(1).
③ 齐沪扬.革新:修辞学完成科学化的必由之路[J].淮北煤师院学报,1991(3).
④ 中国修辞学会.修辞学论文集:第4集[M].福州:福建人民出版社,1987.

常规表达方法的"假设"的表达模式。姚汉铭先生对作为辞规的"假设"作了十分有益的探索。他在《假设辞规表示法探索》一文中对现代汉语中表示假设范畴的句子格局进行描写,从方法上对"假设"作出了概括:① 分句表假设;② 紧缩分句表假设;③ 谓语表假设;④ 主语表假设;⑤ 状语表假设;⑥ 指示代词表假设;⑦ 隐性假设;⑧ 假设在宾语中①。再如,定义是揭示概念内涵的逻辑方法,逻辑学研究定义只研究定义的逻辑结构,定义的方法(主要是"属加种差定义法"),定义的种类(性质定义、发生定义、功用定义、关系定义)和定义的规则,不研究定义的语言表现形式。然而修辞学,特别是消极修辞则需要从表达的角度,从功能、结构、方法相统一的角度研究定义的语言表现形式。杜厚文先生曾对定义的语言表现形式作过深入的探讨,这种探讨不是词汇学的探讨,不是逻辑学的探讨,也不是语法学的探讨,而是修辞学的探讨——消极修辞的探讨。杜先生认为属种定义最基本的语言表现形式有如下 9 种:

(1) [A]是[C]的[B]。

[A]表示定义项,[B]表示属概念,[C]表示种差,下同。如:联言判断是断定若干事物情况同时存在的判断。

(2) [C]的[B]叫作[A]。

如:研究在一定的上下文里语言的使用,包括所产生的字面意义和蕴涵意义,以及可能产生的效果的学科叫作语用学。

(3) 称[C]的[B]为[A]。

如:我们称含有未知数的等式为方程。

(4) 把[C]的[B]叫作[A]。

如:人们把磁体能够吸引铁、镍等金属的性质叫作磁性。

(5) 所谓[A],就是[C]的[B]。

如:所谓补偿贸易,就是利用外国资金引进机器、设备和生产技术,用投产后的产品或其他商品分期清偿贷款的一种贸易形式。

(6) [A]是[B],[C]。

如:文字学是语言学的一个部门,研究文字的性质、结构和演变。

(7) [C],[B]叫作[A]。

如:月球运行到地球和太阳的中间时,太阳的光被月球挡住,不能射到地球上来,这种现象叫日食。

(8) 如果[C],那么[B]叫作[A]。

---

① 姚汉铭.假设辞规表示法探索[J].营口师专学报,1992(2).

如:物体在一条直线上运动,如果在任意相等的时间里,通过的路程都相等,那么这种运动就叫作匀速直线运动。

(9) 什么是(叫作)[A]? 就是[C]的[B]。

如:什么叫作宇宙速度? 就是物体能够克服地心引力的作用离开地球进入星际空间的速度。①

以上9种形式,最后一种运用了设问的手法,这属积极修辞,那么其他八种形式又如何呢? 我们认为它们虽没运用辞格,但应该有修辞——现阶段我们需要花大力气来研究的消极修辞。

另外,"语音、词汇、语法如果能联系实际,讲点如何运用的问题,也不过各部分讲各部分的,知识是零碎的,是割裂的。而修辞学是研究综合使用语言规律,是研究'准确的表达'和'生动的表达',它是全面地揭示使用语言的规律,如果离开'准确的表达',专讲'生动的表达',那必然成为'空中楼阁'。"②从小的方面来说,某些具体言语现象的解释少不了消极修辞。郑文贞先生在《明确对象,加强消极修辞的研究》中作过如下的论述:

消极修辞的要求是使用语言的"起码标准",但不等于没有"特定的要求";消极修辞同词汇、语法、语音、逻辑密切相关,但不等于没有它"独特的角度和内容"。1978年高考语文试题改病句第三道题,毛病出在"凌晨早起,深夜晚睡"中的"凌晨"与"早"、"深夜"与"晚"意思重复,要求改为"凌晨起,深夜睡"或"早起晚睡"或"凌晨即起,深夜才睡"。这既不是语法问题,也不是逻辑问题,只能说是修辞问题;但它又不是积极修辞问题,只能说是消极修辞问题。吕叔湘、朱德熙的《语法修辞讲话》举过一个例子:"大姐告诉我,'祖母叫你'。走到祖母房里,母亲和她正在默默相对地坐着。"第二句的"母亲和她"应改为"她和母亲"才对,因为承上一句的意思,着眼点该放在祖母"她"上。原句的问题,同样不是语法问题、逻辑问题,只能说是消极修辞的问题。怎能说消极修辞没有"特定的要求"、"独特的角度和内容"呢?③

郑文贞先生提及的两个言语实例有力地说明了消极修辞是一种客观存在,词汇、语法、逻辑等代替不了消极修辞。

我们认为作为研究常规的言语表达的消极修辞有自己独特的研究内容与

---

① 杜厚文.定义的表达法[J].语言教学与研究,1993(3).
② 邸巨.试论消极修辞和积极修辞及其关系[M]//中国修辞学会.修辞学论文集:第1集.福州:福建人民出版社,1983:116.
③ 郑文贞.明确对象,加强消极修辞的研究[M]//复旦大学语言研究室.《修辞学发凡》与中国修辞学.上海:复旦大学出版社,1983:279-280.

研究角度。它并非"本身是一个没有任何内容的空壳"。它也并非只是从词汇、语法、逻辑的角度来改病句的"病句修辞学",其研究内容并不是"词汇、语法、逻辑等学科的研究对象。"十几年来的辞规研究实践已经有力地证明了消极修辞不是词汇、不是语法、不是逻辑,而是实实在在的修辞。那么,消极修辞独特的研究内容与研究角度是什么呢?我们认为其研究内容就是常规的语言表达,包括辞规、辞风。其研究角度就是功能、结构、方法的统一,简言之,就是"方法"的角度。对这两个问题的论述参见下文"消极修辞的研究内容和范围""怎样研究消极修辞",具体研究实例参见本书第二章和第三章。

还有的学者曾从专著的缺乏和术语的缺乏角度否定消极修辞的存在。我们认为消极修辞专著的缺乏与术语的缺乏属研究主体的问题,不能因研究主体的问题而否定客体的存在。吕叔湘、朱德熙先生的《语法修辞讲话》不是消极修辞的专著是明显的,华宏仪先生的《汉语消极修辞》虽名之"消极修辞",但不是我们心目中的较理想的消极修辞的专著,然而这只能说明消极修辞的研究有缺陷,或者有重大缺陷,但不能据此推论说消极修辞不存在。我想,就目前而言,只要消极修辞研究同仁们共同努力,较为理想的消极修辞专著是不需要很长时间就可以出现的,因为最近十几年来消极修辞的研究无论是理论还是个案研究都取得了长足的进展,辞规理论及其研究为较为理想的消极修辞专著的出现提供了较好的条件。十几年来的辞规研究可以说已经解决了或基本解决了这个问题,像"辞规""辞风"等术语正是消极修辞的独特用语。其实,只要消极修辞是个客观存在,在研究过程中,人们自然会创造一些适用于研究对象的独特用语,这个问题并不太难解决。

行文至此,我们想引用著名修辞学家王希杰先生的一段话来表达我们的未尽之意:"第一,消极修辞学研究是否有成果同消极修辞是否是一种客观的存在物,这显然是两个完全不同的问题,这是根本不可以混淆在一起的。人们不研究的东西,显然并不等于它就是不存在的东西。人们不去,或较少地去研究某个东西,可能有这东西本身的问题,也可能有研究者主体的问题。拿消极修辞来说,研究不够,这可能有两个方面的问题:一是研究者不感兴趣,这很好理解。二是从接受者的角度看,从社会效益方面看,中国传统文化是锦上添花的文化,而不是雪中送炭的文化……第二,客观世界具有对称性结构,是既对称又不对称的。物质和反物质,也是既对称又不对称的。我们不能因为人类生活在物质的世界里,常识只接触到物质,没有看到反物质,就说宇宙中本来就没有反物质的存在。现代科学正在探索着反物质的世界,这对我们研究消极修辞学同样很有启发。在我们看来,积极修辞同消极修辞也是对称地存在着的,当然它们也有并不对称的一面。第三,比较而言,到目前为止,消极修辞研究方面所取得的成果要少一些。这是事实。但是,如果一笔勾销消极修辞的研究成果,那也是不公正的,不符合实际情况……消极修辞现象是客观存在着的,也是很有研究价值。对消极修辞现象的研究除了具有巨大的社会价值之外,还具有重大的理论价值……"①

(二) 消极修辞的研究内容和范围

陈望道先生在《修辞学发凡》中用"消极"和"积极"指称修辞现象的两极对立,其"消极",就记述而言,特征为"明白",就语辞而言,特征为"平实",并没有"否定的""阻碍发展的""无为的"贬义。"消极"是就呈现修辞"迹象"的"修辞状态"来说的。在《修辞学发凡》中,消极修辞既指消极修辞现象,又指消极修辞手法。就前者而言,陈望道先生的解说是"注意在消极方面,使当时想要表达的表达得极明白,没有丝毫的模糊,也没有丝毫的歧解"。也就是说,凡能使语辞呈现明白、清晰情貌的修辞现象,就是消极修辞现象。就后者而言,陈望道先生的解说是"消极手法是以明白、精确为主的",它是"抽象的、概念的、理知的"表达法式。消极修辞现象与消极修辞手法角度不同,前者就效果而论,后者就手法而言,但它们在修辞过程中统一起来;采用消极修辞的手法便出现了消极修辞的情貌,因此陈望道先生对消极修辞的解释是"采用抽象、概念、理知的手法使表达呈现明白精确的修辞就是消极修辞。消极修辞只在使人'理会'"。"而要使人理会事物的条理、概况,就须把对象分明地分析,明白地记述。所以这一方面的修辞总是消极的,总拿明白做它的总目标。"而要明白地记叙,只需平实地运用语辞,"偶然有概念上不大明白分明的,也只是消极地加以限定或说明,便可以奏效。故那努力,完全是消极的。只是零度对于以下的努力。"②

那么,消极修辞的研究对象或者说研究的内容是什么?陈望道先生对此有明确的阐述。在《修辞学发凡》中,陈先生认为消极修辞的研究对象主要有两个方面:一是"意思之明通表示法"。它"讨论如何才得把自己的意思明通地表出来",这方面偏重于内容,修辞时"必须处处同事理符合","说事实常以自然的、社会的关系为常规","说理论常以因明、逻辑的关系为常规"。研究消极修辞就要从内容方面研究遵循常规,进行伸缩,以求明通表达的修辞现象。二是"语言

---

① 王希杰. 修辞学通论[M]. 南京:南京大学出版社,1996:458-461.
② 陈望道. 修辞学发凡[M]. 上海:上海教育出版社,1979:43-70.

文字之平稳使用法"。它"讨论如何才得把自己的思想平稳地传达给别人",这方面偏重于形式。消极修辞的形式"也受逻辑、文法之类的约束最严紧"。研究消极修辞,还要从形式方面研究遵循逻辑、文法规律,平稳使用语辞的修辞现象。此外,还要研究修辞病例,对此《修辞学发凡》未作明确的阐述,我们体会其中的"零度以下"指的该是这种现象。1964年3月陈望道先生在一次谈话中明确指出消极修辞研究修辞病例:"假如把通顺明白看作'零点',那末消极修辞就是研究零点和零点以下的东西,所谓零点以下的东西就是不通的,消极修辞就是要讲究通顺明白……我在《修辞学发凡》里举了许多古书中不通的例子。如:'无丝竹管弦之盛','丝竹'是借代音乐,'管弦'也是借代音乐,这句话等于说'无音乐音乐之盛',所以不通。又如'不得造车马','车'可造,'马'不可造,这在连贯上也是不通的。因此,修辞学研究病例是它的一个重要方面。"①总之,陈望道先生认为凡采用明通表示法和平稳使用法的零度修辞现象以及零度以下的修辞病例,都是消极修辞的研究对象。

对于消极修辞存在于什么样的修辞单位,或者说消极修辞的范围究竟包括哪些,陈望道先生并未作具体阐述,从《修辞学发凡》的有关内容看主要是词句,但也涉及篇章。邸巨先生认为"消极修辞的对象只是限于用词、造句、语段,范围太小,应该包括篇章、语体和风格"。② 林文金先生甚至认为应将积极修辞中的辞趣归到消极修辞里去,他说:"事实上,从表达功能来看,辞趣和修辞格并不相同,而辞趣和消极修辞的差异不大。正因为这样,新中国成立以后采用积极修辞、消极修辞两大分野说的修辞著作,大多数都没有在积极修辞项下立辞趣这个名目,有些则干脆把积极修辞和修辞格等同起来。"③

王希杰先生在区分零度、正偏离和负偏离的基础上,把修辞学划分为三个部分:第一,零度修辞学——中性修辞学;第二,正偏离修辞学——正修辞学——积极修辞学;第三,负偏离修辞学——负修辞学——消极修辞学。他说"所谓中性修辞学,研究常规修辞现象,一切只求符合语言的和语用的规范,建立修辞的规范标准模式。所谓正修辞学,研究向着积极方向偏离的现象,即研究艺术化的修辞现象,也就是艺术修辞学。所谓负修辞学,就是研究如何克服

---

① 复旦大学语法修辞研究室.陈望道修辞论集[M].合肥:安徽教育出版社,1985:280.
② 邸巨.试论消极修辞和积极修辞及其关系[M]//中国修辞学会.修辞学论文集:第1集.福州:福建人民出版社,1983:115.
③ 林文金.关于修辞的几个问题:兼谈修辞学的范围[M]//中国修辞学会.修辞和修辞教学.上海:上海教育出版社,1985.

解决交际活动中的各种各样的负偏离现象,避免降低话语的表达效果的问题。"①可见王先生所说的正修辞学相当于陈望道先生的积极修辞,王先生所说的中性修辞学和负修辞学相当于陈望道先生的消极修辞。

从辞规理论来看,消极修辞的研究对象为常规的语言表达,其内容包括辞规和辞风两个方面。按照吴士文先生的解释,辞规指具有一般功能、一般结构、一般方法,符合一般类聚系统的模式,如列举分承、正面释义等。辞风,指与辞趣相应的、纯属辞的外形的消极修辞,如音节对称、字形清楚、标点正确等。

音节对称。汉语言运用在语言形式上表现出一种鲜明的审美意向:追求对称与均衡,就音节组合来说一般是对称结合。例如不说"这个时",而说"这个时候"或"这时",不说"事实胜于雄辩,水落石出",而说"事实胜于雄辩,水落自然石出"。

字形清楚。书面表达,字形清楚才能准确达意传情,如果字迹潦草,字形难辨,不可避免地会影响到表达效果。日常生活当中因字迹不清而影响信息传递的事例时有所见,这从反面提供了"字形清楚"作为消极修辞一员的重要证据。

标点正确。吕叔湘、朱德熙先生说:"我们必须首先有一个认识:标点符号是文字里面的有机的部分,不是外加上去的。它跟旧式的句读号不同,不仅仅是怕读者读不断,给它指点指点的。每一个标点符号都有一个独特的作用,说它们是另一形式的虚字,也不为过分。应该把它们和'和''的''呢''吗'同样看待,用与不用,用在哪里,都值得斟酌一番。"②张拱贵先生说:"对于白话文,我们甚至可以说'标点重于文字'。一个句子里,掉了或错了一两个字,有时还不至于影响整个的句子;可是缺了或错了一个标点,往往使整句成为不可理解,或理解错误。注意文法是包括标点说的。"③毫无疑问,标点符号在书面表达中起着重要的作用,标点符号使用得正确与否直接涉及语意表达的准确与否、清晰与否,因此标点正确应属消极修辞的辞风家族。例如:

(1)我在武汉听了毛委员演说三个月之后,又在郑州听到了谭延闿对湖南农民运动的恶毒攻击,什么"糟得很""痞子运动"等等。

(2)豫剧演员常香玉同志曾尖锐地指出:现在,年轻演员离开了麦克风,即使在几百个座位的小剧场演出,后面的也听不见声音,这是多么需要加强声音的基本功训练啊!

这两例引自苏培成先生的《标点符号实用手册》(中国社会科学出版社,

---

① 王希杰.修辞学通论[M].南京:南京大学出版社,1996:457.
② 吕叔湘,朱德熙.语法修辞讲话[M].北京:中国青年出版社,1979:235.
③ 袁晖.标点符号词典:修订本[M].太原:书海出版社,2000:429.

1994)。例(1)第一个逗号本应该点在"演说"之后,因为表达者要表达的意思是在武汉听了毛委员演说,过了三个月又在郑州听到了谭延闿的攻击之辞。现在逗号点在了"三个月之后"的后面,很容易使人理解成毛委员"演说三个月"了(其实并未演说三个月)。例(2)最后一个逗号本应为句号,因为"这是多么需要加强声音的基本功训练啊",不是常香玉的话,是文章作者的评论。原文这样标点会让人误以为此句也是常香玉的话了。

我们认为消极修辞的研究对象为常规的语言表达,或者说常规的修辞现象,其研究内容主要包括辞规和辞风两个方面(我们所说的"辞风"与吴士文先生所说稍有不同)。辞规是消极修辞的各种格式、模式,辞风是常规的修辞现象中还未形成固定格式、模式的现象。至于病例不宜作为消极修辞的主要内容,因为:第一,消极修辞如管病句修改,那么它与词汇、语法、逻辑的界限就不易划清,这样消极修辞的修辞属性难以突显;第二,病例虽然从语言运用的角度来说关乎修辞,但不一定都关乎消极修辞,有的病句之所以是病句是因为积极修辞手法运用不当,也就是说有的病例是关乎积极修辞,让消极修辞来管显然不妥。如:

(3) 由于多年听不到李老怪"云诗"而深深感觉着文苑之荒芜的庄稼,都在欢腾雀跃、奔走相告了。

(4) 红日跃上山巅,霞光万道,晴空万里,烟消雾散,山林金光闪烁;舟来船往,小溪人声鼎沸。时间过得真快,人们怀着焦急的心情问:"汽车怎么还不来呢?"①

这两例都是因积极修辞手法运用不当而产生的病例。例(3)属比拟不当:把庄稼拟作人,但庄稼并没有"欢腾雀跃、奔走相告"的特征;例(4)属映衬不当:陪衬事物与被陪衬事物不合,从容不迫地描写山水景色,又怎能烘托出"焦急的心情"? 像这两例这样的病例让积极修辞来管更合适。

我们觉得消极修辞应从正面来研究常规修辞现象,或者说消极修辞重点应是研究零度修辞现象,也就是王希杰先生所说的"中性修辞现象",至于病句修辞可由修辞学的另一分支——病句修辞学来研究。

从修辞单位来说,消极修辞的范围应涉及音节(字)、词语、句子、句群、段落和篇章。标点符号虽不属语言本身,但它和语言运用紧密相连,消极修辞也应涉及。语体和风格实际上是各种修辞现象共同组成的综合体,不是修辞单位,但消极修辞应该研究。

---

① 黄伯荣,廖序东.现代汉语[M].北京:高等教育出版社,1997.

（三）怎样研究消极修辞

消极修辞是一种客观存在，这是人们无法否认的事实。剩下来的重要问题就是怎样研究消极修辞。

以往的消极修辞研究遵循的是《修辞学发凡》论述消极修辞的效果统领方法的体例，也就是以功能为纲，探讨消极修辞手法。《修辞学发凡》从表达效果着眼，把"意义明确""伦次通顺""词句平匀""安排稳密"作为"消极修辞最低的限度，也是消极修辞所当遵守的最高标准。"然而《修辞学发凡》对每种标准只是作了概括论述，或者说只是从"要求"的角度提出了问题，没有像积极修辞那样归纳出具体的修辞方法，亦即没有从"方法"的角度对消极修辞作进一步的探讨，留下了修辞方式研究不平衡的遗憾。1958年河南人民出版社出版了吕景先先生的《修词学习》。该书对消极修辞的研究较为深入细致。作者从用词正确、语意明确、文理通顺、结构妥帖、繁简适当、语言平易六方面论述消极修辞，而且每一方面都有好几个层次，从不同角度来分析。如"用词正确"，从词义与词性两方面进行论述，其中词义部分又从"词义是否堆砌""词义是否分明""用法是否适当"等几个方面进行阐述。再如"结构妥帖"，从"语言形式是否适切""用法是否妥当""上下语意是否衔接""条理是否清楚""重点是否分明"五个角度进行论析。另外，该书研究消极修辞还注意从病句角度切入、分析。如对"语意明确"，从表里不合（话说得不合原意），义有两歧（既可解释为甲，又可解释为乙），笼统模糊（不够适切），语意费解，滥用等角度进行了论述。但是该书无论是哪个层次的论述都着眼于表达效果，并未从"方法"的角度来归纳具体的消极修辞的手法。

20世纪80年代人们对消极修辞的研究较已往有所重视，研究视野也有所拓宽，有的研究正例，有的研究反例，有的正反结合；从修辞单位来说有对句子消极修辞的探讨，也有对句群、段落、篇章消极修辞的探讨。对句子消极修辞的探讨可以吴士文先生《修辞讲话》（甘肃人民出版社，1982）为代表。《修辞讲话》把"消极修辞"称为"一般性修辞"，用4种表达效果统领了26种修辞方式。这4种表达效果是："通顺有条理""简洁无废词""明确无歧义""贴切有所宜"。吴士文先生将4种表达效果作为4类，每类中概括若干具体的方式。如"通顺有条理"包含了"音节对称""就熟去生""成分完整""词有定位""成分配拢""列举得当""先主后宾""前后一致""摆脱纠缠""因果有据"10式，"明确无歧义"包含了"求同去歧""停顿无误""明确身份""交清数字""正勿变负""数限有序""分开叙述""严防暗换"8式。《修辞讲话》探讨消极修辞手法的全面详细的程度不仅空前,而且在同时期的专著、教材、论文中也是绝无仅有的。同时,该书各类分式,各式归类,把"类"与"式"放进一个系统中考察,为以后的"修辞方式系列化"的设想,为辞规理论的提出作了充分的学术准备。对句群消极修辞的探讨,可以张炎荪先生的《句群消极修辞简论》(《扬州师院学报》,1989年第4期),郑颐寿、林承璋先生主编的《新编修辞学》(鹭江出版社,1987)等为代表。它们都从"结构连贯""层次清晰"两方面论述。如在"结构连贯"方面,都强调了表述视点、叙述角度、人称的统一,强调了关联词语及句式类修辞手法的运用。《新编修辞学》又从"照应严密"角度对句群消极修辞手法加以论述,指出应当采用列举分承法、前呼后应法、复指被复指前后相应法等。《句群消极修辞简论》则另从"表意单一性"角度论述了句意向心及节约使用话语的重要。对段落消极修辞的探讨,可以郑文贞先生的《段落的组织》(福建人民出版社,1985)为代表。该书从"密切段落的内部联系""叙述角度的统一""段落语气"的顺畅三个角度论述了应采取的相应的修辞手法。如在"密切段落的内部联系"部分,从"正确地反映客观事物的内在联系""注意衔接照应""详略得当"三个方面作了相关的探索。对篇章修辞的探讨可以徐炳昌先生的《篇章的修辞》(福建教育出版社,1986)为代表。该书从"衔接"与"照应"两个角度探讨了言语表达规律。如在"衔接"部分,论述了应使用适当的关联词语、过渡句、过渡段等,并从六个方面详细论述了使用过渡句、段的条件,从而避免了乱用现象。①

20世纪80年代的消极修辞研究无论在丰富性还是在深入性方面都远远超出了《修辞学发凡》及其以后四五十年的消极修辞研究。但研究消极修辞的方法多数仍沿袭《修辞学发凡》以效果统领方法的体例,也就是以功能为纲的体例。用这种方法研究消极修辞,存在一些弊端:"① 它与积极修辞以表达手法为纲的体例不在一个平面上。② 不同表达效果有时可由几种修辞手法达到,探讨时难免造成手法的重复。③ 认定某修辞手段达到了某种修辞效果是凭直觉的感受,科学性不强,探讨时难免造成手法的交叉混乱现象。"②

以功能为纲探讨消极修辞,其切入角度往往是"要求"或"改错",这样研究消极修辞不失为一种方法,但弊端较多,难以使修辞方式系列化。

20世纪80年代后期兴起的辞规理论,是对以往消极修辞研究理论的完善。它从系统观出发,认为应从"方法"的角度切入,用"功能、结构、方法"相统一的

---

①② 思鸣.八十年代消极修辞研究述评[J].营口师专学报,1992(3).

方法来研究消极修辞。用这种方法来研究消极修辞基本上避免了以功能为纲研究方法的弊端,不仅可以完善修辞方式的系统,而且可以使所有的语言片断在修辞方法上都做出全面而科学的分析。

辞规理论所提出的用功能、结构、方法相统一的方法来研究消极修辞,其实质就是在《修辞学发凡》的修辞体系中,将消极修辞与积极修辞进行对比研究,利用积极修辞的研究成果来建立与积极修辞的体系相反相成的消极修辞的体系。用这种方法来研究消极修辞有长处也有短处,正如潘庆云先生所说的:"这种方法的长处是可以在积极修辞研究的成果上,比较快地建立起一般性修辞的体系,缺点是比较容易受到修辞学中某些传统观念的限制与束缚。"①

消极修辞的研究方法或者说研究途径,潘庆云先生曾有一个全新的设想,即结合语体学方法进行,也就是摆脱传统修辞学的桎梏,根据运用语辞题旨情境的不同,把消极修辞分为若干领域,并逐一进行多角度多层次的研究,在此基础上总结、概括出消极修辞的整体结构和一般规律。他曾对消极修辞中的法律、诉讼语体进行了较全面的研究,内容包括法律语言的各层次结构分析、法律语体风格分析、法律语言表述规律及法律语言各下属范畴的逐一研究,这些次范畴包括立法修辞、法律文书、法庭论辩、讯问言语、刑事侦查言语等②。但我们认为这种方法难以操作,也难以对所有的言语片断进行全面而科学的修辞分析。

两大分野是无法否认的客观存在,但两大分野的术语"消极修辞"与"积极修辞"之"消极"与"积极"容易使人望文生义而导致误解,特别是对属于修辞学圈子之外的人更是如此。因此20世纪80年代以来,不少赞同两大分野理论的修辞学者在术语的革新上做了种种努力,提出了不少成对的术语,可以说是各有短长吧。如:规范修辞和艺术修辞,平实修辞和艺术修辞,论理性修辞和艺术性修辞,基本修辞和提高性修辞,一般性修辞和艺术性修辞,一般性修辞和特定性修辞,等等。其中"一般性修辞和特定性修辞"是吴士文先生的说法,他在《修辞讲话》(1982)一书中改"消极修辞"为"一般性修辞",改"积极修辞"为"特殊性修辞";在《修辞格论析》(1986)一书中,他将"特殊性修辞"改为"特定性修辞"。吴士文先生的"一般性修辞和特定性修辞"之"一般"与"特定"是从语体和语言运用角度或者说是从使用范围和加工方式而言的。

我们认为,在修辞学研究者的小圈子里用陈望道先生的"消极""积极"之名,不会引起误解,因为这两个术语早已有了约定俗成的含义,但如果是在修辞

---

①② 潘庆云."消极修辞"研究大有可为[J].淮北煤师院学报,1991(1).

学研究者圈子之外,是面向大众的,那就很有改名的必要了。比较而言,上面几对术语我们更倾向于潘庆云先生提议的"一般性修辞"和"艺术性修辞"的说法,因为这两个术语能较好地表达出两大分野的"抽象的、概念的"与"具体的、体验的"之间的本质对立。

七、辞规的特征及与辞格的差别

(一) 辞规的特征

辞规是不具有生动形象性的修辞方式,是消极修辞的各种格式、模式。

辞规的特征主要表现在以下三方面:

第一,辞规在表达效果上不具有生动性,不能给人带来审美新奇或审美惊奇。它不像辞格形象生动,给人以动心动情的美感。辞规只具有清楚明白、准确恰当、通顺晓畅、平易简洁的修辞效果。例如:

(1) 在解放战争中最艰苦的年月,主席一直没有离开陕北,是他亲自在这里指挥着西北战场和全国各战场的战事。(袁学凯《英明的预见》)

(2) 生态环境文学作为一个贴近现实的独特的创作领域,至今没有得到足够的重视,更很少有人去研究或展开批评。虽然没有人说它是边缘,但实际上它还是处于边缘地带。从事这个领域创作的作家,特别是写纪实作品的作家,采访和写作往往十分艰苦,要受到各方面的干扰,这方面的出版物也不畅销。(郭雪波《生态环境文学不应当是边缘》)

例(1)中的"西北战场和全国各战场"属辞规"面中显点"中的"由点及面式",它突出了应该着重强调的点,也统括了必须顾及到的面。例(2)属辞规"面中显点"中的"由面及点式",本来说从事生态环境文学创作的作家采访和写作往往十分艰苦,要受到各方面的干扰,这方面的出版物也不畅销并不错,只是写作生态环境纪实作品的作家更是如此。因此在说了面之后着重突出点,说"特别是写纪实作品的作家",这样表达就更为恰当。这种面中显点显得严谨周密,无懈可击。毫无疑问,作为辞规,"面中显点",不具有生动性,它只是具有使表意既轻重分明又准确精当的效果。再请比较:

(3) 站在高山向西看,一条白带绕丛山,

不是带,原是新开公路上岭来。

站在高山往西瞧,朵朵白云山上飘,

不是云,原是钻井工房搭山顶。

站在高山往下望,井场流水翻黑浪,

不是水,原是原油出闸展翅飞。(《红旗歌谣·站在高山上》)

(4) 他认为,行为上,构成诽谤罪的案件必须是捏造事实,而不是道听途说失实,更不是听了他人的不实介绍失实,这些失实均非捏造,因此不符合诽谤罪的客观条件。(营口师专学报,1989)

例(3)属于辞格中的"撇语"(也有人称之为"迂喻"),它有特殊的表达效果:"表现曲致,通过它可以使抒情写景显得委婉深刻"①,或者说"使表达的内容委婉而明确,曲折而尽意"②。此例张弓先生作了这样的分析:"用撇语式说不是带、云、水,而是公路、工房、原油,这深刻而委婉地表现祖国建设、生产的跃进盛况,并流贯着赞颂的热情"。③

例(4)属于和"撇语"相对立的辞规"撇除"④,它先肯定"捏造事实"构成诽谤罪,后两次撇开,第一次撇开"道听途说失实"构成诽谤罪,第二次撇开"听了他人的不实介绍失实"构成诽谤罪。"撇除"无特殊的表达效果,只有"表示认真的态度,表示实事求是的精神"⑤,只强调表意的准确。

第二,辞规在组织结构上具有特定的模式。模式,通常指事物内在机制以及事物之间关系的直观的、简化的形式。作为辞规其组织结构上规律性的体现就是特定的模式。这种特定的模式有时通过特定的形式标志显示出来。例如辞规"面中显点",其特定的模式可以符号化为 $M \wedge Dn$。这里"M"代表指称"面"的成分,"D"代表指称"点"的成分,"n"代表"点"的数目。"$\wedge$"代表"面"和"点"的联系成分,表现在语言上通常是"和""及""以及""特别是""尤其是""其中包括"等形式标志。

"$M \wedge Dn$"在实际言语表述中有两种表现形式:一种是由面及点,一种是由点及面。举例如下:

其实,所有的人,尤其是欧元各国居民对欧元的紧张关注,意味着对代表着全球五分之一经济力量的新货币的巨大期待。(何农《欧元,你好!——写在欧元即将上市之际》)

本例"所有的人,尤其是欧元各国居民"属面中显点的"由面及点式",其结构规律可以模式化为 $M \wedge D$。

---

①③⑤ 张弓.现代汉语修辞学[M].石家庄:河北教育出版社,2014:180.

② 吴士文.修辞格论析[M].上海:上海教育出版社,1986:91.

④ 陆文耀.略说辞规"撇除"[J],营口师专学报,1989(2).

福克纳却挥动如椽大笔,在稿纸上纵横驰骋,为美国人民和全世界人民描绘了一巨幅美国南方社会长达一个世纪的风俗人情画兴败盛衰史……(丁弓《自封为国王的小说家》)

本例"美国人民和全世界人民"属面中显点中的"由点及面式",其结构规律可以模式化为 D∧M。

再如"列举分承"这个辞规其特定的模式可符号化为(A,B)→(a ω b)。"A""B"表示前面提及的若干事情,"→"表示"承接","a"表示对"A"的说明,"b"表示对"B"的说明,"ω"表示"有序",即"a"与"b"次序固定,不能颠倒。请看实例:

我们历来就主张,在人民民主专政下面,解决敌我之间和人民内部的这两类不同性质的矛盾,采用专政和民主这样两种不同的方法。(毛泽东《关于正确处理人民内部矛盾的问题》)

本例运用了"列举分承"这个辞规,"敌我之间的"和"人民内部的"是前面并列的两项,后面的说明按照前面既定的顺序排列——先说"专政",后说"民主"。这样表达,条理井然,周密精确。

作为辞规必有特定的结构模式,即有别于其他辞规的结构模式,比如"面中显点"的结构模式是"M∧Dn",而"列举分承"的结构模式是"(A,B)→(a ω b)"。具有特定的结构模式是辞规的区别性特征之一。

第三,辞规在表达方法上具有常规性。辞规只采用"抽象化、概念化的法式来表达",而不采用"特殊的法式来表达"。辞规对语辞的运用合乎"寻常文字、寻常文法、寻常逻辑",追求的是语辞的适应性,利用的是语辞固定的声音、形体和意义。例如:

世界上万事万物都永远在那儿运动、变化、发展,语言也是这样。语言的变化,短时间内不容易觉察,日子长了就显示出来了。比如宋朝的朱熹,他曾经给《论语》做过注解,可假如当孔子正在跟颜回、子路他们谈话的时候,朱熹闯了进去,管保他们在讲什么,他是一句也听不懂的。(吕叔湘《古今言殊》)

本例运用了"以例解义"这个辞规①。光说"语言的变化日子长了就显示出来了"这个抽象事理不容易使人们从感性上了解,但用"假如"一关联,把春秋时期和宋时期的语言情况一摆,就可以使人通过感性认识加深理性认识。显然,作为辞规,"以例解义"语句是常规的组合,对语辞的运用并未"造成超脱寻常文

---

① 吴士文."以例解义":"例解"[J].营口师专学报,1989(2).

字、寻常文法以至寻常逻辑的新形式,而使语辞呈现出一种动人的魅力"。①

辞规在表达方法上具有常规性,主要是就辞规在使用成分上不具有变异性而言。常规性是所有辞规都具有的方法上的特征,但具体到每一条辞规,其方法的运用却不相同,唯有如此,才能构成一条条独立的辞规。比如"面中显点"是一种常规的表达方法,"列举分承"也是一种常规的表达方法,"以例解义""约义明语""列举单承""顺序铺陈"等都是常规的表达方法。

综上所述,我们认为"辞规"的定义可以表述为:不具有生动形象性的具有特定模式的常规的修辞方式。这个定义中的"不具有生动形象性"是就辞规表达效果而言,"具有特定的模式"是就辞规组织结构而言,"常规"是就辞规的表达方法(或者说辞规的使用成分)而言。如果将"修辞方式"这个术语理解为消极修辞和积极修辞的各种模式,亦即"修辞方式"这个术语只理解为消极修辞和积极修辞的模式,那么"辞规"的定义可简化为:不具有生动形象性的修辞方式。

(二) 辞格与辞规的区别

辞格与辞规都属于格式化修辞方法,组织结构上的形式化、模式化是其共同的特征。其区别性特征主要表现在两个方面:

第一,在表达效果上是否具有形象生动性。这是辞格与辞规最重要的区别。

辞格属于积极修辞,它具有形象生动的特点,不管是什么样的辞格,它都必须具有或强或弱的形象生动性。而辞规属于消极修辞,它只是以事示人,以理服人,不以形象感人,不以情感动人,它只求表达得清楚明白、准确恰当、通顺晓畅、平易简洁,因而辞规不具有形象生动性。

如果从艺术魅力的角度来说,那么辞格具有浓厚的艺术魅力。辞规不具有浓厚的艺术魅力,只有某些消极修辞方式在特定的情境下才具有一定的艺术魅力,但这种艺术魅力并非完全等同于积极修辞。积极修辞的形象、生动、鲜明、突出、有力等艺术魅力浓厚,而消极修辞的则相当淡薄。积极修辞的艺术魅力能给人带来审美新奇感和审美惊奇感,消极修辞因为常见、常用,不可能形成审美新奇和审美惊奇。消极修辞平易、质朴,当它以朴实、本色之美与真挚情感相

---

① 陈望道.修辞学发凡[M].上海:上海教育出版社,1979:4.

结合时才能产生较大的艺术感染力。

由此观之,我们觉得吴士文先生所概括的辞规"事象升华"值得重新考虑,因为吴先生明确地说:"从修辞效果上看:这种方式能直抒胸臆,倾泻奔放的激情,并升华到时代的高度,巧妙地注入读者或听者的心田,使作者、说者和读者、听者的感情融合在一起,用在文章中可以有力地点明全文主题思想,鼓舞人,感动人,教育人。"①很明显,"事象升华"具有较为浓厚的艺术魅力。因此我们认为还是将"事象升华"看作积极修辞的方式比较合适。倪宝元先生主编的《大学修辞》(上海教育出版社,1994)就是将"升华"(即吴先生的"事象升华")看作辞格的。

我们认为辞规的确立首先应该强调无形象生动性、无浓厚的艺术魅力可言。辞规的概括、拟定应该排除那些有艺术魅力可言,特别是魅力不弱的格式,否则辞规与辞格的界限就难以划定。我们认为缪树晟先生所拟的"譬解"作为辞规不能成立,因为缪先生明确地说"使用譬解能使语言迷离藏趣,而后豁然开朗,同时还能给听众或读者以深刻的印象。"②这种修辞效果应该是积极修辞才有的,作为消极修辞的模式,辞规不应有这种修辞效果。因此,我们认为"譬解"作为辞规不合适,还是请出去为好。

第二,在使用成分上是否具有变异性。辞格具有变异性,这种变异性有多种表现,例如:改变了语辞原来的适用范围,使语辞的意义临时起了变化,改变了语辞的形体,等等。③ 辞规不具有变异性,如上所述,辞规追求的是语辞的适应性,利用的是语辞固定的声音、形体和意义,语辞的运用是常规的。

辞格与辞规在组织结构上差别最小。辞格是积极修辞的模式,辞规是消极修辞的模式,它们都是从言语中抽象概括的产物,都具有一定的形式特征,都具有模式性。如果从语法结构的角度作整体观照,那么辞格与辞规没有什么大差别,因为辞规要用通常的语法结构,辞格一般也要用通常的语法结构,比如明喻"什么像什么"形式不是通常的语法结构又是什么呢?

吴士文先生认为辞格的结构不是语法上的结构,而是辞格特定的结构。他将辞格特定结构归纳为四类,即:描述体描述对象体、换借体换借本事体、引导体引导随从体、形变体形变原形体。如果按照吴士文先生对辞格结构的理解,

---

① 吴士文.修辞格论析[M].上海:上海教育出版社,1986:155-156.
② 缪树晟.穷猿奔林,岂暇择木:譬解[J].营口师专学报,1995(2):67.
③ 袁晖.试谈辞格的特点[M]//复旦大学语言研究室.《修辞学发凡》与中国修辞学.上海:复旦大学出版社,1983:310-312.

很多辞规与辞格组织结构上仍然很难说有什么大差别。第一,那些从原有辞格中分化出来的辞规,总不能说分化前是这种结构,分化后就不是这种结构吧?例如从辞格"引用"中分化出来的辞规"引语"("引语"是将有的修辞书上的"引用"辞格中的"引证"与"引谬"提出来另立而成的)。① 从辞格"撇语"中分化出来的辞规"撇除"("撇除"是将张弓先生提出的辞格"撇语"中"核实的撇语"提出来另立而成的)。② 我们就看不出来作为辞规时和作为辞格某种形式时在组织结构上有什么差别。第二,按照辞格可以转化为辞规的观点,很难理解转化成的辞规与原来作为辞格的同一形式在组织结构上会有什么差别。因为这种转化观的立足点是"修辞效果"(严格地说应是积极修辞效果)是否明显。如果某一个辞格由于长期使用,而且使用频率高,所以它们的积极修辞效果不明显(失去了生动形象性,失去了艺术魅力),那么,这种辞格可视为转化为辞规了。例如"省略""节缩"等,研究消极修辞的同志很多人赞成将它们看作辞规。但不好说现在作为辞规的"省略""节略"等与作为辞格时的"省略""节缩"等组织结构上会有什么差别。第三,不少与某种辞格对应的辞规也很难理解在组织结构上会有什么差别。例如,同辞格"较物"对应的辞规有"比较","较物"与"比较"修辞效果、修辞方法上可以分清,但组织结构上就很难分清了。请作对照:

(1) 山高没有脚心高,石硬没有决心硬。

(2) 可是在中国,那时的确无写处的,禁锢得比罐头还严密。(鲁迅《为了忘却的纪念》)

(3) 我爸爸比你爸爸官大。

(4) 千里之行,其声势不亚于当时勇士们首漂长江的壮举。(《人民日报》,1987年4月20日)

例(1)、例(2)是辞格"较物",例(3)、例(4)是辞规"比较"。"较物"与"比较"的差别不在组织结构上,而在表达效果与表达方法上:"较物"是形象的比较,"比较"则只是一般的辨别。

既然,辞规与辞格在组织结构上差别最小,因此,我们不赞成区分是辞规还是辞格"主要还是考虑它的结构"的观点。我们认为区分是辞规还是辞格主要还是考虑它的表达效果。

---

① 陆文耀. 略说辞规的"引语"[J]. 营口师专学报,1988(2).
② 陆文耀. 略说辞规"撇除"[J]. 营口师专学报,1989(2).

八、辞格与辞规的转化

语言现象的对立统一是普遍存在的事实。这种对立表现为矛盾现象的相互排斥，这种统一表现为矛盾现象的相互依存与转化。拿语法和修辞来说，作为两种语言现象，它们是对立的：语法是语言的结构规律，而修辞是使语言具有好的表达效果的规律。然而，它们并非壁垒森严，彼此孤立，而是相互依存，紧密结合，在一定的条件下可以各自向着和自己相对的方面转化。例如，两个或两个以上的动词共用一个宾语的结构在先秦时代就已经存在，但是这种结构在以后的很长时期并没有得到发展，而且很少应用。五四以后，这种结构又渐渐普遍应用起来。① 如：

（1）使牺牲者直到被吃的时候为止，还是一味佩服赞叹它们。（鲁迅《狗·猫·鼠》）

（2）每人报告着形容着或吵嚷着自己的事。（老舍《骆驼祥子》）

显然，这种共用结构比分用结构要简洁得多。它的兴起，正是表达效果的需要，也正是语法现象转化为修辞现象的体现与必然。

再比如，"端正""丰富"这两个词，在新中国成立前都只作形容词用，不可带宾语，如"态度端正""知识丰富"。可是在新中国成立以后产生了新的用法，即带宾语的用法，像"端正了我们的学习态度""丰富了我们的知识"之类。② "端正"和"丰富"带宾语的现象一开始属于运用了转类这种修辞手法，这种现象无疑是修辞现象，但用得久了，用得普遍了，由变异转为常规，也就从修辞现象转化为语法现象了。正如吴士文先生所说的"由于社会的不断发展，文学、艺术、科学的不断发展，人们认识上的不断深化，交际上不断提出新的需要，人们交流思想过程中，为了收到好的表达效果，往往突破原有的语言结构，创造一些新的结构形式，使得某些语法现象转化为修辞现象；为了巩固久经考验的具有好的表达效果的凝定的修辞形式，又使得某些修辞现象转化为语法现象。正是由于它们这样地互相转化，汉语得以朝着健康的道路发展，构成了丰富多彩的精确

---

① 王力.汉语史稿：中册[M].北京：中华书局，1980：472.
② 史存直.汉语语法史纲要[M].上海：华东师范大学出版社，1986：30.

无比的完整系统。"① 当然,语法现象和修辞现象的转化也不是任意的,而是有条件的。吴士文先生认为语法现象转化为修辞现象需要满足两个条件:第一,原有的语法结构满足不了交际上日益增长的需要,必须突破,另创新说;第二,语法本身必须有同义形式或可能转化的形式。修辞现象转化为语法现象也需要满足两个条件:第一,也是社会交际的需要,交际上需要把具有良好的表达效果的语法结构凝定下来,以丰富语言宝库;第二,该说法必须有它的近于凝定的结构。

上面所言语法现象与修辞现象的相互转化,只是侧重于从规范与变异的角度来看待语言现象,并不是说语法现象转化为修辞现象后只有修辞规律而无语法规律,只是修辞学的研究对象而排斥于语法学的研究对象之外;也不是说修辞现象转化为语法现象后只有语法规律而无修辞规律,只是语法学的研究对象而排斥于修辞学的研究对象之外。其实任何语言现象既有语法规律,又有修辞规律;既是语法现象,又是修辞现象。任何语言现象从组织结构来说有语法,从表达方法来说有修辞。陈望道先生曾经说过的一段话很值得我们思索:"文法和修辞虽然是两门不同的学科,但是两者的关系是很密切的,文法事实和修辞现象往往可以互相转化。因此,研究它们的时候,可以同时进行,双方兼顾,使我们的研究更为周到全面。"②

语言现象的对立统一表现在修辞现象之中便是积极修辞与消极修辞的对立统一。其中积极修辞的模式——辞格和消极修辞的模式——辞规既性质不同,又相互联系,既相互排斥,又相互关联。在言语实践中,辞格向辞规的转化便是它们对立之中有统一的一种表现。例如借代修辞格在言语活动中使用得相当普遍,这其中有很多偶发的现象,它们的使用带有形象、生动的特点,下面几例就是如此:

(1) 我最佩服北京双十节的情形。早晨,警察到门,吩咐道:"挂旗!""是,挂旗!"各家大半懒洋洋的踱出一个国民来,撅起一块斑驳陆离的洋布。(鲁迅《头发的故事》)

(2) 职工当天就知道自己一天挣多少钱,这就是关广梅创造的"百元销售工资率分配法"。"大团结"发挥了诱人的魅力,不爱上班的人也被吸引到柜台前来了。(李岩林《一九八七年中国第五代新闻人物》)

---

① 吴士文. 简论语法与修辞现象的互相转化[M]//中国修辞学会. 修辞和修辞教学. 上海:上海教育出版社,1985.
② 陈望道. 修辞学发凡[M]. 上海:上海教育出版社,1979:10.

（3）西洋某些学者对儒学感兴趣自有他们的道理与自由，但想用孔夫子治艾滋病恐怕不能奏效。（陈小川《林妹妹·孙悟空·新儒家》）

例（1）借用"洋布"来代指国民党的"国旗"，这是用材料代本体。例（2）借用当时最大面额的人民币——十元人民币的正面图案"全国人民大团结"（或"大团结"）来指称"金钱"，这是用特征代本体。例（3）用"孔夫子"代儒家学说，是以作者代本体。这些语言事实所显现的是借代作为辞格所应有的典型特征：形象、生动，具有艺术魅力。但也有一些借代因为使用得相当普遍广泛，其艺术魅力逐渐消失，由变异现象转化为常规现象，亦即由辞格转化成了辞规，如：

（1）前面走过来一队红领巾。

（2）彼此说着闲话，掌上灯烛，管家捧上酒、鸡、鱼、鸭、肉，堆满春台。王举人也不让周进，自己坐着吃了，收下碗去。（吴敬梓《儒林外史》第2回）

例（1）的"红领巾"有一些修辞著作看作借代修辞格，归入特征代本体。确实，用本体事物的标志（"红领巾"是少先队员的标志）来代替本体事物（"少先队员"）是借代方式之一，但"红领巾"代替"少先队员"，这种用法很普遍，慢慢地这种用法就没有了积极修辞手法的艺术感染力，即由变异说法转化成了常规说法，换言之，它由辞格转化成了辞规。《现代汉语词典》（商务印书馆）1978年版和1996年版等都将"少先队员"作为"红领巾"的第二个义项，由此也可见将"红领巾"的这种用法看作辞格不合适了。例（2）中的"肉"很多修辞学书看作借代辞格，解释为"特指猪肉"，"这是以泛指代特指"（或"借普通代特定"）。其实将"肉"的这种用法看作辞格很不妥当，因为这种用法实在普通得不能再普通了，日常生活中我们说"肉"就是指猪肉（这恐怕与我们汉人的饮食习惯有关），说其他什么肉一般应作限定，如说"羊肉、牛肉、鸡肉、兔肉、驴肉"什么的。

辞格与辞规的区别主要在于表达效果的不同，或曰艺术魅力的有无。当一种辞格或者作为辞格中的某一种形式丧失了艺术魅力的时候，它便由积极修辞的阵营转到了消极修辞的阵营，由辞格转到了辞规。

我们认为陈望道先生《修辞学发凡》中所列的辞格"节缩""感叹""省略"等可以归入辞规，因为它们的积极修辞的效果不那么显著。

"节缩"就是节短、综合语言文字。如2001年9月11日美国遭到恐怖分子的袭击，此次事件一般称作"9·11事件"。"9·11"就是9月11日的节缩。"人民代表大会""政治协商会议"常节短为"人大""政协"。应该说节缩这种言语方式在日常生活中使用得相当广泛，因为它能收到简洁明了的效果。陈望道先生说："节缩都是音形上的方便手段，于意义并没有什么增减。……不过字音字形比较地短少,说起来写起来比较地简便些,听起来看起来也比较简洁些罢了。虽然意义并无增减,却可避免繁冗拖沓,可把常说共喻的词语来省言简举,达到我们得省便处且省便的目的。"①节缩的主要功用就在于使语言简明,虽然"在古文中,却有利用它来凑就对偶音节或者形成错综的",但毕竟是在"古文中",现代生活中用节缩来匀称音节、错综词语的很难见。因此,我们认为从修辞效果的角度而言,节缩与其看作辞格,不如认为是辞规或者说是由辞格转化成的辞规。

"感叹",陈望道先生解释道:"深沉的思想或猛烈的感情,用一种呼声或类乎呼声的词句表出的,便是感叹辞。感叹辞约有三类形式:① 添加'呵''呜呼''噫嘻''哉''夫'等感叹词于直陈句的前后;② 寓感叹的意思于设问的句式;③ 寓感叹的意思于倒装的句法。内中②③两类,各与设问倒装等格有关系,最纯粹的,只有①这一类。我们因此可说①这一类是感叹辞中最主要的形式。"②黄民裕先生对"感叹"的解释和陈望道先生一样,而且也将"感叹"分为三种形式:一是加用感叹词于直陈句的前后或加感叹号于直陈句末;二是把感叹的意思寄寓在设问的句子里;三是把感叹的意思寄寓在倒装的句子里。他也认为"后两种形式和设问、倒装辞格有关系,最纯粹的只有第一种形式。"③比较而言,黄民裕先生的第一类"感叹"比陈望道先生的第一类"感叹"范围要宽得多,亦即感叹辞格最主要的形式宽窄范围有异。黄先生将带有感叹词语或句末有感叹号的,全都看作感叹辞格。请看黄先生举的言语实例:

(1)"我并没有阔哩。我须卖了这些,再去……"

"阿呀呀,你放了道台了,还说不阔?你现在有三房姨太太;出门便是八抬的大轿,还说不阔?吓,什么都瞒不过我。"(鲁迅《故乡》)

(2)哎呀! 老大娘,不要,不要,我们不冷呵!(柯岗《三战陇海》)

(3)梁永生将一根烧红了的铁条,从洪炉中抽出来,同时关照孩子们说:"闪开! 闪开!"(郭澄清《大刀记》)

(4)我没有办法,谁叫我是秘书呢! 只好冲着骆副厂长的背影又骂自己的儿子:"我的儿子将来要再给人家当秘书,我就把他的手指剁掉!"(蒋子龙《一个工厂秘书的日记》)

---

① 陈望道.修辞学发凡[M].上海:上海教育出版社,1979:177.
② 陈望道.修辞学发凡[M].上海:上海教育出版社,1979:143.
③ 黄民裕.辞格汇编:增订本[M].长沙:湖南出版社,1991:94.

(5) 我的心猛地一缩……呵,这个结局! 我目不转睛地瞪着声音稍稍喑哑了的老岩,此时,对他的怪癖,对他如此烦忌水壶的缘由,我当然都明白了。(叶文玲《心香》)

(6) 莫非同我有什么关系吗? 我刚一转念,心就猛地往下沉。

"糟糕!"我对自己说,这下完了……(张抗抗《夏》)

以上诸例加下划线处黄民裕先生都认为使用了感叹这种修辞格。① 然而仔细考察一下,我们会发现,这些用例只是或运用象声词,或运用语气词,或运用感叹号来反映语气和情感,并不具有什么特别的艺术感染力。因而将感叹视作辞规可能会比视作辞格更合适些。

"省略",陈望道先生的解释是"话中把可以省略的语句省略了的,名叫省略辞。有积极的省略和消极的省略两种。""凡属可以省略的简直不写,如绘画上的略写法,或虽只以一二语了之,如唐彪所谓'省笔',这是积极的省略。"积极的省略其实就是省句:"省句到极,简直不写,便是前者;省句不到这样程度,不是不写,只是略写,便是后者。"消极的省略就是省词的省略,有蒙上省略和探下省略之分。②

宋振华先生等主编的《现代汉语修辞学》(吉林人民出版社,1984)将"省略"定义:"凭借语言环境,对某些内容加以省减或略写的修辞方式",并将省略分为两类:省句法和省词法。省句法是把见于前文或能够推测出来的意思,略而不说(写),用一个或几个词语带过,也叫略写。如:

牛郎把自己的情况谈得很细,小时候怎么样,长大了怎么样,哥怎么样跟他分家,他怎么样安了家,跟老牛一块过日子,都一五一十地说了。

这里连用了四个代词"怎么样"和一个"一五一十"把上文的详细情节都代替了,省去大量篇幅。

省词法指在一定语言环境中省去句子的一个或几个成分,它包括对话省和自述省、承前省和蒙后省、泛指省和习惯省。

黄民裕先生在《辞格汇编》增订本(湖南出版社,1991)中认为"凭借一定的语言环境,省掉一部分句子成分,这样的修辞手法叫作省略。"他将省略分为承前省、蒙后省、对话省、自述省、泛指省、突显省和潜词省。突显省指在对话时把对方的话当中的某个词语突显出来,表示怀疑、惊讶或强调等,这种省略不容易

---

① 黄民裕.辞格汇编:增订本[M].长沙:湖南出版社,1991:93-94.
② 陈望道.修辞学发凡[M].上海:上海教育出版社,1979:183-186.

明确指出省的是什么。如：

(1) 鲁四凤　　煎好了,凉在这儿好半天啦。(递药给周蘩漪)您喝吧。

周蘩漪　　(喝一口)苦得很。谁煎的?

鲁四凤　　我。

周蘩漪　　难喝,倒了它。

鲁四凤　　倒了?(曹禺《雷雨》)

(2) 周朴园　　谁是鲁大海?

周冲　　鲁贵的儿子。前年荐进去,这次当代表的。

周朴园　　这个人!我想这个人有背景,厂方已经把他开除了。

周冲　　开除!爸爸,这个人脑筋很清楚,我方才跟他谈了一回。代表罢工的工人并不见得就该开除。(曹禺《雷雨》)

潜词省指省略的部分虽未言传,却可意会。如：

五月——麦浪。

八月——海浪。

桃花——南方。

雪花——北方。(贺敬之《放声歌唱》)

突显省与潜词省很难明确指出省略的是什么,也就是说省略的内容不具有唯一性,而且它们与言外之意、隐含等语用因素紧密相连,将这二者看作省略,省略的范围将宽泛无边,更严重的还会吞并其他辞格,如婉曲、留白等。因此,我们认为还是将所谓的突显省、潜词省从省略中剔除出去为好。

省略作为一种言语现象,从历时的角度观察它是变化的、运动的、发展的。比如,在现代汉语中,一般宾语的省略很普遍,但"在上古汉语中,一般宾语的省略是很少见的。只有在平行句的第二句的否定语里,宾语才往往被省略了。"[①]再如,在先秦对话中,"曰"字的主语往往承前省去,例如：

子曰:"赐也,女以予为多学而识之者与?"对曰:"然,非与?"曰:"非也,予一以贯之。"(《论语·卫灵公》)

有时在不妨碍了解的情况下,连"曰"字也省略了。如：

啮缺问乎王倪曰:"子知物之所同是乎?"

曰:"吾恶乎知之!"

"子知子之所不知邪?"

曰:"吾恶乎知之?"

---

① 王力.汉语史稿:中册[M].北京:中华书局,1980:460.

"然则物无知耶!"

曰:"吾恶乎知之!虽然尝试言之。……"(《庄子·齐物论》)

先秦这种对话中的省略法后来渐渐罕见了,到了近代的白话文里更是几乎绝迹。但是,五四运动以后,受西洋语法的影响,又复兴了。在现当代文学作品中这种对话中的省略法成了最基本的叙述方式。① 由此可见,省略这种言语现象关涉到语言的结构,或者说语言的组织,因此语法学要研究;它也关涉到语言的表达效果,因此,修辞学也要研究。比较而言,修辞学研究省略比语法学研究省略范围要宽一些。一般来说语法学研究省略只研究句子成分的省略问题,因为这关系到句子的结构。修辞学上所说的省词法就是语法学的研究对象,而修辞学上所说的省句法,语法学通常不研究。例如:

就语言讲,它可以为任何阶级服务,但如果你的思想是资产阶级思想,你的语言所表达出来的东西脱离不了资产阶级思想的范畴,反之亦是。

这儿的"反之亦是"属于省句法。此句用"反之亦是"代替了另一个假设复句:"如果你的思想是无产阶级的思想,你的语言所表达出来的东西脱离不了无产阶级的思想范畴。"这样的省略语法学不研究,也不必研究。

对省略的认识,无论是语法学上还是修辞学上,都有不少分歧。但无论有什么样的分歧,对省略的目的或作用,人们的看法则是一致的,即:为了语言的简洁明快。从修辞效果的角度着眼,省略已不具备多少积极修辞的效果,因此,我们认为省略可看作由辞格转化成了辞规。

对待修辞现象,对待辞格有了转化的观点,很多问题就会有一个较为合理的解释。例如某些辞格,由于各地区使用的时间和频率是不平衡的,甲地认为是辞格,乙地可能认为不是辞格。如修辞学著作中常举的"借代"例"喝龙井"的"龙井","女人低着头说"的"女人","猪吃地"的"地",等等就是如此,认为不是辞格的是因为当地这么说已成习惯,长期的使用让这些原本新颖、生动的说法演变成了常规的说法,即由辞格转化成了辞规;认为是辞格的或许因为当地的这些说法使用得并不十分普遍、久远,仍具有较明显的修辞效果。有了辞格可以转化为辞规的观点,我们也就可以明白为什么"倒装"有的修辞著作认为是辞格,有的修辞著作没有让它进入辞格之林的道理:"倒装"还没有完全转化为辞规。②

---

① 王力.汉语史稿:中册[M].北京:中华书局,1980:462-463.
② 吴士文.修辞格论析[M].上海:上海教育出版社,1986.

九、辞格与辞规的中介现象

中介是对立着的事物的中间环节或者说媒介。黑格尔说:"中介不是别的,只是运动着的自身同一,换句话说,它是自身反映,自为存在着的自我的环节,纯粹的否定性,或就其纯粹的抽象而言,它是单纯的形成过程。……正是这个反映,使真理成为发展出来的结果,而同时却又将结果与其形成过程之间的对立予以扬弃。"①黑格尔说的"同一",其实也就是亦此亦彼。

作为事物发展过程中的一种中间状态,或者说模糊状态,中介现象大量存在于自然界、人类社会和精神领域。比如,物体的大小、长短,时间的快慢、多少,空间的高低、宽窄等等一般情况下都没有截然分明的界限。再如,禽类为卵生的非哺乳动物,兽类为胎生的哺乳动物,但鸭嘴兽却是卵生的哺乳动物,鸭嘴兽的存在模糊了禽与兽之间的界限。同样,文昌鱼(有脊椎无脊索)的出现,打破了脊椎动物和无脊椎动物之间的明确界限。事物的非此即彼与亦此亦彼的存在使得人类的认识必须重视中介物,必须采用辩证的思维方法。恩格斯在《自然辩证法》一书中指出:"一切差异都在中间阶段融合,一切对立都经过中间环节而互相过渡,对自然观的这种发展阶段来说,旧的形而上学的思维方法就不再够了。辩证法不知道什么绝对分明的和固定不变的界限,不知道什么无条件的普遍有效的'非此即彼',它使固定的形而上学的差异互相过渡,除了'非此即彼',又在适当的地方承认'亦此亦彼',并且使对立互为中介;辩证法是唯一的、最高度地适合了自然观的这一发展阶段的思维方法。"②语言现象中也存在着大量的"非此即彼"与"亦此亦彼"的现象,或曰存在着大量的中介现象,因此,对待这些语言现象只有"非此即彼"的静态观念,而无"亦此亦彼"的动态观念是不可能很好地解释这些语言现象的。例如汉语里的句子有单句和复句的区别,这是不争的事实,但是有一些句子,在这种语法著作里叫单句,在另一种语法著作里却叫复句;在这种语法著作里叫复句,在另一种语法著作里却叫单句,因此产生了单句和复句的划界问题。而这个划界问题却成了个久悬不决的老大难问题。人们采用了各种各样的办法,用了各种各样的标准想使单句和复句之间

---

① 黑格尔.精神现象学:上[M].贺麟,王久兴,译.北京:商务印书馆,1981:12.
② 恩格斯.自然辩证法[M].北京:人民出版社,1971:190.

有一个泾渭分明的界限。如,有的拿中间有没有语音停顿作为判断单句和复句的标准:有停顿的是复句,没有停顿的是单句;有的以有没有关联词语作为判断单句和复句的标准:有关联词语的是复句,没有关联词语的是单句;有的把主谓结构的多少作为判断单句和复句的标准:有两个或两个以上主谓结构的是复句,只有一个主谓结构的是单句;有的以"结构中心"为标准:有一套结构中心的句子(其中词语之间互为句子成分)是单句,有两套或两套以上结构中心的句子(每套结构中心彼此分立,互不作句子成分)是复句;也有的综合上面的几种标准,等等。然而这许许多多的标准,没有哪一个能够使得单句和复句截然分开,界限分明。于是有人出来说,你们用的标准不好,如果有一个好的标准,单复句划界问题自会迎刃而解。我们认为要想使得单句和复句的界限绝对泾渭分明,只能是个美好的愿望,这是永远不可能实现的,因为这种思想是建立在非此即彼的两极对立的基础上,认为汉语的句子"非单即复,非复即单,二者必居其一"。其实汉语的句子虽有单句与复句的对立,却并非永远对立、处处对立,而是存在着大量的中间状态,单句与复句之间既有对立又有纠结。邢福义先生在《汉语复句与单句的对立与纠结》一文中曾对中学语文教材中的8篇课文作了统计,得到一些极有价值的数据。邢义福先生的最后结论是:"单复句之间存在'剪不断理还乱'的纠结现象,这是客观事实。在8篇课文所提供的数据里,纠结现象最多的达百分之五十四强,最少的也达百分之三十三强,大多数都在百分之四十以上,都超过典型单句和典型复句的平均数。显然,要想在二者之间划出一条'泾渭分明'的界限,这是徒劳无功的努力。"[①]无疑大量中间现象的存在要求我们还必须具有"亦此亦彼"的观点,不能只用单一的"非此即彼""非单即复"的观点来对待汉语的句型。我们觉得只有重视中介现象,只有坚持"非此即彼"与"亦此亦彼"的对立统一的辩证观点,才能使得单复句的划界问题获得圆满的解决。

修辞现象与语法现象一样也存在着大量的"非此即彼"与"亦此亦彼"的情形。作为修辞现象的两大类别:积极修辞与消极修辞充满了对立与统一。积极修辞与消极修辞的下位层次辞格和辞规也充满了对立与统一。前面我们探讨了辞规的特征,开列了辞规与辞格的三点区别,从对立的角度强调了二者的差异,强调在辞规的概括中应注意划清与辞格的界限。我们强调、重视辞格与辞规的两极对立,但我们同时也强调、重视辞格与辞规的辩证统一。我们承认积极修辞在一定条件下可以转化为消极修辞,辞格在一定条件下可以转化为辞

[①] 邢福义.语法问题思索集[M].北京:北京语言学院出版社,1995:240.

规,这其实也就是承认修辞现象的中间状态。我们认为修辞现象中存在着典型的辞格与辞规,这些典型的辞格与辞规体现了辞格与辞规的两极对立。我们也认为在典型的辞格与典型的辞规之间也游动着既像辞格又像辞规的修辞方式。这些修辞方式既有辞格的某个或某些特征,也有辞规的某个或某些特征,从这个角度看是辞格,从那个角度看是辞规,它们形成了辞格与辞规的交叉,构造了辞格与辞规的模糊域。例如比喻、比拟、顶真、夸张、拈连等修辞方式属典型的辞格,是辞格的核心;面中显点、以例解义、约义明语、正面释义等修辞方式属典型的辞规,是辞规的核心。辞格与辞规核心部分界限分明,但它们的边缘地带则是模糊的,呈现着"亦此亦彼"的状态。因此,处于边缘地带的修辞方式就很难作"非此即彼"的归类。承认辞格与辞规存在着中间状态,有助于我们解决某些修辞方式的归属问题。例如,语言表达中有一种"对同一个人,从不同的视点、不同的角度给以不同的称谓或称说"的修辞方式,如:

小王轻声地问大吴:"他究竟是谁?"

大吴压低了声音回答:"谁?这就是市委书记魏振国的老上级、魏书记爱人陈颖同志的伯父、省委书记陈春柱。"(张契《改革者》)

对同一个人"他",用了"市委书记魏振国的老上级""魏书记爱人陈颖同志的伯父""省委书记陈春柱"这三个不同的称谓,简洁地展现了"他"在复杂的人际网络中所处的位置,即所具有的不同身份。

这种修辞方式为谭永祥先生首次提出,谭先生称之为"异称"[①]。20世纪80年代吴士文先生提出辞规理论时,将谭先生的"异称"改名"称谓合体"作为辞规来介绍(见其《"修辞方式"的系列化》《修辞格论析》)。后来谭永祥先生在《汉语修辞美学》(北京语言学院出版社,1992)中对此提出了异议:

这就不好办了,消极修辞也有"魅力"可言吗?如果有,那不是把积极修辞的"理路搅乱了"?如果没有,吴士文在"辞规之二:称谓合体"一节里所举的四个例子全是谭永祥《修辞新格》里的"异称格","辞规"怎么能用辞格的例子呢?当然,作者也可以不承认"异称"是辞格。不过不行。请看《修辞格论析》引用《修辞新格》中"异称"中的四个例子之一:

柞子树,矮矬矬,

哥哥说我吃的少,

嫂子说我吃的多。

"嫂子嫂子不要说话,

[①] 谭永祥.修辞新格[M].福州:福建教育出版社,1983.

迟缓三年我会嫁。

<u>嫁去爷的心肝女</u>，

<u>嫁去娘的茉莉花</u>，

<u>嫁去哥哥的亲妹妹</u>，

<u>嫁去嫂子的大冤家</u>。"

例中四处有着重号的不是"辞格"而是"辞规"吗？属于消极修辞的辞规也有这样的"魅力"吗？我们在"异称"里面还举了《御苑兰馨记》的一个例子，例子中有这样的句子：

招手叫荣禄进去的不是慈禧而是兰姑娘。

可是荣禄忽然忆起这不是兰而是慈禧，所以磕下头去，以头触地……

这里的"兰"就是"慈禧"，"慈禧"就是"兰"，"兰"和"慈禧"是一个人。例中的"不是慈禧而是兰姑娘"、"不是兰而是慈禧"，等于说"不是慈禧而是慈禧"，或"不是兰而是兰"，语意舛错，自不待言。然而联系到慈禧和荣禄两人的特殊关系，却又的的确确"兰姑娘"不等于"慈禧"，"慈禧"也不等于"兰姑娘"。因为：作为"兰姑娘"，是荣禄的昔日情人；而作为"慈禧"，则是荣禄眼下的主子。这种写法，荣禄和慈禧之间复杂而又微妙的关系虽然未着一字，却已消息全出。可惜吴士文以"异称"作为"辞规"的例子时，把这个曾被一位同行朋友倾倒的佳例漏掉了。否则，我想他就不会把有时正是以人称"混乱"见妙的"异称"，轻率地移植到"辞规之二：称谓合体"中去了。（第478－479页）

我们认为"异称"处于辞格与辞规的中间状态，是辞格与辞规的中介现象。作为从不同的视点、不同的角度给同一个人以不同称谓的修辞方式有时可谓魅力无穷，如上引谭永祥先生所举的"兰姑娘"与"慈禧"的例子；有时又可能极其平实，毫无魅力可言，如"市委书记、市人大主任刘伟今天中午在稻香楼宾馆会见了澳大利亚伟力公司副董事长、伟力公司亚洲地区首席执行官李晓燕博士"（此句用"异称"点明了"刘伟"与"李晓燕"的多重身份，追求的是表意的明晰简洁，并无特殊的魅力）；有时魅力的有无可能相当模糊，如李准的小说《李双双》的开头：

村里街坊邻居，老一辈人提起她，都管她叫"喜旺家"，或者"喜旺媳妇"；年轻人只管叫"喜旺嫂子"。至于喜旺本人，前些年在人前提起她，就只说"俺那个屋里人"，近几年双双有了个小孩子，他改叫作"俺小菊他妈"。另外，他还有个不大好听的叫法，那就是"俺做饭的"。

这六个称谓指的都是李双双这个人。这六个称谓反映了李双双与周围人的不同关系。这里异称的使用就很难说有多么大的艺术魅力。

一般说来在文艺性语体中异称的使用可能会更多地追求其艺术魅力,而在应用性语体、科技性语体中运用异称更多的应是从不同角度揭示同一对象的不同内涵,追求的是平实而不是艺术魅力。

异称的实质,从逻辑学角度来说,就是同一关系概念的运用。对同一对象运用具有不同内涵的概念来指称他,如果只着眼于这种指称性,"侧重在理解",那么此时消极修辞的效果显著,辞规的特征明显;如果在指称的基础上追求形象生动,追求委婉曲折,追求一种动人的意味,"侧重在情感",侧重在"体验性",那么此时积极修辞的效果显著,辞格的特征明显。异称的这种辞格辞规的模糊性,或曰亦此亦彼性造成了归属的二重性:可归入辞格,也可归入辞规。

异称归入辞格有道理,归入辞规也有道理,因为异称是辞格与辞规的中介现象。当我们对异称有了这样的辩证认识之后,它的归属则是次要的了,是归入此类,还是归入彼类,或是归入第三类都无关紧要。

上面我们立足于事物的对立统一讨论了辞格与辞规的中介现象,下面我们再用范畴化理论来探讨同样的问题。

大千世界纷纭复杂,人类面对这纷纭复杂的现实世界,在认识、改造自己生存环境的过程中,逐渐具备了范畴化的能力,并以此对经验进行处理、构造、储存,与他人进行交际和交流。从认知的角度来说,范畴化是人类高级认知活动最基本的方式之一,"它指的是人类在歧异的现实中看到相似性,并据以将可分辨的不同事物处理为相同的,由此对世界万物进行分类,进而形成概念的过程和能力。"①范畴化在人类认知过程中有着独特的地位与作用,因而范畴化问题一直是认知研究的中心。认知科学研究范畴化所形成的两种范畴化理论对我们研究修辞方式应有很多的启示。

两种范畴化理论一为经典范畴化理论,一为原型范畴化理论。

经典范畴化理论肇始于亚里士多德对本质属性与非本质属性的区分。它是根据特征进行概括的,它的一个基本假定是:范畴是根据一组充分必要特征/条件来下定义的,或者说范畴是由充分特征和必要特征的合取定义的。这种理论还有以下这些假定:① 特征是两分的,某一范畴具有或不具有某一特征泾渭分明。② 范畴之间有明确的边界。③ 同一范畴内的所有成员地位相等。这种根据共有特征而概括出来的范畴就是特征范畴(feature-based category)。

原型范畴化理论,是在传统的经典范畴化理论基础上产生的新的现代范畴化理论。著名语言哲学家莱柯夫(Lakoff)曾形象地将经典范畴化理论的实质

---

① 张敏.认知语言学与汉语名词短语[M].北京:中国社会科学出版社,1998:50.

概括为"容器"隐喻。这个隐喻说范畴像一个容器,具备定义性特征的个体就在里边,不具备定义性特征的个体就在外边。经典的范畴化理论在界定离散的、内部同质的范畴,如数学、逻辑学或严格的科学意义上的类别时作用巨大,不可或缺,但它并非完美无瑕:第一,它忽视了经典范畴之外其他类型的范畴;第二,它不能很好地解释在自然语言中表现出来的日常概念范畴,等等。著名哲学家维特根斯坦(Wittgenstein)曾发现有一类概念范畴无法用经典的模式去概括,而是以一种他称之为"家族相似性"(family resemblance)的原则组织起来的,其中类别的成员就如同一个家族的成员,每个成员都和其他一个或数个成员共有一项或数项特征,但几乎没有一项特征是所有成员都共有的,这样以环环相扣的方式通过相似性而联系起来成为一类。他举过一种有趣的现象:尽管下棋、打牌、赛球、奥林匹克比赛等活动都称之为游戏(game),但它们并没有一组共同的特征(比如比赛方式、决定胜负的方式……),它们之间只存在着部分重叠、交叉的相似性。这好比同一家族的成员在体形、相貌、眼睛颜色、步态举止、气质等方面部分地重叠、交叉相似一样。他论证说,这样的概念只是由叠合的相似性网络界定出来的。

维特根斯坦的"家族相似性"理论以及颜色词研究的启示(颜色词研究表明:颜色范畴内部各成员地位并不平等,某一颜色区域内的中心部分比边缘部分更具有代表性,即为某个颜色的更典型的样例),20世纪70年代初心理学家、语言学家们对"cup, bird, fruit, furniture, vegetable, toy, vehicle, clothing"等概念所作的定量实验研究催生了范畴化的原型理论(prototype theory)或者说基于原型(prototype)的现代范畴化理论。

原型范畴化理论认为:范畴不一定能用一组充分必要特征/条件来下定义。实体的范畴化是建立在好的、清楚的样本(exemplar)的基础之上的,然后将其他实例根据它们跟这些好的、清楚的样本在某些或一组属性上的相似性而归入该范畴。这些好的、清楚的样本就是典型(即原型),它们是非典型事例范畴化的参照点。这种根据与典型事例类比而得出的范畴就是原型范畴(prototype-based category)。这种理论还有以下假定:① 实体是根据它们的属性来加以范畴化的,但这些属性并不是经典的范畴化理论中的那种二分的理论构件,而经常是个连续的标度。② 范畴的边界是模糊的、不固定的。③ 同一范畴内的成员地位并不相等,有较好的成员和较差的成员之分,较好的成员是该范畴的典型成员,较差的成员是该范畴的非典型成员。例如,在"鸟"的类别中,知更鸟和麻雀等就是较好的典型成员,而鸵鸟、企鹅等则处于范畴的边缘,是较差的成员。最好的成员即最具原型性(prototypicality)的成员,其与最差的成员之间,可有等级之别。④范畴中原型性更高的成员具有更多的与同类其他成员共有的属性,并具有更少的与相邻类别的成员共有的属性;换言之,就属性而言,原型成员最大限度地区别于其他范畴的原型成员,而非原型成员(或曰边缘成员)则相反,它们与同类其他成员共有的属性较少,而与相邻范畴共有一些属性。①

我们认为已有的辞格与辞规的归纳、分类工作和语法学上的词类划分一样,基本上是以经典的范畴化理论为逻辑背景的。例如,采用一两个认为是充分必要的特征来给不同的修辞方式下定义;往往认为某一修辞方式具有或不具有某一特征;常常希望这类或这个修辞方式跟那类或那个修辞方式有非常明确的界限,并且默认同一修辞方式中的样本地位相等,没有典型成员与非典型成员之别。这种追求整齐划一的学科理论极有价值,指导实际工作也很有成效,但面对纷繁复杂的修辞现象,在修辞方式的实际划分中经常会遭遇很多难题,无法获得令人信服的答案,甚至有些难题见仁见智,争论不休,成为永远的难题。何以如此呢?我们觉得根本的原因在于修辞方式(辞格、辞规)不完全是特征范畴。因此完全用经典的范畴理论来规范、导引修辞方式的研究,不可避免地会产生矛盾,不可避免地会面对一些难题无能为力,勉强为之,常常难以圆满。

我们认为修辞方式——辞格、辞规在很大程度上属原型范畴。拿辞格来说,其类别难分,定义难下,都表明了辞格带有原型范畴的特色。

辞格的分类一直是个难题。唐钺的《修辞格》、陈望道的《修辞学发凡》、张弓的《现代汉语修辞学》等较早的修辞著作的分类常被认为不尽如人意,原因就是"有的分类,前后角度不一致,分类的结果出现了一些矛盾;有的分类,以偏概全,不那么完整、系统"。②也就是说这些名著的分类主要问题有两个,一是标准或角度不一,分类结果交叉;二是不能针对所有的辞格来分类,这其实还是分类标准的问题。这些学者们因为找不到某一个能适用所有辞格的标准(也就是所有辞格共有的特征)来给辞格分类,结果自会产生以上所说的不尽如人意。后来很多学者一直努力寻找单一标准给辞格分类,如影响较大的吴士文先生的"特定结构"标准,刘焕辉先生的"特殊组合"标准,李济中先生的"表达效果"标准等,然而至今仍没有哪一位学者能做到凭一个标准给所有的辞格分出尽如人意的类别来。为什么会这样?值得我们重新审视。我们认为后来很多学者的

---

① 关于两种范畴化理论的介绍参见《中国社会科学》1995年第1期袁毓林《词类范畴的家族相似性》一文和张敏《认知语言学和汉语名词短语》(中国社会科学出版社,1998)。
② 李济中.关于修辞方式的分类与处理[M]//中国修辞学会.修辞学论文集:第一集.福州:福建人民出版社,1983:414.

分类虽然比以往的分类有了很大的进步,科学性更强,实用性更大,但本质上仍无太大的区别,因为多数学者仍是试图用某一标准将辞格串联起来,亦即希望建立一个单一、整齐、明确、有序的辞格系统。

辞格的类别难分,无法凭某一个共有的特征来给所有的辞格分类,其实已经昭示了辞格并不是个真正的特征范畴,而是个原型范畴。

在很多人的心目中,辞格是由许多独立而同质有序的个体组合成的严密系统,因此可以找到一个合适的标准使所有的辞格各就各位,彼此界限分明。但事实并非如此。辞格是人们在长期的言语活动中所凝固成的众多具有一定规律性的积极修辞手法的聚合。我们与其认为辞格是通过某一共有特征而形成的聚合系统,还不如认为辞格是通过如维特根斯坦所说的"家族相似性"的原则组织起来的类聚系统。我们觉得辞格内部的每个成员都和其他一个或数个成员共有一项或几项特征,如,比喻和比拟都有"比"的特征,但很难找到一项特征是所有的成员都共有的,辞格的定义难下似乎也说明了这个问题。辞格可谓修辞学研究最主要的内容,但给辞格下定义的著作并不多(《修辞学发凡》就没给辞格下过正式的定义),而且所下的定义多有不同,也不能使人满意,无论是包容性还是排他性或是明确性上。如唐钺在《修辞格》中给辞格下的定义是:"凡语文中因为要增大或者确定词句所有的效力,不用通常的语气而用变格的语法,这种地方叫作修辞格"。以"变格"作为辞格的特征,显然只适合少部分辞格。林裕文在《词汇、语法、修辞》(上海教育出版社,1985)中说,"辞格是为了使说话生动有力而运用的一些修饰描摹的特殊方法",但"生动有力的修饰描摹的特殊方法"的说法失之过宽:辞格如此,辞趣何尝不是如此呢?张涤华先生等主编的《汉语语法修辞词典》(安徽教育出版社,1988)对辞格作了如此的界定:"修辞格,简称'辞格',也称'语格''辞藻''辞式'。它是在修饰、调整语言,以提高语言表达效果中形成的具有特定表达作用和特定表达形式的特殊的修辞方式或方法,如比拟、借代、析字、顶真等。"这个定义也难以概括所有的辞格,谭永祥先生认为"它的缺点是无法和辞趣相区别,就是把应该排除的没有排除掉;而根据定义项'特殊的修辞方式或方法',人们又有理由把排比、反复、顶真、层递等辞格排除在外,也就是把不应该排除的却排除掉了。"[①]辞格的定义不一固然说明学者们对辞格的本质属性认识不一,但辞格的定义不尽如人意似乎也表明了辞格或许不是个真正的特征范畴,而可能是个原型范畴。辞格作为一个类,似乎不是因为每一个辞格都具有辞格的共同特征,而是因为每一个辞格都和其他

[①] 谭永祥.汉语修辞美学[M].北京:北京语言学院出版社,1992:41.

一个或几个辞格有一些"家族相似性"。辞格正是以环环相扣的方式通过"家族相似性"而联系起来形成类聚系统。在辞格内部存在着典型的成员(较好的样本)和非典型的成员(较差的样本)的差别,并非绝对同质。这种非典型的成员如果和其他修辞方式中的典型成员具有一定的相似性,就会出现中间状态,二者的界限就会模糊。例如,下面这两个例子中的比喻应该是比喻辞格的典型样本。

(1) 她站在山岗上,就像一竿新竹;她站在小溪旁,就像一棵水柳;如果她偶尔戴起红色的盘头帕,站在公社大门口,远远望去,就是一株开花的美人蕉了。(叶蔚林《蓝蓝的木兰溪》)

(2) 秋风像撒野的妇人的手,急剧地敲打着寺院的红墙,小河如同闷坏了的孩子,喧闹着,要到广阔的野地去游荡。(郭小川《山神》)

这几个比喻的本体和喻体为不同类的事物,因相似性而有了联结。它们完全符合比喻"喻体和本体必须是本质不同但有一点(或几点)相似的事物"的运用原则。但下面两例中同样的语言形式因是两个同类事物的联结,是否是比喻则看法不一:

(3) 她脸色陡然变成灰黄,死了似的;瞬间便又苏生,眼里也发了稚气的闪闪的光泽。<u>这眼光射向四处,正如孩子在饥渴中寻求着慈爱的母亲</u>。(鲁迅《伤逝》)

(4) 我拿了<u>小棍,就像教员上课拿的那个小棍一样</u>,指着张聚英的手说:"乡亲们,你们看,这劳动妇女的手上满是茧子。这手呀,是一本好书啊!"(杜鹏程《瀚海新歌》)

这两例下划线处袁晖先生认为是比喻。他分析说:"例(3)是说子君当涓生说出不爱她了之后,那种茫然无所措手足的情绪。同样是眼光,成年的子君与天真的孩子的眼光应该看作两个本质不同的事物。只是她此刻的眼光与孩子饥渴中寻求着慈爱的母亲的眼光在情态上很相似罢了。例(4)同是小棍,刘书记手里的小棍与教学用的小棍——教鞭,有着本质的不同。形状、质料、用途都不同。但在这里,在会场上指示张聚英的手给大家看,和教师上课使用教鞭进行教学有了某种相似之处。这两个'小棍'应该说是两个本质不同的事物。"[①]如果说这两例是比喻,那它们也绝不会是比喻的典型成员,只能是非典型成员,因为它们与辞规中的"比较""以例解义"等有相似之处。认为例(4)是比喻,那"台湾岛像海南岛"是不是比喻呢?谭永祥先生认为不是,"因为'台湾岛'和'海南

---

① 袁晖.比喻[M].合肥:安徽人民出版社,1981:7.

岛'虽有相似之处,但在整体上并非极不相同,所以两者的关系不是比喻,而只是'类比'。"①还有诸如"经年累月的案头苦读,使得他的背已经弯曲得很厉害,像是华山脚下那些老年的驮夫。""他的面容很中国,很古典,像老派的文人,又像普通农民家庭里的一位敦厚的家长……"②等修辞现象是比喻不是?似乎是,又似乎不是。我们觉得例(3)和例(4)看作辞格与辞规的中介现象(比喻与比较、以例解义的中介现象),可能比单纯看作比喻更适合些,因为它们并不是比喻的典型成员。

我们认为异类事物构成的比喻为比喻的典型样本,而同类事物构成的比喻则只能是比喻的非典型样本。当然非典型样本与典型样本以及其他修辞方式的相似程度还有个大小的问题,它们的地位也并非绝对相等。因而非典型样本与其他修辞方式的瓜葛也存在着程度上的差别。

我们倾向于辞格在很大程度上是原型范畴的认识。辞格是人们依据"家族范畴相似性"原则而建立起来的一个多元的、模糊的类聚系统。辞格不是依据某一个充要的特征而建立起来的,不能用某一个相同的标准去规范所有的辞格。辞格是因若干相似性而形成的不同类聚的环环相扣所构造的聚合系统,其依据是"多元的"。辞格内部有较好与较差样本之别,因而辞格与辞格的界限是交融的,辞格与非辞格的界限也并不泾渭分明。例如,顶真与回环是两个不同的辞格,它们的典型成员的区别是明显的,换句话说,它们中心区域的界限是清晰的,但它们边缘地带则是模糊的。阮显忠先生在《关于辞格研究》(《修辞学习》1991年第1期)中举过这样的例子:

(1)老虎吃鸡,鸡吃虫,虫拱杠子,杠子打老虎。(酒令)

(2)久慕秦郎假乱真,假乱真时又逢春,时又逢春花含玉,春花含玉久慕秦。(电视剧《鹊桥仙》)

这两个例子说是顶真,又像回环;说是回环,像顶真。这就是辞格之间界限交融的一种表现。

说"辞格与非辞格的界限也并非泾渭分明"是指辞格与辞趣,辞格与辞规存在着中介现象,它们的典型成员因对立而区别,但它们的非典型成员却因相似而有了瓜葛。陈望道先生说:"在修辞上有这魅力的有两种:一种是比较同内容贴切的,其魅力比较地深厚的,叫作辞格,也称辞藻;一种是比较同内容疏远的,其魅力也比较地淡浅的,叫作辞趣。"③辞格与辞趣(特别是其中的意趣)主要的

---

① 谭永祥.修辞例谈[M].合肥:安徽人民出版社,1982:5.
② 魏德运.为大文化人写魂[N].光明日报,2001-12-12.
③ 陈望道.修辞学发凡[M].上海:上海教育出版社,1979:4.

区别在于"魅力的深浅",那么二者具有模糊区域实属必然。谭永祥先生在《汉语修辞美学》中将辞趣看作"亚辞格",这也说明辞格与辞趣绝不可能绝对泾渭分明。

再就辞格与辞规来说,作为修辞方式,它们都具有模式性或规律性。作为修辞方式的两极对立,它们又必然具有区别性。如前所述,辞格与辞规最主要的区别在于艺术魅力的有无,应该说辞格与辞规的典型成员(样本)会在艺术魅力的有无上形成对立,然而它们各自非典型成员(样本)的存在又决定了二者会有这样或那样的交叉,或者说会有这样或那样的模糊区域,造成中介现象。另外,辞格与辞规的转化,也会造成辞格与辞规的中介现象。

辞格有典型样本与非典型样本的区别,辞规也有典型样本与非典型样本的不同。以辞规"面中显点"为例,其典型样本应为"面"和"点"共现,"面"是显性的。但言语现象中也存在着"面"为隐含的形式,这种"面"为隐性的表达方式就是"面中显点"的非典型样本。请比较:

(1)……而到改革开放后,特别是在上个世纪九十年代,我国科技人员十分活跃,不但在许多重要的国际学术场合有越来越多的中国科学家的身影,而且他们也利用一切机会,向世界表达中国科学家的学术观点,参与国际科研活动,阐释中国对世界科技的贡献。①

(2)他从1920年以来的5年多时间中,对于中国共产党的建立特别是中国社会主义青年团的创建和发展,作出了重大贡献。②

例(1)为面中显点的典型样本,"改革开放后"为面,"上个世纪九十年代"为点。例(2)为面中显点的非典型样本,其中"中国共产主义青年团的创建和发展"属点,面则是隐含的。张太雷烈士在1920年11月至1925年4月"5年多的时间中",对中国共产党和中国社会主义青年团的创建、发展都起了很大作用(这就是隐含的面),但他从1920年11月组建天津社会主义青年团到1925年4月这一段时间主要是搞团的工作,对中国社会主义青年团的创建、发展作出的贡献更大,因此有必要突出这一点,而且突出这一点表意更加准确、恰当。

辞规面中显点的核心成员是点与面直接相连,直接并列,而实际言语表达中也有点与面间接相连,非直接并列的形式。这种形式也应属面中显点的非典型样本,如下例:

加入WTO后,国有企业和民营企业面临的外部环境发生了很大变化,市

---

① 金振蓉,王光荣.我国基础研究正在经历三个变化[N].光明日报,2001-12-28.
② 章希梅.击碎旧世界的惊雷:纪念张太雷烈士牺牲六十周年[N].人民日报,1987-12-10.

场的约束力越来越明显。我国企业家、技术人员亟须更新知识,建立与之相适应的继续教育、终身教育新体系势在必行。外国教育资源的进入,客观上可以满足我国社会主义经济发展和人民群众不断增长的教育多样化和多层次的需要。特别是国外大企业参与培训市场,将会促进中国教育与培训市场的发展与成熟,有利于我国终身教育体系的形成。①

辞规与辞格一样在很大程度上是原型范畴,它也不是通过某一共有特征而形成的聚合系统,而是通过"家族相似性"的原则而组织起来的类聚系统。从宏观上来说,辞规这个类聚系统中存在着典型成员与非典型成员的区别,即辞规的次范畴有的是典型的辞规,有的不是典型的辞规,因此在宏观上存在着辞规与辞格的中介现象,如"称谓合体"之类。从微观上来说,辞规的次范畴——某一具体的辞规其内部往往并非绝对同质,常常存在着较好的样本(典型样本)与较差的样本(非典型样本)的差别,因此辞规与辞规之间往往也存在中介现象。例如"明域确延"这个辞规与"面中显点""概述细说"等辞规有时就有瓜葛产生:

(1) 一百多年来,我们的先人以不屈不挠的斗争反对内外压迫者,从来没有停止过,其中包括伟大的中国革命先行者孙中山先生领导的辛亥革命在内。

(2) 书记要听"五种话"——好话,坏话,正面的话,反面的话,反对自己的话,决不能搞个人说了算。(《求是》1990年第2期)

这两例周世烈先生认为属明域确延②,但这两例绝不是明域确延的典型样本(明域确延的典型样本,如"诉讼参与人是指:证明人、鉴定人、翻译人员。"),例(1)与面中显点类似,例(2)与概述细说有牵连。这种情况的产生固然与辞规次范畴的界定有关,但也反映了辞规在很大程度上属原型范畴的事实。

我们认为辞格与辞规在很大程度上属原型范畴,承认辞格与辞规存在中介现象,并不是要取消辞格与辞规的界限,也不是主张不必探求辞格与辞规的特征与分类标准,而是意在强调辞格与辞规对立之中有统一,同时也意在强调在修辞方式的研究中既要有非此即彼的思想,也要有亦此亦彼的思想,也就是对待修辞方式需要有个辩证的认识。我们认为对待修辞方式(辞格、辞规),对其典型成员宜采用"非此即彼"观,对其非典型成员(或曰边缘成员)宜采用"亦此亦彼"观;研究辞格、辞规应该重视对典型成员的研究,也应该重视对非典型成员的研究,二者相结合解释相关修辞现象会更加科学、合理、圆满。

---

① 郭扶庚.WTO与教育改革[N].光明日报,2001-12-27.
② 周世烈.明域确延[J].营口师专学报,1992(3).

十、辞规与辞趣、辞风

(一) 辞规与辞趣

辞趣是陈望道先生在《修辞学发凡》中提出来的一个修辞术语,指语言文字本身的情趣或风味,是积极修辞的内容之一。它要研究的是"如何利用各个语言文字的意义上声音上形体上附着的风致,来增高话语文章的情韵的问题。"陈望道先生依据语言文字的义音形三分法,将辞趣分作辞的意味、辞的音调、辞的形貌三项,亦即分为意趣、音趣、形趣三类。

意趣(辞的意味),指语言文字在意义上的情趣或风味,大体由两个方面的因素形成:一是由于语言文字的历史或背景的衬托形成的,如词句所附着的个人情趣、流派气味、时代精神、地方色彩、褒贬色彩、语体风味等等。"这种由于辞的经历或背景而来的风味,细分起来简直和语言的种类一样的繁多。如语言上有术语、俚语、方言、古语……种种,辞的背景情味也就随着而有术语的、俚语的、方言的、古语的等多种不同的情趣。"①二是由于语言文字的上下文或前言后语的影响而形成的。如,"'数风流人物,还看今朝'中的'风流',是指有功绩而又有文采的意思;'他像个风流才子'中的'风流',是指旧时有才学不拘礼法的意思;'他有不少风流韵事'中的'风流',指男女之间与放荡行为有关的意思。'风流'有不同意义和情味,是借助于上下文依附关系表现出来的。"②

音趣(辞的音调),又名声趣,指利用语言文字的声音以增饰语辞所形成的情趣。陈望道先生将辞的音调分为两类:象征的音调和装饰的音调。"象征的音调,都同语言文字的内里相顺应,可以辅助语言文字所有的意味和情趣;装饰的音调则同语辞的内里并没有什么必然的联系,只为使得语辞能够适口悦耳,听起来有音乐的风味。"③音趣可以通过"物象音"(如"湫"字的音近于池水的声音,"瀑"字的音近于瀑布的声音)、"谐音"、"双声"、"叠韵"、利用标点等来实现。

形趣(辞的形貌),指利用汉字形体上的特点,变化文辞的形貌所体现出来

---

① 陈望道.修辞学发凡[M].上海:上海教育出版社,1979:231.
② 张涤华,胡裕树,张斌,等.汉语语法修辞词典[M].合肥:安徽教育出版社,1988:482.
③ 陈望道.修辞学发凡[M].上海:上海教育出版社,1979:235.

的情趣。如变动字体、字号,插用图符等都可造成形趣。刘勰在《文心雕龙·练字》中所说的"省联边""调单复",陈望道先生认为是"关于文辞的形貌的运用",也属形趣。

应该说辞趣的提出是陈望道先生对现代修辞学最伟大的贡献之一,然而令人遗憾的是《修辞学发凡》"仅仅开了一个头,便匆匆煞住了。"[1]由于《修辞学发凡》对辞趣未作深入的研究,而且涉及的现象较为庞杂,有的论述(如"象征的音调")又"有点玄虚无着,不易捉摸"[2],再加上新中国成立后陈望道先生在有关修辞学的学术演讲中对积极修辞、消极修辞的区分这个问题较以前有所修正和补充,如说"消极修辞可以按照字面解释,积极修辞则不能按照字面解释"[3],这样有的学者认为辞趣不好把握,有的学者认为"辞趣和消极修辞的差异不大"[4],因而对辞趣很少有人问津,"辞趣"这个名目几乎被人们淡忘了。可喜的是20世纪八九十年代状况有所改变。1986年吴士文先生在《修辞格论析》中立专节探讨辞趣,1992年谭永祥先生在《汉语修辞美学》(北京语言学院出版社,1992)中更是立专章探讨辞趣,谭先生对辞趣的探讨无论是广度还是深度都远远超过了前人与今人。

我们认为修辞学应该重视对辞趣的研究,因为在言语活动中存在着大量的有一定的艺术魅力,但又不具有明显的模式性或规律性,即一时难以看作辞格的修辞现象。将这些修辞现象视为与辞格并行的积极修辞现象并加以研究有助于揭示修辞现象的运动变化,有助于宏观把握整个修辞现象的系统性,也有助于解释具体的言语现象。但是《修辞学发凡》辞趣部分有不完备之处,我们只能辩证地继承陈望道先生的"辞趣"思想。从辞规理论的角度来说,《修辞学发凡》辞趣部分所谈的内容有属于积极修辞的,有属于消极修辞的,其中有的可归入辞格,有的可归入辞规,有的则仍保留,总之,范围、体例等需要作些调整、变动。吴士文先生为了修辞系统的严谨性,将辞趣严格限制在"纯形式的东西",即"音趣"和"形趣"这两个范围内,而把"意义的东西",即"意趣"排除在外。他说:"'辞的意味'是否属于辞趣范围,值得研究。辞趣有了'辞的意味',把辞趣的理路搅乱了。'辞的意味'不光辞趣中有,辞格中也有,如转品、复迭、藏词等。何况区别辞格与辞趣,只靠魅力深浅,看法不会一致,界限不会清楚。从实际出

---

[1] 谭永祥.汉语修辞美学[M].北京:北京语言学院出版社,1992.
[2] 吴士文.修辞格论析[M].上海:上海教育出版社,1986.
[3] 陈望道.陈望道语文论集[M].上海:上海教育出版社,1980.
[4] 林文金.关于辞格的几个问题[M]//中国修辞学会.修辞和修辞教学.上海:上海教育出版社,1985.

发,让更多的人容易掌握二者的内容,明确二者的分工,辞趣的内容不妨做点调整,就是根据功能、结构、方法、系统是一般还是特定的,把属于'辞的意味'的修辞现象分别归入辞格或辞规之中,让辞趣只管富于情趣的音和形。而这音和形,除非做特定性分析,一般不必作为修辞分析时所必须有的项目。这样分工标准简单,即把纯形式的东西归入辞趣之中,意义的东西归入辞格或辞规之中。"① 吴士文先生认为辞趣的具体内容包括辞的音调、辞的形貌和辞的标点三方面内容:

(1) 辞的音调。主要包括字调重间、双声叠韵、合辙押韵等。

(2) 辞的形貌。主要指的是变动字形、插用图符。

(3) 辞的标点。通过标点符号的使用造成积极修辞的效果,其实现途径有三条:"第一,通过听觉起作用,即语音的作用,包括停顿的作用,语音延长的作用,语音轻重的作用,语速快慢的作用,语气的作用。第二,通过视觉起作用,即纯符号的作用。第三,通过心理起作用。语音、标点符号都是刺激信号,引起人的思维活动,产生特殊的心理作用,达到特殊的表达效果"②。

我们不完全同意吴士文先生的看法。我们认为应该保留"辞的意味",即辞趣中应有"意趣"的一席之地。固然《修辞学发凡》所说的"辞的意味"有的可归入辞格(如"异语""易色"),有的可归入辞规(如一般词语色彩的选用问题),但是仍有一部分内容既不能归入辞格,也不能归入辞规,只有归入"辞的意味"合适。请看以下几例:

(1) 前几天去邮电所订报(周报),营业员说必须搭一份大报(日报),否则……于是,我只好"不否则"。(转引自谭永祥《汉语修辞美学》)

(2) 欢迎,欢迎,女孩儿把手伸了,让两个男人软了一软。(杨东明《金奖出演》,《收获》,1994 年第 4 期)

(3) 万国庆《"经济大楼"的非经济话题》(《中国青年报》,1988 年 6 月 21 日)中有这么一个文内小标题:

如果,但是,然而

(4) 中央电视台名牌栏目《聊天》主持人倪萍在与嘉宾邓建国(广东巨星影业公司董事长)"聊天"时说过这样一段情趣四溢的话:

据说邓建国母亲生下他的时候,他只有 3 斤多重,他们那有个规矩,凡是不满 4 斤的小孩,养不活,就得抱走送人。结果,别人要抱邓建国走的时候,他妈

---

① 吴士文.修辞格论析[M].上海:上海教育出版社,1986:157-158.
② 寸镇东.试谈标点符号的修辞作用[M]//中国修辞学会.修辞学论文集(第一集).福州:福建人民出版社,1983:262.

妈哭着说:"留下他,留下广东巨星影业公司董事长。"(观众大笑)邓建国对母亲非常孝顺。(见《羊城晚报》,2002年1月16日)

例(1)把"搭配了一份大报(日报)",说成"不否则",形象生动,饶有趣味,但不好说是什么辞格。例(2)"软了一软"是说轻轻握手,也不好说是什么辞格。例(3)这个小标题虽连用了几个连词,但艺术魅力不浅,不宜归入消极修辞,更不宜归入辞规,因为它不能"类"化,没有规律性、模式化。作者用了一个假设,两个转折,不仅娴熟地利用连词的情趣来作为补助语文情韵的手段,而且清晰地勾勒出下文的结构脉络。

"如果南昌市财政实力很雄厚,如果南昌市政建设问题不多,如果……但是,记者也听到这样一些议论:

南昌市一位负责市政建筑的干部解释,……

一位干部认为……

一位建筑部门的负责人强调,……

然而,还有种种话题:

有人说,……

有人说,……

有人说,……

有人说,……"①

例(4)有些像谭永祥先生所说的"移时"或"谲辞",但又不完全是,似乎应为另一种修辞方法。说是另一种修辞方法,类似的言语成品又不多,不好"类聚",暂时归类,只有归入辞趣中的意趣了。

吴士文先生将"辞的意味"(意趣)从辞趣中排除出去,主要的理由有两个:一是"辞的意味"不光辞趣中有,辞格中也有;有了"辞的意味",把辞趣的理路搅乱了;二是区别辞格与辞趣,只靠魅力深浅,看法不会一致,界限不会清楚。

我们觉得有了"辞的意味"不会把辞趣的理路搅乱,因为虽然辞格中也有"辞的意味",但辞格之所以为辞格最关键之处不在于有无辞的"意味",而在于必须在意义上或形式上具有一定的规律性或模式化。换句话说辞格因规律性或模式化而区别于辞趣,一种修辞现象若有"辞的意味",同时又有明显的规律性或模式化,那就归入辞格,反之,若只有"辞的意味",而没有明显的规律性或模式化,那就归入辞趣。例如:

---

① 汪树福.辞趣漫议[M]//中国修辞学会华东分会.修辞学研究(第五辑).南昌:江西教育出版社,1991.

(1) 1994年2月23日,是我国著名剧作家于伶37岁生日,胡绳、夏衍、廖沫沙、乔冠华等几位好友请于伶小酌,席间联句贺寿,将于伶创作的剧名集为一绝:

长夜行人三十七,(乔)如花溅泪几吞声!(夏)

杏花春雨江南日,(胡)英烈传奇说大明。(廖)

诗中写了于伶的几个最受观众欢迎的剧作名:《长夜行》《花溅泪》《杏花春雨江南》和《大明英烈传》,借古喻今,诗味浓郁。

随后他们又一起到天官府郭沫若家,请他为联句书一斗方赠给于伶。郭老看了诗,稍觉情绪低沉些,于是改成:

大明英烈见传奇,长夜行人路不迷。

春雨江南三七度,如花溅泪发新枝。

经郭老这样一改,情调开朗多了。第一句赞扬作者的作品;第二句称赞作者走上革命的道路;第三句祝贺生日;第四句鼓励作者为革命不断创作出更多更好的作品。(《文化娱乐》1983)

(2) 不过,这个脸上挺镇定,不像其他女人,一脸旧社会。(尚绍华《临界》)

例(1)中四人的联诗和郭沫若的改诗都利用了语言文字的背景衬托而别具情味,但它们具有明显的规律性,可以类聚,应归入辞格——其中的镶嵌格。例(2)"一脸旧社会"极富情趣,有些像通常说的"转品"格,但不是,它很难说有什么明显的规律性,也不易举出许多同类的例证,应归入辞趣——其中的意趣。

陈望道先生在《修辞学发凡》中以"魅力的深浅"来区别辞格与辞趣。《修辞学发凡》第一章用《论语》和《古诗十九首》中的同义话语对比论说消极手法与积极手法的差异时,说过这么一段话:"所谓积极手法,约略含有两种要素:① 内容是富有体验性,具体性的;② 形式是在利用字义之外,还利用字音、字形的。如这首古诗的整整齐齐每句五言,便是一种利用字形所成的现象。这种形式方面的字义、字音、字形的利用,同那内容方面的体验性具体性相结合,把语辞运用的可能性发扬张大了,往往可以造成超脱寻常文字、寻常文法以至寻常逻辑的新形式,而使语辞呈现出一种动人的魅力。在修辞上有这魅力的有两种:一种是比较同内容贴切的,其魅力也比较地淡淡的,叫作辞趣。"[①]以魅力的深浅来区别辞格与辞趣,最易于纠缠的就是辞格与意趣了。但我们认为,如果将着眼点放在规律性或模式化的有无上,辞格与意趣是能分别的,而且我们还认为辞格

[①] 陈望道.修辞学发凡[M].上海:上海教育出版社,1979:4.

与辞趣特别是意趣有中间状态是正常的,因为辞格本来就不是个特征范畴,而是个原型范畴。

这样经过调整,我们认为从辞规理论出发,辞趣的内容包括:辞的意味、辞的音调、辞的形貌和辞的标点。

我们认为,辞趣就是依附在语言文字的意义、声音、形体之上的情趣或风味,这种情趣或风味能给人以美感,但规律性或模式化不强。

1. 辞的意味:意趣

意趣,指依附在语言文字意义上的情趣或风味。意趣是由语辞的意义引发的情趣。意趣不是语辞自身的本义、基本义和转义,而是依附在语辞的本义、基本义和转义之上所引发的情趣。凡是侧重于语辞的意义,形象生动,富有艺术魅力而又不具有明显的规律性或模式化的积极修辞都可归入辞的意味(意趣)。谭永祥先生说得好:"辞趣,是富有表现力的亚辞格的言语现象。因为它富有表现力,……不像辞格那样具有明显而又很强的规律性,不过是辞格的'后备军',其中有很大一部分甚至很像耀眼夺目的流星,一闪即逝,且出没无定,所以它不是辞格。辞趣中的意趣,是与辞格'同工'的一支'异曲'。"①如:

(1)傍晚或晚上,人们常能看见一个娇媚的女孩攀着一位中年老外的胳膊,丈量校园里的花径。②

(2)发烧,三十九度二。左脸颊公然违背对称这一美学基本原理,独自肿胀起来,像含了个鸡蛋似的。③

有了"丈量校园里的花径"和"公然违背对称这一美学基本原理",文章就多了一份幽默感,多了一份盎然的情趣,这就是"辞的意味"使然。

意趣由于功能特殊,而且往往像流星似的一闪即逝,捉摸不定,所以很难给它分类,谭永祥《汉语修辞美学》(北京语言学院出版社,1992)将其分为"有名趣"和"无名趣",刘凤玲、邱冬梅《修辞学与语文教学》(暨南大学出版社,2010)将其分为"指代趣""虚字趣"和"组合趣"三种。

我们曾尝试着从意趣产生所凭借的或者说所依附的语言单位这个角度将其分为词句型意趣和篇章型意趣两类。④

---

① 谭永祥.汉语修辞美学[M].北京:北京语言学院出版社,1992:481-482.
② 宋小明.外教 panddy[J].小说选刊,2000(4).
③ 任正平.第八颗是智齿[N].人民日报,1981-8-29.
④ 胡习之.核心修辞学[M].北京:中国社会科学出版社,2014.

词句型意趣,其情趣或风味通过一定的词句来体现。这种类型的意趣最多。如:

如今,我们基本上是一句废话都没有了,每一句话都目标明确,直奔主题。比如,我问他:晚饭想吃米饭还是面条?他常常是头都不抬地翻着报纸答:随便。于是,我便去厨房准备"随便"。等一起用完"随便",便各干各的事情,绝不多说一句话。如果说10年的婚姻教会了我们什么,我想,不再说废话应当是其中重要的一项吧。①

此处"准备'随便'"和"用完'随便'"的"随便"饶有"辞"的意味。

篇章型意趣,情趣或风味通过段落或整个篇章体现出来。如:

美国著名报人爱德华曾给"新闻"下过这样的定义:"凡是能让女人喊一声'哎哟,我的天!'的东西,就是新闻。"春节期间,我就听到了几则符合爱德华这一定义的新闻。当我听到时,就是我这男子汉也不由"哎哟"了一声。

30元买一斤凉水。安国一位农民操办喜事,从城关集市上花30元钱买来了一瓶"茅台"。喜宴开始,"醇醪"入盏,高朋贵客急巴巴地都想尝一尝"贵州味",不料瓶中之物却是地道的冀中井水⋯⋯

按照现代新闻理论的说法,新闻是越客观越好,作者的观点越隐蔽越好。所以我向广大读者报告完这三则新闻后就不打算再评论了,余味留给大家细品。末了,笔者只有一点奢望,就是工商部门的同志们看了,最好不要同一般读者一样,看完哈哈一笑了事。因为你们是"哎哟,我的天"这话所说的那个"天"。(扈瑞清《哎哟,我的天!》,转引自谭永祥《汉语修辞美学》)

这篇短文末句"因为⋯⋯那个'天'",很有情趣,但这情趣并非只源自这个句子本身,亦即这个句子产生这个"天"趣是不自足的。这种情趣的喷薄而出源自整个语篇所构造的修辞情景。

2. 辞的音调:音趣

音趣,是词语的音调所体现出来的情趣。

凡是语言文字声音方面所体现出来的韵味情趣都可归入"辞的音调"(音趣),如同音异义、异音同形、押韵、谐音、拗口等等。如**同音(近音)异义**。汉语中音同(音近)而义不同的字词特别多,利用这种音同(音近)而义不同的字词关系可创造出同音(近音)异义趣。如:

---

① 金铃.情话等于废话[J].东西南北,2006(4).

同济大学国家现代化研究院研究员杜衡认为,盐业体制朝着市场化方向改革是大势所趋,国家出台的"盐改"方案有明确的时间表,各地都应该按照改革方案落实。全国改革一盘棋,"盐改"不能因为任何借口成"延改",关键在地方主政者拿出魄力推进改革。①

同字异音。利用汉字中一字多音的特点制造的情趣。如:

一盏清茶,解解解解元之渴;

五言绝对,施施施施主之才。

上联中的"解解解解元"念"jiějiě xièjièyuán","解解元"即"姓解的解元(明清两代称乡试考取第一名的人)";下联中的"施施施施主"念"shīshī shīshīzhǔ","施施主"即"姓施的施主"。此联既利用了汉字一字多音的特点,也利用了同音不同义的特点,极富情趣。

押韵。通过押韵创造情趣。口头的顺口溜,散文的用韵等皆是如此。如:

然而,吃上这顿心仪已久的年夜饭,容易吗?本报五名记者昨天致电广州百余家酒楼食肆和数十位市民求证。答案是:有点难,有点烦,有点不知所以然……②

谐音。通过声音相谐制造情趣。如:

(1) 段凯进屋扫视着室内的陈设,眼光停在那幅裸体画上,皱了皱眉头。

段凯:"厂长宿舍挂这些光屁股,像什么样子?"顺手把画摘了下来。

孙航:"这是幅印象派名画。"

段凯:"什么名画,腐化!我看你的思想就得从这儿检查起……"③

(2) 我的故乡南召,不要说在全国地图上,就是在河南省的一百好几十个县市中也是比较"难找"的一个,真是南召——难找。(《光明日报》)

例(1)"……名画,腐化!"两个词语因为有了同音的语素,从不相干而发生了联系,形成了谐趣。例(2)"南召——难找",音近谐音,语言自然风趣,可谓寓强调于谐音之中。

拗口。人们说话、写作通常总是力避拗口,以免说不顺口,读时佶屈聱牙,梗塞阻咽。但语言运用又是辩证的,有时故意将声韵相同或相近、读音容易混淆的字词排列在一起,或者运用交错、重叠、反复、对比等方法组成纠缠不清的

---

① 河南:"盐改"被"延改",有外来盐企被罚到停业[N].新华每日电讯,2020-11-16.
② 余颖,等.年夜饭吃上嘴不容易[N].羊城晚报,2002-2-6.
③ 文新,房子.献给失败者的歌[J].剧本园地,1981(2).

绕嘴句式，从而产生一种活泼生动的绕口之趣，即拗趣。如：

(1) 他常说："汤、糖、躺、烫，容易长胖，是演员的四忌。"①

"汤、糖、躺、烫，容易长胖"，既利用了四声的抑扬，又利用了声韵的谐和，言简意赅，因韵律而生趣，便于记忆、传诵。

(2) 一位哲学系师兄这样总结自己四年的大学生活："大一时不知道自己不知道，大二时知道自己不知道，大三时不知道自己知道，大四时知道自己知道。"（幽默小品《体会》）

绕口而含义深刻，诙谐之中给人启迪。

多音字相连而绕：

(1) 多亏跑了两步，差点没上上上上海的车。

(2) 请不同意不下课的同学不要不举手，请问我该不该举手呢？这句意思你看懂了吗？

(3) 今天下雨，我骑车差点摔倒，好在我一把把把把住了。

(4) 来到杨过生活过的地方，小龙女动情地说，我也想过过过儿过过的生活。

(5) 人要是行，干一行行一行，一行行行行，行行行干哪行都行。要是不行，干一行不行一行，一行不行行行不行，行行不行，干哪行都不行。

特别拗口的情话：

(在乎你的我)只在乎(我在乎的你)是否在乎(在乎你的我)？(我在乎的你)是否和(在乎你的我)在乎(我在乎的你)一样在乎(在乎你的我)？

这句话的主语、宾语都用括弧括了起来，理解就方便多了，简化下来如下：

我只在乎你/是否/在乎我？你是否/和我在乎你一样/在乎我？

3. 辞的形貌：形趣

利用字形及书写款式营造情趣的都可归入"辞的形貌"，如利用构字部件、利用字形示意、变动字形方向、变化书写款式等。如：

利用近似的构字部件来构造情趣。如：

褚人获《坚瓠补集》中有一位塾馆先生叫袁元峰，他父亲的朋友给他出了一副对联：

宦官寄宿穷家，寒窗寂寞。

袁元峰想了一下，提了一个要求：能否让一个宝字盖的一点变通一下换个

---

① 谌容. 错，错，错! [J]. 小说选刊，1984(5).

地方。对方同意了。于是袁元峰对出下联：

冢宰安宁富宅，宇宙宽宏。

出联者全部使用宝盖头字构成了美的形式，对联者语义上既要与出联有联系，形式上还得一致，难度不小。现在对联中"冢"字不是宝盖头字，宝盖的一点挪到了其下的左侧两撇之上。虽稍有不足，但能对得如此确当，已经相当不易了。此例为利用构字部件创造形趣。

杜涓涓并未气馁，但一次在公交车上看到电视里播放的广告时，还是心有戚戚焉。广告里，一只灰不溜秋的小袋鼠望着大象，喃喃自语："他们有的是背景，我有的是背影。"①

"他们有的是背景，我有的是背影。"这句话似乎已成经典话语，它道尽了有人脉资源的妙处和无人脉资源的尴尬。其中"背景"和"背影"，字形近似，两项对比，形象、贴切、诙谐而又深刻。

利用字形示意，即利用汉子形体来描摹示意。如：

或许是爱皱眉头的缘故，他的浓眉紧缩在一起，与高挺的鼻梁拼成一个大大的"丫"字；右眼角有一块不规则的疤痕，……②

陈绍宽的眉宇之间，马上皱起了一个"川"字，生气地骂道"无耻，陈诚果然冲着我来了。"③

"与高挺的鼻梁拼成一个大大的'丫'字"通过"丫"这个字形来描摹"他"面部的一个特征；"皱起了一个'川'字"是通过"川"这个字形生动地描绘陈绍宽不悦的表情。

变动字形方向，利用字形的变向创造情趣。如：

狐朋狗友放倒公安厅长(《文摘周刊》2002年1月18日一文标题)

该文写一个公安厅长在一帮狐朋狗友的拉拢、腐蚀下最终成为罪犯。标题中的"放倒"二字采用侧排，形象地显示了公安厅长的结局。

变化书写款式。利用书写款式创造形趣。最常见的是利用分行、提行、空行、空格花样排列等等营造形式美感，追求版式的积极修辞效果。如：

露珠，宁可在深夜中，和寒花作伴——
  却不容那灿烂的朝阳，
    给她丝毫暖意。

（冰心《繁星》）

---

① "拼爹游戏"拼出了啥？[N].新安晚报,2009-9-30.
② 于中城.断柄的关刀[J].小说选刊,2021(2).
③ 林国清.陈绍宽挂印[J].名人传记,1988(10).

> 你
> 　一会看我
> 　一会看云
> 　我觉得
> 你看我时很远
> 你看云时很近
> （顾城《远和近》）

人们一见这种错落分行的排列形式，便想到是诗。因为这种形式美感是诗歌独有的。

利用书写款式营造形趣是书报杂志，特别是报纸版式设计等所必须考虑的版面修辞问题。

4．辞的标点

标点有语法上的标点和修辞上的标点之别。凡是通过标点符号的使用创造积极修辞效果的便为修辞上的标点。《修辞学发凡》将"移动标点"作为调和音节的特殊方法之一，认为"修辞上的标点往往在用来调和音节的同时，还用来刻画有关人物的语调神情；有时甚至主要不是用以调整音节，而是用以表现和显示人物的腔调情态"，因此陈望道先生把"移动标点"归入"辞的音调"（音趣）之中。谭永祥先生将"利用标点符号"作为形趣的一个内容。吴士文先生将"辞的标点"单列。我们觉得标点的使用不是单个儿的音的问题，也不只是单个儿"形"的问题，而是既有"音"的问题，也有"形"的问题。因此，考虑到标点符号的性质：辅助文字记录语言的符号，为了突出标点符号的修辞作用，让"辞的标点"独立更合适。当然，为了减少类别，求同存异，也可将"辞的标点"并入形趣。请看两个例证：

（1）"吵什么，看！"震耳欲聋的锣鼓声，淹没了桂珍嫂的啰嗦，大家引颈张望，一睹这个"四化一号"的培育者会是怎样的丰采。唔，这边是陈春兰，那边是公社书记，中间这个（！）哎哟天！这不是黎亚南吗？（杨干华《支部书记的女儿》）

（2）"那倒，确是，一个妥当的，办法。"老娃说，"我们，现在，就将他，拖到府上来。府上，就赶快，收拾出，一间屋子来。还，准备着，锁。"（鲁迅《长明灯》）

例（1）"中间这个（！）"中的感叹号为超常规使用。这个感叹号表现出了人们对"中间这个人"的注视、辨识与强烈的情感，细细品味具有无穷的魅力。例（2）中逗号的使用也有别于一般，鲁迅先生通过多加逗号的几字一顿活画出了那个忠实维护封建礼教的遗老郭老娃说这番话时字斟句酌的神态。

总之,辞规理论认为,辞规与辞趣同属修辞现象,但分属两极。辞规属消极修辞,辞趣属积极修辞。辞规没有动人的艺术魅力,辞趣则因意、音、形的情趣而散发出动人的魅力。辞规与辞格一样,具有规律性或模式化,辞趣则无明显的规律性或模式化,借此区别于辞格与辞规。

(二) 辞规与辞风

"辞风"是吴士文先生对修辞方式的系列化设想中的一个重要术语。积极修辞包含有辞格和辞趣,与之对立的消极修辞如果只有一个辞规,则缺乏系统、全面性。吴先生认为"辞规"可以和"辞格"对应,那么什么可以和"辞趣"对应呢?大概只有"辞风"了。消极修辞有了辞规、辞风,整个修辞方式就能系列化起来了。

和将辞趣限定在"纯形式"的范围的认识相一致,吴士文先生也将辞风限定在纯形式的范围。他认为辞风就是消极修辞中除"辞规"之外,"纯属辞的外形的修辞问题"的那部分,如音节对称、字形清楚、标点正确等,也是修辞方式之一。他认为在做修辞分析时,除非有绝对必要,否则不必分析辞风。

对"辞风",我们也不完全同意吴士文先生的看法。我们认为语辞的运用有意、音、形三个方面,因而辞趣有意趣、音趣、形趣三种。与之相对应,辞风也应该有意、音、形方面的问题,也应该有意风、音风、形风三类。我们觉得如果将辞风限定在音、形两个方面,有些,甚至是大量的消极修辞现象不好解释,这如同撇开"辞的意味",很多积极修辞现象不好解释一样。比如那些不属于辞的音、形方面,而又没有明显的规律性或模式化的消极修辞该如何归类呢?

我们认为可根据功能、结构、方法、系统是特定还是一般,把不具有明显的规律性或模式化的修辞现象分别归入辞趣或辞风。辞趣只管语辞的富于情趣的意、音、形,辞风则管语辞的不具情趣的意、音、形。我们设想辞风的内容包括:意风、音风、形风,此外还有标点的正确性问题。

1. 意风

对应特定题旨情境、侧重于语言文字的社会规约意义所体现的常规修辞色彩。意风是侧重于语辞的概念意义,不具有艺术魅力,而且没有明显的规律性或模式化的消极修辞。如:

(1) 汉语语音的一个突出特点就是以音节为基本单位,音节与音节之间界限十分清楚,非常有利于表现节奏。①

(2) 大学里的讲演,不论是什么题目,总是会有人去听的。讲演人名气大一些,去听的人就多一些。我们上学的时候,有一段时间正是学界思想活跃的时期,差不多每天都有人来北大讲演,又大都安排在晚上,有时候一晚上就有好几场。②

(3) 在槐树街小学,陈庭中老师治学有方,严厉是出了名的。③

例(1)第二小句和第三小句既是对第一小句的进一步说明,又与第一小句的语义融为一体。例(2)三个句子都是围绕大学里的讲演展开叙述,相互衔接,不枝不蔓。例(3)通过这些词语的组合,为下文提供语意核心。这三例的语辞极其普通,不具备生动形象的特质,但它们能很好地表意,能对应各自的题旨情境,这就是它们的修辞:意风。

意风包含的范围很广,凡是侧重于理性意义,不具有明显规律性或模式化的消极修辞都可归入其中。

正如同意趣是辞格的初始状态一样,意风是辞规的初始状态。当某个意风有较多的用例,可以类化,有较为明显的规律性或模式化时,这个意风也就从意风转入了辞规。

2. 音风

常规的语辞音调所表现出的消极修辞色彩,如音节协调、顺畅自然、断连适当、语速适中等等。

(1) 大学生群体中最流行什么话?如果有谁回答"去死吧"是列第二位的流行语,恐怕会令人大吃一惊。④

(2) 曾巩这篇文章在思想上是有缺点的,但论其行文则兼有骈散之长。

例(1)语辞组合声、韵、调各方面都极其自然,读来顺畅,如流水行云。例(2)语音序列也极其流畅自然,但如果说成"曾巩这篇文在思想上是有缺点的,但论其行文则兼有骈散之长"⑤则流畅感大大减弱,因为其中的"这篇文"音节配合不协调,给人头重脚轻之感。

田甜发展了音风的下位分类。她将音风分为文音风和语音风。"文音风指在书面表达中的语音体现出来的风格,是先进入接受者视觉系统,再映象在接

---

① 刘育林. 晋语词汇双音化的一种方式:加"圪"[J]. 中国语文,2001(1).
② 在水. 怀念听讲演的日子[N]. 光明日报,2001-12-27.
③ 李佩甫. 满城荷花[J]. 上海文学,1994(3).
④ 王洁. 此话该不该流行[J]. 语文建设,2001(9).
⑤ 郭绍虞. 语法修辞新探:上册[M]. 北京:商务印书馆,1979.

受者脑海中的语音形象;语音风是在口语交际中的语音体现出来的风格,直接映射于接受者听觉系统的语音形象。"文音风分为音长风、音象风、音律风。"音长风根据语音形式中音节的多少可以分为短音风和长音风。音长风中的'音长'不同于语音四要素中的音长,而是指长句、短句句式的运用。""长音风指长句使用时带有的表达效果,稳密,严谨,有时略显得呆板。短音风指短句使用时带有的短小精悍,生动活泼,明白易懂的表达效果。"音象风指语音唤起的修辞幻象的风格,"分为宏音风和微音风两大类。宏音风主要指语音带有的慷慨激昂、意境阔达的修辞幻象。微音风主要指语音带有的消沉低迷、温婉柔美的修辞幻象"。"音律风是音节韵律体现出来的风格,包括音节对称体现的整齐美和音节参差体现的灵活感等。"语音风分为音速风、音强风和停延风。"音速风指语音通过口语中语速的急、缓表现出来的风格,可分为急音风和缓音风。""停延风指在说话、朗读过程中语音停顿、连延所表现的风格。""音强风指口语交际中对语音的轻读、重读(或者叫轻重音)表现出的不同风格,同样一句话,重音所在点不同,突出表达的意义就不同。"①田甜的成果对深化音风研究具有重要的参考价值。

3. 形风

常规的语辞形体及标点符号所表现出的消极修辞色彩便是形风。如规范的汉字书写形体,合适的字体、字号、字形颜色等所显现的表达效果,应属于形风修辞。形风修辞归属于版面修辞。

高群认为"形风作为消极修辞方式的下位层次,主要包括以下一些内容:字形规范、字体适宜、字号适当、序号一致、标号适度、点号清晰等。"她讨论了"字体适宜"②这个形风。她认为"汉字印刷体有很多字体,最常见的有宋体、楷体、黑体等。不同的字体其表达作用也不完全一样,如宋体笔画横细竖粗,结构方正严谨,是最通用的印刷体;楷体近于手写楷书,比仿宋体丰满,多数用来印刷通俗读物、小学课本、儿童读物,文章中的例文也常用楷体;黑体笔画都粗,浓黑醒目,一般表示着重时用,经常用于排标题文字。字体的运用涉及思想情感表达的清楚与否、明晰与否,这便进入了消极修辞的领地。"③例如:

典雅度也是语体的基本要素。笔者等(王培光、冼景炬 2003a)对香港的判决书进行研究,发现香港的一些判决书适当地使用文言,显得文雅庄重与简练

---

① 田甜. 消极修辞之音风探析[J]. 阜阳师范学院学报,2011(1).
② 指汉语书面表达中,汉字印刷体的选择有利于清楚明白地表达思想情感。
③ 高群. 对消极修辞问题的几点思考[J]. 修辞学习,2004(1).

精要,可以增加典雅度。冯胜利(2010)认为典雅度是通过古代的词句来实现的。如以下三例:

(4) 此举违反香港法例……(《盒》)

(5) ……租金亦较便宜……(《租》)

(6) ……可否当庭评定郑振声向黄耀平索偿的项目和数额。(《租》)

例(4)的"此举"胜于语体文的"这个行为"。"此举"可以加强判决书这种语体的典雅度。例(5)的"亦较"比"也比较"更为简洁。例(6)的"可否"比"可以不可以"精炼得多。①

这段引文,作者的论述、分析文字用宋体,引例用楷体,区分了不同的内容,字体选择适宜,有利于思想的表达。然而如果最后的分析文字也用楷体,则在形式上会模糊引例与分析的界限,会妨碍思想的明晰表达。

现代书刊报纸等所用字号有初号、小初号、一号、二号、小二号、三号、四号、小四号、五号、小五号、六号、七号等十几种不同规格,其作用也不相同。如:初号、小初号、一号适用于作报纸、期刊中重要文章的标题,一号字一般适用于16开或大16开期刊标题,二号字适用于报刊一般文章的标题,期刊正文一般用五号或小五号宋体。期刊标题文字的字号可比正文主体文字大若干级,这样有明晰的对比,在版面上也显得更加突出,切忌大小失序、轻重倒置。

杭州市曾有一家药店其招牌文字为"杭州市长春药店"。这个招牌遭到过批评,因为它"很容易让人理解成'杭州市长的春药店'"。② 其实在当下语境中一般不会产生这样的误解,但它理论上确实可以存在这样一种误解,一种不好的联想。因此从形风修辞来说,这个招牌不好,没有考虑到版面的修辞问题。为了避免误解,做到达意的准确、明晰,这个招牌可以通过选择不同字体、字号、颜色,或者空格等方式来进行形风修辞。比如可以将"杭州市"与"长春药店"这两部分分别用不同的字体、字号、颜色来加以区分,或者在这两部分之间空一格,或者将这两部分错行分开等。

就印刷体而言,"印刷体的字形、字号和字体颜色的不同可以帮助不同文章内容的表达,表现不同的风格。比如字号大小的不同,引起读者注意力的程度不同,体现内容的重要程度不同;字形款式的不同,带有的严肃程度和风格特点也不同;字体颜色的不同,美观程度和突出的重点也不同等。可见印刷体三要素的合理运用是能够在切合题旨情境的基础上体现不同风格色彩的。有时候

---

① 王培光.语体与修辞语感[J].当代修辞学,2012(6).

② 冯寿忠.语文形式的质量修辞[J].中文,2012(4).

印刷体要素不能有效地辅助主旨表达的,比如成年人读物全篇用楷体印刷,报纸的头版头条用六号仿宋体印刷等,都是失败的修辞行为。"①

目前形风的研究主要集中于书面表达的书写符号——汉字的印刷体字体、字号、字色的修辞功用,对手写体重视不够。田甜认为"印刷体的字体、字号和字体色彩有不同的功用,手写体亦因书写要素的不同带上不同的风格,并且带有更多的人文因素,更清晰地透露着表达者的相关信息,比如性格、素质、心情等。对手写体带有的风格的研究对于完善消极修辞研究体系而言是一件非常有意义的事情。"②她从软笔和硬笔两个方面对汉字手写体的修辞特色、功用做了有益的探索。她认为"软笔和硬笔适用于不同的场合。在水墨画上用圆珠笔题字,自然少了份艺术的灵性。用粗毛笔写日记,显然很不方便。字体又因很多因素(性格、修养、心情、心态等)的干扰而会发生微妙的变化,让手写体切合不同场合的需要是形风的研究范畴。比如正式庄重的场合要求字迹不能太潦草;面对一个刚认字的孩童,书写时要做到一笔一画并尽量美观;面对一个好朋友,书写时可以不用刻板地遵照汉字间架结构格式,可以卡通些、艺术些,让对方看后觉得轻松愉悦。"③此言极是。

汉字自有印刷体和手写体的分化,逐渐也便有其修辞功能的分化,在当今的数字化信息时代更是如此。在当下随着电脑的普及和高频使用,人们的书面交往大都使用印刷汉字,手写的频率越来越低。印刷体与手写体的差异、打印稿与手写稿的传递差异也便逐渐显现出修辞色彩的不同。例如,《中国学术期刊影响因子年报(自然科学版)》和《中国学术期刊影响因子年报(人文社科学版)》④中所附"2011年数据鉴定与评审会议纪要"正文用印刷体(宋体),最后鉴定评审组组长和鉴定评审组成员签名用手写体,另外几个引证数据质量测试报告签名亦如此,其修辞目的显然是追求真实,显现真实。淘宝网有一网店随着所寄物品给顾客附有一封信,信不是电脑打印,而是工整、清晰的手写复印件,给人一种亲切感。

辞风的意风、音风、形风之说是仿照辞趣的意趣、音趣和形趣而来。"意风""音风""形风"这三个术语有生造之嫌,不过,想来也没什么大碍,因为"辞风"家族的确有些区别,这"意风、音风、形风"只不过相当于"老大、老二、老三"之类的叫法,能区别开来也就行了。

我们认为辞规与辞风同属消极修辞,凡有明显的规律性或模式化的消极修

---

①②③ 田甜.消极修辞之形风的分类及认知心理机制浅探[J].毕节学院学报,2010(12).
④ 中国学术期刊(光盘版)电子杂志社出版,2012年12月.

辞归为辞规,余下的消极修辞统统归入辞风。辞规与辞风的区别就在于规律性或模式化的有无。当然根据我们前面所述辞规是原型范畴的认识,我们也承认辞规与辞风之间会有中间状态的存在,但它们的两极还是清楚的。

十一、辞规的研究捷径

辞规理论的提出、辞规的研究时间并不长,应该说还处在研究的中期阶段,离模式化了的辞规系统的建立还有一段路程,仍需我们不停地艰苦跋涉。但这也并不是无捷径可言。辞规的研究捷径表现在宏观与微观上,既有宏观的捷径可走,也有微观的捷径可行。

(一)辞规研究的宏观捷径

辞规研究的宏观捷径,即从与辞格特征相对应的角度理解辞规的特征。辞格和辞规分属于积极修辞和消极修辞,形成矛盾对立。辞格是具有特定功能、特定结构、特定方法并且符合特定类聚系统的模式,那么辞规就是具有一般功能、一般结构、一般方法并且符合一般类聚系统的模式。

辞规的研究起步时间并不很长,本身可借鉴的实在太少,而辞格的研究历史悠久,历来为人们所注重,这方面的研究成果极多。从宏观上把握两者特征的对立,有助于我们系统而迅速地研究辞规。

(二)辞规研究的微观捷径

1. 分化原有的某些辞格,归纳出辞规

消极修辞和积极修辞是两种不同的修辞方式。消极修辞侧重在理解,语词形式和意义紧密结合,只是以事示人,以理服人,不以形象生动感人,但求明白、准确、通顺、简洁。积极修辞侧重在情感,辞面和辞里之间常常有相当的离异,它形象生动,具有或强或弱的艺术魅力。应该说这两种修辞方式,特别是它们的核心辞格与辞规在宏观上的对立是十分明显的,然而原有的辞格系统中却夹杂有消极修辞的模式——辞规。为什么会这样呢?我们认为这既有客观原因,也有主观原因。从客观原因来说,积极修辞方式与消极修辞方式有边缘区域,即中间地带,某些修辞方式本身具有亦此亦彼的属性。从主观原因来说,有些修辞学者在概括辞格时只注重某种修辞现象的规律性或模式化,忽略了这种修辞现象的表达效果,因而将本该属于消极修辞的辞规归入了辞格。换句话说,有些修辞学者拟建辞格时并不顾及修辞现象消极与积极的两极对立,只管规律性、模式化的有无,这样所拟建的辞格中就不可避免地会混入本属消极修辞的东西。当然,也存在着这样的情形,即有的修辞学者承认消极修辞与积极修辞的两极对立,强调消极修辞方式与积极修辞方式的区别,但"深入到具体的某一修辞方式时却又失去了主要的'分界'标准,因而往往有因形式上相近而把本该属于一般性修辞方式的东西归入了辞格"。[①] 从修辞理论上寻找原因的话,我们认为以往的修辞学研究偏重积极修辞的模式归纳,不问消极修辞的模式有无,这种缺乏全面性与系统性的修辞研究所发现的任何一种修辞方式都会自然而然地归入辞格家族,也就是说以往的修辞研究导致了一种集体无意识:凡修辞方式,凡可以模式化或有规律性的修辞现象都是辞格。在这种意识支配之下建立的辞格系统中夹杂有消极修辞的模式——辞规实属必然。

辞规理论建立在修辞消极与积极的两大分野的基础之上,以完善修辞方式的系统为己任,因此,我们在拟建消极修辞系统的工作中,可以运用吴士文先生《修辞格论析》中提出的辞格标准检验一下现有的辞格,有不合"格"者,看看是否属于消极修辞,如属,则把它分化到消极修辞方式中,归纳出某种辞规。比如陆文耀先生拟建的"引语"辞规,就是把有的修辞著作中的"引用"辞格里的"引证""引谬"分离出来而成的。"引用"在《修辞学发凡》中范围较窄,只指"文中夹插先前的成语或故事的部分",但后来有些修辞学著作却扩大了"引用"的范围,如宋振华先生等认为引用就是"说话写文章引用名人的言论、公认的史料、数据以及群众中流行的成语、谚语、格言来说明问题,或在驳论中引进对方的话语作为靶子加以驳斥的修辞方式"。[②] 他们实际上把"引用"分成了3种:第一种是引名人言论、公认的史料和数据的引用;第二种是引群众中流行的成语、谚语、格言的引用;第三种是对对方的话语加以驳斥的引用。这种扩大"引用"范围的情况并不是好现象,它混淆了积极修辞和消极修辞的界限。上述第一种和第三种引用完全是理性的、逻辑的,根本无感性的形象可言,因而它应属消极修辞中的

[①] 陆文耀. 关于一般性修辞方式拟建工作之我见[J]. 营口师专学报,1989(3).
[②] 宋振华,吴士文,张国庆,等. 现代汉语修辞学[M]. 长春:吉林人民出版社,1984:112.

辞规。① 再如陆文耀先生提出的"录别"辞规就是从辞格"飞白"中分出了"记录的飞白"而成②。

2. 从与辞格相对应的角度,归纳出大部分辞规来

如前所述,辞格与辞规是两种相互对立的修辞方式,那么,从这个角度思考问题,就可以便于我们归纳出很多辞规来。如:

同"比喻"对应的辞规有"以例解义",如:

"婶子,你思摸错了!比方说吧,有这么两个媳妇,一个是娘家陪送她四橱八箱,三铺六盖,可是她本人不会生产;一个呢,没有东西,光带了只能做活的手,你挑哪一个?"

"比方说吧"往后不是喻体,而是对"你思摸错了"的例解。③

同"设问"对应的辞规有"提问",如:

"然后呢?"他们异口同声地问。

"坐下来,打开电脑就可以开始了。"我说,"手边最好还有杯滚烫的热茶,再有点好吃的零食。"(程青《盛宴》,《当代》2020年第5期)

"设问"是自问自答,"提问"是甲问乙答。④

同"回环"对应的辞规有"否全回环"⑤。"回环"后部分是前部分的完全的循环理解,如"总而言之,就因为先前可以不动笔,现在却只好动笔,仍如旧日的无聊的文人,文人的无聊一模一样。"(鲁迅《"醉眼"中的朦胧》)而"否全回环"特征在于后部分不是前部分完全的而是否定完全的(即部分的)循环理解,如"推理是由两个或两个以上的判断所组成的一组判断。但是,由两个或两个以上的判断所组成的一组判断,并不一定就是推理。"(金岳霖主编《形式逻辑》)

同"较物"对应的辞规有"比较"。⑥ "较物"是事物的形象的比较,如,"这里的一草一木、一窗一桩、一桌一椅都是那种比酒还浓、比花更美的友情的忠实见证"(巴金《从镰仓带回的照片》)。说友情比酒还浓、比花更美,充分表现友情的深厚珍贵。"比较"则是事物的实际的比较,即非形象的比较,如,"右边的那个男孩比左边的那个男孩要高出一大截"(晓松《风中的小屋》)。

---

① 陆文耀.略说辞规的"引语"[J].营口师专学报,1988(2).
② 陆文耀.辞规"录别"简介[J].营口师专学报,1992(1).
③ 吴士文.辞规中的"以例解义":"例解"[J].营口师专学报,1989(2).
④ 陆文耀.试拟一种辞规:提问[J].营口师专学报,1989(1).
⑤ 胡习之.试论"否全回环"[J].营口师专学报,1995(2).
⑥ 王晓平."比较"修辞方式的结构[J].营口师专学报,1987(3).

3. 从与辞格无对应关系方面归纳出辞规来

如辞规"正反合叙""列举单承"等的拟建。

正反合叙,就是借助表示肯定否定的词语,把同一论述范畴的两个意思相反、结构相同的语句紧缩成一个结构形式,同时提出或断定两个相反意义的一种语言表达形式。如,"反驳中的论题是否能被推翻,主要是依赖于论据的真实性""判断某一行为究竟是否构成商标侵权行为,要以是否侵害了商标所有人的声誉和是否给商标所有人造成了经营上或经济上的损失为条件。"①

列举单承,就是在一句话、一个语段或一篇文章中,前面先提起两件、三件或更多的事,后面只顺承其中的一件、两件或几件事(或直接相关的),加以陈述说明,突出强调。这里,"单"承并不意味着就是单一的一个,它与"分"承相对而言。如,"他的注重语言绝不是堆砌辞藻,无论是词汇和句式的选择,原则似乎只有两条:一是准确,二是自然。特别值得注意的是自然一点。因为要求自然,他的散文基本上总是用的通常说话的口气,用词造句都十分接近口语。有些甚至是在别人文章里很少见到的纯口语。"②

4. 从通常所说的修辞现象转化为语法现象的角度归纳辞规

比如"喝了两杯""吃了三碗"之类,修辞学家们认为原是修辞现象,借"杯""碗"代替所盛的东西,是借代,但因为经常、广泛地使用,就固定为"物量词组作宾语"的格式,成为语法上的事了。其实所谓修辞现象转化为语法现象是说原是超出语法常规的,但逐渐发展被语法规则所承认。这种"转化说"并不能否定转化之后不再是修辞方式了,它只不过是从积极修辞方式转化为消极修辞方式而已。那么,是否可以从这类语言现象中归纳出一些辞规来呢?

前面我们说"省略""节缩"等可以看作辞规,也正是从"转化"的角度来建立辞规的。

5. 从语法、逻辑等学科概括出的某些规律、规则的启示角度归纳辞规

消极修辞不等于语法、逻辑,这是建立消极修辞方式系统的前提之一,但应该承认消极修辞方式更接近语法和逻辑。因此在拟建辞规时可以从语法、逻辑等邻近学科的研究成果中汲取营养,寻找启示。

在逻辑上有因果、假设、条件、递进等等关系,这些关系反映在语法上就有因果、假设、条件、递进等复句形式,但表达有因果、假设、条件、递进等等逻辑关

---

① 周世烈.正反合叙[J].营口师专学报,1991(3,4).
② 李玉琯.列举单承[J].营口师专学报,1991(3,4).

系内容的方式,就不限于语法的复句形式,有的可能是小于复句的单句,有的可能是大于复句的句群、段落等。如何按照题旨情境的需要来表达这是修辞的事,如何适应题旨情境表达所要表达的某种逻辑关系的内容,其表达方式应是消极修辞的事。在这些方面已经有一些学者作了可贵的探索。比如吴士文等先生拟建的"连动"辞规,姚汉铭先生拟建的"假设"辞规等就是受语法学的启示的。陆文耀等先生拟建的"类比"辞规就是受逻辑学启示的,而周世烈先生拟建的辞规"设件拓果"则是既受语法、又受逻辑启示的。

从语法、逻辑等学科概括出的某些规律、规则的启示角度归纳辞规,一定要注意角度,即只能从修辞角度,否则概括出来的辞规就难以有自身的存在价值了。

上面我们所概括的几种辞规的研究捷径,源自吴士文先生的《建立辞规,完善修辞方式的系统》①和陆文耀先生的《关于一般性修辞方式拟建工作之我见》②。这些研究捷径既是对以往辞规拟建的方法总结,也可作为今后辞规拟建时的参考。

这里我们需要强调的是不管走以上哪种捷径来研究辞规,或者完全另辟蹊径从其他角度来研究辞规,都不能忘记修辞研究的系统观念,都不能忘记消极修辞研究中必须坚持的"结构、功能、方法"相统一的方法论原则,舍此也就背离了消极修辞研究中的辞规理论。

十二、20世纪后期(1987—2000)辞规研究简述

吴士文先生的辞规理论酝酿于20世纪80年代初。1982年,他在《辽宁师院学报》第5期上发表了《现代汉语修辞手段研究中的几个问题》(后收入中国修辞学会编《修辞学论文集》第一集,福建人民出版社,1983)。他认为以往的修辞学研究缺乏全面的观点,研究者多侧重静态的特殊性修辞分析,不重视静态的一般性修辞分析,现有的修辞手段的研究,对修辞现象无法做到全面分析。其实一般性修辞和特殊性修辞构成修辞手段的总体,两者都是不可或缺的。修辞手段失去任何一方都是不完备的:有些语言片断,只能用一般性修辞手段,却

---

① 吴士文.建立辞规,完善修辞方式的系统[J].营口师专学报,1989(2).
② 陆文耀.关于一般性修辞方式拟建工作之我见[J].营口师专学报,1989(3).

不能用特殊性修辞手段;有些语言片断,既能用一般性修辞手段,又能用特殊性修辞手段;有些语言片断只能用清一色的特殊性修辞手段,却不能用一般性修辞手段。吴先生觉得对一般性修辞仅用"准确、鲜明、意义明确、伦次通顺"来解释是不能解决问题的,一般性修辞的研究需要转向,除要从"改错"角度继续研究外,应把重点转移到"分析"方面来,他同时还提出了"称谓合体""并列分承""受事省主"等一般性修辞方式。在同年出版的《修辞讲话》(甘肃人民出版社,1982)中,他分析归纳出4类26种一般性修辞的具体方式。这些都为后来辞规理论的提出奠定了重要的基础。

1984年,吴士文先生发表了《"修辞方式"的系列化》(《丹东师专学报》1984年第4期)一文,提出了修辞方式的系统,包括一般性修辞的辞规和辞风,特殊性修辞的辞格和辞趣。他将辞规和辞格相对应,辞风和辞趣相对应,以之反映着消极修辞和积极修辞的两大分野。这就正式把"辞规"作为和"辞格"相对应的一种修辞方式提了出来,并作了较为充分的理论阐述,同时还示范性地总结了"列举分承""称谓合体""事象升华""正面释言"四个辞规。吴先生的这种思想后又写入著名的《修辞格论析》(上海教育出版社,1986)一书,影响更为深广。

1987年吴士文先生主编《营口师专学报》的"修辞学研究"专栏,他以此专栏作为一般性修辞方式研究成果的发表园地。在他的倡导和示范下,一批有志于这一研究的修辞学家和修辞工作者投身于这一意义深远的探索,一般性修辞方式的研究呈现出群花争艳的喜人景象,并且结出一批诱人的硕果。这里我们对1987年—2000年期间的辞规研究作一简单的小结。

(一) 辞规的命名

给辞规命名主要有两种方式:一是按辞格惯例,用双音词语。二是用四字格,这种命名方式主要是考虑在命名上就区别于辞格,四字为辞规,二字为辞格,如此区别显目,而且,用四字比用二字命名或许要少费些踌躇。也有的学者两种方式都用,即给辞规命名时设计两套术语,一为四字格,一为二字格,如《辞规中的"以例释义"——"例解"》。

(二) 辞规的数量

辞规的研究论文主要发表于《营口师专学报》。吴士文先生修辞方式系列化的构想得到了营口师专周元景校长和郝金涛副校长的大力支持,他们表示愿为开创修辞研究的新局面贡献力量。1986年春,他们特派杨士首副主编赴丹东与吴士文先生订立该校《学报》"从1986年第三期开始在每年前三期(1、2、3季度)'哲学社会科学版'内开辟'修辞学研究专栏'"的《协议》。这样,《营口师专学报》就成了刊发辞规之作的主要阵地。《营口师专学报》正式刊发辞规论文是从1987年第3期开始,一直到吴士文先生逝世,共发表有关辞规论文五十余篇。此外,《修辞学习》《鞍山师专学报》《铁岭师专学报》《丹东师专学报》《阜阳师院学报》《宁夏大学学报》等也发表了一些研究辞规的论文。

1987年以来,吴士文、陆文耀、胡习之、姚汉铭、周世烈、尹日高、汪启明、张万友、赵家新、缪树晟、李玉瑄、张剑、王晓平、党军旗、孙洪文、师松江、车竞等学者拟建辞规50余个。现列举这些学者刊于《营口师专学报》的辞规论文的主要篇目如下:

孙洪文等《比较》(1987年第3期),王晓平《比较修辞方式的结构》(1987年第3期),陆文耀《略说辞规的"引语"》(1988年第2期),胡习之《面中显点》(1988年第2期),党军旗《异花同根:因果辞规表示法》(1988年第2期),陆文耀《试拟一种辞规:提问》(1989年第1期),陆文耀《略说辞规"撤除"》(1989年第2期),吴士文《辞规中的"以例解义":"例解"》(1989年第2期),汪启明《插补》(1989年第3期),陆文耀《口语中的辞规"补失"》(1989年第4期),尹日高《辞规中的"概述细说"》(1989年第4期),陆文耀等《辞规中的"共用"》(1989年第4期),万有等《略说辞规"同词重列":同列》(1990年1、2期合刊),胡习之《同词异述》(1990年1、2期合刊),陆文耀等《一种常用的一般性修辞方式:对比》(1990年1、2期合刊),尹日高《两种辞规:分层表述与分列合叙》(1990年1、2期合刊),陆文耀等《辞规中的"列举"》(1990年1、2期合刊),赵家新《略谈辞规"同词反序":同反》(1990年1、2期合刊),周世烈《辞规中的数量对应(对量)》(1991年第1期),陆文耀等《辞规中的"类比"和"省言"》(1991年第1期),车竞《一种常见的一般性修辞方式:比照》(1991年第1期),姚汉铭《顺序铺陈》(1991年第1期),缪树晟《总提分述》(1991年第1期),吴士文等《连动辞规表示法探索》(1991年第3、4期合刊),姚汉铭《出示形态》(1991年第3、4期合刊),周世烈《正反合叙》(1991年第3、4期合刊),李玉瑄《列举单承》(1991年第3、4期合刊),陆文耀《节语》(1991年第3、4期合刊),缪树晟《合叙与分叙》(1991年第3、4期合刊),尹日高《静动定位和以愿相告》(1991年第3、4期合刊),周世烈《并列承代与并列省代》(1992年第1期),姚汉铭等《条件辞规表示法探索》(1992年第1期),陆文耀《辞规"录别"简介》(1992年第1期),张剑《"追释"分类例说》(1992年第1期)周世烈《设件拓果》(1992年第2期),姚汉铭《假设辞规表示法探索》(1992年第2期),师松江《正反合义》(1992年第2期),万友等《辞规"文辞算式":"文式"浅谈》(1992年第2期),周世烈《明域确延》(1992年第3期),姚汉铭《转折表示法探索》1992年第3期),周世烈《提指外叙》(1993年第1期),陆文耀《什么是"逆设":介绍一个新辞规》(1993年第1期),姚汉铭《加注作释》(1993年第1期),姚汉铭《因势依变》(1993年第2期),胡习之《试论"否全回环"》(1995年第2期),姚汉铭《关联显意》(1995年第2期),汪启明《辞规中的"照应"》(1995年第2期),王嘉民《试拟一种辞规:排列》(1995年第2期),缪树晟《穷猿奔林,岂暇择木:譬解》(1995年第2期),等等。

上述学者们所拟建的五十多个辞规,其中有的是否是辞规还值得讨论。比如前面我们讨论过的"譬解"就不宜看作辞规,再如我曾拟建的"同词异述",现在看来作为辞规不合适,因为它的艺术魅力较强。现将该文附于此,敬请读者评判。

同 词 异 述

语言体系中的词语有很多是多义的。多义词语的存在为人们的言语交际提供了方便。有时人们可以利用一词多义的特点,进行同一词语的多义运用,即在叙述几种事物的时候,把一个词分别与若干个词相搭配,在不同的搭配中显现出词义上的变化。这也就是在几个事物相连叙述时,将叙述前边事物的词语顺势用来叙述后边的事物,前后词语意义虽有不同,却有着密切的联系,分属同一词语的不同义项。我们觉得这是一种修辞方式,暂且称之为同词异述。如:

(1) 他再次把钞票递进铁窗。

"去大亚湾。"

窗里喷出一团辛辣的烟和同样辛辣的话——"丢那妈!没这个站!"①

第一次,"他"好不容易挤到窗口,要买一张去大亚湾的火车票,售票员扔给他一句"没这个站!",但"他"并不死心,再次排队,再次将钞票递进铁窗,仍要买去大亚湾的车票。这下惹得一边抽烟,一边卖票的售票员火了,于是"喷出一团辛辣的烟和同样辛辣的话——丢那妈,没这个站!"这前后两个"辛辣"是同一个词。作为静态的、词典里的词"辛辣"有两个含义,一为本义,即"辣";一为比喻义:"语言、文章尖锐,刺激性强"。例(1)中两个

---

① 孔捷生.开往大亚湾的慢车[J].文汇月刊,1989(3).

"辛辣"正是在这两个含义下使用的。第一个"辛辣"是"辣"的意思,叙述烟的刺激性味道;第二个"辛辣"是"话语尖锐、刺激性强"的意思,叙述售票员没好气的骂骂咧咧的话语。两个"辛辣"叙述两种不同的事物,前后意思虽然不同,但很明显有着密切的联系,存在着本义和比喻义的关系,它们是同一个词(多义词),是同一个词的不同义项的搭配,亦即同词异述。再如:

(2)儿子人大了心也大了,管不了啦。儿子终于离开了他,到外面闯世界去了。①

(3)"但你还划算,报上留了你的大名。"
"那算不得什么,几个穷记者的穷咋呼,我哪来的那么大的神通?"②

(4)就这样淡淡的几句话,却和那淡淡的月光一样,在我的心中印着一个不能磨灭的痕迹。只要天上一有月光,总要令人发生出一种追怀的怅惘。③

例(2)"儿子人大了心也大了",第一个"大"是"长成年"的意思,第二个"大"是"远大"的意思,二者意义密切相连,显然是一个词。例(3)"穷记者的穷咋呼","穷记者"的"穷"是"贫穷、没有钱","穷咋呼"的"穷"是"徒然、没有效果",很明显后者是前者的引申,这两个组合是同一个词的不同搭配。例(4)摘自郭沫若先生的自传《我的童年》,书中有一小节叙述了自己与五嫂王师韫在淡淡月光下的一次平常但令他难忘的对话。"淡淡的几句话"中的"淡淡"是"平淡、平常"的意思,而"淡淡的月光"中的"淡淡"却是颜色"浅"的意思。同一词语用来叙述不同的事物,通过有别但明显存在引申转化意义的关联,使得不同的事物也有了密切的联系,难怪郭沫若先生感到"只要天上有月光,总要令人发生出一种追怀的怅惘"。

同词异述的表达形式从语法上讲一般是主谓式或定中式并列,因而同词异述可以分为两类,一类为主谓式,一类为定中式。如:

(5)"酒意浓,情意更浓的法美友谊"的公关主题和方案形成了。④

(6)贵人吃贵物(俗语)

例(5)"酒意浓,情意更浓"为主谓式同词异述,例(6)"贵人"与"贵物"

---

① 伶丁.祭[J].十月,1989(2).
② 刘爱平.危险年龄[J].今古传奇,1988(5).
③ 郭沫若.我的童年[M]//郭沫若选集:第一卷:上册.成都:四川人民出版社,1979.
④ 木尧.法国白兰地的精彩"亮相"[J].公共关系,1989(2).

为定中式同词异述。

上文我们说过同词异述是将叙述前边事物的词语顺势用来叙述后边事物,是把同一个词与若干不同的词搭配,因而从修辞结构上看它由两个或两个以上的结构体构成,后边结构体随着前边的结构体,换句话说前边结构体是什么结构形式后边结构体一般也是什么结构形式。如例(1)前面"辛辣的烟"是定中式,后边的"辛辣的话"也是定中式。"穷咋呼"一般说来是状中式,但在例(3)中随着前边的定中式"穷记者",也变成了定中式。当然,对此不能作绝对的理解,上面我们说的只是就一般情况而言。《昆仑》1989年第1期有篇小说叫《红鸽子》(彭民希),描写了某高地的石岩上天天站着一只红鸽子。驻守该高地的一位新兵渐渐地迷上了这只红鸽子,然而有一天红鸽子却不见了,于是"空荡荡的白石岩,使新兵的心也空落落的。但他感觉红鸽子还活着,活在某个陌生的远方……"这里"空荡荡的白石岩,使新兵的心也空落落的"完全可以改成"空荡荡的白石岩,使新兵的心也空荡荡的"。改后的这句话就成了我们所说的同词异述了。不过其前后结构体并不一样,"空荡荡的白石岩"是定中式,"新兵的心也空荡荡的"却是主谓式。

同词异述的经常形式是用同一个词搭配两个不同的词,如以上所举各例,但也不仅限于此,有时同一个词可能搭配两个以上的词而呈现着词义上的变化。比如:

(7) 几个月的共产主义大食堂吃光了仓库里的米,田里未及收割,上头一声令下,人们又浩浩荡荡开进山里炼钢铁,砍树制造荒山。不消几下,弄得山瘦田瘦人也瘦,而且还不准说坏,只能说好。①

"山瘦"的"瘦"是"荒凉、光秃"的意思,"田瘦"的"瘦"是"荒凉、不肥沃"的意思,"人也瘦"的"瘦"是"瘦弱"之意。

(8) 高生非常高兴,曾经对她开玩笑地说:"细柳何细哉:眉毛细、腰细、脚儿细,且喜心思更细。"细柳应对道:"高郎诚高哉:品高、志高、文字高,但愿寿数尤高。"②

"眉毛细、腰细、脚儿细"三个"细"是"不粗、细瘦"的意思,"心思更细"的"细"是"精细"的意思。"品高""志高""文字高"之"高"分别是"高尚""远大""高明"之意,而"寿数尤高"之"高"则为"长寿"之意。再如:

---

① 映泉.鬼歌[J].当代作家,1989(1).
② 李厚基.白话聊斋[M].石家庄:河北人民出版社,1983.

(9) 她人好心好脑子好，就是运气不好。(彭小莲《电影梦》，《文汇月刊》1989年第3期)

同词异述由于叙述词重复而且含义在联系中有变化，所以既有语词形式的反复美，又有语词意义的错综美，引人联想，耐人寻味，令人咀嚼叙述词意义的微妙变化，从而增强了语句的节奏感和表述功能。

从以上的一些语言实例，我们不难看出同词异述这种修辞方式的两个特点：

第一，从结构上讲，存在着叙述词重复的形式特点。同词异述的"同词"，我们称之为叙述词，如例(1)的"辛辣"。这叙述词每搭配一次就要复现一次。如例(7)"山瘦田瘦人也瘦"的"瘦"是叙述词，它组合了三次，因而也复现了三次。

第二，从意义上讲，存在着叙述词词义变化的语义特点。同词异述的叙述词一定是多义词，同词异述正是利用一词多义的特点，使叙述词在与不同的词相结合时表现出词义上的变化。如果词义不发生变化，虽然重复了词语，也只能算作一般的反复，不能看作同词异述。比较下面两例：

(1) 深沉的大海，深沉的渔人之心啊！①

(2) 你有那么时髦的披肩长发，能写出一些时髦的诗来是不奇怪的。②

例(1)两个"深沉"意义有别，但有密切的关联，前一"深沉"是"程度深"的意思，后一个"深沉"是"思想感情不外露"的意思，叙述词词义有变化，因而是同词异述。而例(2)的两个"时髦"词义没有变化，因而不是同词异述，只是一般的反复。

同词异述除了与反复相似外，与拈连更有瓜葛。因为同词异述与拈连在形式上十分相似，二者都是在几个事物相连叙述时，顺势将叙述前一事物的词语用来叙述后一事物，都是用一个词与几个词组合。如下面例(3)、(4)这种主谓式拈连与我们上举的"人大了心也大了"，"山瘦田瘦人也瘦"这类主谓式同词异述就十分相似。

(3) 这也就难怪那天陈金凤看见自己吃惊发呆，原来自己像她青年时期的恋人呀，唉，真是人老心不老啊！(海鹰《毁面人妖》，《小说与故事》1985年第6期)

---

① 叶宗轼，等.愤怒的海：舟山渔场的紧急报告[J].文汇月刊，1989(3).
② 蔡测海.中国，1987，一个画家和一个诗人的浪漫[J].清明，1989(1).

(4) 人穷志不穷。

但是二者是两种不同的修辞方式,它们有本质的区别。其区别表现在:同词异述的叙述词在分别与不同的词语组合时本身有词义变化,而且每一种组合都是自然的、常规的,因为它们是一个多义词不同义项的分别组合。比如例(1)"深沉的大海,深沉的渔人之心",其叙述词"深沉"能自然地与"大海""渔人之心"相搭配。但拈连的叙述词只能与一个词语构成自然的组合,与另外的词语不能自然地组合,其组合是临时的超常规的,因为它们并不是一个多义词不同义项的分别组合。如例(3)"人老"可以说,"心不老"不能说,它只是巧妙地借助"人老"的正常组合顺势拈来的。总之,是否存在自然的、常规的组合与非自然的、常规的组合是二者的区别。同词异述的叙述词每次组合都是自然的常规的,而拈连的叙述词组合只有一次是自然的常规的,也就是说拈连的叙述词组合既存在自然的常规的,更存在非自然的非常规的,因为拈连"运用之妙存乎此矣!"从这一点来说同词异述是与拈连相对的一种修辞方式。如果着眼于拈连是词义超常搭配,同词异述是词义的正常搭配,不妨把同词异述看作一种辞规。

同词异述与拈连的区别并非十分简单,在具体语料的分析上还存在一些令人困惑的难题,如:

(1) 乔是罗莎编织的故事中最为灿烂的一个人物。……罗莎参加了俱乐部的编织组。她编织毛线的本领绝不亚于编织故事。①

(2) 秋夜已经很凉,牛大力两口的话也是凉的,天顺迎着满屋的凉气想他的布衫。②

例(1)是同词异述还是拈连?说是拈连吧,我们平常不是说"编故事"什么的吗?况且上文单独的"编织故事"的话语,似乎提示人们"编织故事"也能说。说是同词异述吧,"编织故事"的说法总没有"编故事"的说法自然、正规。不过,从《现代汉语词典》对"编织"的释义来看,还是应该归入拈连。《现代汉语词典》对"编织"的解释是:"把细长的东西交叉组织起来",可见"编织"是个单义词,这样(1)看作同词异述就不合适了。例(2)在拈连与同词异述之间界限也有些模糊,并非十分清楚,权衡一番,可能归入拈连更合适一些。③

---

① 查建英.献给罗莎和乔的安魂曲[J].人民文学,1989(3).
② 杨志鹏.玄黄[J].百花洲,1989(2).
③ 原载《营口师专学报》1990年第1、2期合刊,编入此处恢复了当年被删去的部分内容。

上述学者们所拟建的50多个辞规并不完全是处于同一层级、互不包含,有的是包容的,甚至是同一的。

我们认为如果考虑到辞规内部的系统性,对所拟建的五十多个辞规排除掉其中具有一定艺术魅力的,剩下来的经过调整,大体还有三十多个具备辞规的资格。如换述、比较、引语、面中显点、提问、撒除、以例解义、插补、补失、概述细说、共用、比照、列举、列举单承、分层、合叙、类比、省言、排名有序、顺序铺陈、总提分述、出示形态、分叙、节语、承代、省代、录别、因果、条件、假设、转折、追释、明域确延、否全回环、同词反序等。

（三）辞规的理论探索

十几年来的辞规探索,学者们多注重具体辞规的拟建,有关辞规的理论探索稍嫌不足,只有少数学者注重辞规的理论建设,这其中比较有代表性的是吴士文、陆文耀、沈卢旭和胡习之等。

吴士文先生是辞规理论的创立者,他的辞规理论主要表现在《"修辞方式"的系列化》一文(该文有关内容后来移植到《修辞格论析》一书中)。1989年,吴士文先生发表了辞规研究的重要论文《建立辞规,完善修辞方式的系统》[①],从辞规、辞格在修辞方式中的层次及其区别,辞规理论的理论和事实根据,辞规建立的目的和途径三个方面对"辞规"进行了探讨。他认为修辞方式分为"消极修辞"和"积极修辞",在"积极修辞"中又分为"辞格"和"辞趣"是有其坚实的理论基础的。它符合哲学上的对立统一规律。"消极"和"积极","辞格"和"辞趣",它们无一不是既对立又统一的两个方面。这种二分法,完全符合现代科学方式体系中最高层次的哲学方法,即唯物辩证法。"二分"是自然界、人类社会和思维客观存在的特性,如事物的对立、事物的对举、事物的内部切分。也许由于时代的局限,陈望道先生缺少一个安定的环境,没能把消极修辞做一分为二的处理,在消极修辞和积极修辞中形成了一头轻一头沉的局面,使得修辞方式直到今天还没有系统化起来,而"辞规""辞风"的研究,正可弥补这一欠缺。吴先生认为要使所有的语言片断,在修辞方法上都能做出全面而科学的分析,"唯有在'方法'上建立辞规之一法"。他还认为建立模式化了的辞规系统固然是难乎其难,但也并非没有捷径可走:第一,可从辞格转化为辞规的角度转出去一批辞规。第二,可从与辞格相对应的角度,归纳出大部分辞规。第三,可从与辞格无

---

① 吴士文.建立辞规,完善辞规方式的系统[J].营口师专学报,1989(2).

对应关系方面归纳辞规。吴先生的众多论述为辞规研究指明了正确的方向,使得后来的辞规研究在很短的时间里取得了较大进展。

1995年5月,吴士文先生从宏观上完成了辞规的系统性思考,制定出了"《修辞常规方式学》编写大纲。这个大纲,总计15章(含'前言''后记'),用4章篇幅论述继承和完善'两大分野'的修辞学说,修辞学的对象范围及其他,辞规辞风的研究现状及展望。用8章篇幅阐述辞规的具体化及其衔接方法和方法集合。用3章阐述辞风的具体化及辞格、辞规的分析应用。这个大纲,从术语的含义,到体系的构建;从内容的取材,到方法的运用,都是经过了周密思考的。正如他说'即使命名也是一个大问题,应该推敲再推敲。'他认定从结构、功能,特别是方法方面来命名,而不从要求上定名。这个大纲,列出要从辞规、辞风的定义、分类、例证、说明、效果、鉴别等方面作论述,从正反两面看变化,包括对负辞规、负辞风、负辞格方面的分析。这个大纲,突出修辞学的一个重要方面——修辞手法,修辞方法的半边天是常规方法(一般性修辞),修辞常规方法是辞规和辞风。强调从理论、事实、实用、效果上立根据。强调从题旨、情境、语体等方面分析辞规、辞风的受制性,分析辞规、辞风的重要性及其研究方法等问题。各个章体,分项立说。它在'辞规的具体化'各章,以精密化、形式化的标准,将'辞规'分为'解说体解说对象同值对象体''序列体序列合值述说体''节言体节言同值繁复体''他助体他助显言相对体''选型体选型同值适型体''引出体引出不定值结论体'六种类似模式。各类有方,如在'序列体序列合值述说体'类中,分出了:名序、动序、时序、空序、理序、层序、列举、列举分承、列举单承、面中显点、定状有序共11种方法。在'辞风的具体化'各章,以同样的标准,将'辞风'分为'变音体变音同值语音体''正形体正形不轨体'2种类的模式。每式分法,如在'变音体变音同值语音体'类中,分出了:因境选音、因义轻重、因义长短、因情快慢、因文儿化、因情升降、因顺平衡'共7种方法。这个大纲,拟构的辞规、辞风,形成了一般性修辞的一整套系统,是科学的、先进的。"①遗憾的是这个编写大纲随着吴先生的逝世最终没能编撰成稿、完成著述。

陆文耀先生是辞规研究的中坚,他不仅拟建了十几个辞规,以高产而闻名,而且还一直进行消极修辞、辞规的理论研究。1993年发表了《消极修辞是客观存在》②,1994年发表了《消极修辞和积极修辞之"对应统一"辨》③从理论和事实两方面多角度地论述消极修辞是修辞的一个重要部分,消极修辞是一种客观存

---

① 李玉琯. 开拓进取突破创新:吴士文一般修辞研究综述[J]. 丹东师专学报,1999(3):32.
② 陆文耀. 消极修辞是客观存在[J]. 修辞学习,1993(2).
③ 陆文耀. 消极修辞和积极修辞之"对应统一"辨[J]. 修辞学习,1994(2).

在。这里需要特别指出的是,陆先生1989年发表的《关于一般性修辞方式拟建工作之我见》①提出了不少极有价值的认识与方法。他认为一般性修辞方式不同于特殊性修辞方式,二者的界限有相对的稳定性,研究一般性修辞必须分清二者界限。要分清二者界限又必须抓住"分界"的标准。两种不同修辞方式最容易为人们直接感觉到的,它们最主要的区别特征是它们的修辞功能。特殊性修辞方式不管是哪一种修辞格,都应形象、生动、有力,都有或强或弱的艺术魅力。一般性修辞方式只是以事示人、以理服人,不以形象感人,只要求表达得明白、准确、通顺、简洁。把握了二者的"分界"的主要标准,就是抓住了关键,就能区别分辨即使在形式上相近直至相同的两种不同的修辞方式。他还认为由于一般性修辞比较接近于语法、逻辑,因而在建立一般性修辞系统的时候,必须从语法、逻辑的一些规律中得到启示。一般性修辞方式是个开放的系统,而不是封闭系统,更不是孤立系统,它不仅在修辞系统内部(比如与特殊性修辞)有交流、转换,它还与语言学的各系统有交流、转换,甚至与邻近的思维科学逻辑有交流转换。从语法、逻辑甚至写作方法中接受启发,这并非牵强附会。陆先生的这些认识无疑为辞规的拟建带来了很多方法上的启示。

沈卢旭先生在《关于建设辞规的几个问题的意见——给吴士文教授的信》中对辞规建设的标准、建立方法和辞规定名、定义等问题提出了自己的看法。他认为"确切地、严密地确定辞规和辞格各自总的标准或要求至关重要",他将辞规的标准确定为:"准确、明白、通顺、适切,是基础性的基本的修辞。"值得注意的是他用"适切"替换了一般认为的"简洁"标准或者说要求,理由是"简洁""不一定是一切文章的基本要求,有的文章有时恰恰需要详尽叙写,……","适切"的"内涵容量大一些",不过,卢先生并未界定"适切"。沈卢旭先生还将辞格的标准确定为"生动、形象;是美化语言和其他语言艺术化表现的修辞"。② 沈卢旭先生的意见对辞规的研究具有重要的启示意义。

胡习之一直较为关注辞规的建设工作,1992年撰写了《辞规和辞规的研究》③,对"辞规"的理论根据做了有益的探索,对辞规的研究现状作了概述,并就辞规拟建中的有关问题提出了自己的看法。1998年发表了《关于消极修辞的模式——辞规》④,文章就"辞规"理论的出发点、"辞规"理论的修辞观、"辞规"理论

---

① 陆文耀.关于一般性修辞方式拟建工作之我见[J].营口师专学报,1989(3).
② 沈卢旭.关于建设辞规的几个问题的意见:给吴士文教授的信[J].延边大学学报(社会科学版),1993(3).
③ 张登岐,秦礼君.现代汉语修辞专题[M].北京:海洋出版社,1993.
④ 阜阳师院学报,1998;宁夏大学学报,1998.

的哲学基础、"辞规"理论的修辞理论基础等辞规理论的重要内容首次进行了较为全面的分析、概括,并对"辞规"的特征及与"辞格"的差别等重要问题提出了自己的意见。胡习之的辞规研究被有关汉语修辞学、汉语修辞学史论著(如黎运汉、盛永生主编《汉语修辞学》,李运富、林定川《二十世纪汉语修辞学综观》,袁晖《二十世纪的汉语修辞学》,宗廷虎主编《二十世纪的汉语修辞学》等)所推介、肯定。著名形式语言学家、英国伦敦大学蒋严教授在《关联理论的认知修辞学说》(上)一文中说:"吴士文、胡习之等学者创立的几十个辞规是对消极修辞研究的重要发展,不但充实了消极修辞的内容,还对汉语语篇的形式分析作了开拓性的贡献。"①,宗廷虎先生主编的《二十世纪的汉语修辞学》下卷(中国人民大学出版社,2007)认为"……关于消极修辞的专门研究也有长足进步,这方面贡献最大的要数吴士文,他的'辞规''辞风'理论已得到大多数学者的认同。另外,姚殿芳、潘兆明的《实用汉语修辞》,华宏仪的《汉语消极修辞》和胡习之的辞规研究,都有重大突破。"

(四)辞规拟建中值得注意的几个问题

1. 拟建辞规无论是宏观上还是微观上都应注意辞规与辞格或语法、逻辑等规律的区别。从宏观上来说,辞规与辞格或语法、逻辑等规律是不同的,较好把握。但微观上,即具体拟建某个辞规时则往往容易忽略其差别,特别是容易忽略与语法、逻辑规律的区别。这在已拟建的某些辞规中似乎已有或多或少的表现。比如有的辞规文章说是描写语法学文章大概很多人都会赞同,为什么?原因之一,可能就是有的文章过于着重格式的描写与分类,而淡漠了表达功能的揭示。这样作为修辞方式之一的辞规在人们的眼里还是混沌的、模糊不清的,如此,不利于辞规自身价值的显现。因此在拟建具体的辞规时,我们应着眼于表达功能的揭示,探索每一种常规格式的表达效果,有意识地将辞规与语法规则等区分开来。这,或许更有利于辞规这个消极修辞方式系统工程的建设。

2. 拟建辞规应注意其一般的功能、结构、方法,还应注意其类聚的系统性。目前参加辞规拟建工作的修辞工作者们,基本上处在各自为战的局面,因而由于观点的不同,方法的有别,难免会对同一语言现象作出不同的处理。如大家拟建的五十多个辞规中,有部分辞规内容交叉,甚至重复。这就开创之初来说是不可避免的,也不是什么坏现象,不过,就辞规这个系统的完善来说,如果我

---

① 蒋严.关联理论的认知修辞学说(上)[J].修辞学习,2008(3).

们在拟建时也考虑到其构成要素的对立统一，不使其过于你中有我，我中有你，那么对以后的分析、整理或许更为有利。这一点有的人还没意识到，而有的已意识到并在拟建中努力避免辞规的交叉、重复。比如陆文耀和陆嘉栋先生在拟建辞规"列举"时，特别讨论了"列举"与其他人拟建的辞规"面中显点""列举分承""共用""总分"等的区别。①

3. 拟建辞规必须注意"消极修辞表现出来的特色是质朴的、平凡的；积极修辞表现出来的特色是华丽的、奇特的"这两个相对立的标准，从质朴的、平凡的修辞现象中归纳概括辞规，同时也不能遗忘积极修辞现象中可能也有辞规的表现，这如同消极修辞现象中可能也有辞格的表现一样。辞规的适用范围、语体有大有小，有多有少，有的辞规可能适用范围特别大、适用语体特别多，体现的是通用的特点，有的可能适用范围小、语体少，体现的是专用的特点，这些在辞规拟建时也是要注意的。

十三、21世纪（2001— ）辞规研究简述

20世纪后期（主要集中于80年代后期至90年代初期）的辞规研究在吴士文先生的带领下可谓轰轰烈烈，然而随着吴先生的逝世，辞规研究逐渐趋于沉寂。可喜的是，2002年本书初版的出现打破了几年的宁静，使辞规研究的平静水面再起波澜，我们看到陆续又有一批学人围绕着辞规问题展开了各种探求。本节拟从两个方面做一简单的评介。

（一）辞规理论的再探索

21世纪开始至今辞规理论又有新的发展。这主要表现在运用新的理论研究辞规，对辞规特征的认识更为明晰、准确，阐释更为科学；也表现在对辞规与辞格、辞规与辞风、辞规与辞趣等之间关系的认识进一步深化，具体辞规的阐释等等方面。

2002年3月本书初版《辞规的理论与实践：二十世纪后期的汉语消极修辞学》由中国文史出版社出版，第一次对辞规的理论和辞规研究作了较为全面的

---

① 陆文耀,陆嘉栋.辞规中的"列举"[J].营口师专学报,1990(1,2).

述评与系统的总结,提出了不少自己的见解。作为消极修辞方式——辞规的第一本专著,本书初版丰富发展了陈望道、吴士文先生的消极修辞理论和辞规理论。

唐厚广、车竞先生 2011 年回顾了 20 世纪辞规研究的发展状况,并指出了在发展中存在的问题①;2013 年在《社会科学辑刊》发文探讨辞规建构的哲学基础、思维基础、心理基础和语言基础②。

许钟宁先生认为"辞规理论是当代修辞学新理念的产物,辞规理论的研究是进一步完善修辞理论体系的极有意义的学术研究,这一理论的研究,与当下修辞行为理论的研究是相契合的:所有的言语使用,都是有目的的修辞行为,在言语片段的组织中,辞格是修辞,辞规也是修辞;辞格有辞格的修辞功用,辞规有辞规的修辞功用;辞格有辞格的适用语域,辞规有辞规的适用语域,两者各有用场。因而,辞规的拟建工作,是从平凡的常规言语片段的组织调配中,发现规律,归纳出(原本存在的)特定模式的工作,是极有利于指导人们的常规修辞实践的基础性修辞工作,是值得重视和敬佩的修辞学术活动。"他还以本书初版所介绍的辞规为蓝本阐释说明了 10 个常规语格,即我们所说的辞规。③

田甜在她的硕士学位论文和其他论文中尝试用图形背景理论阐释辞规的认知心理,认为辞规是图形背景朝着熟识化角度的调试。她认为"消极修辞相对于积极修辞来说,是单平面的,它只有熟识化、平易化的平面,不需要在此基础上进行陌生化调适。消极修辞相对于语法来说,是双平面的,语境是它的背景,图形是它根据题旨情境的需要而需要凸显的话语信息。辞规作为消极修辞中已经格式化、规律化(形成一定的固定话语标记)的表达方式有其凸显图形的特殊手段。"④她对本书初版总结归纳的 10 个辞规进行了认知心理方面的审视,指出"消极修辞中存在大背景、小背景和图形,根据大背景的要求,每段语篇、每个话语文本中的小背景和小背景需要凸显的图形都不相同。"⑤

---

① 唐厚广,车竞. 20 世纪辞规研究的回顾与思考[J]. 社会科学辑刊,2011(5).
② 唐厚广,车竞. 论辞规建构的理论与实践基础[J]. 社会科学辑刊,2013(5).
③ 许钟宁. 二元修辞学[M]. 上海:复旦大学出版社,2012:266-267.
④ 田甜. 消极修辞之辞规的认知心理机制探析[J]. 阜阳师范学院学报,2010(2).
⑤ 田甜. 认知心理视域下的修辞学两大分野研究[D]. 宁波大学,2011.

（二）具体辞规的探究与辞规的应用研究

具体辞规的拟建与对具体辞规的讨论不多。如，2012年许钟宁先生拟建了辞规"回说补述"（他称之为常规语格）[1]，孙新运、董仁、胡习之等对辞规"排名有序"进行过讨论等。

辞规"排名有序"是辞规理论的创立者、著名修辞学家吴士文先生于1992年拟定的。他对"排名有序"所下的定义是："在介绍或提及多个人名时，有必要做到在排法上合情合理，有规有序。这种修辞方法可叫'排名有序'，简称'名序'。"[2]2002年胡习之在《辞规的理论与实践——二十世纪后期的汉语消极修辞学》一书中，按吴士文先生的说法对"排名有序"做了介绍，使之作为辞规的地位更加巩固。2011年孙新运、董仁二位先生发表《辞规"排名有序"再探》一文，认为吴士文和胡习之"对辞规'排名有序'所下定义的内涵和外延有待于进一步完善"。吴先生和我都将"排名有序"的"名"限制在人名之上，他们认为不妥。他们认为"'人名'的限定已被突破，排名有序的定义内涵应该充实，外延应该扩大。"他们认为应该"用'事物名称'取代'人名'。这样排名有序定义的内涵与外延就更加丰富而宽泛了，因为'事物名称'既包括了'人名'，也涵盖了'人名'以外的其他事物的名称"。因此他们认为应该这样定义排名有序："在介绍或提及多个事物名称时，在排法上做到合情合理，有规有序。这种修辞方法叫'排名有序'，简称'名序'。"[3]

胡习之赞同孙新运、董仁二位先生将"排名有序"之"名"由"人名"扩展至"物名"的主张，重新定义了辞规"排名有序"并着重讨论了排名有序的类别、功能与运用。[4]

唐厚广、车竞先生认为"排名有序"是"关于名称出现顺序的修辞研究之一，在语言中实际存在并有研究的必要，但'有序'显然是从要求、原则的角度而非方式角度进行的命名，如果归纳这样一个辞规，将会把很多修辞现象纳入其中，显得枝蔓杂芜，如辞格中的对偶、层递等也都涉及有序的问题"。唐厚广、车竞认为有人拟建的辞规"照应"名称也有问题，因为"照应""也是一般性修辞的原则而非方式，若以此为辞规名称，涵盖的具体修辞现象恐怕会多得不胜枚举，那

---

[1] 许钟宁.二元修辞学[M].上海：复旦大学出版社，2012.
[2] 吴士文.修辞中的排名有序："名序"[J].修辞学习，1992(6)：24-25.
[3] 孙新运，董仁.辞规"排名有序"再探[J].辽东学院学报，2011(2).
[4] 胡习之.再论辞规"排名有序"[J].阜阳师范学院学报，2013(1).

么归纳辞规就失去了意义"。①

在辞规理论研究发展到一定阶段的时候,人们开始关注身边生活中所存在的修辞现象,尤其是辞规的运用,这也就不断将辞规理论的应用范围扩大化,辞规的实际应用研究也逐渐多样化。如,山东大学威海分校法学教授李秀芬先生依据两大分野理论尝试构建法律修辞学理论体系,她认为"依照修辞学的理论体系,法律修辞学的学科体系大致如下:法律修辞学包括积极法律修辞学和消极法律修辞学。积极法律修辞学包括辞格和辞趣,消极法律修辞学包括辞规和辞风"。② 杨城、李树军采用计量可视化的方法,对广告语言和辞规研究的现状进行探析,对语言资源库中的所有广告语言使用辞规的情况进行计量统计,对广告语言中各个辞规进行列举和分析表达效果,对广告语言使用辞规的特点和原因进行探索。其研究"结果表明,广告语言中使用辞规可以有效提高广告的表现力,起到更好的表达效果"。③

---

① 唐厚广,车竞.20世纪辞规研究的回顾与思考[J].社会科学辑刊,2011(5).
② 李秀芬.构建法律修辞学理论体系刍议[J].山东社会科学,2013(1).
③ 杨城,李树军.语言资源视阈下的广告语言辞规计量研究[J].嘉应学院学报,2019(2).

第二章　辞规应用(上)

根据我们对辞规的认识,1987年以来辞规研究者们所拟建的辞规,加上以前作为辞格看待的部分辞规,经过归并,真正具备辞规资格的大概近40个。本篇依据前述辞规理论,从中选择了17个,加上近年来我拟建的5个,共22个辞规加以介绍。这22个辞规有的曾被作为辞格看待,现将其转入辞规,如"列举分承""换述""数字概括"等;有的属分化原有的辞格而成,如"引语""撤除"等;有的从与辞格对应的角度提出,如"否全回环""以例解义"等;有的从语法、逻辑等规律、规则启示角度提出,如"面中显点""约义明语""明域确延"等;其他更多的是根据辞规的特征归纳概括出来的。

这22个辞规中的"面中显点""否全回环""约义明语""正面释义""提示聚焦""追加补救""分章列条""沿用反击"等是我拟建的,其他则是吴士文、王希杰、陆文耀、李玉琯、汪启明、姚汉铭、尹日高、周世烈、许钟宁等先生建立的(也有无法确定是谁拟建的,比如从原有辞格中转化来的)。其他先生拟建的辞规在介绍时很多都加进了我的理解,并非全盘照搬;有的还作了一些变动,甚至比较大的变动(比如定义、分类、阐释等方面多有不同),这主要是基于辞规之间的平列性的考虑以及对某条辞规的特征,尤其是区别性特征的不同认识。

这22个辞规我们分两章来介绍,本章"辞规应用(上)"介绍语义类辞规:面中显点、约义明语、正面释义、以例解义、引用言语、概述细说、明域确延、提示聚焦、被动主受、顺序铺陈、追加补救、提出疑问。第三章"辞规应用(下)"介绍形式类辞规:否全回环、排名有序、列举分承、列举单承、换言述义、数字概括、分章列条、回说补述、沿用反击。这些辞规有的偏向于口语语体,有的偏向于书面语体,有的则口语、书面跨用;有的主要运用于单部语篇,有的则主要运用于人际会话。

需要说明的是,所谓语义类辞规和形式类辞规,是就其侧重点或者说偏向来说的,只是个大概的归类而已,不是严密科学的分类。辞规的分类,或者说系统化目前只能说还处于探索阶段,或者说初始阶段。

一、面中显点——"显点":辞规之一

用表达部分与整体关系的概念并列来表达特定思想内容,即在点和面的表述中既顾及到面,又强调了点,这种修辞方式叫"面中显点",简称"显点"。

客观世界存在着个体、分子,存在着由若干个个体、分子构成的集合与类。这个体和分子就是点,集合和类就是面。点属于面,面包含着点,点面关系是一种客观存在。这种客观世界的点面关系反映到语言中,在言语表达时也就有了点和面的表述。

(一) 面中显点的类别

1. 由点及面

个体(点)在前,包含有这个个体的集合(面)在后,在强调点的同时,又顾及到面,注重从整体中突出若干个重点。点面之间一般用"和""及""以及"等连词连接。如:

(1) 在解放战争中最艰苦的年月,主席一直没有离开陕北,是他亲自在这里指挥着西北战场和全国各战场的战事。(袁学凯《英明的预见》,转引自邢福义《语法问题探讨集》)

(2) 经过我们"中心"近百名同学和全校师生的共同努力,使我们"中心"无论在社会效益还是经济效益上都实现了"零的突破"。(《复旦》新编第205期)

(3) ……福克纳却挥动如椽大笔,在稿纸上纵横驰骋,为美国和全世界人民描绘了一巨幅美国南方社会长达一个世纪的风俗人情画兴败盛衰史,……①

例(1)"全国各战场"(面)包括了"西北战场"(点),只是当时在"全国各战场"中,"西北战场"是主要战场。这里由点及面既突出了应该着重强调的点,也统括了必须顾及到的面。附带说一下,有的同志将"西北战场"与"全国各战场"看作属种并列,这意味着前者是下位概念,后者是上位概念。我们认为这种看法是不正确的,"西北战场"不是"全国各战场"的下位概念,它们不是属种关系,而是部分与整体或个体与集合体的关系。例(2)(3)"我们'中心'近百名同学"

---

① 丁弓.自封为国王的小说家[J].青年文摘,1987(8).

"美国(人民)"是点,"全校师生""世界人民"是面,点面同现,从面中显点,既严密周到,又轻重分明。

(4) 我们要和日本的、美国的、德国的、意大利的以及一切资本主义国家的无产阶级联合起来,才能打倒帝国主义……(毛泽东《纪念白求恩》)

这里点有四个,即"日本的、美国的、德国的、意大利的(无产阶级)"。毛泽东同志为了突出强调这四个个体概念,把它们和集合概念"一切资本主义国家的无产阶级"并列使用既突出了重点,又使得表述周密谨严。(有些同志将这里的并列看成下位概念和上位概念之间的并列,这是错误的,只有去掉"一切"才是下位和上位概念的并列,不过这样一来犯有属种并列的逻辑错误。)

由点及面,点面之间一般有连词划界,通常用"和",也有用"及""以及"的。用"及""以及"时,点的强调意味加重了。

也有点面之间不用"和"之类的连词,而用了其他成分的。例如:

(5) 首先我们代表战斗在老山前线的35135部队全体官兵向你们,并通过你们向全社的同志们致以崇高的敬礼!(《名作欣赏》1987年第7期)

这里"你们"是点,"全社的同志们"是面,点面之间用"并通过你们"隔开。因为是给杂志社负责同志(即"你们")写信,当然首先向他们问好,然后才向"全社的同志们"问好,由点及面,既重视了面的整体性,又强调了点,表达效果较为理想。

由点及面,面的表述一般用"一切、全体、所有"之类的词语(有的隐含有这些词语)作全称强调,使得面的身份更加明显。有时出现的不是全称词语,而是特称词语,这时的表达就不是我们所说的由点及面了。因为这时的面已经转化为点。如(4)可以说成"我们要和日本的、……意大利的以及其他资本主义国家的无产阶级联合起来……"这儿"其他……无产阶级"也是点,面没有出现,所以不是由点及面。但是应该承认,改变后的说法与原来的说法基本意思是相同的,只是意味上有些差别。原来的注重事物的整体性,从整体中突出几个重点,是面中显点;而改变后的则着眼于事物的分支,把事物分为重点和非重点,不是面中显点。特别是在既突出重点又重视面的场合,用由点及面比用与之相似的非由点及面表达效果要好得多。比如,在文学创作会议上,领导人说"向作家、诗人和全体文艺工作者致敬",虽然着重点在"作家、诗人",但顾及到了"文艺工作者"是一个整体,不显得过于厚此薄彼;如果说成"向作家、诗人和其他文艺工作者致敬"则把重点部分与非重点部分明显地区别开来,显得太强调"其他文艺工作者"是非重点了,表达效果远不及由点及面。[①]

[①] 邢福义. 谈点面并列[M]//语法问题探讨集. 武汉:湖北教育出版社,1986.

2. 由面及点

类或集合(面)在前,分子或个体(点)在后,面点之间用"特别是、尤其是、首先是、其中包括、包括"等词语关联。这些关联词语特指分子或个体(点),标示点是面中着重强调的。由面及点,着重指出强调的点对面来说,对某种情况而言更为合适或更有特别的意义。

由面及点是面中显点的典型,使用范围广,使用频率高。如:

(6) 在文学作品中,特别是韵文中,量词放在名词后边,这种句式也常见。①

(7) 崇武镇地处惠安县东部沿海,这一带的居民,尤其是周围几个乡的妇女的服饰,别具一格。(《文汇报》)

(8) 明快地说,大乘所不同于小乘者,就是对于一切分别的否定,首先是世间出世的否定。②

(9) 1985年9月未遂政变发生后,共有四十人被捕。现仍有七人受审查,其中包括前总理江萨·差玛南和前皇家武装部队最高司令森·纳那家。(《人民日报》)

例(6)说在文学作品中量词放在名词后边这种句式常见并不错,只是在属于文学作品的韵文中更常见,因此在说了面之后着重突出点,说"特别是在韵文中",这样表述就更为恰当。这种面中显点显得严谨周密、无懈可击。例(7)、例(8)也都是从整体中强调个别,不过,用"首先是"的还含有突出序数的观念,即突出列出的点同面中其他点相比较重要性位于第一。例(9)七人之中,"前总理"与"前皇家武装部队最高司令"最有新闻价值,有突出的必要。需要指出的是"其中包括"和"包括"由面及点比用"特别是"等的强调的意味弱些,如果说用"特别是"等的是特别强调,那么用"包括""其中包括"的是一般强调。

由面及点,面和点可在一句之中,也可不在一句之中;"特别是""尤其是"等有时可以省略"是"。如:

(10) (人们)一个个踮起脚,伸长脖子,朝那笼子里面望。尤其孩子们,看见了真正的大熊猫,……高兴得手舞足蹈,狂欢乱叫。③

面点在一句之内的,面点之间标点符号的使用多种多样,可用逗号、括号或破折号等,甚至还有不用标点的。限于篇幅这里就不一一举例了。另外,由面及点有时还可连续运用。如:

---

① 倪宝元.修辞[M].杭州:浙江人民出版社,1980.
② 梁漱溟.东方学术概观[M].南京:江苏文艺出版社,2008.
③ 封立超.熊猫观赏证:冷志心故事之二[J].短篇小说,1987(11).

（11）这次十三大文件,特别是总书记的报告,内容极其丰富,当干部的,不亲自动脑看它十遍八遍,是难以很快消化吸收的;尤其是报告中所简述的社会主义初级阶段的理论,不"抠"它十遍八遍,更是难以深刻领会。(《人民日报》)

由面及点式面中显点,在面的叙述中,着重指出点,它能帮助我们分别语意轻重,把意思表达得更加周密,更加恰当。张弓先生曾将"特别是……""尤其是……""包括……在内"等称作"逻辑性插说"。他说"逻辑性插说运用得当,可以增强论述的谨严性、周密性,使得论断对读者具有更强的说服力。"① 因为由面及点既有突出重点,又有表意周密的作用,所以它广泛运用于各种语体,特别是科技、政论和事务语体。这从我们上面的举例也可看出。

由于由面及点侧重在理解,侧重在表意的准确严密,用词质朴平易,因而它在文艺语体中的运用受到限制,不像在其他语体中使用那么广泛。

由面及点,点之前有"特别是""尤其是"之类强调成分。用上了"特别(尤其)是……"肯定是针对某个面来说的,因此有时只出现"特别(尤其)是……"而不出现面,这时面是隐含的。像这种隐含着面的可看成由面及点的变式。如:

（12）他从1920年以来的5年多时间中,对于中国共产党的建立,特别是中国社会主义青年团的创建和发展,作出了重大贡献。②

张太雷烈士在1920年11月至1925年4月"5年多的时间中",对中国共产党和中国社会主义青年团的创建、发展都起了很大作用(这就是隐含的面),但他从1920年11月组建天津社会主义青年团到1925年4月这一段时间主要是搞团的工作,对中国社会主义青年团的创建、发展作出的贡献更大,因此有必要突出这一点,而且突出这一点表意更加准确、恰当。这一例面是隐含的,是由面及点的变式。

由点及面式面中显点一般可以转换为由面及点式面中显点,转换后意思基本不变,只是点的强调意味更浓,这是使用了"特别(尤其)是"等的缘故。如例(1)改为:"……是他亲自在这里指挥着全国战场,特别是西北战场的战事"基本意思未变,只是更强调了"西北战场"罢了。

（二）面中显点的功能与运用

恰当地运用面中显点:可以分别语意轻重,可以增强论述的谨严性、周密性。

---

① 张弓. 现代汉语修辞学[M]. 石家庄:河北教育出版社,2014:257.
② 章希梅. 击碎旧世界的惊雷:纪念张太雷烈士牺牲六十周年[N]. 人民日报,1987-12-10.

运用面中显点要注意：面中显点可以起到既能突出需要突出的部分又能顾及到整体的作用。它不同于属种并列，把属种关系概念并列起来运用违反了逻辑，是一种逻辑错误，因此应将二者区别开来。如："……各地商业部门大力组织货源，挖潜补缺，搞好副食品、蔬菜、鲜果和肉类、蛋类的供应。"这里"副食品"包括"肉类、蛋类"，故并列不当。如果要突出强调"肉类"和"蛋类"的供应可将"和"改为"特别是"，这样就成了面中显点，既顾及了面又强调了点。

二、约义明语——"约义"：辞规之二

表达者在语言运用过程中明确约定某个词语只表示某个意义或者临时约定某个词语表示某个意义，这种修辞方式叫"约义明语"，简称"约义"。

(一) 约义明语的类别

从表达者约定的语词意义着眼，约义明语这种辞规可分为两类：

1. 多义约义

多义约义指某个词语已经社会约定俗成，确立了若干个意义，但是在某个语言环境中，表达者约定某个词语只表示其中的某个意义，换句话说也就是表达者自己只在某个含义之下使用这个多义词语。

多义约义有三种表现：

先全部列出某个多义词语的意义，然后约定只在某个意义下使用该词语。如：

(1) 民间传说这一名称，目前有两种不同的理解。一种认为，所谓民间传说是指民间口头流传下来的一切故事(包括神话、民间故事等)而言。这显然是一般的广义的解释。另一种是作为一个口头文学中的特定样式的名称来理解的，它有自己较严格的概念和特征，正如前面所述的，它是与历史事件、人物相联系的或与地方事物(即名胜、古迹、风俗习惯、地方特产或常见事物)有关联的幻想性散文叙事作品。我们这里不采取一般的理解，而是按严格的科学概念来认识它。①

---

① 乌丙安.民间文学概论[M].沈阳：春风文艺出版社，1980.

(2) 所谓诗的语言,可以从两方面看:从内容上看,有些散文的语句充满了诗意,可以说是诗的语言;从形式上看,有些诗句就只能是诗句,如果放到散文中去,不但不调和,而且不成为句子,这里讲的诗的语言,是指后者说的。(王力《略论语言形式美》)

例(1)"民间传说"这一词语在社会约定俗成之中有广义和狭义的理解,作者先将这两种理解,即两个含义都列出,然后指出自己只在狭义理解之下讨论民间传说。

例(2)所谓"诗的语言"通常也是有两个含义,一是从内容角度说的,一是从形式角度说的。作者先列出这两种理解,然后约定该文所说的"诗的语言"只就形式含义而言。

全部列出词语的意义,一般来说这个词语的意义不太多,比如两三个,多了,行文或说话不便,此时通常采用下面要讨论的表达方式。

先部分列出某个多义词语的意义,然后约定只在某个含义下使用该词语。如:

(3) 在现代汉语里"逻辑"是个多义词,比如,有时指客观事物发展变化的规律,如"研究中国革命的逻辑",有时指一门学问,即逻辑学。我们这里所讲的逻辑指逻辑学。

"逻辑"这个音译词,除了可指本例所说的两个意义外,还可表示"某种特殊的理论、观点或看问题的方法""人们思维的规律、规则"。本例只列出了其中的两个意义,然后约定在"逻辑学"这个含义下来使用"逻辑"这个词。

未列出某个多义词的意义(当然这个词语多义显而易见),表达者约定只在某个含义下使用某个词语。如:

(4) 五、风格协调

这里所说的风格,主要指语体风格。同义词语也有语体风格上的差别,有的适用于这一种语体风格,有的适用于另一种语体风格,因此,平直地选用同义词语时,必须注意到这种差别,做到风格协调。①

"风格"是多义的,它可表示"语体风格",也可表示"时代风格""民族风格""个人风格""表现风格"等,作者在此约定为"语体风格"。

从表达功能的角度来说,表达者使用多义约义可使自己的思想表述具有确定性和明确性,也便于接受者准确地把握表达者所要表达的意义,而不至于产生语义理解的混乱或者模糊。

---

① 宗廷虎,等.修辞新论[M].上海:上海教育出版社,1988.

2. 临时约义

临时约义指某个意义并不是为某个词语本身所具有,亦即未经社会约定俗成,尚未得到社会确认,表达者为了使自己的思想表达具有确定性,在表达过程中临时约定某个词语具有某个意义。比如:

(5)"移花接木"原意是把某种花木的枝条嫁接在别的花木上,比喻暗中使用手段,更换人或物。语言打岔中移花接木就是把对方提出或涉及的问题搁在一边,而回答另一些无痛痒的东西,从而中断话题。(陈志坚《礼貌的语言打岔术》)

(6)辞规之三:事象升华

"事象升华"中的"升华"本指化学上固态物质直接变为气体的现象。这里借用来表示用常规的修辞方式把事象精炼地提到认识的高度,以充分表达思想感情的一种修辞方法。(吴士文《修辞格论析》)

例(5)"移花接木"有它固定的含义,即作者所指出的原意与比喻义。作者在文章中借用它表示另外的意义。例(6)亦如此,作者明确表示借"升华"来表示另外的意义。

多义约义与临时约义的差别表现在前者是在社会约定俗成了的若干固定意义中约定使用某个意义,后者是在社会约定俗成的意义之外临时约定表示另外的意义。前者约定的意义是固定的,后者约定的意义是临时的。当然随着临时约义所约之义使用者的增多,使用频率的增高以及使用时间的长久,那么这种临时的约定之义,也就可能被社会确认,变成固定的意义。多义词的引申义与比喻义其实就是这样产生的。

(二)约义明语的功能与运用

恰当地运用多义约义可以使表达者的思想表述具有确定性和明确性,也便于接受者准确地把握表达者所要表达的意义,而不至于产生语义理解的混乱或者模糊。

恰当地运用临时约义可以使表达者利用语言符号与意义内容的矛盾,在创新的同时便于听、读者理解。如例(5)借"移花接木"表示另外的意义,而这临时约定的另外意义由于与原来的意义有些联系,因而这种词语运用既是创新,又能容易为人们接受。

三、正面释义——"释义":辞规之三

在说明、论证、描写、叙述等过程中,对核心概念、重要概念、关键词语、重要术语等做界定、诠释,这种修辞方式叫"正面释义",简称"释义"。说明文体、应用文体,学术论著、教科书等常用。如:

(1) 社会公益事业是指民间社会力量通过各种渠道筹集资源,以非营利的方式开展的旨在扶贫济困和促进社会公共利益的社会服务体系,而政府的社会政策是指政府为达到其保障改善民生和促进社会公平等社会目标而制定和实施的各类政策的总和。①

(2) 无论在城市还是乡村,人们在资源分配和占有上的不平等现象是普遍存在的,收入、财富、权力和教育是形成社会分层最主要的资源,也是被广泛运用于社会分层研究的最基本的指标。但是,城市作为一个社会生活共同体,具有被城市社会学家们称之为"城市性"的特质。"城市性"就是指城市的社会生活所具有的一种独特的特性,即城市生活与乡村生活所不同的自有特征。②

例(1)论文主要讨论的是在保障和改善民生方面的社会公益事业及其与政府社会政策之间的关系,"社会公益事业"与"政府社会政策"是核心概念、重要术语,例(2)"城市性"也是该文的核心概念、重要术语,因此两位作者都在论文的引言中用正面释义的方式,对之做出界定,以保证论述的明确、谨严。

(一) 正面释义的类别

正面释义有两种形式,一是界定,二是诠释。

1. 界定

界定就是下定义,也就是用简洁明确的语言揭示概念所反映事物的固有属性或本质属性。下定义必须抓住被定义事物的固有属性或本质特征,常用属加种差构成定义项,即属种定义的方法。如:

---

① 关信平.社会公益事业与政府社会政策的相互促进与衔接[J].福建论坛,2020(7).
② 李怀.转型期中国城市社会分层与流动的新趋势[J].广东社会科学,2020(4).

(1)判断就是对事物情况有所肯定或有所否定的思维形态。①

这里的"思维形态"是被定义项"判断"的邻近属概念,"对事物情况有所肯定或有所否定"为种差,它是"判断"与"概念""推理"这些同属于"思维形态"这个属概念之下的种概念之间在反映对象固有属性或本质属性上的差别。又如:

(2)丝绸是什么呢? 丝绸,一种纺织品,用蚕丝或合成纤维、人造纤维、短丝等织成;用蚕丝或人造丝纯织或交织而成的织品的总称。

在古代,丝绸就是蚕丝(以桑蚕丝为主,也包括少量的柞蚕丝和木薯蚕丝)织造的纺织品。现代由于纺织品原料的扩展,凡是经线采用了人造或天然长丝纤维织造的纺织品,都可以称为广义的丝绸。而纯桑蚕丝所织造的丝绸,又特别称为"真丝绸"。②

属种定义的语言形式有多种,上举判断的定义是最常见的形式,再如:

(3)复合判断就是这样的判断,它包含了其他的判断,并且它的真假决定于它所包含的判断的真假。③

2. 诠释

诠释是揭示概念所反映事物的某些非本质特征,或者揭示词语的意义。如:

法律修辞学是修辞学的一个分支学科,是修辞学理论在法律修辞中的应用。④

这不是严格的定义,只是对法律修辞学所做的普通的解释,通过这样的解释使读者能对法律修辞学这个概念有所认识,或者说大致的认识。再如:

(1)夏天雨过天晴,太阳对面的云幕上,常会挂条彩色圆弧,这就是"虹"。(《看云识天气》)

(2)昨晚归来,已经是深夜,大妈埋怨怎么不提前通知呢,否则会做了糊烂饼等着的。糊烂饼是一种煎饼,因在面糊糊里加了韭菜末、西葫芦丝、鸡蛋和剁碎的线辣子,做出来比一般的煎饼可口得多。⑤

界定与诠释有所不同:

第一,界定要求完整,即定义项与被定义项的外延要相等,要完整地揭示概念的全部内涵;而诠释并不要求完整,只要揭示概念的一部分内涵就可以了,并

---

① ③ 金岳霖.形式逻辑[M].北京:人民出版社,1979.
② 我眼中的丝绸[N].中国经济网,2014-12-04.
④ 李秀芬.构建法律修辞学理论体系刍议[J].山东社会科学,2013(1).
⑤ 贾平凹.暂坐[J].当代,2020(3).

且解释的对象与做出的解释外延也可以不相等。作诠释有时还可以通过几个意义相近的词语比较来揭示词语的意义。从科学性的角度看,作诠释的语言比不上界定。

第二,界定要准确简明,概括性较强;诠释则常常具体而通俗,有时带有一定的描述性。从内容上看,界定着眼于事物的固有属性或本质属性,诠释往往注重于外在的表象、性质和特点。

第三,文本中解释词语的含义,界定是严格的解释,是下定义,诠释是非严格的解释,是一般的词语意义说明。

比如:

青春文学,又称青春美文,刚开始它的概念离文学的距离还是远的,它的作者基本上是年轻人,他们写的作品大部分的意思没有很深的内涵,都是回忆青春或懵懂之年的爱情故事,是一个商业化的产品。最近青春文学已经在市场上有一定的反响,销量持高不下,其中有大量的作品被改编成影视作品,青春文学也因此受到导演和演员的广泛关注。(百度百科)

这只是诠释,不是严格的定义。以下是定义,是界定:

青春文学是以青少年为创作主体与阅读主体,以成长、校园、友情、爱情等青少年生活为主要内容的写作种类,新世纪以来"80后"写作者的异军突起已成图书市场中的一个重要类型。(孙桂荣《新课标背景下基于初中生语文能力提升的青春文学阅读》,《语文教学与研究》2020年上半月刊第12期)

界定是下定义,所以要遵循定义的逻辑规则。诠释则对词语所表示的概念内涵、词语的意义做一般的揭示就行了,遵守的规则没有定义严格,相对宽泛一些,灵活一些,当然,诠释的语言必须准确明晰,要适应对象、语境。

表达时做界定或者诠释可以是独立定义、诠释(可以独立存在),也可以是随文定义、诠释(与当下语境紧密相连,和前言后语不能分离)。如,国家互联网信息办公室2019年12月15日颁布自2020年3月1日起施行的《网络信息内容生态治理规定》第二条和第四十一条就是独立定义:

第二条 中华人民共和国境内的网络信息内容生态治理活动,适用本规定。

本规定所称网络信息内容生态治理,是指政府、企业、社会、网民等主体,以培育和践行社会主义核心价值观为根本,以网络信息内容为主要治理对象,以建立健全网络综合治理体系、营造清朗的网络空间、建设良好的网络生态为目标,开展的弘扬正能量、处置违法和不良信息等相关活动。

第四十一条 本规定所称网络信息内容生产者,是指制作、复制、发布网络信息内容的组织或者个人。

本规定所称网络信息内容服务平台,是指提供网络信息内容传播服务的网络信息服务提供者。

本规定所称网络信息内容服务使用者,是指使用网络信息内容服务的组织或者个人。

随文定义、诠释,如:

读什么:适当"解禁"与有所选择的引导

适当"解禁"是指要改变对学生热衷青春文学阅读这一现象的视而不见或严防死守的模式——打压态度,正式并适当引导学生的青春文学阅读。①

这里对"适当'解禁'"的诠释是针对青春文学阅读而言的,是随文诠释,离开这个针对的对象,诠释就不准确了。

(二) 正面释义的功能与运用

在表达中正确地下定义,做诠释,有助于思维的确定性、明确性,有助于准确、明晰地表达所要表达的思想。有时还可以"有意借着解释安排上下文,以达到意图上所要达到的目的"。② 例如:

(1) 艺术家依照自然景物作画,叫作写生。所谓风景如画,是说美好的风景。拿画来形容风景的好,因为有些画是经过艺术家美化了的风景的写照。"风景如画"这意义,我日前在绍兴才深刻地体会到。(钦文《鉴湖风景如画》)

(2) 绍兴极大部分是平地,所以河流通常总是静止的样子。水面如镜,这就成了"镜湖",也称"鉴湖"。(同上)

例(1),被解释的词语在前,例(2),被解释的词语在后。作者这样解释,为的是更好地把鉴湖如画的风景写出来,给人以美的享受。③ 我们所谓正面释义包容了吴士文先生所概括的辞规"正面释言"。

---

① 孙桂荣. 新课标背景下基于初中生语文能力提升的青春文学阅读[J]. 语文教学与研究,2020(12).

②③ 吴士文. 修辞格论析[M]. 上海:上海教育出版社,1986:156.

四、以例解义——"例解":辞规之四

对所提出的事理用事例加以说明、验证,使事理和事例相得益彰,以加深人们对事理取得理性、感性两方面认识,这种修辞方式叫"以例解义",简称"例解"。这个辞规是吴士文先生提出的。①

(一) 以例解义的类别

"例解"可分为三类。

1. 先事理,后实例

它运用的是由抽象到具体的方法,即由理性到感性的方法。在事理和事例之间往往用"像""如""比如""比方说"等词语关联。如:

(1) 在收字数量上,有不少现代汉语辞书远远超过了现代的用字范围。例如:《新华词典》收单字约12000个,收在附录中的3000个均为生僻字,只见于古书;《现代汉语规范字典》总收单字约13000个,收作备查字部分的一般为生僻字,主要用于古代;《新华字典》《现代汉语词典》《现代汉语用法词典》等辞书的收字也都超过了现代通用字的范围。②

(2) 虚词虽然没有词义——词汇意义,但是在语言中却是极其重要的,不可缺少的,在汉语中尤其是如此。比如说在一九三〇年开明书店出版的《动摇》中,有这么一句"譬如要歇业的店铺实在情有可悯者应该派人调查以便核办,逃跑了店主遗下来的店铺如何去管理,加薪的成数分配等等……"在一九八一年人民文学出版社出版的《蚀》中,茅盾改作为"譬如要求歇业的店铺实在情有可悯者应该派人调查以便核办,逃跑了的店主遗留下来的店铺如何去管理,……"改句比原句只多了一个虚词"的"字,可就大不一样了。③

例(1)用"例如",例(2)用"比如说"来关联,通过事例使人更好地明了表达者所说的事理。

---

① 吴士文.辞规中的"以例解义":"例解"[J].营口师专学报,1989(2).
② 程荣,等.汉语辞书中古今关系的处理问题[J].中国语文,2001(1).
③ 于根元,王希杰.语言学:在您身边[M].杭州:浙江教育出版社,1986.

2. 先实例,后事理

它运用的是由具体到抽象的方法,即由感性到理性的方法。它符合直观原则,易于为人所接受。例如:

(3)《晋书》上有则故事:说有个叫王衍的人,他崇尚高雅,嘴里从来不说"钱"字。有一次,他的妻子存心想试他一试。晚上王衍熟睡,她叫来仆人,将钱铺在床边,使他不能行走,看他第二天早上起身后说不说"钱"。

清晨,王衍醒来,见到床前的钱,就呼唤起来:"快,来搬开阿堵物呀!"他果真不说出一个"钱"字,而把钱称作"阿堵物"。

"阿堵"是晋时的习语,如现在的"这个"。王衍不说"钱",却叫为"阿堵物",这就叫避讳。

所谓避讳,就是说话或写文章时遇到犯忌的事物,不直言该事物而用旁的话来回避掩盖。①

(4)女词人李清照写过一首《醉花阴》的词:

薄雾浓云愁永昼,瑞脑销金兽。佳节又重阳,玉枕纱橱,半夜 凉初透。

东篱把酒黄昏后,有暗香盈袖。莫道不销魂,帘卷西风,人比黄花瘦。

据说,李清照把这首词寄给自己的丈夫赵明诚,"明诚叹赏,自愧不逮,务欲胜之,一切谢客,忘食忘寝者三日夜,得五十阕,杂易安(按:指李清照)作,以示友人陆德夫。德夫玩之再三,曰'只三句绝佳'。明诚诘之。答曰'莫道不销魂,帘卷西风,人比黄花瘦',正易安所作也。"

陆德夫指出的这三句,突出地体现了李清照词的风格,包括她的语言风格。这个文坛趣事告诉我们,作家遣词造句具有较强的个性特征,即使混杂在别人的诗文当中,人们也可以一眼辨识出来。②

例(3)和例(4)都是从事例过渡到事理,由感性上升到理性,使人易于理解。

3. 先事理、实例,后分析、验证

它运用的是由抽象到具体,又由具体到抽象的方法,即从理性到感性,又由感性到理性的方法,反复强调的意味很重,使人们对问题的理性和感性都有全面而深刻的认识。它在事理、事例中间往往用"如""例如"一类词语关联;在事例与解说中间,书面语一般是另起一行,所用的对应词语往往是"从×中可以×到",或"这个×",或"这×中的×",或"例×"。例如:

小说开头往往是故事的开端,而在开端中常常预设了故事的某些因

---

① 洪怀香,等.修辞漫话[M].上海:上海教育出版社,1984.
② 吴功正.文学风格七讲[M].上海:上海文艺出版社,1983.

素。如:

　　话说民国三十三年寒露和霜降之间的某个逢双的阴历白昼,在阴阳先生摇头晃脑的策划之下成了洪水峪小地主杨金山的娶亲吉日。早晨天气很好,不到五十岁的杨金山骑着自家的青骡子,他的亲侄儿杨天青骑着一头借来的小草驴,俩人一前一后双双踏上了去史家营接亲的崎岖山道。(刘恒《伏羲伏羲》)

　　小说的这两个起始句交代了故事的开端,其语义信息是丰富的。它至少预设着以下几个信息:

　　(1) 故事发生的时间:民国三十三年的某个白昼。

　　(2) 故事发生的地点:洪水峪——史家营(后面故事主要是人物所在地洪水峪发生的)

　　(3) 故事中人物:杨金山、杨天青以及还没出场的新娘子。人物的身份、年龄及关系。

　　(4) 事由:杨金山娶亲。

　　由此揭开了故事的序幕。杨金山和亲侄儿杨天青接回了新娘子菊豆,从此展开了发生在三人之间的爱恨情仇的故事。①

　　本例先摆出观点,用"如"关联事例,接着紧扣观点分析事例,观点的科学性和实例的精当性都得到了充分的验证,从而加深了读者对作者的认识的印象。

　　例解,多用于日常生活和教学中的说明,多用于科学著作,特别是教科书中的事例论证。例解中的事例,如果不止一个,可以用序号作出标示,也可在每个事例前变换词语来关联,如"例如""又如""再如"等。

(二) 以例解义的功能与运用

　　恰当地运用以例解义:可以增加论说的具体感、真实性,增强说服力,加深听读者印象。

　　运用例解这种常规修辞方式,关键是事例的选择,应选择与观点相统一的事例,而且应选择有代表性、典型性的事例,因为"生活现象极端复杂,随时都可以找到任何数量的例子或个别的材料来证实任何一个论点"②,只有具有代表性的典型的事例才最具说服力。另外,运用例解还必须说明问题就收,不枝不蔓,不多不少,数量适可而止。

---

　　① 祝敏青. 小说辞章学[M]. 福州:海峡文艺出版社,2000.
　　② 列宁. 帝国主义是资本主义的最高阶段[M]. 列宁选集:第2卷. 北京:人民出版社,1972.

五、引用言语——"引语":辞规之五

"引语"是陆文耀先生从通常所说的"引用"辞格中分离出来的辞规。它指完全是理性的、毫无感性的形象性可言的引用。① 我们认为公文中常见的引述行文依据的修辞方式可以归并到引语中,作为引语的一个小类。因此我们将引语定义为:为了理性地论述、说明而引入相关语料、依据等的修辞方式。

(一) 引用言语的类别

引语从"引"的目的、作用着眼可分为四类。

1. 引证

用名人的言论、公认的史料、数据、相关语料等作为论据以达到证据充分,以理服人的目的。如:

(1) 探索的失败不仅是难免的,也是有益的。正如博克说的:"一个人只要肯深入到事物表面以下去探索,哪怕他自己也许看得不对,却为旁人扫清了道路,甚至使他的错误也终于为真理的事业服务。"②

(2) 在我国,摇篮早在明朝前就已出现。明代李诩在《戒庵老人漫笔》卷三里有关于"摇篮"的记载:"今人眠小儿竹篮,名摇篮。"另有明代郭晟在《家塾事亲》里提到:"古人制小儿睡车,曰摇车,以儿摇则睡故也。盖摇车即摇篮。"③

(3) 由于生育率下降对教师数量的需求也将下降,在教育投入不变或提高的条件下,将有助于提高教师待遇,改善教师队伍素质。据统计,目前全国小学教师学历达不到标准者占 31.9%,而初中教师达不到学历标准者则高达 64.4%(段成荣,1994)。这种状况将由生育率下降带来部分好转。④

(4) 马君武同样承袭了梁启超有关公私德的基本区分。他认为:"私德者何? 对于身家上之德义是也。公德者何? 对于社会上之德义是也。"(马君武

---

① 陆文耀. 略说辞规的"引语"[J]. 营口师专学报,1988(2).
② 陶同. 全息正负美学[M]. 北京:中国展望出版社,1989.
③ 艾栗斯. 摇篮曲:生命最初的旋律[N]北京日报,2020-12-25.
④ 陈卫. 中国的低生育率[J]中国社会科学,1995(2).

《论公德》,曾德硅选编《马君武文选》,广西师范大学出版社,2000年,第189页)不过,他对儒家传统道德的批判更为尖锐。在他看来,中国古代社会不仅缺乏公德,即便所谓的私德,也都是有缺陷的。他认为,中国传统的修身道德都是"奴隶"道德,进取心、积极性不够:"论者动谓中国道德之发达,与公德虽闲如,而私德则颇完备,亦六(经)之所陈,百儒之所述,似于私德已发挥无余蕴矣。呜呼!中国之所谓私德者,以之养成驯厚谨愿之奴隶则有余,以之养成活泼进取之国民则不足。"(《马君武文选》,第189页)①

(5)反事实的愿望意义,在汉语中有多种分析性和综合性的表达形式。例如:

a. 公社我认为办早了一些,高级社的优越性刚发挥,还没有经过试验。如果试验上一年半年再搞,就好了。(1994年《报刊精选》)

b. 他说:"韩国如果能够达到金牌数排第二就好了。可是,日本在家里参赛,运动员将会怀着自尊心奋战。这样一来,我们的金牌数也许会排到第三……"(1994年《人民日报》)

c. 尤枫的话听得人充满信心,殷家宝禁不住冲口而出:"尤祖荫先生如果早听到你这番话就好了。"(梁凤仪《金融大风暴》)

d. 失窃后他马上想到清点失物,结果破坏了现场,给破案增加了难度。如果早了解这些知识就好了。(新华社2002年3月份新闻报道)②

例(1)引用名人的言论,例(2)引用公认的史料,例(3)引用有关数据,例(4)(5)引用相关语料作为证据来增加说服的力度。

2. 引谬

引进对方的话语作为批驳的材料,谓之"引谬"。引谬之"谬",辩论结果可能证明并不错,但在驳论文中只要是被引来作为批驳的对象的,都属引谬。如:

(1)《疑案》中坦率地承认:"本来,经典所以成为经典,是因其思想更接近本源问题。"但作者又认为:"经典文本纵然伟大,但文本却不是真实问题本身而是替身。本源问题不可分离地存在于真实世界中,占有一切时间而始终在场,与现实一体而在。这个事实意味着,解释学或经学在思想中不具有本体地位。"……③

---

① 蔡祥元.儒家"家天下"的思想困境与现代出路:与陈来先生商榷公私德之辨[J].文史哲,2020(3).

② 袁毓林."忘记"类动词的叙实性漂移及其概念结构基础[J].中国语文,2020(5).

③ 吴飞.经学何以入哲学?——兼与赵汀阳先生商榷[J].哲学研究,2020(11).

(2)《新闻出版报》2000年4月13日《容易用错的成语》一文说:"蛊惑人心。成语的意思是用错误的言论来迷惑人。对'蛊'字不明其义,有人就写成了'鼓惑人心'。又鼓舞又迷惑,这就讲不通了。'蛊'是一种毒虫,放在食物中使人迷惑,比喻用言论迷惑人。"这段话有三点可议。……①

例(1)是此文第三部分《经学的哲学力量》的开头,作者引进赵汀阳先生的长文《中国哲学的身份疑案》中的这段话语作为批驳的对象,并由此展开论述。例(2)作者引进《容易用错的成语》一文中的话语,对之提出不同的意见。

3. 引述

在论述或说明中只是为反映事实而用的引语,或在叙事中为了交代情节而引用的人物的话语都是引述。如:

(1)维克多·什克洛夫斯基在论述本事和情节的区别时曾指出,"人们常常把情节的概念和对事件的描绘,和我提出的按照习惯称作本事的东西混为一谈。实际上,本事只是组成情节的材料。因此,《叶甫盖尼·奥涅金》的情节不是男主人公和达吉雅娜的恋爱故事,而是由引入插叙而产生的对这一本事的情节加工。"②

(2)1979年6月15日邓小平同志在全国政协五届二次会议开幕式上作的题为《新时期的统一战线和人民政协的任务》的开幕词中,对我国民族关系的发展和新变化作了明确论述。他指出:"我国各兄弟民族经过民主改革和社会主义改造,早已陆续走上社会主义道路,结成了社会主义团结友爱、互助合作的新型民族关系。"③

例(1)引用维克多·什克洛夫斯基的话,只是反映一种事实,例(2)"他指出"之后都是引语,这段引语交代了前述"论述"的内容,既不是为了证明,也不是为了反驳,因而不是引证或引谬,而是引述。再如:

(3)我们家的后园有半亩空地,母亲说:"让它荒着怪可惜的,你们那么爱吃花生,就开辟出来种花生吧。"我们姐弟几个都很高兴,买种,翻地,播种,浇水,没过几个月,居然收获了。(许地山《落花生》)

(4)高加林听见他父母亲哭,猛地从铺盖上爬起来,两只眼睛里闪着怕人的凶光。他对父母吼叫说:"你们哭什么!我豁出这条命,也要和他高明楼小子拼个高低!"说罢他便一纵身跳下炕来。(路遥《人生》)

---

① 黄鸿森. 匡误的匡误[J]. 语文建设, 2001(9).
② 隋岩, 唐忠敏. 网络叙事的生成机制及其群体传播的互文性[J]. 中国社会科学, 2020(10).
③ 周佃. 中国共产党对民族宗教理论的新发展[J]. 宁夏大学学报, 1998(4).

例(3)"让……吧"是引述,例(4)"你们哭什么……拼个高低!"也是引述,它们因叙事的需要而存在。小说等叙事性作品中的人物对话都是引述。

4. 引据

引述行文的根据。这种行文的根据,可以是相关的法律法规,可以是上级的有关文件、指示,可以是下面的实际情况,也可以是几项兼而有之。常用"根据""依据"等作为语用标记引出行文的具体依据。引据是公文语篇常用的消极修辞方式之一。如:

(1)

关于教育部基础教育教学指导专业委员会委员名单的公示

根据《教育部办公厅关于遴选首届教育部基础教育教学指导委员会专家人选的通知》(教基厅函〔2020〕25号),经省级教育行政部门、部属有关高等学校和有关直属单位推荐,教育部审核遴选、综合研究,确定了语文等25个教育部基础教育教学指导专业委员会委员人选(体育、健康教育和美育专委会有关工作另行安排),现予以公示。公示期为2020年12月10-16日。

公示期内,如有异议,请以书面形式反映情况(信函以到达日邮戳为准)。反映情况须客观真实,以单位名义反映情况的材料需加盖单位公章,以个人名义反映情况的材料应署实名并提供有效联系方式。

通讯地址:北京市西城区大木仓胡同37号(邮政编码:100816),教育部基础教育司

电子信箱:jzc@moe.edu.cn 联系电话:010-66097815

附件:25个教育部基础教育教学指导专业委员会建议名单

(http://www.moe.gov.cn/jyb_xxgk/s5743/s5745/A06/202012/t20201210_504752.html)

(2)

国务院办公厅关于
促进"互联网＋医疗健康"发展的意见

国办发〔2018〕26号

各省、自治区、直辖市人民政府,国务院各部委、各直属机构:

为深入贯彻落实习近平新时代中国特色社会主义思想和党的十九大精神,推进实施健康中国战略,提升医疗卫生现代化管理水平,优化资源配置,创新服务模式,提高服务效率,降低服务成本,满足人民群众日益增长的医疗卫生健康需求,根据"健康中国2030"规划纲要》和《国务院关于积极推进"互联网＋"行

动的指导意见》(国发〔2015〕40号),经国务院同意,现就促进"互联网+医疗健康"发展提出以下意见。

……

国务院办公厅

2018年4月25日

(http://www.gov.cn/zhengce/content/2018-04/28/content_5286645.htm)

(3)

阜阳师范大学高层次人才(团队)招聘公告

为做好面向社会公开招聘博士、教授等高层次人才(团队)工作,加快建设高水平师范大学,实现我校跨越式发展,进一步推进人才强校战略,根据《事业单位人事管理条例》(国务院令第652号)和中共安徽省委组织部、安徽省人力资源社会保障厅《关于印发〈安徽省事业单位公开招聘人员暂行办法〉的通知》(皖人社发〔2010〕78号)规定,现将有关事项公告如下:

……

(http://www.fynu.edu.cn/ch2009/article/2021/0129/article_20182.html)

(4) 第一条 为了营造良好网络生态,保障公民、法人和其他组织的合法权益,维护国家安全和公共利益,根据《中华人民共和国国家安全法》《中华人民共和国网络安全法》《互联网信息服务管理办法》等法律、行政法规,制定本规定。(《网络信息内容生态治理规定》)

(5) **第一条 立法依据**

中华人民共和国民事诉讼法以宪法为根据,结合我国民事审判工作的经验和实际情况制定。(《中华人民共和国民事诉讼法(2017修订)》)

例(1)~(5)用不同形式显现行文依据,庄重、权威。

作为辞规的引语和作为辞格的引用一样,从运用的方式而言有明引、暗引,直接引、间接引之别。

(二) 引用言语的功能与运用

恰当地运用引语可以使论证、说明言之有据,从而增加论证、说明的力量;可以使反驳有的放矢,增加言说的针对性、准确性;可以更好地反映事实、推动情节发展。引据的方法能使公文言之有据,增强内容的庄重性、权威性。

运用引用言语需注意所引话语的准确性、代表性和必要性。

六、概述细说——"概细":辞规之六

这个辞规是尹日高先生提出的。① 人们在说写时,常常对人和事物的行为、性状、数量等先作概括交代,然后具体细说,这种修辞方式叫"概述细说",简称"概细"。其中概括交代部分谓之"概述体",具体细说部分谓之"细说体"。两者结合,既准确简洁,又具体有力。

(一) 概述细说的类别

概述细说从内容上看,可分为完全式和不完全式两类。

1. 完全式"概述细说"

概述体提出一个具体的项量,细说体依据概述体已定的项量逐项细说。如:

(1) 自马建忠发表《马氏文通》以来的汉语语法研究可以分为三个阶段。第一个阶段是从19世纪末到20世纪30年代。……

第二个阶段是从30年代末到50年代初。……第三个阶段是从50年代末到现在。……②

(2) 在邓小平社会管理思想中体现出来的原则性内容固然很多,但主要有以下五个方面:第一,方向性原则。……第二,以人为中心的原则。……第三,物质与精神并重的动力原则。……第四,责、权、利相结合的能级原则。……第五,经济效益与社会效益相统一的效益原则。……③

例(1)和例(2)都是概述体提出一个具体的项量,细说体依据概述体已经确定的量项作相应的细说。例(1)概述体提出三项,细说体分说三项;例(2)概述体提出五项,细说体分说五项。

2. 不完全式"概述细说"

概述体不提出具体的项量,细说体则根据表达需要或列举说明一项,或列

---

① 尹日高. 辞规中的"概述细说"[J]. 营口师专学报,1989(4).
② 胡明扬. 现代汉语语法研究的回顾和展望[M]//80年代与90年代中国现代汉语语法研究. 北京:北京语言学院出版社,1992.
③ 路宁. 论邓小平社会管理思想的基本特征[J]. 盐城师范学院学报,2000(1).

举说明多项,以满足表达需要为准。如:

(3) 花生的好处很多,有一样最可贵:它的果实埋在地里,不像桃子、石榴、苹果那样,把鲜红嫩绿的果实高高地挂在枝头,使人一见就生爱慕之心。你们看它矮矮地长在地上,等到成熟了,也不能立刻分辨出来它有没有果实,必须挖出来才知道。(许地山《落花生》)

(4) 从山沟沟里跨进大学那年,我才16岁,浑身上下飞扬着土气。没有学过英语;不知道安娜卡列尼娜是谁;不会说普通话;不敢在公开场合讲一句话;不懂得烫发能增加女性的妩媚;第一次看到班上男同学搂着女同学跳舞,吓得心跳脸红……①

例(3)(4)概述体没有提出具体项量,细说体根据表达的需要作了数量不等的细说,例(3)细说了一项,例(4)细说了六项。

概述细说从形式上分,有先概后具式和先具后概式两类。

先概后具式。先概后具式是概述细说最常见的形式,指概述体在前,细说体在后,即先概括后细说,先概述后具体。如:

(1) 语言成分的形式与意义(包括功能表现)之间的关系,自柏拉图的《对话录》以来,一直是个充满争议而又极具理论意义的话题。<u>主要有两种对立的观点</u>。一是认为形式本身没有意义,意义对语言成分以何种形式出现也不起任何作用,两者之间完全是由任意的、无规则可循的方式联系在一起,如同一种动物,在不同语言中命名可以完全不同,彼此之间没有关系。另一种观点是,意义对形式起决定作用,形式象似它表现的意义,因此可以从形式推求意义。传统训诂学中的"声训",就是建立在这个理论基础之上。现代语言学创始人索绪尔是倡导任意性观点的主要代表人物,正因为如此,语言成分形式和意义之间是任意关系的主张长期以来是主流观点,被普遍认为是现代语言学的基本原理之一。②

(2) 虽然摇篮形态各异,但睡在摇篮里的宝宝,在他们人生的第一站里大多会听到摇篮曲的吟唱。当然,<u>不同民族、不同时代的婴儿,听到的摇篮曲内容也不大一样</u>。古代西方摇篮曲的歌词大多和宗教相关。现存大英博物馆一段古埃及的铭文上,记录着一首"有魔法"的摇篮曲。这首摇篮曲的大致意思是古埃及的赫卡(魔法和医疗的神灵)正驱逐想夺走孩子的恶魔,保佑其平安。襁褓中的孩子不能为自己念祈祷文,因此摇篮曲被古人视作"护身符"一样的存在。无

---

① 艾菲.我不再羡慕……[J].读者文摘,1989(11).
② 陆丙甫,陈平.距离象似性—句法结构最基本的性质[J].中国语文,2020(6).

独有偶,东斯拉夫人的摇篮曲里经常出现为孩子驱赶魔鬼布加的场景;俄罗斯的民间摇篮曲里常常出现睡神、睡仙和睡魔等多神教人物,其中睡神是旅行者,当他停歇在婴儿的摇篮边时也带来了睡眠。睡仙类似于母亲的角色,睡魔则是父亲们战斗的对象,父亲庇护睡梦中的孩子免受恶魔的骚扰。①

先具后概式。先具后概式是细说体在前,概述体在后,即细说后概括,先具体后概述。如:

(1) 初春,太阳充实起来了,风也一天比一天温润,田里成方连片的麦子逐渐返青,日益茁壮。远远望去,大田就是一张张赏心悦目的绿毯。冬眠一季的野菜根子,已经蓄满了足够的能量,春来土松,地气微腾,立时复苏,争先蹿芽破土。适逢透雨,朝阳下,水蒙蒙的菜苗同被雨水滋润过的庄稼树木和在一起,分外灵动。吸一口清新的空气,鲜美充溢喜悦的身心。<u>好美的人间春色</u>!②

(2) 大型泥石流常常淤埋农田,冲毁桥梁、涵洞、渠道,阻隔交通,甚至堵塞河道,使河水泛滥成灾,<u>破坏力极大</u>。(《一次大型的泥石流》)

(二) 概述细说的功能与运用

概述细说其概述体和细说体两项结合使表达明确具体,富有说服力。"它概具相映、自成体系,它以概说为中心,将细说项紧紧联系在一起,构成一个严谨的表达层次,或自成一层,或自成一段,可使表达中心突出、层次分明。"③概述细说还可以自成篇章,作为整个文本的建构方式。

概述细说其细说体是对概述体的解说,细说体解释、说明、叙述、描写概述体,是对概述体的具体化。从语义结构来说,先概后具式概述细说,属于总-分结构;先具后概式概述细说,属于分-总结构。概述体概括表达本层或本段或本篇的主旨,或者说中心意思、语意核心,细说体需要紧密围绕概述体,分别述说、分层述说或分段述说之,即细说体需要将语义指向概述体,注重话语内容之间的内在联系,追求言辞组合的有序性,讲究思路的清晰、表述的严谨与层次。

---

① 艾栗斯.摇篮曲:生命最初的旋律[N].北京日报,2020-12-25.
② 赵冬青.挑菜滋味长[N].人民日报,2020-6-6,(8).
③ 尹日高.辞规中的"概述细说"[J].营口师专学报,1989(4).

七、明域确延——"确延":辞规之七

这个辞规是周世烈先生提出的。[①] 在阐述事理过程中,明确其论域并指明其外延以求表达清晰准确,这种修辞方式叫明域确延,简称"确延"。

明域确延由两部分构成:一是明域部分(域体),一是确延部分(延体)。域体是确定论域的词语,在论述中指出某种思想所涉及的事物的范围,延体为具体指明与域体相对应的事物,即论域所包括的事物。如"目前世界上最流行的宗教有基督教、佛教和伊斯兰教。"其中"目前世界上最流行的宗教"是域体,"基督教、佛教和伊斯兰教"是延体。延体对域体所涉及的事物进行具体说明,即揭示域体所表示概念的外延、范围。

从某种意义上看,如果说正面释义是定义,是揭示概念所反映事物的内涵,那么明域确延就是划分,是揭示概念所反映事物的外延。

(一) 明域确延的类别

明域确延可分为并举式与排除式两个类别。

1. 并举式

延体并举域体所涉及的全部或部分事物,域体和延体之间常用"分为""可以分为""可以区分为""可划分为""如""包括""其中包括""包括……在内"等关联。如:

(1) 课件的脚本模板分为三个大的信息区:内容标题信息区、制作内容信息区和内容关联信息区。[②]

(2) 艺术是通过塑造形象,具体地反映社会生活,表现作者一定思想感情的一种社会意识形态。由于表现的手段和方式的不同,艺术通常可分为表演艺术、造型艺术、语言艺术和综合艺术。[③]

(3) 人们一般习惯于把自汉字产生以来至小篆的字体书写的文字统称为古文字,把用秦隶书以后的字体书写的文字统称为今文字,认为秦隶书书写的文

---

① 周世烈. 明域确延[J]. 营口师专学报,1992(3).
②③ 北京大学 CCL 语料库.

字是二者的分水岭。古文字,按照不同的书写材料,可以区分为甲骨文、金文、陶文、玉石文、简帛文、玺印文、货币文等类别;依据时代的先后,可区分为原始文字、殷商文字、西周春秋文字和战国文字等类别。所谓原始文字,包括该时期的陶文、甲骨文、玉石文;所谓殷商文字,包括该时期的甲骨文、金文、陶文、玉石文;所谓西周春秋文字,包括西周时期的金文和甲骨文以及春秋时期的金文和玉石文;所谓战国文字,则把该时期的金文、陶文、简帛文、玺印文、货币文诸项都包括了。今文字,按照形体的特点,可以区分为汉隶、草书、行书、楷书。①

(4)作为中华人民共和国主要缔造者和新中国成立后第一代领导集体核心人物的毛泽东,他在领导中国革命和建设的过程中不但积累了丰富的社会管理经验,而且还提出过若干内涵深刻、观点新颖的思想和见解,如关于独立自主的建设方针、民主集中制的组织原则、实事求是的工作作风、群众路线的工作方法等,……②

(5)"制度基础审计"认为,对于与"常规交易"相联系的会计事项的审计必然是先评价及测试其内部控制制度,然后考虑是否可以依赖企业自己的内控制度来做下一步的实质性测试。而对于与"非常规交易"相联系的会计事项和"会计估计",企业不一定有很好的内部控制,因此可以直接采用实质性测试,这包括分析性复核与详细测试。③

(6)人员经费包括基本工资、补助工资、其他工资、职工福利费和社会保障费等。人员经费预算应按机构编制主管部门批准的人员编制内的实有人数和国家规定的工资、津贴、补贴标准测算。公用经费包括公务费、小型设备购置费和修缮费、业务费和业务招待费等。各部门和单位应根据现有的公共资源情况和业务工作性质,按照财政部核定的公用经费单项定额标准和调整系数测算、编制。④

(7)历史语言学内容主要分三个部分,包括语言变迁、语言之间的关系、历史比较的方法。⑤

(8)国情是一个综合概念,是指一个国家的基本特点和基本情况,它包括多方面的因素,例如历史和现状,自然和社会,民族和阶级,政治和经济,物质文明和精神文明等等。

并举式明域确延常呈现分类标准,其语言形式为"按照……可划分为",如:

(9)按照组织规模的大小,可分为小型、中型、大型和巨型等不同类型,例如

---

①③④⑤ 北京大学CCL语料库.
② 路宁.论邓小平社会管理思想的基本特征[J].盐城师范学院学报,2000(1).

联合国就是一个巨型的社会组织。按照组织成员之间关系的性质,可划分为正式组织和非正式组织。正式组织中组织成员之间的关系由正式的规章制度作出详细和具体的规定,如军队、政府机关;而非正式组织中组织成员之间的关系则无这种规定,比较自由、松散,如业余活动团体。按照组织的功能和目标,可分为生产组织、政治组织和整合组织,这是美国社会学家 T. 帕森斯的分类法。按照组织目标和获利者的类型,美国社会学家 P. M. 布劳等人将社会组织分为互利组织,如工会;私有者的赢利组织,如商业组织;服务组织,如医院;公益组织,如政府机构。还可以按照组织对成员的控制类型划分为:强制性组织;功利组织,即以金钱或物质控制其成员的组织;规范组织,即通过将组织规范内化为成员的伦理观念或信仰来控制成员的组织。中国的一些学者根据人们社会结合的形式和人们之间社会关系的表现,将社会组织分为经济组织,政治组织,文化、教育、科研组织,群众组织和宗教组织等几种类型。组织类型的划分都是相对的,人们可以从研究和分析的需要出发,选择恰当的分类标准。①

如果延体不是域体的完全类别,在延体与域体之间用"大致可划分为"之类词语关联。如:

(10) 投机者的类型按照参与投机者的心理状态,大致可以划分为以下三类:

第一类投机狂热的参与者是清醒的,他们其实并不狂热,只是认为别人都在头脑发热而已。……第二类投机狂热拥有忠实的支持者和鲜明的反对者。……第三类投机狂热则是最可怕的,它有忠实的支持者,却缺乏鲜明的反对者。……②

明域确延有的延体独立于论述的行文之外,在结构上不与论述词语发生关系,用括号括起插在域体之后,对域体涉及的事物给予补充说明。如:

(11) 人的发展,包括身体和心理两方面的发展。身体的发展是指机体的各种组织系统(骨骼、肌肉、心脏、神经系统、呼吸系统等)的发育及其机能的增长,是人的生理方面的发展。心理的发展是指感觉、知觉、注意、记忆、思维、想象、情感、意志、性格等方面的发展,是人的精神方面的发展。③

(12) 教育同生产力、生产关系以及社会的其他上层建筑(包括政治法律制度、机构和政治、法权思想、哲学、道德、文化、艺术、宗教、科学)等社会意识形态有密切联系,与这些社会因素的发展密不可分。④

(13) 至于"第三种人"的文学,以及我们过去一直把它等同于"反革命"的右

---

①②③④ 北京大学 CCL 语料库.

翼文学(如陈铨的作品),单就文学本身而言,也不是毫无可取之处。①

2. 排除式

延体排除域体以外或域体以内的某个或某些事物,对域体本来所涉及的事物做出断定,常用"除了""除去""除开"等表示排除,有时与"以外""之外""而外"等搭配使用。如:

(1) 当瓷器造型和图案单一时,它能满足的仅仅是实用的需求,再多超过实用的价值,自然边际效用要递减。但不同造型和图案的瓷器可以满足人不同的需求,尤其是心理需求——表示对朋友或孙女的爱。这时不同的瓷器就不存在边际效用递减,再多也不会像杰米扬的汤那样讨人嫌了。<u>中国的瓷器没有任何变化,除了实用别无意义</u>,消费者评价低,不愿为它花钱又能怨谁呢?②

(2) 他的回忆:"朱师母……也和朱先生是一对,朴素羞涩以外,也是沉默,幽静。<u>除开招呼以外,不大和我们搭腔</u>,我们谈着,她便坐在床上做活。"

(3) 到3月份,我收到耶鲁大学管理学院的录取通知,给我奖学金和生活费用,让我进入其博士班。由于该博士项目包括金融、财会、市场营销、管理经济学以及运筹学,说去了之后我可以选择其中任一学科作为研究方向。这么多选择,一下把我弄糊涂了,<u>当时,除了经济学和运筹学之外,我确实不知道其他学科是什么</u>。③

例(1)、例(2)表示延体所排除的事物"实用""招呼"是唯一的事物,此外别无他物。例(3)用"除了……不"强调只知道"经济学和运筹学",不知道其他学科。

(4) 如果说"我们观测电子的位置"是一个系统,组成这个系统的有n个粒子,在其中,有m个粒子的状态实际上决定了我们到底观测到电子在左还是在右,那么,<u>除去这m个粒子之外,每一个粒子的命运都在计算中被加遍了。在时间上来说,除了实际观测的那一刻,每一个时刻-不管过去还是未来-所有粒子的状态也都被加遍了</u>。在所有这些计算都完成了之后,在每一个方向上的干涉也就几乎相等了,它们将从结果中被抵消掉。④

(5) 构造新词所用的材料除了从外语借入的成分以外,<u>几乎都是语言中古已有之的成分</u>,构成新词的格式也是语言中现成的格式,所以绝大部分新词都是原有材料按原有格式的重新组合,是大家似曾相识的东西。⑤

例(4)用"除去……都""除了……都",延体将域体涉及的事物"这M个粒

---

① 陈辽.是终点,也是起点[J].盐城师范学院学报,2000(1).
②③④⑤ 北京大学CCL语料库.

子"摒弃不论,整个论断适用于延体中保留的,表示排除特殊强调一致的意思。例(5)也是排除特殊("从外语借入的成分")强调一致性("几乎都是语言中古已有之的成分")。

(6) 现代政治管理的主体除了政府以外,还包括政党和其他一些准政府性的社会政治组织,其运用的权力具有规范性与相对独立性,在管理功能上具有开放性,管理方法上表现了科学性和先进性,在总体运行机制上表现为法治。①

(7) 在大脑皮质,除了特异感觉投射区和运动区之外,还有更广大的区域。这些区域一般称为联络区,主要有:……②

(8) 选民作为个人,对官僚的行为是不能产生直接影响的,但却可以通过组织利益集团而对官僚的行为施加间接的影响,以便在官僚执行公共政策时做出有利于自己的安排。可见,在现实的政治过程中,除选民、政治家(政党)和利益集团之外,还存在着官僚集团这个特殊的政治角色,他们对于公共决策的制定,尤其是公共政策的执行都将起到重要的影响。③

(9) 下午张群等又赶往大帅府,经一番谋划,正式成立东北政务委员会,把张学良推上了主席的宝座。但这并没有给张学良带来丝毫的欢欣。除去杨宇霆、常荫槐等觊觎他手中的军政大权之外,日本也不甘心阻止"易帜"的失败,以强硬的外交手段,要张学良承担其父生前签署的一切密约,尤其是由杨宇霆私自秘密签署的所谓修建满蒙新五路的要求。对此,张学良大伤脑筋。④

(10) 为在日趋激烈的市场竞争中塑造品牌,广骏汽车租赁公司率先推行"星级服务",为客户提供24小时全天候的"周全服务"。司机统一仪表仪容,掌握每一名顾客的喜好和习惯,除开好车以外,还兼导游、翻译、管家于一身,接送客户的家属购物、游玩、上学和送煤气等,尽量做到随叫随到。⑤

例(6)"除了……以外,还包括……",延体排除域体中人们熟知的成员"政府",追补人们并不熟知或不太重视、在意的成员"政党和其他一些准政府性的社会政治组织"。例(7)、(8)、(9)、(10)用"除了……之外,还……""除……之外,还……"和"除去……之外,也……""除……以外,还……"亦为排除中追补信息。例(6)~(10)整个论断不仅适用于追补部分,也适用于排除部分,有补充说明的意思。

排除式明域确延对延体涉及事物的呈现不如并举式明域确延来得直接,它是在排除中以突显、强调的方式呈现。

———————
①②③④⑤ 北京大学CCL语料库.

(二) 明域确延的功能与运用

明域确延多用于议论、说明,也用于叙述;多用于政论语体和科技语体,口语体也常用,是一种广泛使用的有生命力和表现力的表达方式。恰当地运用明域确延,有助于明确有关论述对象所涉及的具体事物,在论述中收到准确、周密、具体、明晰的表达效果。

运用明域确延需要注意:第一,根据表达需要,决定是否采用。只有当人们对某一域体所涉及的事物不甚了解时才运用之,反之,则大可不必。第二,"根据题旨语境,决定是详是略。只有需要了解其全部外延情况才穷尽其所涉及的全部事物,否则可举要说明,不可事事尽举,造成语句繁琐冗长。"第三,"多项并举,互相排斥。如果并举同一域体的各项事物,各项事物之间不能有交叉、包含的关系。"[①]

明域确延经常和正面释义同现。如:

蕨是一种山野菜,多生长在山间、林边、池畔、沟沿、河坡。它的种类很多,常见的有两种:一种是圆柱形的,颜色稍紫,味道清嫩微甜,俗称"甜蕨";一种是棱形的,颜色稍青,味道苦凉,俗称"苦蕨"。[②]

郭庆光《传播学教程》(1999年11月第1版)第十章为"大众传播的受众",此章引言段开头是这样表述的:

受众(audience)指的是一对多的传播活动的对象或受传者,会场的听众,戏剧表演、体育比赛的观众,都属于受众的范畴。由于我们这个时代是大众传播时代,最引人注目的受众则是大众传播的受众(mass audience)。(第167页)

这段文字用到了正面释义和明域确延。值得注意的是,这里的明域确延和一般的明域确延的语言形式稍有不同,即它不是一次平行并列出几个外延成分,而是先一次列出几个此处并不需要关注的对象,再列出需要重点关注的对象"大众传播的受众",目的是引出下文的话题,使句际关系协调自然,衔接有序。

[①] 周世烈.明域确延[J].营口师专学报,1992(3).
[②] 高自双.说蕨菜[N].北京晚报,2020-4-26.

八、提示聚焦——"聚焦":辞规之八

在叙述、论说过程中通过格式性话语提示强调、关注所陈述的内容、所表达的观点和认识,这种修辞方式叫"提示聚焦",简称"聚焦"。如:

(1) 记者又以寻找代孕妈妈的名义联系到了成都的一家代孕机构,该工作人员热情地给记者介绍了代孕流程。"其实很简单,来成都先考察我们的机构,然后签单,促排卵,取的过程不会耽误多少时日。"该工作人员向记者介绍,"代孕妈妈百分百是中国人,可以选择。"说着,该工作人员给记者发来了多位代孕妈妈的照片,包括居住环境。

值得注意的是,该工作人员发来的照片全是高清无码,上图马赛克是记者自己打的。代孕机构所谓的"绝对保证个人隐私"可见一斑。(《被郑爽撕开的代孕产业链》)

(2) 本书所说的比喻关系词,指的是将本体和喻体联系起来的、表示比喻关系的词。根据这一界定所得到的具体研究对象,可能多数成员即为汉语修辞学所论"比喻词",但也有一些可能是汉语修辞学术语"比喻词"没有涵盖的或汉语修辞学未曾关注的。

需要说明的是,作为修辞学术语的"比喻词"不同于作为词汇学术语的"比喻词",本书讨论的对象是前者不是后者。为了与词汇学术语的"比喻词"相区别,为了避免出现歧义和误解,更为了突出这些词的本质特点,我们提出"比喻关系词"这一说法,尝试使用"比喻关系词"这个术语。我们还看到,表示比喻关系的,除了严格意义上的词的形式,还有一些大于词的语言成分,如短语、框式结构等,可以称为"比喻关系语"。这样,表示比喻关系的词和语,可以合起来称为"比喻关系词语"。希望我们所使用的"比喻关系词""比喻关系语""比喻关系词语"这三个术语能使所指范围更明确、表达更准确。还需要说明的是,"表示比喻关系"不同于"词的比喻义",本书只讨论前者不讨论后者。①

例(1)记者在上文叙述的基础之上用"值得注意的是"这种格式性话语提示关注所陈述的内容"该工作人员发来的照片全是高清无码,上图马赛克是记者自己打的"。例(2)这段文字是李胜梅教授所著《比喻关系词与比喻句式研究》

---

① 李胜梅.比喻关系词与比喻句式研究[M].北京:科学出版社,2018.

一书前言的第一部分。"比喻关系词"是本书的核心概念、重要术语,因此作者在前言中用正面释义的方式,对之(以及相近词语)作界定与诠释,而且作者还两次使用"需要说明的是"这种格式性话语提示强调所表达的观点,阐释准确、明晰,使读者能更好地认知该著作。例(1)"值得注意的是……"与例(2)"需要说明的是……""还需要说明的是……"这种表达方式,就是辞规提示聚焦。

(一) 提示聚焦的类别

提示聚焦的格式性话语形式主要有两种,一种是"需要×的是,……",一种是"值得×的是,……"。

1."需要×的是,……"

"需要×的是,……"这种类型侧重表达应该或必须重视、关注所陈述的内容、所表达的观点和认识,"×"代表"说明""注意""强调""指出"等,"……"代表所陈述的内容、所表达的观点和认识。"需要×的是,……"包括"需要说明的是,……""需要注意的是,……""需要强调的是,……""需要指出的是,……"等。"需要说明的是,……"是同类话语结构的典型,可以视为原型形式,其他可视为变体形式。它们除了具有格式所共有的提示性补充强调意义之外,侧重点稍微有点差异。"需要说明的是,……"侧重于解释清楚、解说明白相关的问题、有关的事情。"需要注意的是,……"侧重于重视、关注相关的问题、有关的事情。"需要强调的是,……"侧重于特别着重提出相关的问题、有关的事情。"需要指出的是,……"侧重于提出论点看法。例如:

(1)科学的发展和科学地位的提高给教育提出了全新的要求,要求教育必须把培养科技人才和提高人的科技素质摆在重要的以至主要的位置上。显然,人文主义教育目的观是无法满足这一要求的。在这种情况下,科学主义教育目的观便应运而生。所谓科学主义教育目的观,就是以科学为中心的功利性的教育目的观。科学主义教育很难说是一种系统的、有系统主张的教育哲学,自称为科学主义教育的教育流派几乎没有。我们以为,20世纪持科学主义教育目的观的教育流派大致有实用主义教育、学科结构主义教育、新行为主义教育等。

<u>需要说明的是</u>,实用主义教育究竟是属于科学主义还是人文主义,抑或两者都是两者都不是,这可能是一个有争议的问题。我们认为,实用主义教育在根本上是属于科学主义性质的。鉴于实用主义教育是20世纪上半叶对世界教育影响最为广泛和最为深刻的教育思想流派,而且其思想内蕴至今仍有着强大的生命力,故以下对科学主义教育目的观的分析将主要围绕实用主义教育目的

观来展开,同时兼顾其他教育思想流派。①

(2) 平等原则要求城乡学校为学生提供平等的受教育的机会和条件,要求与之相应的入学招生制度、教育条件标准(物质条件和师资条件)必须以平等(均等、一样)为目标,确保城乡每一个受教育者在教育起点、教育条件方面的无差别对待。城乡教育一体化对于教育条件、教育机会公平的要求是刚性的。城乡教育条件公平、教育机会公平是平等性的公平,要求"一样",相应的入学招生制度、办学条件标准必须是刚性的。

<u>需要注意的是</u>,教育制度改革不能以教育质量平等(均等)为目标。教育结果平等是不存在的,但是教育结果公平是存在的,因为基于教育机会和教育条件平等所产生的教育结果的不平等是公平的。②

(3) 我们用概念叠加和构式整合对汉语中的诸多正反同义结构的生成及语用动机作了统一的解释。这种解释不只适用于一两个正反同义结构,而是对几乎所有这类现象都具有简明的、可还原的说服力。当然细分起来,以上各句式产生的动因也有差别,"差点儿没 VP"和"没 VP 之前"是由原型否定式缺位引起的,"难免不 VP"是正反同义表达式因思维的断裂而把两种意念叠加在一起的,"除了×之外"是语义相同的前置式与后置式的叠加。<u>需要强调的是</u>,两种概念的叠加不是任意的,它要以意义相同或曰概念的同一性为前提。我们首先从词汇层面的概念叠加和构式整合现象受到启发,进而意识到这种现象不仅仅局限于同义词之间,同样存在于句子层面。这再一次印证:汉语的词法大体上就是汉语的句法。③

(4) 所谓发展咨询是指帮助来访者更好地认识自己和社会,充分开发潜能,增强适应能力,提高生活质量,促进人的全面发展。咨询的内容十分广泛,凡是在人生各时期出现的各种心理问题都可以属于咨询的范围,如工作、学习、恋爱、婚姻、家庭生活、职业选择等。从事这类咨询的人员除了有坚实的心理学基础外,还要具有哲学、社会学、教育学、文化人类学等方面的广博知识。咨询的地点一般为非医疗机构,如学校、社区、企业。<u>需要指出的是</u>,第一,障碍咨询与发展咨询是相互联系的,去除心理障碍为心理发展奠定了基础,而良好的心理发展将减少心理障碍的发生。第二,在具体实施时,有时很难将两者完全割裂开来,有些咨询既属于障碍咨询,也属于发展咨询。④

"需要×的是,……"为熟语性固定结构,语义为提示性的强调补充,常常是在某一或某些问题陈述或论述之后运用,如例(1)讨论了人文主义教育目的观

---

①②③④ 北京大学 CCL 语料库.

和科学主义教育目的观,由科学主义教育目的观的流派延伸至实用主义等教育观,用"需要说明的是,……"强化突显相关论述,为下文的集中论说做了一个明确的铺垫。例(2)亦如此,用"需要注意的是"承上启下。例(3)用"需要强调的是",例(4)用"需要指出的是"做聚焦性引导,使读者注意其后的论述。

"需要×的是,……"话语结构形式有时不是独立运用,在它的前面还可以出现四种词语形式:

第一种,"这里""在这里"等。"这里"是语篇指示语,用于"需要×的是"之前,与"需要×的是"组合,标示强调的信息源自上文信息,与上文信息关联,或者说是上文信息的延展。

第二种,"另外""还""此外""最后"等。这些词语都蕴含在原有之外有所增加或有所补充之意,用于"需要×的是"之前,与"需要×的是"组合,标示强调的信息是上文信息之外的增加、补充,"最后"更是表明此时此处强调说明的观点、认识是在上文所有观点、认识之后表达出来的。这类组合形式很好地突显了表达式的补充意义。

第三种,"特别""尤其"等。这些程度类词语用于"需要×的是"之前,与"需要×的是"组合,标示强调的信息在同类信息中所处地位更加重要。这类组合形式很好地突显了表达式的强调意义。

第四种,"不过""但""但是""然而"等。这些转折类词语用于"需要×的是"之前,与"需要×的是"组合,利用转折关系信息焦点在转折之后,更加突出所要表达的信息。

1.1 "需要说明的是,……"的前加形式。例如:

(1)与图1相比,图2的基本分析角度没有变化,即我们依然是在前述的框架下讨论问题。所不同的是,政府的职能和行动空间、社会工作的功能空间和范围有了一些变化。具体来说,政府的职能从绝大部分是社会管理向注重社会服务变化,政府对专业化的认同也在加强,这就使得政府的功能范围和行动空间在一定程度上向服务和专业化方向位移。<u>这里需要说明的是政府的职能和活动进入专业社会服务的问题</u>。按照国际上通行的三个部门理论,政府的职能就是社会管理,它无需进入专业服务领域。但是,由于中国采取特殊政策发展社会工作,要通过专业培训和知识普及培养社会工作人才,要推进公益服务类事业单位、城乡社区和公益类社会组织建设,而这些组织和人才有的属于政府系统,所以政府的职能和行动部分延伸至专业社会服务领域是可能的。①

---

① 北京大学CCL语料库.

(2) 文化是历史的投影。大众文化的出现,不管你喜欢不喜欢,它都是时代的产物。首先需要说明的是,这里所说的"大众文化",不是我国传统意义的大众文化,而是指一种随 社会发展而出现的信息化、商业化、产业化的现代文化形态。①

(3) ……另外需要说明的是,政府的社会管理和社会服务实际上是一个连续统一的过程,按照对社会管理的新的理解,在某种意义上它具有波兰尼所说的嵌入性特征,即社会管理与社会服务是粘连在一起的。②

(4) 想拥有漂亮的脸色,从拥有红润的唇色开始。而拥有自然红润的唇色,内调健脾是关键。还需要说明的是,很多皮肤烦恼其根源也在脾脏。《黄帝内经》说脾胃是"后天之本""生化之源"。后天有了脾胃的滋养,人才能长得好、长得美。……③

(5) ……此外,需要说明的是,企业董事会或类似机构通过的利润分配方案中拟分配的现金股利或利润,不作账务处理,不作应付股利核算,但应在附注中披露。企业分配的股票股利不通过"应付股利"科目核算。④

(6) 要说,还是凤阳县电信局雷厉风行,接到任务,立马就替小岗村家家户户装上了程控电话,而且事情办得漂亮,明说收费,实际并没让小岗人掏多少腰包,电信局是用贷款解决的,从银行贷了一百万元,至于将来连本带利这钱谁还,自然成了糊涂账。有一点需要说明的是,在这之前,小岗人虽然修不起路,但并不说明小岗村就没有一条像样的路。……⑤

(7) ……最后需要说明的是,为了使数据流图便于在计算机上输入输出,免去画斜线和圆的困难,常常使用另一套符号,如图2.10所示。⑥

(8) ……这实际上是现代观念的折射,即人们常说的"笔墨当随时代"。特别需要说明的是,有些来稿,从他们的笔姿势态所表现的美学体验及其艺术价值,并不逊于已经选发的作品。但由于技术上的原因,如篇幅过长、过大、字太小、用纸成色会影响制版效果,或者引用古诗有误,或者来稿时间太晚等等,我们都只能表示遗憾了。⑦

(9) 我们以近百余年为主要时间界限,以现代世界文明中最普遍和最具代表性的冲突之一,即科学与人文的较量为基本线索,将教育目的观抽象划分为三种:人文主义的教育目的观、科学主义的教育目的观和科学人文主义的教育目的观。这一划分是基于这样一事实:近百年来相继存在着具有主流地位的三大哲学、社会和文化思潮,一是人文主义,二是科学主义,三是科学人文主义。

---

①②③④⑤⑥⑦ 北京大学CCL语料库.

但需要说明的是,这种划分只具有相对的意义,不能对其作绝对的理解。①

1.2 "需要注意的是,……"的前加形式。例如:

(1) <u>在这里,我们需要注意的是</u>:按摩虽益处较多,但要注意,有以下病症者不宜实行:急性骨髓炎,结核性关节炎,传染性皮肤病、皮肤有创口,以及各种疮疡等症。②

(2) 依据不同的标准,可将公司作不同的分类,而每一种分类均有其法律上之意义。有些类型的公司我国公司法未作规定,故不具有立法和司法的意义,但从学理上进行把握和理解仍然是很重要的,它们对于准确地理解和领会公司法的原理具有重要意义。<u>同时需要注意的是</u>,各种分类标准都有一定的相对性而不是绝对的。③

(3) 多喝茶。沏上些绿茶(浓一些为好),晾温后让其多喝一些。由于茶叶中所含的单宁酸能分解酒精,减轻酒精中毒的程度。<u>另外需要注意的是</u>,轻度酒醉的人,经过急救,睡几个小时后,就会恢复常态,不需要太担心。如果已陷入昏迷状态,就应请医生处理。④

(4) <u>还需要注意的是</u>,有的燃气公司包了热水器的安装,却有不少安装队是以向燃气公司承包的形式出现的,这就难免鱼龙混杂。⑤

(5) 忌室内摆放有毒性的花卉。如夹竹桃,在春、夏、秋三季其茎、叶乃至花朵都有毒;水仙花的鳞茎中含有毒素,如果小孩误食后会引起呕吐等症状,叶和花的汁液则会使皮肤红肿;含羞草接触过多易引起眉毛稀疏、毛发变黄,严重时引起毛发脱落等。

<u>此外,还需要注意的是</u>:养花虽好,却并非人人适宜。比如说,哮喘病患者,如果受到花粉刺激,便很容易引起哮喘复发。老年朋友一定要明白,喜欢花草,更要科学养花,只有如此,才能让身体受益于花卉,让花草成为我们养生的法宝。⑥

(6) 我国公司法第14条规定,公司可以设立分公司。设立分公司需要向公司登记机关申请登记,领取营业执照。分公司不具有企业法人资格,其民事责任由公司承担。<u>但是,需要注意的是</u>,分公司尽管不具有法人资格,不享有独立的财产权利,不能独立承担民事责任,但分公司能够以自己的名义从事法律行为,有相应的权利能力和行为能力。在民法的民事主体理论上,分公司可以归入非法人组织之中,非法人组织属于既不同于自然人又不同于法人的另外一类

---

①②③④⑤⑥ 北京大学CCL语料库.

(7)"专家"们还列出了其他几种"光敏蔬菜"。其实,至少对于绝大多数人来说,大可不必担心。中国人常见的蔬菜中,光敏物质含量最高的就是芹菜,而正常的芹菜一次吃上两三百克也不会有问题,那么其他的"光敏蔬菜"就更不用担心了。<u>不过,需要注意的是</u>,前面一直在说"绝大多数人"和"正常的芹菜"。按照前面提到的实验结果,一天吃上几百克芹菜也不至于达到"有害的量"。不过,几百克芹菜中所含的光敏物质已经与那个"有害量"相差不远了。另一方面,芹菜中的光敏物质含量相差比较大。一般而言,正常健康的芹菜含量低,而生病的芹菜中就能升高一二十倍。可以想象,如果食用的芹菜受过病虫的袭击,那么其中的光敏物质就有可能太多了。②

(8)饭前喝汤有助于减少食欲,是有一定科学依据的。因为汤到胃里后,食欲中枢兴奋性会下降,饭量会自动减少1/3,饱腹感会提前出现,七八分就觉得饱了。<u>但在此我们需要注意的是</u>,每个人的饭量不一样,所以,我们应结合自己的实际情况来施行"七八分饱"制度。事实上,长期吃不饱就易导致身体营养不良,甚至形成恶性"厌食症",因此,我们一定要掌握好"七八分饱"这个度。如果在饭后仍然觉得很饿,想吃东西,可以在吃饭半小时后补充一点水果。③

(9)这是一道热补的汤菜,功效是可增强肠、胃的吸收能力,同时也能帮助骨骼发展及增加抵抗力。……食用时捞除药材,加入适量盐调味就行了。<u>需要注意的是</u>挑茯苓以外表色白、细腻呈现粉质、质感光滑的较佳,它的作用是强化心脏及脾胃功能。<u>特别需要注意的是</u>严重便秘的人可千万不要吃这道汤菜!!!!!④

(10)有权还忌滥用权,《条例》的出台,对长期缺乏经营自主权的广大企业来说,无异于久旱逢甘霖,国有大中型企业许多经理厂长喜上眉梢,拍案叫好。<u>然而,需要注意的是</u>,在贯彻落实《条例》过程中,一方面一些厂长经理有权不敢用,一方面也出现了一些企业滥用权力现象。……⑤

(11)西红柿含有丰富的西红柿红素、维生素C,是抑制黑色素形成的最好武器。有实验证明,常吃西红柿可以有效减少黑色素形成,具有保养皮肤、消除雀斑的功效。每天用1杯西红柿汁加微量鱼肝油饮用,能令准妈妈面色红润。<u>但是同样需要注意的是</u>:西红柿性寒,如果空腹食用容易造成腹痛。⑥

1.3 "需要强调的是,……"的前加形式。例如:

(1)比如,统一内外资企业抽得税制问题将放到今后再做考虑;中央对地方

---

①②③④⑤⑥ 北京大学CCL语料库.

实行规范的转移支付制度,也只是作为原则提了出来,具体的操作方案还有待认真研究。

<u>还需要强调的是</u>,这次财税改革方案的设计还充分考虑了国外投资者的利益。①

(2) ……<u>另外,需要强调的是</u>,那些控股股东是央企或者关系到国计民生的上市公司,在股改之后,也有可能通过定向增发以达到绝对控股的目的,比如说航天军工板块的G火箭、中国卫星等个股值得跟踪。②

(3) 各参检部门要根据本地大检查整体实施方案,在大检查办公室的统一协调下,合理分工,各负其责,尽量避免重复检查,提高大检查的工作效率和整体效能。<u>特别需要强调的是</u>,各地区、各部门要充分重视发挥会计师事务所、审计事务所等社会公证机构的作用,更加广泛地吸引他们参加大检查工作。③

(4) <u>尤其需要强调的是</u>,儿童对噪音最为敏感。无论在家中还是在学校里,嘈杂的学习环境会使孩子们心情烦躁,从而对智力产生影响。法国有关教育机构在波尔多进行了一项听写试验,结果表明,在防噪音效果较差的教室比在隔音效果较好的教室里上课,学生的错误率高出了4倍。④

(5) 一个自私基因的目的究竟是什么?它的目的就是试图在基因库中扩大自己的队伍。从根本上说,它采用的办法就是帮助那些它所寄居的个体编制它们能够赖以生存下去并进行繁殖的程序。<u>不过我们现在需要强调的是</u>,"它"是一个分布在各处的代理机构,同时存在于许多不同的个体之内。⑤

(6) "词"不管是寄托在"字"的义项之中也好,还是通过"字"的结合而形成的复音词也好,都得以"字"为基础;没有"字",就不会有"词",这或许可以成为对赵元任的"在中国人的观念中,'字'是中心主题,'词'则在许多不同的意义上都是辅助性的副题"这一论断的一种注释。<u>不过在这里需要强调的是</u>,我们通过这些办法找出来的"词"和印欧系语言的词不是一个东西,它们之间存在着一些原则的区别。⑥

(7) 企业作为社会组织的一种重要存在形式,它在日常的经营活动中也必须遵守国家有关的法律法规,因此,法律对企业人力资源管理活动的影响就主要体现在它的约束和规范作用上。<u>但需要强调的是</u>,法律的这种规范和约束只是一种下限,也就是说企业在进行人力资源管理时绝对不能低于这些标准,但在标准之上,法律是不能加以干涉的。⑦

1.4 "需要指出的是,……"的前加形式。例如:

(1) 收入方面要坚持依法治税,不折不扣地执行新的税收法规,维护全国统

---

①②③④⑤⑥⑦ 北京大学CCL语料库.

一税收法规的严肃性和完整性,并通过完善征管手段和征管办法,堵塞收入漏洞,把该收的都收上来;支出方面要针对财力紧张和某些支出使用管理偏松的状况,该砍掉的要坚决砍掉,该压缩的要坚决压缩,以保证重点需要,并使支出控制在与收入相适应的水平上。<u>还需要指出的是</u>,完成今年的财政收支任务,对于各级财税部门和广大财税干部来说,任务繁重,责任重大。税要靠一块钱一块钱地收,欠税的也要靠一块钱一块地清,支出的控制和节约同样需要付出艰苦的努力,来不得半点马虎和松懈。只有鼓足干劲,加倍努力,扎扎实实地开展工作,才能完成党和人民赋予的光荣任务,作出新的更大的贡献。①

(2)……<u>另外需要指出的是</u>,赤道东太平洋大范围暖的表层海温即厄尔尼诺现象结束后的1—2年,赤道东太平洋也会出现比正常海水温度冷得多的现象,这种现象被称为反厄尔尼诺现象,或拉莉娜(西班牙语意为"圣女")现象也同样会对全球气候造成异常,所以仍值得注意,只是人们对其印象不如对厄尔尼诺那么深。②

(3)在系统分类中,<u>还有一点需要指出的是</u>:系统是具有层次的,任何复杂的系统都有一定的层次结构。下一层次是上一层次的子系统。如:企业环境目标系统,可以分为全厂的,车间的,班组的等三个层次的系统。③

(4)<u>最后,需要指出的是</u>,"公约"中要求沿海国建立法律制度的规定,虽然属沿海国国内立法,是沿海国主权范围内的事情,但这些海洋立法与一般国内立法具有明显的区别。即这些不是以调整国内一些社会关系为调整对象的,而是沿海国向国际社会指出权利主张,同时也明确所应承担的义务。④

(5)……关贸总协定乌拉圭回合谈判制定了《原产地规则协议》,确定了协调各国非特惠制原产地规则的原则,并委托世界海关组织承担协调规则技术标准的制订工作,但至今仍未完成。由于缺乏国际统一的原产地规则,各国在制订自己的原产地规则时,往往从本国需要出发,标准不一,宽严各异,在判定进口货物原产地时往往存在随意性。<u>特别需要指出的是</u>,随着世界经济发展和经济格局的巨大变化,原产地原则的局限性愈来愈清楚地暴露出来。……⑤

(6)按照市场的需求,包括国内外市场需求、当前和长远市场的需求,以及市场对产品品种、质量和数量的需求来规划各个企业和全行业,是今后冶金工业发展的重要原则。<u>这里特别需要指出的是</u>,由于冶金战线始终坚持了"两个文明一起抓","两手抓,两手都要硬"的方针,所以在改革开放、社会主义现代化的伟大实践中,不仅使冶金工业生产建设有了很大发展,而且培养和锻炼了职

---

①②③④⑤ 北京大学CCL语料库.

工队伍,使冶金战线职工队伍素质有了很大提高,精神面貌发生了深刻的变化,涌现出一大批像李双良、曾乐式的英雄模范人物。①

(7) 乡镇企业是农民增收的一个主要源泉。然而,近年来,乡镇企业中资本替代劳动的趋势愈加明显。乡镇企业吸纳劳动力能力在下降,1990 年,每万元资产吸纳劳动力 3.24 人,今年下降到 1.32 人。目前,我国农村剩余劳动力约 1.3 亿人,今后每年新增劳动力 1300 万人。剩余劳动力问题解决不好,增收就会受到影响。<u>尤其需要指出的是</u>,农民负担屡屡反弹,已经成为制约农民增收的重要因素。有关部门的调查表明:有些地方,农民的收入在乱集资、乱摊派、乱罚款中流失。②

(8) ……为此,政策的灵活性一是指及时的调整和修改;二是指在贯彻上级政策时要因地制宜,从本地方、本单位的实际出发,在不违背原则的基础上,要灵活的创造性的贯彻上级政策。<u>但需要指出的是</u>:政策的灵活性不等于政策的随意性。灵活的前提条件是不违背政策主体制定政策的出发点和政策自身的基本原则。③

(9) ……对高性能计算机系统来说,资源的网格化是一种先进的技术,将为新型高性能计算机系统的设计提供重要支持。<u>但是,需要指出的是</u>:网格的实现并不能取代高性能计算机系统。作为一种共享技术,网格能够支持现有的高性能计算资源更好地被共享使用,改善高性能计算机系统性能的发挥,而不能增加高性能计算资源。④

(10) 流程图为人们普遍采用是因为它具有一些特有的优点。比如,它能把程序执行的控制流程顺序表达得十分清楚,看起来也比较直观,容易看懂。也许仅此一点便足以使得某些习惯使用流程图的人对它有着特殊的偏爱,不愿再去接受其他的新工具。<u>然而,需要指出的是</u>,流程图确实也存在着一些严重的缺点,不应忽视。例如流程图所使用的符号不够规范,规定某些符号的使用方法不够严格、明确,常常使用一些习惯性的用法。特别是表示程序控制流程的箭头,使用的灵活性极大,若使用不当会使程序质量受到很大影响。⑤

2."值得×的是,……"

"值得×的是,……"这种类型侧重表达重视、关注所陈述的内容、所表达的观点和认识有价值、有意义,"×"代表"注意""一提""强调""指出"等,"……"代表所陈述的内容、所表达的观点和认识。"值得×的是,……"包括"值得注意的是,……""值得一提的是,……""值得强调的是,……""值得指出的是,……"

①②③④⑤ 北京大学 CCL 语料库.

等。"值得注意的是,……"是同类话语结构的典型,可以视为原型形式,其他可视为变体形式。它们除了具有格式所共有的提示性补充强调意义之外,侧重点稍微有点差异。"值得注意的是,……"侧重于重视、关注相关的问题、有关的事情有价值、有意义。"值得一提的是,……"侧重于谈起、提及相关的问题、有关的事情有价值、有意义。"值得强调的是,……"侧重于特别着重或着重提出相关的问题、有关的事情有价值、有意义。"值得指出的是,……"侧重于提出的论点看法有价值、有意义。例如:

(1) 文化按其自身特点和要求作用于教育。例如,文化的发展常会成为教育发展的动力,民族文化的特点往往形成教育的民族模式;而民族文化素质与水平往往成为教育发展的阈限。<u>值得注意的是</u>作为教育工作主体的教师的文化素质与水平构成为教育工作及教育发展的直接承受力与支持力。因此,我们在研究教育问题时,常常提出把它放到一定的文化背景中去研究。①

(2) 这是一首名闻遐迩的歌,也是如今世界上最为流行的一首歌。这首歌曲在100年前的1893年由美国人米尔彻特和帕利·希尔两位教师创作,原名《祝你早安》。随着时间的推移,歌曲的某些歌词也有了些改动,并定名为《祝你生日快乐》而流传到今天。1969年3月,"阿波罗四号"的宇航员们甚至在太空中也唱起这首歌来庆祝宇航事业的胜利。<u>值得一提的是</u>,通常一首歌大众化了就意味着它可以在电视、电影、舞台、音乐厅里演唱而不用支付版权税或其他费用给作曲者。独独这首《祝你生日快乐》却适得其反。凡在电视、电影、音乐会上由专业演员演唱都必须支付版权税。这就是为什么在电视、电影里虽然出现生日宴会镜头却很难听到《祝你生日快乐》歌声的原因。这首歌的版权将一直保持到公元2010年。②

(3) 在各种修补类指标中,具有代表性的是"真实进步指标"(genuine progress indicator)。该指标通过衡量影响人类福祉的经济、社会、环境等领域的成本和收益,来系统地重新计算GDP。<u>值得强调的是</u>,该指标特别对UDP所忽略的负面活动进行了扣减,同时也将有益活动补充进来(Widuto,2016)。③

(4) 据不完全统计,目前全世界约有多种形式的区域性经济集团或组织23个,包括119个国家的地区。<u>值得指出的是</u>,区域性经济集团化对国际贸易的较快增长,增添了经济发展的活力。但另一方面区域性经济集团往往对外实行集体贸易保护主义,具有一定的排他性。但总体上说利大于弊。④

---

①②④ 北京大学CCL语料库.
③ 张宇燕,方建春.GDP与IWI:核算体系与人类福祉[J].新华文摘,2020(22).

例(1)在前述其他观点,如"文化按其自身特点和要求作用于教育"等等的基础之上,特别强调要重视"作为教育工作主体的教师的文化素质与水平构成为教育工作及教育发展的直接承受力与支持力"这样的认识。例(2)在其他陈述说明之后,强调言及"通常一首歌大众化了就意味着它可以在电视、电影、舞台、音乐厅里演唱而不用支付版权税或其他费用给作曲者。独独这首《祝你生日快乐》却适得其反。凡在电视、电影、音乐会上由专业演员演唱都必须支付版权税"极有价值,也就是提请读者注意此处相关的陈述。例(3)和(4)亦然,通过"值得强调的是""值得指出的是"这样的话语标记,或者说语用标记提示接受者关注、重视其后的相关陈述,相关观点与认识。

"值得×的是,……"话语结构形式有时不是独立运用,在它的前面还可以出现四种词语形式。

第一种,"这里""在这里"等。"这里"是语篇指示语,用于"值得×的是"之前,与"值得×的是"组合,标示强调的信息源自上文信息,与上文信息关联,或者说是上文信息的延展。

第二种,"另外""还""此外""最后"等。这些词语都蕴含在原有之外有所增加或有所补充之意,用于"值得×的是"之前,与"值得×的是"组合,标示强调的信息是上文信息之外的增加、补充,"最后"更是表明此时此处强调说明的观点、认识是在上文所有观点、认识之后表达出来的。这类组合形式很好地突显了表达式的补充意义。

第三种,"特别""尤其""更""最"等。这些程度类词语用于"值得×的是"之前,与"值得×的是"组合,标示强调的信息在同类信息中所处地位更加重要。这类组合形式很好地突显了表达式的强调意义。

第四种,"不过""但""但是""然而"等。这些转折类词语用于"值得×的是"之前,与"值得×的是"组合,利用转折关系信息焦点在转折之后,更加突出所要表达的信息。

2.1 "值得注意的是,……"的前加形式。例如:

(1)第一步,建立信赖系数,即将调查报告中所涉及的参数或因素统计一下,到底有多少?认为可以信赖的有多少?将总的因素去除可以信赖的数字,即为信赖系数。例如,报告涉及十个因素或参数,可信赖的为九,则信赖系数为90%。这就是说,在调查所涉及的时间因素中,有90%的参数(或因素)有真正的价值。如果按照这样的报告去做决策,失败率只是10%。

这里值得注意的是,若涉及的时间间隙太宽,则可靠性越小,失败率将增加。①

(2) 自从第二次世界大战过后就有着关于死刑的废除趋势。1977年,16个国家废除死刑。1980年代,拉丁美洲的民主化运动使废除死刑国家的数量大幅提高。东欧剧变后,大量中欧和东欧国家为了进入欧盟而纷纷废除死刑(欧盟要求其成员国废除死刑)。在这些国家中,对死刑的公共支持虽各有诉求,但逐渐减少,现时欧洲就只有白俄罗斯一国保留死刑。另一方面,许多亚洲国家的死刑仍然有强烈的社会及民众支持,死刑事务也很少引起政府和媒体的关注。特别是在一些非洲和中东国家,支持死刑的比例一直很高。现今有95国明确废除死刑,9国规定只在特殊环境下执行死刑(比如战争),有35国虽然规定死刑但近10年内并无死刑执行案例。剩下58国仍然保留死刑。另外,值得注意的是,一些国家在废除死刑问题上有反复期。譬如美国曾经在1967年废除死刑,但在1977年恢复。菲律宾,在1987年废除死刑后,于1993年重新规定,但2006年再次废除。②

(3) 同样值得注意的是,境外的一些人以金钱开路,以获奖为诱饵,诱使一些人拍摄丑化我革命历史,渲染阴暗面,否定社会主义的影片。③

(4) 类似的,用PLD方法也可以方便地得到叠层结构复合薄膜。最近,Deng等人在$SrTiO_3$单晶基片上外延得到了$BaTiO_3/NiFe_2O_4$两层结构的薄膜,如图12所示,这种薄膜具有很好的外延特性,而且两层之间界面清晰。这种薄膜也同时显示出了良好的、与单相材料相当的铁电和铁磁性能,特别值得注意的是,他们还在这种复合薄膜中直接观察到了显著的磁电响应,如图13(a)所示。通过对薄膜施加交变方波磁场激励,复合薄膜也出现了相应的方波响应电压信号,而这是两种单相薄膜所不具备的,这直观地对磁电响应信号给出了明晰的证据。④

(5) 其实,老人们关注自己的身体本也无可厚非,但这种敏感的情绪却大可不必,细菌虽然会侵蚀人的身体,人体没有细菌却也是无法维持健康的。更值得注意的是,如果过分注重身体健康,乃至杯弓蛇影,不仅不能起到防范疾病的作用,反而会因为胡思乱想,造成精神压力过大,最后难免得不偿失。⑤

(6) 综上所述,由普通股的前两个特点不难看出,普通股的股利和剩余资产分配可能大起大落,因此,普通股东所担的风险最大。既然如此,普通股东当然也就更关心公司的经营状况和发展前景,而普通股的后两个特性恰恰使这一愿

---

①②③④⑤ 北京大学CCL语料库.

望变成现实——即提供和保证了普通股东关心公司经营状况与发展前景的权力的手段。<u>然而还值得注意的是</u>,在投资股和优先股向一般投资者公开发行时,公司应使投资者感到普通股比优先股能获得较高的股利,否则,普通股既在投资上冒风险,又不能在股利上比优先股多得,那么还有谁愿购买普通股呢?①

(7) 令人欣慰的是,在党中央、国务院的高度重视,国家教委和一些省、市、自治区政府的直接干预下,许多拖欠地区出现了一阵"兑现热",使拖欠状况得到缓解,也给那些为"稻粱谋"的教师们带来了希望。

<u>然而,值得注意的是</u>,一些地方解决或部分解决拖欠问题,大多采用应急措施:向上级借款;向银行贷款;预先挤用下年度财政部分预算;挪用教育基金、计划生育款、工程款和救灾款;加收学生的学杂费;让教师直接向学生征收教育费附加……这些挖肉补疮,寅吃卯粮的兑现办法,貌似解决了拖欠,实则隐藏着问题。道理十分简单,借的款要归还,贷的款要付利息,多收学杂费无疑又加重了农民负担。这些办法不仅没有从根本上解决造成拖欠的原因,反而是前清后欠,边清边欠,形成了一种"清涨欠落、清落欠涨"的"弹簧现象"。②

(8) 其中,对"孝敬父母"和"关心国家"两种观点的认同度最高。

<u>不过,值得注意的是</u>51.3%的青年认为现实中道德水平在下降,只有36.8%的青年对自身社会参与行为的自我评介是"做得比较好";而表示在遇到丑恶行为时敢于挺身而出制止的只占15.7%,有73.1%的青年选择报警。③

(9) ……<u>但值得注意的是</u>,在采用紧缩性的财政政策以抑制总需求的同时,国民收入和价格水平的下降往往也伴随着利率水平的降低,在资本的国际流动不受限制的情况下,这会引起大量资本流出,从而在相当程度上抵消经常账户收支的改善。④

(10) 从法律意义上讲,非营利组织是可以获得一定的收益的(即收入大于支出),而且这是组织积累资本的主要途径之一。它可以帮助组织不断地发展壮大,对固定资产进行更新,而且可以防止组织出现财务危机。这部分收益并非完全不可以进行分配。根据1983年美国国内税务局的规定,如果收益分配计划有助于提高员工的工作绩效,从而更好地实现组织的目标,那么组织可以将一部分收益用于个人的分配。<u>但是值得注意的是</u>,在员工加薪之前必须制定详细的分配计划,而且计划一旦确定,管理人员不能私下给自己加薪。⑤

2.2 "值得一提的是,……"的前加形式。例如:

(1) ……<u>这里特别值得一提的是</u>,东升镇领导人在大力外引内联的同时,着

---

①②③④⑤ 北京大学CCL语料库.

意培育本镇土生土长的企业,近年名噪神州的爱多电器公司就是最具说服力的例证。①

(2) ……另外,值得一提的是家庭支持因子。自从1994年Brook从良好的个人自尊、和谐的家庭成长经验以及良好的社会外在支持系统三个方面说明了建构青少年心理韧性的相关因素后,家庭心理韧性的研究逐渐受到重视。家庭因素既不属于个人特质,也不属于抗压后的结果,却可以包含在应对过程中,成为个体应对重大压力的能量库。而且,家庭对于集体主义文化下的中国青少年来说,意义可能会更为重要一些,几乎每个访谈对象都会在讲述逆境经历的过程中谈及家庭的影响。这一点和跨文化研究中发现的家庭支持是中国人集体主义应对主要成分的成果是相吻合的。②

(3) 此外,较引人注意的还有Walker等人提出自适应多尺度的GLCM方法,同时,还提出基于遗传算法的GLCM方法,其通过实验得出两种分类错误率明显低于传统的GLCM方法,并减轻了特征选择的计算负担。最后值得一提的是,2005年,Kanda分析了GLCM的计算复杂度,受统计占有模型的启发,提出一种提高纹理分析效率的方法,通过相似度评估,采用近似纹理特征分析雷达图像纹理特征,描述了如何提取近似纹理特征,其结论为:近似纹理特征可以提高图像纹理分析的效率,并没有引起分类正确率的下降。③

(4) 交换链接主要有几个作用,即可以获得访问量、增加用户浏览时的印象、在搜索引擎排名中增加优势、通过合作网站的推荐增加访问者的可信度等。更值得一提的是,交换链接的意义已经超出了是否可以增加访问量,比直接效果更重要的在于业内的认知和认可。④

(5) 德国学者戈登修米特在1913年的论文《作为责任问题的紧急避险》和1930年的论文《规范的责任概念》,对责任问题进行了进一步的探讨,尤其是提出了义务规范论,对期待可能性理论的形成作出了贡献。……戈登修米特不同于迈耶之处仅仅在于:后者并未将义务违反与法律违反加以区分,作为责任要素的义务违反的意思活动是对客观上义务违反的一种主观决意。而前者则将客意过失的义务违反表现为"基于预见去打消实行行为的念头却没有打消上"。也就是说能够期待行为人打消行为的念头而却没有打消,行为人才应承担过失责任。换言之,如果行为人对结果发生应当预见,但不能期待行为人打消行为的念头则无规范责任论意义的过失。尤其值得一提的是,戈登修米特的义务规范论将期待可能性理论从适用于过失推广到适用于故意,这与弗兰克只将其适

---

① ② ③ ④ 北京大学CCL语料库.

用于过失是一个重大的理论突破,为期待可能性成为责任的共通要素或者称为一般要素扫清了道路。①

(6) 此阶段,<u>很值得一提的是</u>钟友彬等人从70年代中期开始,利用业余时间秘密尝试采用心理分析疗法对某些神经症患者进行治疗。为此后钟友彬创立认识领悟心理疗法奠定了一定的基础。②

(7) 根据自治区野生动物保护协会提供的权威资料表明,西藏有昆虫2300余种、鱼类64种、两栖类45种、爬行类55种、鸟类488种、兽类142种。<u>特别值得一提的是</u>,我区受国家重点保护的珍稀野生动物达125种,其中34种特别珍贵的珍禽异兽总储量超过90万头(只),西藏独有或世界罕见的野牦牛现存1万头左右,黑颈鹤1500只(越冬时节达3500只),藏野驴5~6万头,藏羚羊4~6万只,藏原羚16~20万只,羚牛2~3千头,滇金丝猴570~650只,孟加拉虎5~10只。……③

(8) 一些小煤矿不具备起码的安全生产和办矿条件,管理混乱,冒险蛮干,重大伤亡事故屡屡发生。<u>更值得一提的是</u>,不少行政机关和个别国家干部,凭借手中的权力,违法办矿,促使非法采矿活动日益猖獗,引起了广大群众的强不满。④

(9) 孙坚的经历很不简单,汉献帝刘协主政的中平元年(184年),孙坚与右中郎将朱儁一起剿灭黄巾军。<u>最值得一提的是</u>,他曾与袁术等诸侯联合攻伐过董卓,还是董卓最怕的对手。⑤

(10) <u>尤其值得一提的是</u>,宣中光在这次降价中特别强调"降价必须以优化设计、强化管理、提高质量、降低成本为前提"。⑥

(11) 1982年以后,晓村同志退居二线,仍然担任机械部老干部工作委员会主任达5年之久。他受机械部党组委托,主编《当代中国机械工业》《当代中国农机工业》等系列史书,为机械、农机行业留下了一份珍贵的精神财富。<u>特别值得一提的是</u>,他以极大的勇气和高度负责的精神,主动协助党组织,为历史上因肃托肃反扩大化而蒙冤受害的同志,或历次政治运动中受到错误处理的同志平反昭雪,落实政策。⑦

(12) "当局者迷,旁观者清",史玉柱在早起创建巨人集团的过程中,忽视了团队的利益分享机制的有效构建,加之早期成立之初的巨人集团尚未形成自身的企业文化,团队成员的凝聚力没有得到有效的提升,这或许更有助于理解史玉柱和巨人集团初期的不幸遭遇。而当时的史玉柱也并非没有意识到这一点,

①②③④⑤⑥⑦ 北京大学CCL语料库.

只是囿于初次创业时各种经验的缺乏,尤其是管理经验的匮乏,使得巨人集团在两次集体出走事件中无法以有效的机制对整个事态进行控制。<u>不过值得一提的是</u>,史玉柱从这两次事件中清醒而深刻地认识到了问题的所在,他在风浪面前更是看清了许多企业管理的核心所在,于是他毅然决定实施他的"精神领袖"计划。①

(13) 两种极端在现实生活中是不会再出现的。<u>但值得一提的是</u>,人的抱负在激烈竞争的任何意识形态思潮中原则上是可达到的。……②

2.3 "值得强调的是,……"的前加形式。例如:

(1) 这对沟通劳资双方的联系,及时向外商反映职工的要求,稳定"三资"企业职工队伍,促进生产发展极为有利。

<u>这里值得强调的是</u>,《中华人民共和国工会法》实施一年多了,我们很有必要在调查研究的基础上,选择一些外资企业为突破口,以点带面,推动此工作的深入开展。③

(2) 外商直接投资应更加注意优化投资结构,要引导外商投资于基础设施、基础原材料、资金技术密集、老企业改造等项目,适当投资于旅游宾馆、房地产开发、居民服务业,要严格限制兴办高档宾馆、高档写字楼、高档别墅、高尔夫球场等项目。

<u>最后,特别值得强调的是</u>,在吸引外资过程中,企业一定要有大局意识,要自觉维护中国的国际融资信誉,信守合同,这方面日本和韩国做得比我们好。④

(3) ……再说,群众多有从众心理,如果90%的人能评上"三户",剩下的10%就会感到不自在了。<u>还有一点值得强调的是</u>,精神文明建设涉及方方面面,内涵十分丰富。"评三户"活动,将所有的工作都纳入到一次评选中,使精神文明建设在一个时期内有了一个固定的载体,操作性强了,工作容易做扎实,尤其是评"双文明户",将物质文明建设和精神文明建设协调起来,由过去的"两张皮"变为"一盘棋",走好一着,满盘皆活。⑤

(4) 到20世纪90年代初,日元升值引发的经济泡沫突然破灭,日本经济由此陷入空前严重的衰退之中,迄今仍未能从衰退中彻底走出。在历时10多年的经济衰退中,几乎所有重要经济指标都创了战后最坏纪录。<u>其中尤其值得强调的是</u>,日本在战后西方经济增长格局中长期保持的优势地位,特别是对美国的优势地位,也在此次衰退中丧失殆尽。在一定程度上可以认为,以"广场协议"逼迫日元升值为开端,美国经过多年努力终于打垮了其在国际经贸领域的

---

①②③④⑤ 北京大学CCL语料库.

最大竞争对手。①

(5)……不可否认在金融分业经营和体制建设阶段,这种设置具有很多优势,包括相对独立的货币政策、相对隔绝各个金融子行业之间的利益冲突空间等等。<u>更值得强调的是</u>,在特定历史阶段监管分离会促进金融体制改革和金融创新,不同监管机构之间存在的竞争对监管环境的改善也大有益处,这在未来的几年会非常明显。②

(6)长期以来,职业教育被作为低于本科教育的层次教育,就是教育扮演社会分层功能所致。<u>值得一再强调的是</u>,职业教育并不是低于普通教育的层次教育,而是一种平等的类型教育。把职业教育建设为平等的类型教育,有利于培养高技能人才。但在分层思维支配下,人们普遍看不起技能人才,职业教育也得不到社会认可,继而发展受阻。(熊丙奇《教育还应该继续扮演社会分层的角色吗?》,光明日报客户端 2021-01-13)

2.4 "值得指出的是,……"的前加形式。例如:

(1)<u>这里值得指出的是</u>,关于线性微分方程组的解的定义区间是系数矩阵和非齐次项在其上连续的整个区间。在构造逐步逼近函数序列时,的定义区间已经是整个,不像第三章对于一般方程那样,解只存在于的某个邻域,然后经延拓才能使解定义在较大的区间。③

(2)虽然屏幕上也间或出现"叙事"和人物之间的对话,但这些叙事和对话不像电视剧那样是为了"再现"某种场景,而是为了"表现"文学作品的特定内涵,所有的画面都是为了语言艺术的充分的展示而存在的。<u>还值得指出的是</u>,"文学与欣赏"节目已介绍过的小说、散文、诗歌,都是按照原先的文稿顺序而予以全文播出,并不进行某种改编和删改,这就保持了文学作品的原汁原貌,并从而能将声音、图像、音乐、语言等诸多因素融合起来,立体地传达出文学作品的精神。④

(3)中央银行表示要从明年初开始严格控制资金向境外转移,这在当前反倒推动了资金外流,并刺激了对美元的需求。<u>还有一点值得指出的是</u>,参加外汇交易的主要是一些商业银行,它们千方百计刺激对外汇的需求,利用外汇市场的不稳定获取尽可能大的实惠。⑤

(4)……<u>更值得指出的是</u>,我国人民在长期革命斗争和经济建设中形成的以为人民服务为核心、以集体主义为原则的社会主义伦理道德,是对人道主义精神的继承与发展,它与最科学、最美好的科技伦理,从实质上是一致的,可以

①②③⑤ 北京大学CCL语料库.

作为我们科技伦理的指导。从这一点出发,尽管我们在研究和应用科技伦理上起步较晚,但却可以使我们少走一些弯路,以较快的速度取得更大的进步。①

(5) 多媒体技术及产品波及的产业相当广泛,从国防、工业、农业、科研、高等院校、印刷业、化工业、信息咨询业、商业等等,几乎所有产业,难怪有人将多媒体产业称之为"大众产业"。为了保持产业优势,产业选择了多媒体技术。目前西方国家的产业对多媒体技术及产品的应用已走在前头。<u>尤其值得指出的是</u>,多媒体技术对通讯、信息、出版、商业产业影响将意义深远,这些产业将是多媒体最先使用者和最先受益者。②

(6) ……<u>特别值得指出的是</u>,近年以来各地大小图书馆,包括学校、研究机关……的图书资料室,都争先恐后地收购古书,有的书与专业毫无关涉,也以到手为快,以便用去分××费。尤以年关将近时书市最为兴旺。③

(7) 美国科研人员发现,冠心病的病人适当吃些菠萝,有助于预防或缓解冠心病的发作,可降低冠心病的死亡率。这是因为菠萝中含有丰富的生物甙和菠萝蛋白酶。蛋白酶有使血液凝结块消散的作用,防止凝血块的形成,因而有助于预防或缓解因血凝块产生而堵塞冠脉所造成的心脏病发作。<u>但值得指出的是</u>,血液凝结功能不好和有过敏体质的人不宜吃菠萝,以免引起出血和过敏发作。④

(二) 提示聚焦的功能与运用

提示聚焦对于观点的表述、事实的陈述能起到引人注目的作用。"需要说明(注意、强调)的是"与"值得注意(一提、强调、指出)的是"等固定话语模式具有提示、强调、补充的语义,它们能起到语义标记的作用。运用提示聚焦在补充性陈述中能突显、强化所表述的观点、认识。

"需要说明(注意、强调)的是"与"值得注意(一提、强调、指出)的是"等固定的词语组合可以看作篇章中的连接成分,它们充当管领词,其后的话语就是它们所控制的范围,这样与前述话语结合就构成了一个完整的相对独立的话语片段。

从语篇建构角度来说,恰当地运用提示聚焦,在段首可以展开话题、延伸话题,在段尾可以作为强调性总结,在段中可以承上启下,衔接连贯篇章。

---

①②③④ 北京大学 CCL 语料库.

九、被动主受——"被动":辞规之九

把本是受动作行为支配、关涉,位于其后的事物,从"宾"位提至"主"位,形成变"宾"为"主"的一种被动式,这种修辞方式叫"被动主受",简称"被动"。这个辞规是李玉琣先生拟建的。①。被动主受就是让被动者成为话题,作为被陈述对象,然后再对被动者加以陈述。

被动主受,由"被动受事体"和"被动施事体"两部分组成。"被动受事体",指被动者话题,它是话语中动作行为所支配、关涉的人或事物;"被动施事体",是指对被动受事体加以陈述说明的话语,是话语中对受事者进行支配、关涉的施事者(有时省略)及其动作行为词语。例如:

(1) 狗倒是拴到杨春门口了,链子也缩短了,……②

(2) 这个孩子出生不久被狼叼走,在狼群中长大。③

(3) 20世纪初美国职业指导运动、心理测量技术和心理卫生运动的兴起被认为是现代心理咨询产生的三个直接根源。④

例(1)"狗"与"链子"都是被动受事体,都位于句首做话题,"倒是拴到杨春门口了"与"也缩短了"都是被动施事体,它们都用动词性词语来陈述话题,两个小句都表示被动意义。例(2)"这个孩子"是被动受事体,是话题;"出生不久被狼叼走"为被动施事体,陈述话题。此句被动施事体由介词"被"引出动作行为"叼走"的施事者"狼"。例(3)"20世纪初美国职业指导运动、心理测量技术和心理卫生运动的兴起"为被动受事体,是话题;"被认为是现代心理咨询产生的三个直接根源"是被动施事体,由"被"作为标志呈现被动意义,未呈现施事者。

(一) 被动主受的类别

被动主受,从结构上看,可分为无标志的被动主受和有标志的被动主受。

1. 无标志的被动主受

无标志的被动主受,是指被动施事体不带任何被动标志词语,只凭意义关

---

① 李玉琣.辞规中的被动主受[J].丹东师专学报,1996(4).
② 夏天敏.胡树和他的牛[J].当代,2020(6).
③④ 北京大学CCL语料库.

系来表示被动受事体的被动语言形式。它是通常所谓"意义被动句"。

它的基本格式是:被动受事体(受事事物)＋被动施事体(受事事物所承受的动作行为＋受事事物承受某种动作行为的结果)。例如:

(1) 通过组织查账,干部多占的钱退了,11户强占宅基地盖的房子拆了,多寡不均的承包田调整了。①

(2) ……水我不喝了,还有事哩。②

(3) 情况我们知道了,你回去吧。③

(4) 牛卖这价确实不贵,但我只有两千来元,差得太远了,……④

例(1)"干部多占的钱""11户强占宅基地盖的房子""多寡不均的承包田"为动作行为"退""拆""调整"所支配、关涉的事物,即受事,承担被动受事体。此例被动施事体极其简单,分别为"退了""拆了""调整了",各自陈述所对应的话题,形成无标记的被动意义。例(2)、例(3)、例(4)被动受事体为"水""情况""牛",被动施事体为"我不喝了""我们知道了""卖这价确实不贵"。

无标志的被动主受其被动受事体(受事事物)一般是非生命体,如上举例(1)、(2)、(3)中的受事,也有少数是生命体,如上举例(4)中的受事"牛";被动施事体中施事者一般不出现,少数出现,如例(2)中的"我";被动主受叙述、描写、说明被动受事体发生的变化,没有不如意的色彩,句子的被动意味比较弱。

2. 有标志的被动主受

有标志的被动主受,指带有"被"等被动标志的被动语言形式。它的被动施事体是必带"被"类词语标志的。通过"被"类词语明确地表示被动受事体的被动性,突出强调被动受事体。它是通常所谓标志被动句。如:

(1) 所谓"人的独立性",是说在这个阶段上,人的依赖纽带、血统差别、教育差别等等事实上都被打破了,被粉碎了(一切人身纽带至少都表现为人的关系)……⑤

(2) 考试得高分理所当然,但是,只为高分而教育却成了应试教育下的现实,学生的品德如何、修养怎样、生存能力大小、自立能力强弱等这些关系孩子生命的宝贵知识全都被打入冷宫,"缺腿"的教育思想必然造就"缺腿"的孩子。⑥

(3) 1935年11月,他被蒋介石召到南京,出任国民政府行政院政务处长。⑦

---

①⑤⑥⑦ 北京大学CCL语料库.
②④ 夏天敏.胡树和他的牛[J].当代,2020(6).
③ 海桀.放生羊[J].新华文摘,2020(22).

(4) 刘棣被那些声音惊扰,他在夜幕降临时出门,在午夜来临时一首接一首地放音乐。①

有标志的被动主受其基本格式是:被动受事体(受事事物)＋被动施事体("被"或"被"引施事＋受事事物所承受的动作行为＋受事事物承受某种动作行为后的结果)。例如:

(5) 剧本被高价买走了,又被导演对水扩充到六十集。②

(6) 他被这一瞬间的陌生感击中,……③

被动标志的典型词语是"被",它可以引出施事者,如例(5)中的"导演",例(6)中的"这一瞬间的陌生感",也可以省略或隐含施事者,直接置于动词性成分前,如例(5)"剧本被高价买走了"中"被"后的"高价"不是施事者,施事者被省略了,没有出现。"被"还可以与"所""给"搭配,组合成"被……所……""被……给……"形式,如:

(7) 她全身被悔恨、羞愧、痛苦、恐惧所控制。④

(8) 他能写会算,又快又准,常被顾客所称赞。⑤

(9) 孙振邦跟小虎被敌人给围住了。⑥

(10) 没想到一到大荒洼,就被李小武的兵给捉住了。⑦

"被……所……"形式带有书面语体色彩,"被……给……"形式带有口语色彩。

被动标志常见的还有"叫""让""给""遭""由"等口语语体色彩较浓的词语,它们所建构的被动语言形式基本为口语语体句法形式,如:

(11) 谢公的气度确实叫人钦佩,但是不懂得打仗。⑧

(12) 吴小莉一经出现,便叫人难以忘怀。⑨

(13) 是不是让风刮走了?⑩

(14) 报纸扩版的问题之一就是信息量太多,真真假假,或者让人看了之后莫知所云,或者看了许多无用的信息。⑪

(15) 他为啥被捕,给关在牢房里?⑫

---

①②③ 苗炜. 烟及巧克力及伤心故事[J]. 当代,2020(6).
④ 冯德英. 苦菜花[M]. 北京:解放军文艺出版社,2007.
⑤ 知侠. 铁道游击队[M]. 北京:人民文学出版社,2000.
⑥ 刘流. 烈火金刚[M]. 北京:中国青年出版社,1958.
⑦ 刘震云. 故乡天下黄花[M]. 武汉:长江文艺出版社,2016.
⑧⑨⑩⑪⑬ 北京大学CCL语料库.
⑫ 周而复. 上海的早晨[M]. 北京:人民文学出版社,2005.

(16) 可怜的人,她们都给吵醒了。⑬

(18) 把井给刮墙外边去了!①

(19) 人家都睡着了又让你给吵醒了!②

(20) 夜里我正睡觉呢,愣叫大风给吵醒了,我听着光噔光噔的,溅了一窗户水。③

(21) 如果不是十二点差几分的那阵电话铃声把维克给吵醒了,他可能还要睡整整一个下午。④

(22) 在屋子旮旯里睡着了的窝囊废,让宝庆给吵醒了。他从床上坐起,揉着眼,瞅着兄弟的秃脑门在闪闪的油灯下发亮。⑤

(23) 今天大家都走乏了,在山坡下睡觉呢。我做着梦走到这里,叫你们给吵醒了,不得人心!⑥

(24) 双11管家帮商城全场买一送一,新鲜果蔬、健康用品和机器人遭抢购。⑦

(25) 有人说他在惠爱路黄泥巷口遭人行刺。⑧

(26) 我只能由他骂。⑨

(27) 标准还不是由他们定,话由他们说的算。⑩

此外还有"为……所""见……于"等书面语体色彩较浓的词语,它们所建构的被动语言形式基本为书面语语体句法形式,如:

(28) 他胸中为一种激动的情感所燃烧。⑪

(29) 我部是以大胆进攻而为友军所惊服。⑫

(30) 不意耿耿此心,上不见信于朝廷,下不见谅于官绅。⑬

有标志的被动主受被动受事体(受事事物)一般是能发出动作的生命体(当然有少数不是),被动施事体用"被"("叫""让""给"等)标示被动意义,引出或不引出动作的发出者,即施事者(表达时不知道施事者的,则不能引出;知道施事者,但无须说出来的,不必引出),并呈现动作产生的结果。这种被动语言形式有遭受义,常有不如意、不愉快的色彩(有时也有中性或如意、愉快的色彩)。

---

①③④⑤⑦ 北京大学CCL语料库.

② 王海鸰.中国式离婚[M].北京:作家出版社,2011.

⑧ 欧阳山.三家巷[M].广州:广东人民出版社,2019.

⑨ 廉声.月色狰狞[J].收获,1991(3).

⑩ 周而复.上海的早晨[M].北京:人民文学出版社,2005.

⑪ 知侠.铁道游击队[M].北京:人民文学出版社,2000.

⑫ 杜鹏程.保卫延安[M].石家庄:花山文艺出版社,1995.

⑬ 姚雪银.李自成(第一卷)[M].北京:中国青年出版社,1999.

（二）被动主受的功能与运用

恰当地运用无标志的被动主受能使表达灵活、简洁、自然顺畅。运用有标志的被动主受能突显受事与情感色彩。

在某些条件下,选用被动主受形式比选用主动表达形式更合适。如:

1. 突出被动者,强调主语的受事性,或不愿意、不情愿、不愉快的色彩

(1) 这种封士建国制度被秦朝始皇帝于公元前221年正式废除。①

(2) 在19世纪以前,神创论占统治地位。达尔文的《物种起源》从根本上改变了19世纪大多数人对于生物界和人类在生物界位置的看法。使科学最终战胜了神学。进化论被运用到人文领域,形成了许多新学说。②

(3) 1938年从滨海边疆区被驱逐出境的中国人达到了1万人之多,被驱逐者包括同俄罗斯人结婚的中国人。哈巴罗夫斯克的中国人被迁往阿穆尔州(马扎诺夫斯基和谢列姆德任斯基地区)以及哈巴洛夫斯克的库尔-乌尔米斯基和上布列因斯基地区③。

(4) 倘使别人称呼你勋位如中尉、上校之类,已不是一种尊敬,而成了一种讥讽了。武官的勋名被人看不起,军人的地位也就堕落了。④

例(1)(2)用被动主受形式突出强调了"这种封士建国制度""进化论"的受事性,如果用同样的主动句形式那就不会有这样的修辞效果。例(3)(4)使用被动句,表现出"不愿意""不情愿""不愉快"的情感色彩。

2. 保持叙述角度一致,使语气流畅,语意贯通

(5) 更令人担忧的是,由于气温升高,将使两极地区冰川融化,海平面升高,许多沿海城市、岛屿或低洼地区将面临海水上涨的威胁,甚至被海水吞没。⑤

(6) 当时,董建华在3月12日提出辞职,被国务院接受,并当选全国政协副主席。⑥

(7) 他最初的一战是个败仗,他投水自尽,幸而被部下救起来。⑦

例(5)"许多沿海城市、岛屿或低洼地区将面临海水上涨的威胁,甚至被海水吞没"第二小句用被动形式从而使前后分句的叙述角度保持一致,语气流畅,语意贯通。例(6)(7)都有三个分句,例(6)在第二个分句、例(7)在第三个分句使用被动形式,若用主动形式,如"国务院接受董建华辞职""部下救起来他",那么叙述角度有变,则语气不流畅、语意也不贯通。

---

①②③④⑤⑥⑦ 北京大学 CCL 语料库.

此外,施事不需要说出,或不愿说出,或无从说出时常用被动句。如:

(8) 视频中,女子未戴口罩,情绪激动,在车厢内大声叫骂并踢踹座椅,还殴打乘务员,被殴打的女乘务员抹泪哭泣。

(9) 资本主义在西方上升发展的历史,也是世界从地区隔绝走向统一整体的历史,而正是随着地理大发现,西方国家的海外殖民,以及世界市场的形成,过去各国、各民族之间的相对隔绝状态才逐渐被打破,整个世界在经济、政治、文化等方面才逐步形成为密切联系的、相互依存又相互矛盾的一体……①

十、顺序铺陈——"顺陈":辞规之十

在叙事、说理、写景、状物、抒情时,遵循与客观世界相吻合的次序,以使表达井然有序、明确通顺,这种修辞方式叫顺序铺陈,简称"顺陈"。这个辞规是姚汉铭先生拟建的②。如:

(1) 黄土高原八月的田野是极其迷人的,远方的千山万岭,只有在这个时候才用惹眼的绿色装扮起来。大川道里,玉米已经一人多高,每一株都怀了一个到两个可爱的小绿棒;绿棒的顶端,都吐出了粉红的缨丝。山坡上,蚕豆、小豆、黄豆、土豆都在开花,红、白、黄、蓝,点缀在无边无涯的绿色之间。③

(2) 回顾法律对于财产保护的历史,由低到高分别是行为自由、权益保护和权利确认。早期对于数据的保护主要是通过刑法、反不正当竞争法等针对行为自由的规制模式,对数据进行享有安全的静态保护。目前,我国《民法典》已经将数据作为一类值得保护的新型权益。由此,如何将其上升为一项权利并进行合理的权属分配,成为数据财产权理论研究和司法实践的新方向。④

例(1)采用由远及近的顺序来写景状物,例(2)采用事物产生时间顺序和因果顺序来说理,简要明了、清晰有序。

---

① 北京大学CCL语料库.
② 姚汉铭.顺序铺陈:修辞辞规之一[J].营口师专学报,1991(1).
③ 路遥.人生[M].北京:中国青年出版社,1982.
④ 申卫星.论数据用益权[J].中国社会科学,2020(11).

（一）顺序铺陈的类别

顺序铺陈的顺序有时间顺序、空间顺序和逻辑顺序，相应地顺序铺陈的类别也有 3 种。

1. 时序顺陈

按照时间发展的先后顺序铺陈。时间是物质存在的一种客观形式，是由过去、现在、将来构成的连续不断的系统，是物质的运动、变化的持续性、顺序性的表现。任何客观事物从产生到发展到消亡总是有时间次序的，人们在叙述、描写、说明、议论时一般情况下需要顺着这个时间次序进行。如：

（1）小时候

乡愁是一枚小小的邮票

我在这头

母亲在那头

长大后

乡愁是一张窄窄的船票

我在这头

新娘在那头

后来啊

乡愁是一方矮矮的坟墓

我在外头

母亲在里头

而现在

乡愁是一湾浅浅的海峡

我在这头

大陆在那头①

（2）第二天一早，我刚起床就看到四个人进了我家院子，走在头里的是个穿绸衣的有钱人，他朝身后穿粗布衣服的三个挑夫摆摆手说："放下吧。"

---

① 余光中.白玉苦瓜[M].北京：北京联合出版公司，2017.

三个挑夫放下担子撩起衣角擦脸时,那有钱人看着我喊的却是我爹:

"徐老爷,你要的货来了。"

我爹拿着地契和房契连连咳嗽着走出来,他把房地契递过去,向那人哈哈腰说:

"辛苦啦。"①

例(1)按时间顺序来叙述与抒情,从幼子"恋母"到青年"相思",到成年后的"生死之隔",再到对祖国大陆的感情,不断发展,逐渐上升,凝聚了诗人自幼及老的整个人生历程中的沧桑体验。这里的时间顺序铺陈是通过"小时候""长大后""后来""现在"这些时间性词语的先后运用而显现出来的,非常清晰,是显性的。例(2)以我为视点,按行为先后时间顺序来叙述。例(2)叙述的是"第二天一早,我刚起床"后时间变化中的几个事件,时序的安排是隐性的。

常见的时间顺序包括历史、朝代、季节、年代、年龄、事件的更替、变化,事理的发展过程等,可以通过时间性语言形式关联显性呈现,也可以只通过语义关系隐性呈现。时间顺序显性呈现多用表时间变化的词语,语言形式常见的有:

和时间关联的名词性词语:春夏秋冬,世纪朝代,今天明日,早晨晚上,刚才现在,三点,六点半,……时候,……年代,等等。

和时间关联的副词性词语:立即、立刻、刚刚,等等。

和时间关联的指代性词语:那几天、这几年,等等。

物候的语言表达,包括:植物物候,又称为作物物候的语言表达,如各种植物发芽、展叶、开花、叶变色、落叶等现象,农作物生育期中的物候现象的语言表达;动物物候的语言表达,如候鸟、昆虫及其他动物的迁徙、初鸣、终鸣、冬眠等现象的语言表达;各种水文、气象现象,如初霜、终霜、结冰、消融、初雪、终雪等自然现象的语言表达。例如"万物复生""杨柳依依""大雁南飞时""樱花绽放的季节""石榴花开的时节""月亮渐渐地升高了""山上的枫叶红了""已是冰天雪地时",等等。

2. 空序顺陈

按照空间存在的方式来铺陈。空间顺序铺陈常见的有从外到内、由远及近、由高到低、从上到下、从左到右、从整体到局部、从前到后,等等。如:

(1)吕梁山的一条支脉,向东伸展,离同蒲铁路百十来里的地方,有一座桦林山。山上到处是高大的桦树林,中间也夹杂着松、柏、榆、槐、山桃、野杏;山猪、豹子、獐子、野羊时常出没。山上出产煤炭和各种药材,山中有常年不断的

---

① 余华.活着[M].北京:北京十月文艺出版社,2017.

流水,土地肥美,出产丰富,真是一个好地方。

山下有个大村子,名叫康家寨。东南七里是桃花庄,东北六里是望春崖。三个村正好成了一个鼎脚。从康家寨顺沟往西走十里地,翻一架山过去是靠山堡村,顺沟往东走十里翻一条梁过去,是一个小集市,村名叫汉家山。汉家山再往东二十里就是水峪镇了。

康家寨全村有百十来户人家。村中有一家土老财,名叫康锡雪,……①

(2) 清晨,一列从北平向东开行的平沈通车,正驰行在广阔、碧绿的原野上。茂密的庄稼,明亮的小河,黄色的泥屋,矗立的电杆……全闪电似的在凭倚车窗的乘客眼前闪了过去。

乘客们吸足了新鲜空气,看车外看得腻烦了,一个个都慢慢回过头来,有的打着呵欠,有的搜寻着车上的新奇事物。不久人们的视线都集中到一个小小的行李卷上,那上面插着用漂亮的白绸子包起来的南胡、箫、笛,旁边还放着整洁的琵琶、月琴、竹笙,……这是贩卖乐器的吗,旅客们注意起这行李的主人来。不是商人,却是一个十七八岁的女学生,寂寞地守着这些幽雅的玩艺儿。这女学生穿着白洋布短旗袍、白线袜、白运动鞋,手里捏着一条素白的手绢,——浑身上下全是白色。她没有同伴,只一个人坐在车厢一角的硬木位子上,动也不动地凝望着车厢外边。她的脸略显苍白,两只大眼睛又黑又亮。这个朴素、孤单的美丽少女,立刻引起了车上旅客们的注意,尤其男子们开始了交头接耳的议论。可是女学生却像什么人也没看见,什么也不觉得,她长久地沉入在一种麻木状态的冥想中。②

(3) 进入樱桃沟,便可听得溪水潺潺,水清见底,两旁怪石林立,溪上拦水成池,可养鱼、游泳、浇灌林田。抚奇石,观游鱼,已足使人其乐无穷;而沿溪西北行,山间有野花,溪边有芳草,这野趣横生的地方,真使人流连眷恋。③

(4) 保定市在小清河和京汉线交叉的地方,离北京三百七十里。河水缓缓地流着,流过丘岗,流过平原,流过古老城堡的脚下。流过白洋淀,和大清河汇流,流向天津,流入渤海。

这座小城市,在河北平原上,是政治文化的中心,当时有十五万人口。民国初年,在这里建下军官大学,为军阀混战种下了冤孽。狭窄的街道上,满铺着石块,街坊上大部分是上世纪留下的木板搭。有大车和帆船把粮食、兽皮、水果,运往京津。再把洋货——工业品运到乡村里去。

---

① 马烽,西戎.吕梁英雄传[M].北京:人民文学出版社,2019.
② 杨沫.青春之歌[M].北京:人民文学出版社,2019.
③ 周沙尘.幽静的峡谷:樱桃沟,周沙尘.山水情[M].北京:中国青年出版社,1998.

这里有十三所学校,一所大学。省立第二师范就在西城的角下,这是一个中级学校,当时全校有三百多同学。一条小清河的支流,从旁边流过。江涛在这里受过四年师范教育,在保定市有了四年工作历史,是保属革命救济会的负责人,二师学生会的主任委员。暑假期间,江涛被选在学生公寓委员会里工作——沿着旧习,每年暑期招生,学生会筹办临时公寓,招待乡村里来投考的学生们。①

(5)离山海关东行,冒着霏霏细雨,到了望夫石村,小丘岭下。岭上头,那处红墙灰瓦的小小院落,该是孟姜女庙了。

倚着庙台,一径长长的石阶,直迎到游人脚下。这就是有名的"一百零八磴"了。拾级而上,默计着磴数……哦,古迹无欺,一磴也不差。

庙门,我是被人流拥入的。顾不上想想这低而窄的门楣哪儿来的这魅力,已经趔趄到门内右侧那座钟亭檐下了。

从庙门左行,才见正殿。门口一副楹联。上联是:"海水朝朝朝朝朝朝朝落";下联是:"浮云长长长长长长长消"。游人们几乎都要在这儿停步,立在雨丝中,或默诵,或朗读,细细品味着。这对联,俨然成了入门"考卷"。噢,那几位一时还没念顺当的,竟不肯敷衍过去呢。猛地,一个小伙子捶了伙伴一拳,说了声"听我的",就朗诵起来。读罢,人们无不点头;随即跟着他,一同入内了。原来,那小伙子把上联第一、第四、第六个"朝"字,读作"朝拜"的"朝",其余四个,都读作"朝夕"的"朝";下联呢,第一、四、六个"长",读作"生长"的"长",其余都读作"长短"的"长"——竟一下子揭示了这对联根据倚山临海的地势和潮起去升的景象而构思的奇妙。怪不得旁边一位老者微笑颔首呢……

……

进殿仰望,那双眉微蹙,遥望关山的民妇,就是在人们心中活了千百年的孟姜女了。这是一尊彩塑。造型还谨称,绘饰也鲜明;可那仪态神情却难如人意。不过,浩劫这余,也聊胜于无了。倒是殿内幸存下来的金字匾联,还有些意味。上联:"秦皇安在哉,万里长城筑怨";下联:"姜女未亡也,千古片石铭贞"。匾文是"万古流芳"。相传,是文天祥的手笔。文公是否到过这儿,我没考究过。即便是托名的吧,敢把那位曾君临一切的始皇帝,同这个草芥之微的弱女子相提并论,而且一个是反问了一句"安在哉",一个是赞叹了一声"未亡也",已很有些胆识了。②

---

① 梁斌.红旗谱[M].北京:人民文学出版社,2019.
② 韩少华.游孟姜女庙[N].工人日报,1980-05-07.

例(1)采用从上到下的顺序叙述,先介绍山上的物况,再介绍山下的村庄。例(2)采用由外到内的顺序铺陈,由窗外的景致写到车厢内的人物关注。例(3)用从前往后的顺序描写,在前"听得溪水潺潺",见到"水清见底,两旁怪石林立",往后则看到"山间有野花,溪边有芳草"。例(4)以面点为序,保定市的描写是鸟瞰式的"面"上描写,省立第二师范是"面"中的"点"。这段文字是顺着由面及点的次序铺陈的。例(5)是典型的由外往内的次序铺陈。

空间顺序可以通过空间性语言形式关联显性呈现,也可以只通过语义关系隐性呈现。空间顺序显性呈现多用表方位的词语,语言形式常见的有:

和空间关联的名词性词语:城市村庄,山岳河流,四海五湖,正面旁边,等等。

和空间关联的动词性词语:进出来去,过来过去,观看望瞧,俯视鸟瞰,等等。

和空间关联的方位性词语:上下左右,内外中旁,边,等等。

和空间关联的形容性词语:远,近,高,低,等等。

和空间关联的指代性词语:这那,这里那儿,等等。

3. 理序顺陈

按照逻辑上的内在联系铺陈,主要以事物内部的本质联系为顺序,常见的逻辑顺序有因果顺序、主次顺序、内因外因顺序、总分顺序、由表及里、由繁到简、由特殊到一般、由现象到本质、先概括后具体、先整体后局部等。如:

(1) 莫言是中国首位获得诺贝尔文学奖的世界级作家。他获诺奖后甚至一举一动都会成为人们关注的焦点,而对莫言的理解和关注终究要回归到文学。散文,一直是被看作一种更能充分展现作家自身精神与情感的文体存在方式。因此阅读莫言的散文作品可以作为走近作家莫言、了解散文创作,甚至把握当代文学发展的一个切实有效的路径。①

(2) 为深入贯彻落习近平新时代中国特色社会主义思想和党的十九大精神,推进实施健康中国战略,提升医疗卫生现代化管理水平,优化资源配置,创新服务模式,提高服务效率,降低服务成本,满足人民群众日益增长的医疗卫生健康需求,根据《"健康中国 2030"规划纲要》和《国务院关于积极推进"互联网+"行动的指导意见》(国发〔2015〕40 号),经国务院同意,现就促进"互联网+医疗健康"发展提出以下意见。②

---

① 舒晋瑜. 书写生活智慧 莫言散文作品首次大规模结集[N]. 中华读书报,2021-1-20.
② 《国务院办公厅关于促进"互联网+医疗健康"发展的意见》国办发〔2018〕26 号.

(3)西南茶马古道也是文化交流之路。首先,对于藏区来说,西南茶马古道带来了内地的物资,也传播了内地的文化,包括相对先进的农业种植和纺织技术、建筑文化、器物文化等。其中影响最大的无疑是茶文化。……

其次,对于内地来说,西南茶马古道带来了丰富多彩的藏区文化。早在唐代,一些藏区文化成果就已经传播到了内地,比如社会上盛行的马球文化就深受吐蕃的影响,唐太宗曾"闻西蕃人好为打球,比令亦习"……

最后,在文化交流的过程中,游走于汉、藏之间的茶马商人群体也形成了自己独特的商业文化。……①

(4)年初,山东烟台高新区第三实验小学综合实践活动室内,一场别开生面的多彩实践节吸引了众人的目光。从"回忆旧时光""走进新时代"到"创造中国梦",孩子们亲手制作的有着鲜明时代特色的展示作品,记录着烟台高新区从普通渔村起步,实现从"零点"到"高点"跃升的发展历程。而在每一件精心雕琢的作品背后,蕴含着学校在乡村振兴背景下因地制宜、全方位培育学生"厚土乡心"的教育情怀。②

(5)近年来,"家"出乎意料地进入了中国哲学和社会理论研究者的视野:首先,西方思想史上不同源流的"家"论述被发现,"家"观念的中西比较开始流行。与此同时,一些历史学者和社会学者深入挖掘中国20世纪上半叶的"家庭革命"传统,探索个人主义进入中国之际,知识分子对于家庭的本质、结构以及家与个人、国家甚至世界之间关系的想象和期待。此外,对儒家经典的阅读和梳理,更为细致地进入了情与理、亲与敬、礼与法、经与史等儒家伦理建构所关切的具体议题中,丰富了学界对儒家学说有关"家"的理解。③

(6)中国的贫困地区与国家重点生态功能区在空间上高度吻合,深度贫困地区通常也是边境偏远地区、少数民族聚集地区。深度贫困地区普遍存在生态保护与农民脱贫致富之间的突出矛盾,农民的生态保护行为缺乏有效的激励,生态产品的价值难以有效实现,区域的生态优势无法转化为经济优势。如何实现生态保护与缓解贫困相融共赢,对于促进民族团结、边疆稳固、生态保护、脱贫攻坚以及乡村振兴都有十分重要的意义。

以西北、西南地区为例,该区域既是中国最重要的生态屏障,同时也覆盖了

---

① 刘礼堂,陈韬.西南茶马古道:汉藏交融的千年大通道[N].光明日报,2021-01-25.
② 吕言鑫,姜倩倩,孙雅妮.游走千万里,培育学生"厚土乡心",http://jyj.gmw.cn/2021-01/15.
③ 肖瑛."家"作为方法:中国社会理论的一种尝试[J].中国社会科学,2020(11).

"三区三州"等深度贫困地区。对比分析西北、西南地区重点生态功能区所在县和国家级贫困县的重叠情况,如表 1 所示。10 个省市中,共有 386 个重点生态功能区所在县,有 504 个国家级贫困县,既是重点生态功能区所在县又是国家级贫困县的数量有 324 个,重点生态功能区所在县中国家级贫困县的比例高达 84%,国家级贫困县中重点生态功能区所在县的占比为 64%。其中,在青海省和重庆市,所有的重点生态功能区所在县都是国家级贫困县;在宁夏回族自治区,所有的国家级贫困县都是重点生态功能区所在县。①

　　例(1)以因果为序,由因到果。例(2)以目的行为为序,从目的到行为。其实目的行为关系、条件结果关系、假设结果关系均为广义的因果关系,都可归入因果顺序。例(3)以主次为序,通过关联性词语"首先……,其次……,最后"体现由主要往次要排列。例(4)以浅深为序,逐层推进展示作品的深刻寓意。例(5)用总分顺序铺陈。例(6)先整体后部分顺序铺陈。

　　逻辑顺序可以通过表逻辑层次的语言形式关联显性呈现,也可以只通过语义关系隐性呈现。表逻辑层次的语言形式常见的是关联词语,如:因此,所以,因而,根据,为了,那么,但是,如果……那么,只要……就,由此可见,首先,其次,接着,等等。

(二) 顺序铺陈的功能与运用

　　恰当地运用顺序铺陈能够使叙事、说理、写景、状物、抒情等条理清晰,次序顺当,层次井然。

　　运用时需要注意时空关系的合理性、逻辑关系的严谨性,注意顺次的安排符合客观事物的规律以及人们的认知规律,此外还需要注意语句之间、段落之间的有机衔接。

十一、追加补救——"追补":辞规之十一

　　意识到自己话语不足或错误、不得体等用追加话语的方式做进一步解释、说明或更正,这种修辞方式叫"追加补救",简称"追补"。如:

---

① 胡振通,王亚华. 中国生态扶贫的理论创新和实现机制[J]. 清华大学学报,2021(1).

(1) 我们明天中午到你王姨家去。王晓梅,你王姨的小女儿,从北京回来了。

(2) 中国运动员出场了,只见她一条枪舞得如蛟龙出水,虎虎生风,不禁让人想起了我国三国时代的常山赵子龙、猛张飞、关羽关云长,哦,关羽使的是刀,噢,对不起,她使的是棍。

例(1)说话人是想告诉听话人"王晓梅从北京回来了",在说了"王晓梅"后,考虑到听话人对这个名字可能比较陌生,于是选择了听话人容易理解的"你王姨的小女儿"做解释,这样使得自己的信息能被听话人迅速、准确地接受。例(2)是著名体育解说员韩乔生的一次现场解说话语。当他说完"关羽关云长"后意识到自己说得不恰当,有误,于是做了更正式补救。

(一) 追加补救的类别

追加补救从追补方法来看有两种类型:一种是说明式追加补救,一种是更正式追加补救。

1. 说明式追加补救

表达者意识到自己话语不足,用追加话语的方式做进一步解释说明。这种不足主要是不符合或不太符合表达者的意图、目的。一般说来,原话并不错,但可能不够明晰,或者不够全面,有时甚至可能引起别人费解或误解,觉得有必要进一步补充说明。如:

(1) "你说他是干什么的——过去?"[1]

(2) 大约一岁多一点吧,过国庆节放烟火,69年吧,一岁零四个月吧,我们在胡同口正看烟火。[2]

(3) 过去那会儿,不是嫌寒碜吗,没解放那会儿。[3]

(4) 我不信俺娘是那种人,一百个不信![4]

(5) "你叫什么来着?"上班铃响后,大家各自回到自己的办公桌,他在我对面坐下,我问他,并竭力不去看他的眼睛。"司徒聪。""噢,我叫司马灵——不不,不和您逗趣儿,真是叫这个名字。"我听到全办公室的人的低低笑声,解释道。"你知道谁叫什么名字自个没法做主。父母一朝不慎,真能叫他做儿女的

---

[1] 王朔. 痴人[J]. 芒种,1988(4).

[2][3][4] 陈建民. 汉语口语[M]. 北京:北京出版社,1984.

羞愧终生。""哪里,你的名字很好听"他微笑。①

例(1)追加一个"过去",无疑使自己的提问更明确,或者说才能符合自己的意图。例(2)"一岁零四个月吧"作为追加,是对"大约一岁多一点吧"的进一步说明;"69年"的追加,让"过国庆节"的具体时间确定了。例(3)"没解放那会儿"使"过去那会儿"具体化,使表达更明确。例(4)追加成分"一百个不信"是对"不信"的注释,是夸张性的强调。例(5)"不不,不和您逗趣儿,真是叫这个名字"是对"我叫司马灵"的补充性追加,以避免对方(司徒聪)误以为自己在和他开玩笑,故意编了这么个有关联的名字。

有时表达者意识到自己话语不足,可能用"准确点说""严格说来"等作为追加话语的标志做进一步解释说明。如:

(1) "和她的做法一样,我的怀疑也局限在一个小圈子里——准确点说,我怀疑七个人:查尔斯和特里萨·阿伦德尔,塔尼奥斯夫妇,两个佣人,劳森小姐。这里还有第八个人,也必须考虑进去的——这就是唐纳森,他那天晚上在这里吃了晚饭,直到最近我才知道那天晚上他在。"②

(2) "别奇怪!"陪同我们采访的同志平静地告诉记者,"实际上这现象一年多来,准确点说,从胡富国同志回山西之后,就开始出现了……"③

(3) 我正在晨梦剪头呢,哦,严格说来,头剪完了,正在吹。你们开始吧,我一会儿就到。④

(4) "我听说过他吗?"他问,回了我一个微笑。

"很可能没有。他的球打得不好。严格说来还在小联盟混。他老是在东奔西跑的。"⑤

2. 更正式追加补救

表达者意识到自己话语错误或者不得体等,用追加话语的方式做出更正。如:

(1) 我就十岁没有父亲,十一岁没有父亲呢。⑥

(2) 把球一脚射进了大门……我们来看慢动作,哦,是用头顶进的。

(3) 取消中学,小学升初中的门槛。⑦

(4) 这样呢,他还可以减少他,减慢他的衰老过程。⑧

---

① 王朔. 痴人[J]. 芒种,1988(4).

②③④⑤ 北京大学 CCL 语料库.

⑥ 陈建民. 汉语口语[M]. 北京:北京出版社,1984.

⑦⑧ 孟国. 汉语中的口误问题[J]. 汉语学习,1999(1).

(5)"电大/网院/网校专场"的主持人严继昌教授,在中国现代远程教育学术领域颇有建树,也是该领域资格颇老、颇受人尊重的人物。一般来说,很多网院的院长都愿意称呼他为"严老师",而"严老师"也很习惯地称这些年龄比他小的院长们"小某某",显得很亲切。

在这次专场的会议中,北大附中网校的杨壮总经理发完言后,该是人民大学网络教育学院的常务副院长顾宗连上台的时间了。这时需要我们的"严老师"来预告一下,可也许是"严老师"在平时真的是喊习惯了,张口就是"下面有请小顾……",意识到有些不妥,马上改口"请顾宗连教授上台发表演讲。"

"严老师"与"小顾"相视一笑、擦身而过,一切尽在不言中。①

例(1)表达者意识到"十岁"有误,因此更正为"十一岁"。例(2)是韩乔生的体育解说,他刚说过"把球一脚射进了大门",但慢动作回放却不是如此,所以修正为"是用头顶进的"。例(3)"取消中学"显然有误,表达者本意是想说"取消小学升初中的考试"而他先说出了"取消中学",话没说完已觉不妥,于是后面追加一句"小学升初中的门槛",对口误迅速加以纠正。例(4)表达者本想说的是"衰老过程"的减慢,但开始用的动词"减少"却不能与"衰老过程"搭配,他意识到此,所以更正"减少"为"减慢",于是顺着前面就有了"减慢他的衰老过程"。例(5)表达者意识到这样的正式场合称呼顾宗连为"小顾"不得体,所以立即追加更正为"顾宗连教授"。"请顾宗连教授上台发表演讲",这样的话语在此时才是得体的。

表达者有时意识到自己话语错误,可能用"不""说错了""对不起"等作为追加话语的标志,非常明确地否定原句中的口误,然后再做出更正。如:

(1)赛前6小时可以改上场球员名单,噢,不,是赛前60分钟。
(2)漂亮的反越位……哦,不是,没有成功。
(3)校长是北京人,对不起,我说错了,校长是天津人。
(4)他今年20岁,错了,21岁了,新年的生日都过了,21啦。

(二) 追加补救的功能与运用

对不足、失误等能及时做出有效的补救,可使错误得到改正;可纠正不规范、不明确、不得体的表达,避免误解、误会,使表达规范、明确、得体。正确地追加补救后,所表达的意思明确了,准确了,表达也就更加完美了。

---

① 李轩仪."大师"的口误[J].中国远程教育,2004(10).

运用追加补救的方法需要注意及时与坦诚。及时就是能够迅速发现自己的话语不足、失误,及时组织话语追加补失;坦诚就是坦然承认自己的失误,然后追加补救。例如,有一次,倪萍主持《综艺大观》"请您参加"的游戏环节,忙乱中由于出语过快,误将"把球放进筐子里"说成了"把筐子放进球里"。大家一时并没在意,都埋头捡球,倪萍却大声自纠:"哎哟,你们看哪,我把话给讲反啦……"大家一怔,随即都乐开了。

十二、提出疑问——"提问":辞规之十二

提出疑问要求回答,或者说提出疑问寻求解答,这种修辞方式叫"提出疑问",简称"提问"。提问是一种常见的语言行为、修辞行为,从日常小事、琐事的疑惑到国际国内大事要事的协商,等等都离不开提问。提问是有疑而问,提问相对于提问者而言是"有疑"的,提问者通过提问来获得解答,从而释疑;提问相对于提问者而言是要求回答的,即提问者问,被提问者回答。当然,这是就一般情况来说的,也有特殊情况有所不同。如,张三看到李四正要出门,对他说"出门啊?"显然此时的张三作为提问人并非"有疑",这个提问和一般提问有别,其实是打个招呼。还有,一般情况是有问就会有答,问答互酬,但也会有问而不答(答不出或不愿答)或答非所问(有意的或无意的)。总之,提问的特征是:为了释疑,希望回答。

(一) 提出疑问的类别

从不同的角度来看有不同的类别。从提问指向来说有指向他人的他问,也有指向自我的自问。

1. 他问

向别人提出疑问。这种类型最常见,如:
(1) "克南怎没来?"加林一边给同学倒水,一边问。
黄亚萍说:"人家现在是实业家,哪有串门的心思!"[①]
(2) 宝玉拿一本书,歪着看了半天,因要茶,抬头只见两个小丫头在地下站

[①] 路遥. 人生[M]. 北京:中国青年出版社,1982.

着。一个大些儿的生得十分水秀,宝玉便问:"你叫什么名字?"那丫头便说:"叫蕙香。"宝玉便问:"是谁起的?"蕙香道:"我原叫芸香的,是花大姐姐改了蕙香。"①

2. 自问

向自己提出疑问。如:

(3) 她喃喃自语地说:"他真个留在根据地不回来吗?"②

(4) 她歪着头,右手的食指顶着嘴角,自言自语地喃喃着:"今天穿哪一件呢?"③

(5) 怎么我今天还做这样的梦?怎么我现在还甩不掉那种种精神的枷锁?悲伤没有用。我必须结束那一切梦景。我应当振作起来,哪怕是最后的一次。④

通常一个人在思考问题、做出决断、提出方案之时,或者面临困难、遇到挫折、受到伤害,或者心情激动,抑或情感压抑之时都有可能向自己发问,或寻求答案,或调适情绪,或抚平心灵。这种自问其实是平常不过的自言自语。

(6) 老两口的脸顿时又都恢复了核桃皮状,不由得相互交换了一下眼色,都在心里说:娃娃今儿个不知出了什么事,心里不畅快?一道闪电几乎把整个窗户都照亮了,接着,像山崩地陷一般响了一声可怕的炸雷。听见外面立刻刮起了大风,沙尘把窗户纸打得啪啪价响。

老两口愣怔地望了半天儿子的背景,不知他倒究怎啦?⑤

例(6)这种自问通常自己并不回答自己,文学作品常常以此作为一种心理描写的方法来展示人物的内心活动。

从提问对象确定与否来看有定指性提问和不定指性提问。

1. 定指性提问

对象确定的提问。这确定的对象其数量可以是一人,也可以是多人,如:

(7) 周恩来:"冯玉祥将军,主席最好也亲笔写信。"

毛泽东:"他不是在美国吗?"

周恩来:"所以老蒋无法控制,他倒有可能先期到达我们这里!"

毛泽东铺上纸:"好,这就写。"(电视剧《建国大业》)

---

① 曹雪芹. 红楼梦[M]. 北京:人民文学出版社,1974.
② 李英儒. 野火春风斗古城[M]. 北京:人民文学出版社,2020.
③ 周而复. 上海的早晨[M]. 北京:人民文学出版社,2005.
④ 巴金. 巴金自传[M]. 南京:江苏文艺出版社,1995.
⑤ 路遥. 人生[M]. 北京:中国青年出版社,1982.

(8) 课堂上,老师面向全班同学:"明天的活动大家有什么建议吗?"

2. 不定指性提问

对象不确定的提问。如:

(9) 而赖小民,一搞就是 17 亿,相当于普通人做了 36 场永远都不可能实现的梦。他若不死,天理何在? 留着一条命,默许贪官前赴后继? ……然后是,赖小民二十二起受贿犯罪事实中,有三起受贿犯罪数额分别在 2 亿元、4 亿元、6 亿元以上,另有六起受贿犯罪数额均在 4000 万元以上。谁会有那么多钱,谁能有那么多钱去行贿赖小民? 这些送出去的钱,有多少是靡费公帑?

既然是损失,是否得到了追究? 如果被追究了,这一百多个关系人究竟是些什么人,怎没见公之于众?①

例(9)一连串地发问,但发问对象不确定,是一种泛问。

从提问场合来说有正式场合的提问和非正式场合的提问。正式场合的提问更讲究庄重、正规、规范,非正式场合的提问相对来说随意、灵活些。如:

(10) "加林,你是不是身上不舒服?"母亲用颤音问他,一只手拿着舀面瓢。"不是……"他回答。

"和谁吵啦?"父亲接着母亲问。

"没……"

"那到底怎啦?"老两口几乎同时问。②

(11) 2021 年 1 月 4 日外交部发言人华春莹主持例行记者会

总台央视记者:据报道,3 日,印尼宣布将于当日起向全国 34 个省份分发中国科兴公司研发的疫苗。埃及卫生部长称,已与中国国药集团签署采购协议,并获埃药品管理局紧急授权许可。你对目前中国开展疫苗国际合作进展有何评论? 中国疫苗在安全性、有效性方面是否足够让人放心?

华春莹:中方始终对疫苗国际合作持开放态度,积极支持中国企业同外国同行开展疫苗研发、生产等合作。目前,中国已有多支疫苗正在境外开展Ⅲ期临床试验,进展顺利。中方还积极参与"新冠肺炎疫苗实施计划"等国际合作倡议。阿联酋、巴林等国已经批准中国国药集团灭活疫苗的注册。中方将坚定履行承诺,在新冠疫苗研发完成并投入使用后,作为全球公共产品,为实现疫苗在发展中国家的可及性和可负担性作出中国贡献。

关于疫苗安全性、有效性问题,我想强调的是,中国政府始终把新冠疫苗的

---

① 《赖小民这厮,死到临头也没交出补肾秘方》,微信公众号"深度报",2021 年 1 月 8 日.
② 路遥. 人生[M]. 北京:中国青年出版社,1982.

安全性和有效性放在第一位。中国疫苗研发企业也始终严格依据科学规律和监管要求,依法合规推进疫苗研发。大家都知道,去年12月30日,中国国家药监局正式附条件批准了中国国药集团中国生物生产的新冠灭活疫苗上市申请,这也充分验证了中国疫苗的安全性和有效性。中方愿继续同各方一道,推动全球疫苗公平分配,携手助力全球团结抗击疫情,保护世界各国人民的生命安全和身体健康。

从提问方式、目的来说,有正面直问和迂回侧问。

1. 正面直问

围绕目的直截了当地提问,目的尽显。如:

(12) 上海张澜寓所。

1949年1月5日上海。

《申报》记者:"表老,怎么看待蒋总统在《新年文告》中呼吁和平?"

张澜用梳子梳理着胡须:"我看,这并不是呼吁和平,否则就不会提出保存军队和保持法统。这样的条件,不仅中共,就是全国人民也不能接受。"(电视剧《建国大业》)

(13) 香港。李济深公馆。

何香凝(70岁)拄着拐杖在潘汉年陪同下,坐定。

何香凝开门见山:"……形势发展这么快,任公还不动身?"

李济深:"中共打得这么好,民革也不能没有表现,总不好空着手去见中共吧? 我在军队里有很多学生故旧,在香港做策反方便些。"

何香凝:"蒋介石撑不了多久了,桂系也不行。依我看,早走为上。"(电视剧《建国大业》)

2. 迂回侧问

围绕目的委婉曲直地提问,目的隐藏。如:

(14) 才高志宏、蜚声中外的盛中国,以其小提琴演奏的绝技,征服了世界亿万听众的心灵。他同日本著名钢琴家濑田裕子小姐的合作,琴情交融、会意知音,更加引起人们的热烈关注。随着这两位异邦友人在国际音乐舞台上的频频出现,随着他们的协作佳作磁带大量销售,对于他俩的议论品评也多有传闻。西安《女友》杂志记者曾采访过盛中国。

记者:盛先生,在您的演出中,我们看到,您同裕子小姐合作得很好。这使我们联想到许多艺术界的合作者,比如歌星王洁实谢莉斯,耿莲凤和张振富,以及梅兰芳、常香玉这些艺术家和他们的胡琴师等。这些人的合作相对固定,甚至于非他莫属,包括您和裕子小姐。我想请教您一个问题:这中间除了配合上的默契外,还有没有其他因素?比如像俞伯牙和钟子期、司马相如和卓文君那样的知音一样?

盛中国:(坦然一笑)你们想问的可能是我和裕子小姐之间会不会从艺术的感觉交流走向生活中的感情交流这个问题呢?

记者:想不到盛先生这么坦率。我们想问的正是这个问题。(芎子,稚梅《盛中国的琴与情》)

记者基于礼节不好直问盛中国和濑田裕子的情感问题,用侧问达到了目的。

(二)提问的功能与运用

提问的功能有多种,解除疑点,获取信息应该是其最重要的功能。此外如,变被动为主动;提出话题,推动会话;等等。

提问时,提问者除了应该具有谦虚、礼貌的态度以外,还需要注意:

(1)提问要看对象、场合。应该因人而异,因场合而异,选择不同的提问方式与技巧。

(2)提问要有诱发力。要善于根据人们不同的心理状态、文化素养、爱好特长等等,采用适当的提问方式与技巧激发对方的回答欲望。

(3)提问要看准时机。孔子在《论语·季氏篇》里说:"言未及之而言谓之躁,言及之而不言谓之隐,不见颜色而言谓之瞽。"不该说这话的时候却说了,叫作急躁;应该说这话时却不说,叫作隐瞒;不看对方脸色便贸然开口,叫作闭着眼睛瞎说。孔子讲的就是根据时境把握说话时机的问题。从提问角度而言,一般说来,对方很忙或正在处理急事时,不宜提与此无关的问题;当对方伤心或失意时,不宜提太复杂、太生硬的会引起对方不快的问题;当对方遇到困难或麻烦,需要单独冷静思考时,则最好不要提任何问题。

第三章　辞规应用(下)

十三、否全回环——"否环"：辞规之十三

在自然界和人类社会,客观存在的两类事物之间或两种事理之间有的往往存在着相互依存的辩证统一关系或十分密切的关系,人们在反映、表述这种事物或事理之间的互依互存的密切联系时,常常采用形式整齐匀称,前后互相映照,给人一种循环往复情趣的回环修辞格来展示表现之。如:

(1) 雪花飞暖融香颊,颊香融暖飞花雪。

欺雪任单衣,衣单任雪欺。

别时梅子结,结子梅时别。

归不恨开迟,迟开恨不归。①

(2)科学需要社会主义,社会主义更需要科学。②

例(1)(2)都属于回环修辞格,只是例(1)为更工整的回文。

数学上的一些定理在阐述事物之间某种互依互存的密切联系时常常也采用回环往复的整齐形式,这也可看成是回环修辞格的运用。如:

(3) Ⅰ)任一实数可表成唯一的标准小数,且任一标准小数收敛于(唯一的)一个实数。

Ⅱ)任一有理实数可表成唯一的标准循环小数(包括有尽小数),且任一标准循环小数(包括有尽小数)收敛于(唯一的)一个有理实数。

把Ⅰ)、Ⅱ)结合起来,还有

Ⅲ)任一无理实数可表成唯一的不循环小数(当然是标准的),且任一不循

---

① 苏轼.苏轼诗集[M].北京:中华书局,1982.
② 郭沫若.科学的春天[N].人民日报,1978-04-01.

环小数(当然是标准的)收敛于(唯一的)一个无理实数。①

另外,数学上还常常采用定理与逆定理的形式来表现事物之间的某种辩证统一关系。如,定理:"在一个三角形中,如果两条边相等,它们所对的角也相等",其逆定理为:"在一个三角形中,如果两个角相等,则它们所对的边也相等"。

总之,采用回环等形式来表现事物或事理之间的关联时,其语言表层形式特点为前后语序颠倒,回环往复;其结构形式分别为 a 与 b 有 R 关系,b 与 a 也有 R 关系,用公式表示之,即 aRb,bRa。可以说,回环修辞格是从肯定方面来展现事物或事理之间的密切联系,而没有展示其差别的。我们发现人们在表述事物或事理之间的互依互存的密切联系时,还存在一种既从肯定方面来展现其联系,又从否定方面来展示其差别的修辞方式,如:

(4)推理是由两个或两个以上的判断所组成的一组判断。但是,由两个或两个以上的判断所组成的一组判断,并不一定就是推理。②

这种修辞方式表面上看起来类似于回环,但其实质差异则非常大。这是另一种修辞方式,我们姑且称之为"否全回环"。

否全回环的定义可以表述为:在表述事物或事理之间互依互存的密切联系时,先肯定甲与乙有某种联系,然后逆转否定乙的全体与甲有这种联系,这种修辞方式叫"否全回环",简称"否环"。

客观上存在这样的现象:甲事物全体与乙事物有某种密切的关系,乙事物与甲事物虽然也是具有这种密切的关系,但并不是乙事物的全体都与甲事物具有这种密切的关系。因此当我们在阐述甲事物与乙事物有某种联系时,为了避免读者或听者误将乙事物的全体也理解为和甲事物有这种联系,常常采用"否全回环"的修辞方式,即先肯定甲与乙有某种联系,然后逆转否定乙的全体与甲有这种联系,请看例子:

(1)我认为一切文艺是宣传,而一切宣传并非全是文艺。③

(2)部首和偏旁的关系是:部首也是偏旁,但偏旁不一定是部首。④

(3)所以我们说,预设是一种特殊的衍涵,任何命题的预设都是该命题的衍涵,但并非任何命题的衍涵都是其预设。⑤

---

① 董延闿. 数系:从自然数到复数[M]. 北京:北京师范大学出版社,1988.
② 金岳霖. 形式逻辑[M]. 北京:人民出版社,1979.
③ 鲁迅. 文艺与革命[A]. //鲁迅. 三闲集. 南京:译林出版社,2014.
④ 胡裕树. 现代汉语(增订本)[M]. 上海:上海教育出版社,1979.
⑤ 胡泽洪. 在语言的表象后面:蕴涵、衍涵和预设[J]. 逻辑与语言学习,1986(2).

（4）同时我们还可以看到，虽然判断总是由句子来表达的，但并不是一切句子都表达判断。①

例（1）阐述的是"文艺"这一类事物和"宣传"这一类事物二者的密切关系，即"文艺"这个类中的任何一个分子都属于"宣传"这个类，但并不是"宣传"这个类中的任何一个分子都属于"文艺"，"宣传"与"文艺"有密切的联系，但二者不等同。

例（2）阐述的是"部首"与"偏旁"的关系，"部首"都是"偏旁"，但"偏旁"不都是"部首"，二者不是同一关系。

例（3）阐述的是命题的预设和衍涵的关系，即命题的预设都属于命题的衍涵，但命题的衍涵不都属于命题的预设。二者有联系，但又有区别。

例（4）阐述的是判断和句子的关系，可以说判断需要句子表达，但不能倒过来理解所有句子都表达判断。

由于否全回环是先肯定甲的全体与乙有某种联系，然后逆转否定乙的全体与甲也有这种联系，所以常常在运用否全回环之后，接着又解说否定乙的全体与甲的全体有这种联系的原因。请看：

（5）判断离不开语句，但并不是所有的语句都是判断。我们前面说过，判断有两个特征：或是肯定或是否定，以及或真或假，因之，语句所表达的思想，具有这两个特征的，才是判断。②

（6）现实生活是靠意识来把握的。然而，并非任何一种意识都能够帮助我们把握现实生活，涵于其中而又习焉不察的偏谬意识，往往使我们与现实生活脱离。改革开放的新的历史时期，无疑馈赠给我们许多新的意识，但未必每个"新"的意识都透射、反映新时期生活的实质和底蕴。③

例（5）（6）否全回环与后面的解说结合起来事物之间的联系阐述得更为细致、准确、严密。

从上举例证，我们可以看出否全回环的形式是由两个部分——两个分句或两个句子构成的。前后两部分首尾语序剑倒置，呈回环往复形式，并且前后两部分之间有逆转关系。这逆转关系一般由"但是、然而、但"等转折词来显示强化，有时语形虽未出现转折词，但语意仍含转折词，如著名的西方谚语"金子都是闪光的，闪光的并不都是金子"就是如此。从后面部分看，否全回环正是阐述不能对前部分可以作完全的倒置或曰回环理解，只能作部分的倒置或曰回环理

---

① 杭州大学,等.逻辑学[M].兰州:甘肃人民出版社,1980.
② 苏天辅.形式逻辑[M].北京:中央广播电视大学出版社,1987.
③ 肖林.几种流行"意识"的析说[J].东西南北,1980(2).

解,因此后面部分一定带有"并不都是,并非都,并非所有、并不全、未必、不一定"等否定全体的词语。从前部分看,阐述的是某类的全体都具有某种性质或某类的全体与另一类对象具有某种关系,因此,句首虽然常常不出现"所有""任何"等表示全体的词语,但是从语意上看可以增添表全体的词语,比如"因果关系总是表现为一定的前后相继的关系,但并不是所有的前后相继的关系都是因果关系"。① 这个否全回环句首的"因果关系"虽未出现"所有""任何""每一个"等表全体的词语,但完全可以加上这些词语来理解。

如果要将否全回环的形式结构用符号简洁概括的话,那么可概括为:

所有 a 都是 b(或所有 a 与 b 有 R 关系),但是并非所有 b 都是 a(或并非所有 b 与 a 有 R 关系)。

更进一步,可用公式概括为:

(所有)aRb,但是并非所有 bRa

否全回环的形式结构及其特点可以从逻辑学角度,从判断周延性、换位法推理的角度来解释。所谓周延性指的是简单判断主谓项数量的断定情况,如果断定了判断主项或谓项的全部外延,则这个判断的主项或谓项就是周延的,反之,如果没有断定这个判断的主项或谓项的全部外延,则这个判断的主项或谓项就是不周延的。换位法推理的规则要求我们改变原判断主谓项的位置,但是前提中不周延的项,结论中不得周延。否全回环的表达形式大体上可以看成是换位法推理的语言表现。也正因为此,才有否全回环如上所概括的形式特点。比如"一切文艺是宣传"这句话中"文艺"周延,"宣传"不周延,所以它们不能倒过来说:"一切宣传也是文艺"。因为这样一倒过来,本来不周延的"宣传"变成周延的了,违反换位法推理规则,所以要倒过来说必须加以限制。而否全回环正是遵循了换位法推理的规则,在后部分加以限制,从而使得在阐述事物互依互存关系时能准确严密地阐述。仍如"一切文艺是宣传",采用限制方式的颠倒位置,说成"一切宣传并非全是文艺",这样理解"宣传"和"文艺"的关系就非常准确、严密。

(一) 否全回环的类别

否全回环从前部分句子所表判断的逻辑特性分,有两种类型,一种是性质式,一种是关系式。

---

① 华玉洪,姜成林. 诡辩术[M]. 延吉:延边大学出版社,1989.

性质式否全回环。前部分断定甲具有乙性质,后部分否定所有具有乙性质的都是甲。如"是的,凡诡辩从逻辑上看都是谬误。但谬误未必都是诡辩。"①

关系式否全回环。前部分断定甲与乙具有某种关系,后部分否定所有的乙与甲都具有这种关系。如:"逻辑错误与人们的思想有关,但思想也不一定是逻辑错误"。②

否全回环也可以从前后两部分词语异同性大小分为整齐式(或曰严式)和非整齐式(或曰宽式)。

整齐式(或曰严式)。前后两部分所用词语相同的为整齐式。如:"常言道:有情人终成眷属,但成眷属的并非都是有情人。"(《警探》,1990).

非整齐式(或曰宽式)。前后两部分词语基本相同的为非整齐式,如:

(1) 幽默当然用笑来发泄,但是笑未必就表示着幽默。③

(2) 喜剧的根本特征是笑,但笑却不等于喜剧。(只有当笑用于否定丑、肯定美并构成喜的氛围时,才能称之为喜剧。)④

如前所述,否全回环运用于表现两种事物或两种事理间的相互关系时。当甲事物的全体与乙事物有某种密切的联系,但是乙事物不是全体,只是部分与甲事物有这种密切的联系,这时可以说所有 aRb,但不能反过来说所有 bRa,否全回环正是在此表现 a 是 b,但 b 不全是 a,即有的 b 是 a,有的 b 不是 a 的 a 与 b 这两类事物、两个概念之间的联系和区别。因此我们可以说否全回环修辞方式的表达功能在于准确、简洁地反映两个事物之间的非同一关系,帮助人们准确把握这种事物之间的非同一关系,使人们不至于发生误解、不至于错误地理解语句的含义。比如我们在阐述判断和句子的关系时,我们可以说所有的判断都要通过句子来表达,那么是不是所有的句子都表达判断呢?不是的。为了避免别人容易产生"所有的句子都表达判断"的倒置理解,应该补充说明并不是所有句子都表达判断。这样通过转折词连接而形成的"所有判断都要通过句子来表达,但并不是所有的句子都表达判断"的表达方式就是否全回环,它通过转折关系强化了后边部分,即强化了句子和判断的差别,这样有助于人们准确把握"判断都要通过句子来表达"的正确含义、准确理解句子和判断之间的联系和差别。

---

① 华玉洪,姜成林. 诡辩术[M]. 延吉:延边大学出版社,1989.
② 郑伟宏,倪正茂. 逻辑推理集锦[M]. 长沙:湖南人民出版社,1983.
③ 钱钟书. 写在人生边上[M],福州:福建人民出版社,1983.
④ 汪裕雄,王明居.《美学》自学辅导[M]. 合肥:安徽人民出版社,1983.

（二）否全回环的功能与运用

恰当地运用否全回环,可以准确、简洁地反映两个易于误解为同一关系事物之间的非同一关系,帮助人们准确把握这种事物之间的非同一关系,使人们不至于发生误解、不至于错误地理解语句的含义。有助于人们准确把握事物之间的联系和差别。

运用否全回环应注意：通过逆转关系来强调事物之间的差别,即非同一性。

（三）否全回环辞规与回环辞格的区别

积极修辞中的回环辞格和消极修辞中的否全回环辞规,表面看起来有类似之处——都有词语的循环,但它们的实质差异非常之大。

（1）回环格后部分是前部分的完全的循环理解。但否全回环特征在于后部分不是前部分完全的而是否定完全的（即部分的）循环理解。如"别人助我"作完全的循环理解："我助别人",合起来就是一个完整的回环格。而前举"金子都是闪光的"不能作完全的循环理解："闪光的都是金子",否则就是谬误,只能作否定全部的（即部分的）循环理解：闪光的并不都是金子。二者合起来则是否全回环辞规。

（2）回环格的结构是 aRb,bRa；而否全回环的结构则是：（所有）aRb,但是并非所有 bRa。

（3）回环格前后两部分之间结构关系可以有并列的、连贯的、递进的等关系,而否全回环前后两部分之间的结构关系只有转折关系这一种。

（4）回环格虽然也是简洁、精辟地反映事物间互依互存的辩证统一关系,但主要是靠形式上的词语颠倒,给人一种循环往复的情趣。而否全回环不是靠形式上的词语颠倒,给人一种循环往复的情趣,而是通过词语的颠倒来准确阐述事物之间的联系和差别,特别是通过逆转关系来强调事物之间的差别,强调不能将乙事物等同于甲事物。

（5）回环格多用于文艺语体,否全回环辞规多用于科技、政论语体。

总之,从表达功能、结构特征等方面着眼,我们认为可以将否全回环视为同回环格相对的辞规。

十四、排名有序——"名序":辞规之十四

在提及多个人名或物名时,在排法上合情合理,有规有序,这种修辞方式叫"排名有序",简称"名序"。"排名有序"是吴士文先生于1992年拟定的。[①]

(一) 排名有序的类别

根据"名"是人还是物的差别,可将排名有序分为两类,即人名排序和物名排序。

1. 人名排序

根据是否交代排序标准,人名排序可分无标记排序和有标记排序两种。

无标记排序

未交代排序标准的排序谓之无标记排序。汉民族人名排序通常都是这种无标记排序,主要遵循的是尊先卑后语序律。

汉民族自古以来就是按照一种和谐有序的社会行为准则在生活,在生存的。君臣、父子、男女、长幼、内外的差别是永恒的,不可改变的。由于社会在有序状态中存在,提倡有序,所以就必然强调"尊卑有别""亲疏有别""长幼有别""内外有别"等的等级层次。这种社会等级层次观念反映到语言结构上形成一种尊先卑后并列结构语序律,如:

君臣、父子、长幼、师生、官兵、干群、党政、上下(级)、指战(员)、(古今)中外、唐番(会盟)、叔叔阿姨、善男信女……

像这种尊在前卑在后的并列语序不能调换其成分次序,就是受到了汉民族重社会等级的观念的约束。社会等级观念对并列结构成分次序的制约最为明显的就是人名的排列顺序通常遵循尊先卑后语序律,如职务高的排在前,职务低的排在后;声望高的、名声大的排在前,声望低的、名声小的排在后;等等。人名排序尤重职务高低,级别同等时排序规则是按任职时间先后(同一单位内部)。这种尊先卑后排序法,是固定不变的,表达者对此没有选择余地,必须绝

[①] 吴士文.修辞中的排名有序:"名序"[J].修辞学习,1992(6).

对遵守。这其实也是对社会规范的严格遵守,保证社会的有序运行。但这种排序一般并不明确说出排序标准,如:

(1) 10月26日,教育部科技司在合肥组织召开安徽省属高校2008年度教育部"新世纪优秀人才支持计划项目"结题验收会议,由教育部长江学者、国家杰出青年科学基金获得者、新世纪百千万人才工程国家级人选等组成的5位知名学者组成的专家组,对安徽大学裘灵光教授、安徽师范大学周晓光教授、安徽工业大学张光明教授和安徽理工大学的段泰轲教授等四位教授完成项目情况进行现场结题验收。省委教育工委书记、省教育厅厅长程艺,省教育厅副厅长李和平,教育部科技司李楠处长出席会议。各相关高校的分管校领导和科研管理部门负责人参加会议。

(2) 宗廷虎、郑颐寿、谭学纯三位先生在我的学术探讨历程中给我以极大的支持与鼓励,他们对《小说辞章学》一书的写作极为关切,并在百忙中为我作了序,这是对我的莫大鞭策,我向他们表示衷心的感谢。①

(3) 座谈会上,民革中央主席周铁农、民盟中央主席蒋树声、民建中央主席陈昌智、民进中央主席严隽琪、农工党中央主席桑国卫、致公党中央主席万钢、九三学社中央主席韩启德、台盟中央主席林文漪、全国工商联主席黄孟复、无党派人士代表陈竺等先后发言。

例(1)"省委教育工委书记、省教育厅厅长程艺,省教育厅副厅长李和平,教育部科技司李楠处长"虽然没有交代排序标准,其实是按职务高低排序,"裘灵光教授、周晓光教授、张光明教授和段泰轲教授"按所在学校的声望排序。例(2)大体是依据学术声望排列的。例(3)八个党派领导人的排列顺序是按其所在党派成立时间的先后排列的。八个党派中民革成立最早(1927年),民盟(1941年),民建(1945年),民进(1945年12月30日),农工民主党(前身1927年5月,易名在1947年2月3日),致公党(始于1925年,但确认《共同纲领》作为致公党的政治纲领,接受中国共产党领导却在1950年4月),九三学社(1946年5月正式成立,新中国成立后正式接受中国共产党的领导),台盟(1947年11月12日),全国工商联(1953年10月)。

人名无标记排序除了最常见的按尊先卑后排列之外,还有按机关职权排列、按主客之别排列、按时间先后排列等等的不同。

---

① 祝敏青.小说辞章学[M].福州:海峡文艺出版社,2000.

有标记排序

交代排序标准的排序谓之有标记排序。最常见的排序标准是按"姓氏笔画"和"姓氏音序"。如：

(1) 中国共产党山西省第十届委员会委员名单

（共72人，按姓氏笔画为序）

马天荣　丰立祥　王亚　王君　王赋　王安庞　王茂设　王建明
王清宪　牛仁亮　左世忠　石扬令　卢晓中　申联彬　田喜荣　白云(女)
白培中　冯改朵(女)　朱晓明　仲轩　任润厚　刘传旺　刘向东　汤涛
杜善学　李洪　李小鹏　李仁和　李平社　李东福　李永林　李兆前
李建功　李栋梁　李晓波　李高山　李悦娥(女)　李富林　李福明　杨司
杨森林　杨增武　吴永平　吴清海　张保　张健　张璞　张九萍(女)　张少华
张建欣(女)　张高宏　张瑞鹏　陈川平　陈永奇　罗清宇　金道铭(满族)
周明定　胡苏平(女)　段建国　姜新文　洪发科　袁纯清　耿彦波　聂春玉
高卫东　高建民　郭迎光　郭新民　董洪运　廉毅敏　潘军峰　薛延忠

(2) 中国共产党山西省第十届委员会候补委员名单

（共13人，按得票多少为序，得票相等的按姓氏笔画为序）

王建武　吕伟红(女)　孙跃进　李海渊　张义平　张文栋　张旭光
张志川　张建坤　岳普煜　赵雁峰　贺天才　席小军

(3)《世界汉语教学》审稿专家名单（按姓氏音序排列）

蔡振生　　北京语言学院副教授　　陈亚川　北京语言学院研究员
方立　　　北京语言学院教授　　　胡炳忠　北京语言学院教授
胡明杨　　中国人民大学教授　　　黄昌宁　清华大学教授
李扬　　　北京语言学院教授　　　林焘　北京大学教授……

按姓氏笔画排序，通常遵循以下原则：

第一，笔画数由少到多的原则。按照姓的笔画多少，少的排在前，多的排在后。

第二，笔画数相同的，按姓氏起笔排序的原则。按"一（横）、丨（竖）、丿（撇）、丶（捺、点）、乛（折）"的顺序排列。

第三，同姓一般以姓名第二个字的笔画多少为序。笔画少的，排在前。如果姓名是两个字，第二个字的位置可按零画对待。例如，"张强"和"张国伟"，"张强"是两个字，"张国伟"是三个字，"张强"排在前"张国伟"排在后。复姓按单姓对待。两个名的第一个字笔画数相同，再看两个名的第二个字的笔画多少。

第四，姓氏的笔画数相同、起笔顺序一致的，按姓氏的字形结构排序的原则。先左右形字，再上下形字，后整体形字。如，同是八画[丨丿]的字，"明"在先，"昌"次之，"国"在后。

第五，对于姓氏的笔画数相同、起笔顺序一致，且字形结构相同的，左右形汉字的排序遵循"左偏旁"笔画数由少到多的顺序排定之原则，例如：9画"项、相、胡、荆"的排列。上下形汉字的排序遵循"上偏旁"笔画数由少到多的顺序排定之原则，例如：7画"丽贡志芙吾"的排列。杂合形汉字的排序遵循"杂合偏旁"重心所在点位按逆时针顺序排列先后次序排定之原则，例如：9画"飐逃飑勉匍"的排列。

按姓氏笔画排序，也有为了简便而夹杂音序的，其基本规则：

第一，姓的笔画少的在前，如果姓的字数一样按姓的英文字母顺序；第二，同姓的看名字的字数，少的在前；同字数的看名字的第一个字的笔画，少的在前，如果还一样看后一个字的笔画，如果字数和笔画都一样的按名字第一个字的英文字母顺序，如果再一样按后一字的英文字母顺序。

按姓氏音序排序，通常遵循以下原则：

按照拉丁字母 26 个字母的顺序排列，并且是逐个字母比较排序，如果音节的各个字母相同，则再按声调排序。

人名的谁先谁后通常并非任意排列，其排序标准虽然一般并不特别说明，但在人们的潜意识中是认同"尊先卑后"的。因此为了避免误会，在并非"尊先卑后"时常常显示排序的标准。汉人尊先卑后的文化心理折射出人名排序的有标记和无标记形式的差异。

2. 物名排序

人名排序非常讲究，物名排序要随意一些，如"今天我买了好几种蔬菜：辣椒、西红柿、茄子、豆角"，怎么排都行，但也有的不能随意排序，而是需要遵照一定的规则。由此，物名排序可分为两类。

自由型

并列的事物可任意排列，而不影响达意传情。如：

树是典型的暖温带落叶小乔木和灌木，我所能认得的大概只有几种栎树、山杨、白桦、山杏、小叶杨、山桃等；……①

---

① 书同. 就恋这一把把黄土：路遥二十年祭[J]. 教育家，2013(6).

约束型

并列事物受制于某种因素而不能任意排列。如时间的先后、距离的远近、空间的大小等等,在一定条件下都会形成事物名称排序的制约性因素。这其实是客观事物间的有序性在语言表达上的反映。

(1) 根据国务院《关于修改〈全国年节及纪念日放假办法〉的决定》,为便于各地区、各部门及早合理安排节假日旅游、交通运输、生产经营等有关工作,经国务院批准,现将2012年元旦、春节、清明节、劳动节、端午节、中秋节和国庆节放假调休日期的具体安排通知如下。……(《国务院办公厅关于2012年部分节假日安排的通知》[EB/OL]. www.gov.cn 2011-12-6.)

(2) 我由晋西越过黄河,经由吴堡、绥德、清涧、延川,翻过无数道山梁,穿过数不清的沟壑,目看心记着一个又一个"圪崂",一条连着一条的"沟",一处又一处冒着人烟气息的"川道",最后站在了延安大学倚靠的文汇山上。①

例(1)"元旦、春节、清明节、劳动节、端午节、中秋节和国庆节"是按时间先后排序的,距离发文时间近的排前,远的排后。例(2)"吴堡、绥德、清涧、延川"是按行程路线排序的。

约束型物名排序通常不显示排序标准,属无标记排序。但也有少部分显示排序标准,属有标记排序,这方面最为典型的就是单位名称的排序。单位名称的排序,作为物名排序比较特殊,通常默认的规则也是尊先卑后语序律,如此一来谁先谁后就有了尊卑之别,或者厚此薄彼的差异。因此表达者为了避免误会,在并非采用默认规则时,往往注明"排名不分先后",或者直接交代排序标准。如:

(3) 理事单位(按拼音排序)

大象出版社

东方出版社

方圆电子音像出版社有限责任公司

广东教育出版社有限公司

……(《编辑学刊》,2012)

(4) 理事单位(按首字笔画为序)

人民出版社

广州大学学报编辑部

广州大学新闻与传播学院

---

① 书同.就恋这一把把黄土:路遥二十年祭[J].教育家,2013(6).

广西大学新闻传播学院

大连理工大学出版社有限公司

……(《编辑之友》,2012)

(二) 排名有序的功能与运用

1. 排名有序的功能

排名有序的功能主要表现在两个方面:第一,可以严格维护社会角色规范;第二,可以准确反映事物的条理性,体现表达的逻辑性。

人名排序,究其表是语言形式的表达问题,究其实是人与人之间的相互关系问题。恰当地对人名排序,可以严格维护社会角色规范。社会角色规范是社会对角色扮演者所提出的要求,也就是社会给某一社会角色的扮演者提出的一般的行为方式或标准。它"在各个社会角色之间起到'黏合剂'和'警报器'的作用,借此可以来组织和协调人类群体生活,维护社会自身的存在和发展"。[①] 恰当地运用排名有序,是讲究人与人之间的等级关系,是对社会角色规范遵守的体现,是从关系方面维护社会的正常有序的运行。

恰当地对物名排序可以准确反映事物的条理性,体现表达的逻辑性。例如,可以按照事理发展过程的先后等来排序;也可以按照事物空间存在的方式,或从外到内,或从上到下,或从整体到局部等来排序;还可以按照事物、事理的内在逻辑关系,或由个别到一般,或由具体到抽象,或由主要到次要等来排序;等等。

2. 排名有序的运用

运用排名有序要注意:人名排序不遵循"尊先卑后"默认规则时,必须明确交代排序标准;选定一种方法排序时,一般不应中途易辙。物名排序一般要符合人们认识事物的过程,对自由型物名排序来说还需要注意排列词语音节的多少,追求音节的整齐匀称:通常音节少的排前,然后依次增加音节排列;音节相同的相连排列。

[①] 高慎盈. 你与你的社会角色[M]. 南宁:广西人民出版社,1987:31-32.

十五、列举分承——"分承":辞规之十五

这个修辞方式是王希杰先生在1960年提出来的。从"两大分野"理论出发"列举分承"不是辞格,应为辞规,因为它的表达功能主要在于简洁、严谨。

前面提起两个或两个以上的对象或事情,后面按照前面的次序分别说明,这种修辞方式叫"列举分承",简称"分承"。列举分承包含有列举项、分承项,有的有连接项:连接词语,如"分别""前者……后者"等。如:

(1) 尽管同样是针对"给 V P"中"给"的问题,不同生成派学者的关注重心与解释路径大相径庭。邓文与叶潘文立足于"给 VP"与把字句的关系,<u>分别</u>将其定位至受影响标记与逆动化标记,……①

(2) 为避免与"陈述语气""感叹语气""疑问语气"和"祈使语气"等术语发生龃龉,姑借鉴王力(1985)、吕叔湘(2002)曾用术语,将通常所谓陈述语气词、感叹语气词、疑问语气词和祈使语气词<u>依次</u>改称肯定语气词、惊讶语气词、确信语气词和确认语气词。下文还将各自功能暂且依次概括为为肯定、惊讶、确信和确认。②

(3) 可见,文献学、校勘学中的"底本"是新文本生成所依据和参考的多个文本,而广义叙事学的"底本"是指文本形成以前的材料集合。<u>前者</u>讨论的是某一新文本生成以前就已存在的多种文本的集合,<u>后者</u>关注的是文本生成时所依据的多种非文本材料③

(一) 列举分承的类别

从前面提起对象的数量来说,有两项分承和多项分承。

两项分承。前面提起的对象或事情,或者说列举项为两项。如:

(1) 种花好,种菜更好。花种得好,姹紫嫣红,满园芬芳,可以欣赏;菜种得好,嫩绿的茎叶,肥硕的块根,多浆的果实,却可以食用。④

---

① 黄蓓.作为主观性标记的"给":兼论句法标记说的不足[J].语言科学,2016(4).
② 王珏.由功能模式出发研究语气词口气及其系统[J].中国语文,2020(5).
③ 隋岩,唐忠敏.网络叙事的生成机制及其群体传播的互文性[J].中国社会科学,2020(10).
④ 吴伯箫.吴伯箫散文集[M].北京:人民大学出版社,1963.

(2) 美的形态不止阴柔,还应有阳刚。"杏花春雨江南"是一种美,"骏马秋风塞北"又何尝不是一种美。①

例(1)前面列举了"种花"与"种菜"两件事,后面分别叙述了种花的美好结果和种菜的丰盛景象与重要意义。前列举,后分承,彼此配合,互相照应,使文句别有一番风味。例(2)"杏花……"承接"阴柔","骏马……"承接"阳刚",衔接有序,条理井然。

多项分承。前面提起的对象或事情,或者说列举项为三项或三项以上。如:

(3) 这种"谁说×"表达式在现代汉语口语中经常使用,但是学界对其关注不多,研究成果也只有李宇凤、高飞飞和梁冠华等寥寥数篇。建立在现代汉语反问句的研究基础上,李宇凤通过论述"谁说"和"难道"的演变路径,论证反问标记的发生和发展依赖回声评价的一般规律;高飞飞提出"谁说×"结构在不同语境中具有不同的信息来源及篇章回指情况;梁冠华区分了由反问标记"谁说"及其变体形式构成的反问句的各种差异。②

(4) 人类的社会洪流汇集了四股支流:科学知识、物质技术、生产体系和社会制度。人类社会上述四个方面的飞跃变化分别称为科学革命、技术革命、产业革命和社会革命。③

例(3)前面列举项是三项"李宇凤、高飞飞和梁冠华",分承句为三项;例(4)前面列举项是四项"科学知识、物质技术、生产体系和社会制度",后面分承句也是四项,皆属多项分承。

从分承次数来说,可以一次分承,也可以多次分承。

一次分承。分承句只分承一次,即分别对并列项作一次叙述说明。如:

(5) 顺德市人民法院近日对轰动一时的"西海事件"主犯作出一审判决:对未经依法申请而煽动村民静坐、示威的被告人冯某、梁某,分别以非法示威罪判处管制两年和管制一年零三个月。(《羊城晚报》,2002)

例(5)分承句"分别以非法示威罪判处管制两年和管制一年零三个月"分承"冯某、梁某",一次分承。

多次分承。分承句分承两次或两次以上,即分别对并列项作两次或两次以上叙述说明。如:

(6) 在中国文化界看来,鲁迅和博尔赫斯都是思想者的象征,他们展示了思

---

① 何周. 说美[N]. 文摘报,2000-2-3.
② 汪钰淇. 现代汉语"谁说+×"的构式研究[J]. 湖北函授大学学报,2015(2).
③ 林邦瑾. 制约逻辑[M]. 贵阳:贵州人民出版社,1986.

维存在的两个不同方式。一个是令人战栗的白昼,另一个是令人不安的夜晚;前者是战士,后者是思想家。①

例(6)分承了两次,"令人战栗的白昼"分承"鲁迅","战士"也分承"鲁迅";"令人不安的夜晚"分承"博尔赫斯","思想家"也分承"博尔赫斯"。两次分承只有一个层次,即:鲁迅——令人战栗的白昼、战士,博尔赫斯——令人不安的夜晚、思想家,因为"令人战栗的白昼"与"战士"之间是并列的关系,而无派生关系,"令人不安的夜晚"与"思想家"之间也是如此。这是多次分承,即多角度揭示同一对象。再如:

(7)刘家峧有两个神仙,邻近各村无人不晓:一个是前庄上的二诸葛,一个是后庄上的三仙姑。二诸葛原来叫刘修德,当年作过生意,抬脚动手都要论一论阴阳八卦,看一看黄道黑道。三仙姑是后庄于福的老婆,每月初一十五都要顶着红布摇摇摆摆装扮天神。二诸葛忌讳"不宜栽种",三仙姑忌讳"米烂了"。这里边有两个小故事:

有一年春天大旱,直到阴历五月初三才下了四指雨。初四那天大家都抢着种地,二诸葛看了看历书,又掐指算了一下说:"今日不宜栽种。"初五日是端午,他历年就不在端午这天做什么,又不曾种;初六倒是黄道吉日,可惜地干了,虽然勉强把他的四亩谷子种上了,却没有出够一半。后来直到十五才又下雨,别人家都在地里锄苗,二诸葛却领着两个孩子在地里补空子。邻家有个后生,吃饭时候在街上碰上二诸葛便问道:"老汉!今天宜种不宜?"二诸葛翻了他一眼,扭转头返回去了,大家就嘻嘻哈哈传为笑谈。

三仙姑有个女孩叫小芹。一天,金旺他爹到三仙姑那里问病,三仙姑坐在香案后唱,金旺他爹跪在香案前听。小芹那年才九岁,晌午做捞饭,把米下进锅里了,听见她娘哼哼得很中听,站在桌前听了一会,把做饭也忘了。一会,金旺他爹出去小便,三仙姑趁空子向小芹说:"快去捞饭!米烂了!"这句话却不料就叫金旺他爹听见,回去就传开了。后来有些好玩笑的人,见了三仙姑就故意问别人"米烂了没有?"②

例(7)第一段对二诸葛和三仙姑有两次分承,第二段、第三段又分别分承第一段中二诸葛忌讳"不宜栽种",三仙姑忌讳"米烂了",属于多次分承。

列举与分承之间可以是一个层次,也可以不止一个层次。如:

(8)杨小楼做"单刀会",梅兰芳做"黛玉葬花",只有在戏台上的时候是关云

---

① 简芳.天堂就像图书馆[N].羊城晚报,2002-1-30.
② 赵树理.小二黑结婚[M].北京:华夏出版社,2008.

长,是林黛玉,下台就成了普通人,所以并没有大弊。倘使他们扮演一回之后,就永远提着青龙偃月刀或锄头,以关老爷,林妹妹自命,怪声怪气,唱来唱去,那就实在只好算是发热昏了。(鲁迅《宣传和做戏》)

例(8)分承了三次,而且是多层次的分承,因为每次分承之间有派生关系,不是完全平列的:杨小楼做"单刀会"——在戏台上是关云长——永远提着青龙偃月刀——以关老爷自命;梅兰芳做"黛玉葬花"——在戏台上是林黛玉——永远提着锄头——以林妹妹自命。

列举分承不仅可以存在于句子、句群之中,成为连接语句的重要形式,还可以存在于段落、段落与段落之间,乃至于整个语篇,成为建构语篇的重要修辞方式。如:

(9)《修辞格》把二十七种辞格归为五大类,并由他们共同组成了一个修辞格系统,这是我国历史上第一个较为全面而科学的体系。

说它"第一个",因为我国以往的历史上还没有出现过辞格论专著,也没有辞格论的体系问世。古代有关辞格的论述虽然较多,涉及的面也广,但未能构成一个完整的系统。从本世纪初到《修辞格》问世前,一些现代修辞学著作虽论及一些修辞手法,但也未能形成一个体系。说它较为全面,因为这五大类,既包括了侧重于内容方面的辞格,又包括了侧重于形式方面的辞格,还有与内容、形式关系都较大的辞格。确实,在本书之前,我国还未产生过这样较为全面的辞格体系。说它较为科学,因为作者运用了现代心理学知识,从心理的角度来分析辞格,开辟了一个新的视点。……

《修辞格》的科学性较强,还表现在阐述各种辞格时,一般都给它们下一个反映这些辞格内涵及表达特点的定义。……

《修辞格》的科学性还表现在对于相近辞格的比较上。……(宗廷虎《中国现代修辞学史》,浙江教育出版社,1990)

(10)……依据语文课程的性质、特点和宗旨,语文深度学习应从建构主义理论出发,以语言的建构与运用为核心,围绕语言、思维、情感和能力四个维度,通过创设学习情境,进行语言的深度建构、思维的深度建构、情感的深度建构、能力的深度建构,不断丰富和提高学习层次,最终实现语言、思维、情感和能力深度建构的价值追求。

一、语言的深度建构

……

二、思维的深度建构

……

三、情感的深度建构

　　　　……

　　四、能力的深度建构

　　　　……

总之,语文深度学习是一种基于建构主义理论的学习活动,它以深度建构为目标和价值追求,围绕语言、思维、情感和能力四个维度,创设学习情境,致力于语言、思维、情感和能力深度建构,促进学生核心素养和关键能力的发展和形成。①

例(9)先提出"第一个较为全面而科学的体系",再用分承形式逐一展开论述,列举分承在几个段落中呈现。例(10)这篇文章开头列举了"语言的深度建构、思维的深度建构、情感的深度建构、能力的深度建构"四项,然后从"语言的深度建构"开始逐一分承论述,最后按原顺序总结,由此结构全文。这样行文,前列后承,秩序井然,思考缜密,能达认识的幽微之处。

(二) 列举分承的功能与运用

恰当地运用列举分承,可以使表达条理清楚,简洁、严谨。

运用列举分承要注意:分承项和列举项必须有序排列,避免顺序颠倒,避免义有两歧。

列举分承的列举最常见的是两项,也有不止两项的,不管几项都需要注意各项的分承次序一一对应。一般说来一次分承不易出错,多次分承、多层分承稍不留意就可能出错,这应该引起我们的注意。如:

通常认为,艺术与数学是人类所创造的风格与本质都迥然不同的两类文化产品。在许多人看来,艺术仅仅具有审美价值,而数学则不涉及美学性质,是在对现实抽象的基础上形成的一组观念或实体。两者一个处于高度理性化的巅峰,另一个居于情感世界的中心,一个是科学(自然科学)的典范,另一个是美学构筑的杰作。应该承认,两者之间的某些本质差异是一种客观存在。例如艺术不具备数学作为科学基本工具和模式的功能,而数学迄今尚未获得艺术那样广泛的感染力和丰富的表现形式。然而,在种种表面无关甚至完全不同的种种现

---

① 袁国超.深度建构:高中语文深度学习的价值追求[J].语文教学与研究:上半月刊,2020(12).

象背后,隐匿着艺术与数学极其丰富的普遍意义和极其深刻的美妙关联。①

这段文字开头一句说"艺术与数学……","艺术"在前,"数学"在后,其他地方都按此顺序论述,但中间的文字"两者一个处于高度理性化的巅峰,另一个居于情感世界的中心,一个是科学(自然科学)的典范,另一个是美学构筑的杰作"则不能与"艺术"在前,"数学"在后的顺序对应,这样,整段文字的条理性就受到影响。显然此处的分承有误。分承顺序应调整为:"两者一个居于情感世界的中心,另一个处于高度理性化的巅峰,一个是美学构筑的杰作,另一个是科学(自然科学)的典范"。

列举分承的分承通常依靠语序来进行,有时仅靠语序可能会产生歧义,则需要运用分承副词"分别"使表意清晰,如:

(1) 乾隆与和珅一个迁就纵容,一个巧取豪夺。

(2) 马丽和张颖先后去了北京和深圳。

例(1)"迁就纵容"承接"乾隆","巧取豪夺"承接"和珅"语义对应关系明显,依靠语序就行了。但例(2)则不行,这里的"马丽和张颖"与"北京和深圳"构成对应关系,但缺少分承词语"分别"的作用,就可以有多种理解:

A. 马丽和张颖先去了北京,后去了深圳。

B. 马丽先去北京,张颖后去深圳。

C. 马丽先去北京,后去深圳,然后张颖再先去北京,后去深圳。

如果加上分承词语"分别",把句子说成"马丽和张颖分别去了北京和深圳",歧义就会立刻消除。

列举分承一般来说承接项与列举项数量对等,即列举项是几项分承项也是几项,否则让人感觉结构上、语义上都不完整。例如:

阎肃,这个春节晚会的"老人"也在这档特别节目中表露了自己多年来的感受:"我是又亲近它又畏惧它!亲近它呢,是因为有那么多人在关注它,有许许多多的人在等着它……"按逻辑,阎老还应该说说畏惧它的理由——但电视里没有。不知是没说呢,还是被编导给"省略"了。②

当然,有意为之则是一种积极修辞的追求,另当别论。如:

我们家的正式成员包括爷爷、奶奶、父亲、母亲、叔叔、婶婶、我、妻子、堂妹、妹夫,和我那个最可爱的瘦高条儿子。他们的年龄分别是 88 岁、84 岁、63 岁、

---

① 黄泰安.论艺术与数学的普遍意义及基本关系[J].陕西师大学报,1994(2).
② 肖执缨.总导演自我评价"一言难尽"[N].羊城晚报,2002-02-13.

64岁、61岁、57岁、40岁、40岁,……16岁。梯形结构合乎理想。(王蒙《坚硬的稀粥》)

这里的列举项有11个,承接项却只有9个,中间用省略号省略了两个。这是作者故意为之,在对称性铺排中营造不对称,追求一种语言的变异,亦庄亦谐,新鲜活泼,和整篇幽默诙谐的风格相协调。

十六、列举单承——"单承":辞规之十六

前面提起两个或两个以上的对象或事情,后面只承接说明其中的部分对象或事情,这种修辞方式叫"列举单承",简称"单承"。这个辞规是李玉琯先生拟建的。① 列举单承包含有列举项、分承项,有的还有连接项:连接词语,如"其中""就……来说"等。如:

(1) 鉴于GDP核算体系存在诸多缺陷,改进GDP,甚至开发替代性指标,已成为学界的广泛共识。联合国、世界银行和OECD等国际组织提出了多种"超越GDP"的倡议。其中,联合国倡导发起的包容性财富指数(inclusive wealth index,IWI),以生产资本、人力(健康)资本和自然资本存量来衡量人类福祉与发展的可持续性,成为诸多指标核算体系之集大成者。可以预见,尽管不会一帆风顺,但一个代表全球核算体系改革方向的全新核算框架很可能会在我们这一代人诞生。②

例(1)用到了列举单承这个修辞方式。前面提到了三个对象"联合国、世界银行和OECD等国际组织"所做的事情,后面用"其中"关联,只重点陈述说明联合国这一个对象所做的事情。

(一) 列举单承的类别

从承接项数量来说,列举单承的类别有两种。

1. 列众承一

前面提起两个或两个以上的对象或事情,后面只承接说明其中的一个对象

---

① 李玉琯.列举单承[J].营口师专学报,1991(3,4).
② 张宇燕,方建春.GDP与IWI:核算体系与人类福祉[J].新华文摘,2020(22).

或事情。如：

(2) 随着互联网技术的普及和新一代信息技术的发展,数字经济和信息社会成为当今最显著的全局变革。作为数字经济得以扩张的驱动因素,数据已经成为创造和捕获价值的新经济资源,数据控制对于将数据转化为数字智能具有重要的战略意义。在此背景下,党的十九届四中全会决定首次将数据列为与土地、劳动力、资本、技术等并列的生产要素,2020年3月30日通过的《中共中央、国务院关于构建更加完善的要素市场化配置体制机制的意见》,提出"加快培育数据要素市场",其任务之一就是"研究根据数据性质完善产权性质"。①

(3) 单一替代类指标。这些指标不直接衡量经济活动,而是衡量福祉以及环境、社会或人力资本的变化,如主观幸福感、国民幸福总值以及生态足迹等。其中,生态足迹为国际社会提供资源(粮食、饲料、树木、鱼类和城市用地)和吸收排放物(二氧化碳)所需要的土地面积。②

(4) 其他的仪表盘类指标还包括国民收入卫星账户、Calvert-Henderson 生活质量指标以及千年发展目标等指标。其中,Calvert-Henderson 生活质量指标包括教育、就业、能源、环境、健康、人权、收入、基础设施、国家安全、公共安全、娱乐和住房等 12 项反映生活质量的指标。④

(5) 语篇不是简单地把一些不相关的过程堆砌在一起。有意义的语篇必然正确地完整地反映一个事件的发展过程,这就要涉及过程发展的先后程序。这里存在着种种简单的和复杂的,直接的和间接的时间关系,和事物在空间的位置。就时间来说,两个句子出现的先后反映了两个事件出现的先后程序。③

(6) 富于暗示,而不是明晰得一览无遗,是一切中国艺术的理想,诗歌、绘画以及其他无不如此。拿诗来说,诗人想要传达的往往不是诗中直接说了的,而是诗中没有说的。照中国的传统,好诗"言有尽而意无穷。"所以聪明的读者能读出诗的言外之意,能读出书的"行间"之意。⑤

例(2)前面提及两个紧密相连的对象"数字经济和信息社会",后面只顺承其中的一个对象"数字经济",并对作为数字经济得以扩张的驱动因素"数据"展开陈述,目的是紧扣主旨且为过渡到下文做准备。例(3)和例(4)前面分别提及三个对象"主观幸福感、国民幸福总值以极生态足迹"、"国民收入卫星账户、Calvert-Henderson 生活质量指标以及千年发展目标",然后用"其中"作为关联

---

① 申卫星. 论数据用益权[J]. 中国社会科学,2020(11).
②④⑤ 张宇燕,方建春. GDP 与 IWI:核算体系与人类福祉[J]. 新华文摘,2020(22).
③ 胡壮麟. 语篇的衔接与连贯[M]. 上海:上海外语教育出版社,1994.

项只就一个对象加以陈述说明。例(5)前面提及两个对象"时间关系和空间位置",后面用"就时间来说"作为关联项关联,再陈述时间关系这个对象。例(6)用"拿诗来说"作为关联项,后面只说明诗歌的暗示特点,对其他对象不做陈述。

2. 列众承多

前面提起两个以上(至少三个)的对象或事情,后面只承接说明其中的两个或两个以上的对象或事情。如:

(7)另外,也可以把词类概括为体词、谓词、小词三类。体词包括名词,指代词,数词,量词,方位词,这些词类的功能有共同之处,所以体词这个名称有用。谓词只包括动词和形容词两类;如果形容词合并在动词里边,那么谓词就跟动词是一回事了。①

(8)(从语言的系属来看,我国56个民族使用的语言分别属于五大语系:汉藏语系、阿尔泰语系、南岛语系、南亚语系和印欧语系。)汉藏语系分为汉语和藏缅、苗瑶、壮侗三个语族。属于藏缅语族的有藏、嘉戎、门巴、仓拉、珞巴、羌、普米、独龙、景颇、彝、傈僳、哈尼、拉祜、白、纳西、基诺、怒苏、阿侬、柔若、土家、载瓦、阿昌等语言;属于苗瑶语族的有苗、布努、勉等语言;属于壮侗语族的有壮、布依、傣、侗、水、仫佬、毛南、拉珈、黎、仡佬等语言。

例(7)前面提及三个对象"体词,谓词,小词",后面只承接说明其中的两个对象"体词和谓词",因为"小词"并不重要,作者忽略了它。例(8)前面提及四个对象"汉语""藏缅语族""苗瑶语族""壮侗语族",因为汉语用不着特别说明,所以后面只承接说别另外的三个对象。

(二) 列举单承的功能与运用

列举单承是列举一组事物再陈述其中的部分事物,这个特征决定了它的主要功能就是突出强调。列举单承无论是列众承一,还是列众承多,其目的就是陈述说明要突出强调的那个或那些事物。当然,和列举分承一样,列举单承也有分清层次的作用。

列举单承常见的是列举在一组事物之间,其承接(单承)是一次性的、直接的。但是如果要反映复杂的事物极其复杂的关系,列举就需要在几组事物之间进行,其承接(单承)则是多次性的,或者多层性的。如:

---

① 吕叔湘. 汉语语法论文集(增订本)[M]. 北京:商务印书馆,1984.

(1) 现代汉语有标准语(普通话)和方言之分。汉语方言通常分为十大方言：官话方言、晋方言、吴方言、徽方言、闽方言、粤方言、客家方言、赣方言、湘方言、平话土话。各方言区内又分布着若干次方言和许多种"土语"。其中使用人数最多的官话方言可分为东北官话、北京官话、冀鲁官话、胶辽官话、中原官话、兰银官话、江淮官话、西南官话八种次方言。(《中国语言文字概况》)

(2) 系统层次的自然界是连续与间断，不可分与可分，无限与有限的辩证统一。自然界是一个整体，是一个大系统。这个整体又分成许多层次和类型，即分成许多部分，许多小的系统。整体具有连续性与不可分性，部分则体现出间断性与可分性。

自然界具有连续性的一面。所谓连续是指事物的毗连性与持续性，指事物或运动无差异的衔接与贯通。同时，自然界又具有间断性的一面，间断性是指事物的分立性与跳跃性。我们面临的自然界既是连续的又是间断的，这正如恩格斯指出的："自然界中没有飞跃，正是因为自然界自身完全由飞跃所组成。"①

例(1)是两次单承。先提及两个事物"标准语(普通话)和方言"，然后单承"方言"："汉语方言通常分为十大方言：官话方言、晋方言、吴方言、徽方言、闽方言、粤方言、客家方言、赣方言、湘方言、平话土话"，再单承其中的"官话方言"："可分为东北官话、北京官话、冀鲁官话、胶辽官话、中原官话、兰银官话、江淮官话、西南官话八种次方言"，两次单承解说，两层单承解说，既重点突出，又层次分明。

例(2)所举为三组现象"连续与间断，不可分与可分，无限与有限"，是多项列举。其承说并非一一对应，只顺承了两组现象中的两事，交错提取，构成一组新的复杂情况，接下再对其中的一事承说。连续几次是为"多项单承"。承说的后一次是在前一次基础上进行的，又是间接的，是为"层层单承"。如此一来，既有主次取舍，亦能层次清楚。

列举单承，有列举有承说，承说少于列举；列举分承，有列举有承说，承说等于列举。列举单承前后不求对应，列举分承则前后对应，且追求前后照应。不过，二者并非格格不入，相反，常常结合在一起。如：

(3) "事件相关体"与"本事"都强调社会事件和情感体验对于叙事的重要作用，但不同的是，前者不但没有局限于某一社会事件或某类情感体验本身，而且还关注社会时空环境对于网络叙事形态的直接建构作用。首先，"事件相关体"

---

① 沈小峰,王德胜.试论自然辩证法的三个规律[J].北京师范大学学报,1985(6).

还包括一系列相似事件、具有相似影响或意义的其他事件、相关社会现象及其原因、相似或反向的情感体验等。……其次,中国现阶段特有的社会时空环境是网络叙事的土壤,因此也是事件相关体的重要维度。……

社会时空环境对于社会叙事具有重要影响。……①

(4) 王珏(2020b)由语气结构出发论证了,肯定语气词的上位范畴为陈述语气,惊讶语气词的上位范畴为感叹语气,确信语气词的上位范畴为是非问语气,确认语气词的上位范畴为祈使语气。其中陈述语气范畴可分解为"传信＋使知",感叹语气为"传情士使感",是非问语气"(因心中有疑)传是非之问＋使答",祈使语气为"传令＋使行"。"传令"包括从强到弱的各种祈使言语行为,"使行"包括实施动作、言语和认知等行为(高名凯,1957:489),乃至让听者付出生命。可知,4 种基本语气均由语调强制性表达,与之可选性共现的各类语气词当然无需重复表示语气,而表示它们的下位口气。因此,除极个别边缘用法外,它们都可自由隐现而不影响语气类型。②

例(3)是列举单承＋列举分承的运用。先提及"事件相关体"与"本事",然后单承"事件相关体",再就"事件相关体"的两个方面一一分说。例(4)则为列举分承＋列举单承。先提及四种事物,然后一一分承解说,再就一一分承解说形成的四种情形中的一种做单承解说。

从减少辞规的数量来说,列举单承可以和列举分承合并作为它的一个类别,即列举分承包括:全部分承、部分分承两种。

十七、换言述义——"换述":辞规之十七

为了更详尽地表情达意,在上文已叙说的基础上,改换一种说法,这种修辞方式叫"换言述义",简称"换述"。这个辞规是汪启明先生提出的。③ 如:

考官毫不留情地打断了她的开脱之辞:我现在相信你所说的一切,但这个电话已完全暴露了你身上的致命弱点——不能第一时间进入工作角色,换言

---

① 隋岩,唐忠敏.网络叙事的生成机制及其群体传播的互文性[J].中国社会科学,2020(10).
② 王珏.由功能模式出发研究语气词口气及其系统[J].中国语文,2020(5).
③ 汪启明.换述[J].修辞学习,1987(2).

之,你的悟性与灵气目前尚未达到秘书的功夫。①

"你的悟性与灵气目前尚未达到秘书的功夫"是"不能第一时间进入工作角色"的换一种说法,显然换后比换前说法要具体明白。

换言述义在结构上包含三个成分:已述体、换述体和换述词语。已述体是前面已经叙说的成分,换述体是后面改换说法的成分,换述词语是联系已述体和换述体的词语。

(一) 换言述义的类别

换述有释言式、换言式、选言式和总言式四类:

1. 释言式

换述部分解释说明已述部分,常用"即""就是说""意思是""意思是说"以及破折号等为标志。如:

(1) 社会影响审美的第三渠道是教育,亦即通过培养一定的审美活动主体来影响审美文化。②

(2) 学即学问、知识。"水之积也不厚,则其负大舟也无力"(庄子)。意思是水浅船容易搁浅。③

(3) 中国古代思想家很早就探讨和使用过平衡与稳定的范畴。《易经》中说"无坡不平,无往不复",即认为坡与平、往与复是互相联系、互相转化的。《墨经·经上》认为:"平,同高也。"处处高度相等的平面或直线就叫作"平"。④

例(1)通过换述使得表意具体化。例(2)(3)用白话换述文言,显得通俗易懂。再如:

(4) 在语言当中"有界"和"无界"的对立可以构成时体、数量等范畴在形式上的对立(如可数/不可数等),并且对于某些句法形式起着一定的制约作用。也就是说,语言结构和成分"有界""无界"的特征制约着它们能否与某些成分同现以及同现的条件。⑤

(5) 豆类的营养价值非常高,我国传统饮食中有"五谷宜为养,失豆则不良"

---

① 孙友益. 当心"另类"面试淘汰你[N]. 羊城晚报,2002-1-18.
② 叶朗. 现代美学体系[M]. 北京:北京大学出版社,1988.
③ 李燕杰. 德才学识与真善美,塑造美的心灵[M]. 上海:上海人民出版社,1982.
④ 沈小峰,王德胜. 试论平衡和稳定[J]. 社会科学辑刊,1986(6).
⑤ 陈忠. "了"的隐现规律及其成因考察[J]. 汉语学习,2002(1).

的说法,意思是说五谷是有营养的,但没有豆子就会失去平衡。①

2. 换言式

换述部分使已述部分表述得更为简洁明了、形象生动,常用"换句话说""换言之""换个比方说"等为标志。如:

(1) 我们认为,美学学科的发展目前正处于一个新旧体系转换的重大关节点。换句话说,建设一个现代形态的美学体系,已经成为美学学科发展的关键。②

(2) 通假字也叫假借字,是文字使用上应用"借字标音"即同音替代的方法而造成的用来代替本字的字。它们相互之间只是语音相同相近,并没有意义上的联系。用现在的话来说,有的假借字就是别字,使用假借字就是古人写别字。③

例(1)用换述,从另一角度阐述了同样的问题。例(2)"用现在的话来说"之前的话语带有较浓的专业色彩,之后的话语则浅显易懂了。再如:

(3) 具体来说,我将要扮演的是一个寻花问柳、风流成性的角色。通俗地讲,就是一个嫖客。④

(4) 教育之所以是文化进步内在循环加速机制的一个环节,就因为它是文化结构中的一个能动的要素。文化不是自然赋予人类的,而是人类利用自己智慧创造出来的。换言之,人是文化的承继者、文化的创造者。人类为了自身的生存与发展,必须不断地更新与创造文化。⑤

3. 选言式

换述部分是已述部分的选择性话语替换,常用"或者说"等为标志。如:

(1) 我不结婚不是还想有朝一日另觅高枝儿,只是懒得完成这个仪式。或者说我是害怕用一个仪式郑重其事地结束快乐无忧、不负责任的青春。⑥

(2) 中国即将进入国际资本市场,为了提高劳动生产率,大批裁员,或者说分流下岗是免不了的。

(3) 罗维民放下电话,立刻意识到他昨天晚上打过去的电话,将会给自己带

---

①⑤ 北京大学 CCL 语料库.
② 叶朗. 现代美学体系[M]. 北京:北京大学出版社,1988.
③ 许宝华,严修. 文言文阅读讲话[M]. 合肥:安徽人民出版社,1979.
④ 陈源斌. 你听我说[J]. 人民文学,2000(4).
⑥ 姜丰. 爱情错觉[J]. 上海文学,1994(11).

来一个什么样的局面,或者说将会给自己带来一个什么样的后果。①

例(1)~(3)用"或者说"关联的前后项基本意思相同,只是措辞上有些区别罢了。可如果"或者说"关联的前后项基本意思不同,那就不能看作换述了,如:

(4) 一旦我要有个三长两短,或者说你要是受了什么委屈,他们的末日就到了。②

(5) 对付她可以用各种方法推诿,或者说不记得放在哪儿,或者说,记得已经还了,或者,如果她拉下脸来,就干脆说,稿子已经归还,她不妨到他家来搜寻。③

例(4)和例(5)"或者说"关联的前后项意思不同,只是一般的选择,不是换述。

4. 总言式

换述部分总结概括已述部分,常用"总之""总而言之""总的来说""一句话""概言之""一言以蔽之"等为标志。如:

(1) 解决人民内部矛盾,不能用咒骂,也不能用拳头,更不能用刀枪,只能用讨论的方法,批评或自我批评的方法,一句话,只能用民主的方法,让群众讲话的方法。④

(2) ……总之,哪怕"打扫清洁"再不会出现第二个用例,也没有理由和必要断定它不合规范。⑤

例(1)换述部分道出了解决人民内部矛盾的最根本的方法。例(2)"总之"之前的论述语言较多,一经换述,观点更加清晰明了。再如:

(3) 我只写我体验过的东西,我思考过和感觉过的东西,我爱过的东西,总而言之,我写我自己的生活和与之长在一起的东西。⑥

(4) 教育部原高教司司长钟秉林在1999年11月8日召开的《第一次全国高职高专教学工作会议的讲话》中指出:当前转变教育思想观念要侧重搞清楚三个问题,即:高职高专教育应培养什么样的人才;这种人才的知识、能力、素质结构是什么;怎样去培养这种人才。概括起来讲,就是要树立正确的人才观、质

---

①② 张平.十面埋伏[M].北京:人民文学出版社,2009.
③ 杨绛.洗澡[M].北京:人民文学出版社,2004.
④ 毛泽东.关于正确处理人民内部矛盾的问题[N].人民日报,1957-06-19.
⑤ 戴昭铭.规范语言学探索[M].上海:上海三联书店,1998.
⑥ 冈察洛夫.迟做总比不做好[M]//韩振峰.中外名言大全.石家庄:河北人民出版社,1987.

量观和教学观。①

（5）作者认为文化地理是人文地理的一个分支,它是研究文化符号系统和文化观念系统比较稳定的那一部分与地理环境关系和空间组织形式的科学。如民族地理、语言地理、宗教地理、民俗地理等,<u>一言以蔽之</u>就是研究人类生活方式的空间规律的科学。②

(二) 换言述义的功能与运用

恰当地运用换言述义,可以使表达具体明白、通俗易懂、简洁概括。

运用换言述义要注意:论说时确实需要化抽象为具体,变深奥为浅显,使繁言成简言时可考虑换述,否则换述不成反成赘言。

换言述义多用于科技语体和政论语体。

十八、数字概括——"数概":辞规之十八

提取多次出现的相同字词或意义,并标上与项数相同的数字,依数概括成节缩形式,以代替原来较复杂的表达,这种修辞方式叫"数字概括",简称"数概"。

(一) 数字概括的类别

1. 语形数概

提取多次出现的相同字词,并标上与项数相同的数字,依数概括成节缩形式。如:

（1）为认真落实市委宣传部印发的《关于在宣传系统开展党史、新中国史、改革开放史、社会主义发展史学习教育的实施意见》的部署要求,扎实推进上海社会科学院全体党员、干部学好历史用好历史,现就我院开展党史、新中国史、

---

① 李滨孙.树立新时期正确的人才观、质量观和教学观加快高职高专教学改革与建设[J].柳州职业技术学院学报,2002(2).
② 北京大学CCL语料库.

改革开放史、社会主义发展史学习教育(以下简称"四史"学习教育)提出如下方案。……

(2) 青海省认真贯彻落实党中央、国务院关于做好深度贫困地区教育脱贫攻坚工作的决策部署,紧紧围绕"义务教育有保障"目标,以补齐教育短板为突破口,以破解瓶颈制约为着力点,扎实推进深度贫困地区教育脱贫攻坚工作,确保如期完成"发展教育脱贫一批"任务,有效阻断贫困代际传递。

聚焦靶心任务,加强控辍保学。……

聚焦教育资助,减轻就学负担。……

聚焦政策扶持,改善办学条件。……

聚焦队伍建设,提升教学水平。……

聚焦智力帮扶,增强内生动力。①

(3) 西瓜以绳络悬之井中,下午剖食,一刀下去,喀嚓有声,凉气四溢,连眼睛都是凉的。

天下皆重"黑籽红瓤",吾乡独以"三白"为贵:白皮、白瓤、白籽。"三白"以东墩产者最佳。②

(4) 一个城市的文明离不开我们大家的共同努力,个人文明的一小步就是城市文明的一大步。现在让我们共同学习巢湖市民公约中的"十要八不",做一个文明有礼的巢湖人!

巢湖市市民公约《十要八不》

十要:

一要爱国敬业,诚信友善。二要热爱巢湖,建设家乡。三要尊重知识,崇尚科学。四要遵纪守法,维护公德。五要尊老爱幼,邻里和睦。六要志愿服务,助人为乐。七要移风易俗,健康娱乐。八要讲究卫生,爱护环境。九要勤劳节俭,反对浪费。十要优质服务,文明礼貌。

八不:

一不乱闯红灯,危害交通秩序。

二不乱停车辆,挤占道路交通。

三不乱摆摊点,影响市容环境。

四不乱丢垃圾,破坏卫生整洁。

---

① 《青海省"五个聚焦"精准施策 全力打好深度贫困地区教育脱贫攻坚战:"教育系统决战决胜脱贫攻坚"系列之三》,教育部简报,2020(41).

② 汪曾祺. 寻常茶话[J]. 作家文摘,2021(4).

五不乱贴乱画,污染视觉空间。

六不争抢拥挤,扰乱公共秩序。

七不乱搭乱建,侵占公共资。

八不破坏绿化,损坏绿地花草。

例(1)抽取"党史、新中国史、改革开放史、社会主义发展史"中四个相同的"史"字,概括成"四史"。例(2)文章标题从"聚焦靶心任务,加强控辍保学。……聚焦教育资助,减轻就学负担。……聚焦政策扶持,改善办学条件。……聚焦队伍建设,提升教学水平。……聚焦智力帮扶,增强内生动力。……"中抽取相同词语"聚焦","聚焦"出现五次,所以概括成"五个聚焦"的表达形式。同样,例(3)将"白皮、白瓤、白籽"标数概括为"三白",例(4)将十种"要"、八种"不要"情况标数概括为"十要八不",形成高度概括的市民公约。

语形数概侧重形体的相同,即所用词语的相同,有几个相同的词语就用对等的数字来概括。

2. 语义数概

概括相关语句中的共同意义或每一项之间的关系,并标上与项数相同的数字,依数概括成节缩形式。如:

(1) 加强"四害"防治。开展重点区域"四害"防治工作,消除老鼠、蟑螂、蚊子、苍蝇的滋生环境,有效降低"四害"密度水平。[①]

(2) 如果我们能在系统的、支持性学习环境中培育学生解决问题的能力,会怎样?如果我们能通过课堂内外教学活动有效帮助学生做好应对更复杂挑战的准备,又会怎么样?本文主要基于上述两个问题提供观点和方法,探究了如何运用"停下来——想一想——有行动——学到手"(Stop-Think-Do-Learn)四项行动准则培育学生解决问题的能力。[②]

(3) 近些年来,中国电建党委深入学习贯彻习近平新时代中国特色社会主义思想,贯彻落实《中国共产党宣传工作条例》和全国宣传工作会议精神,推动宣传思想工作守正创新,履行好"举旗帜、聚民心、育新人、兴文化、展形象"五项使命任务,为中国电建推进具有全球竞争力的世界一流企业建设注入了澎湃

[①] 岑一峰. 扎实开展抗疫爱卫"五大清洁行动"[J]. 人口与健康,2020(5).

[②] 罗纳德·A. 贝盖托. 培育学生问题解决能力的四项行动准则[J]. 陈文吉,盛群力,译. 数字教育,2020(5).

动力。①

（4）在改革开放的伟大实践中，苏州广大干部群众敢闯敢试，成功探索出以"团结拼搏、负重奋进、自加压力、敢于争先"为内核的"张家港精神"，以"艰苦奋斗、勇于创新、争先创优"为标志的"昆山之路"，以"借鉴、创新、圆融、共赢"为特质的"园区经验"。这"三大法宝"是一笔宝贵的精神财富。苏垦农发海安分公司要学习借鉴苏州"三大法宝"，为推动分公司高质量可持续发展、建设"强富美高"新垦区贡献智慧和力量。②

（5）长期以来，人们总在说着一些规律，比如"每个成功男人背后总有一个女人在支持他"，又如"男人有钱就变坏，女人变坏就有钱"，如此等等。下面让我们从商界人物在媒体上对这些规律的解读入手，来看清这其中的隐喻和玄机。……

定律一："每个成功男人背后总有一个女人在支持他。"

……

定律二："企业家的另一半必须有牺牲精神。"

……

定律三："男人有钱就变坏，女人变坏就有钱。"

……

定律四："患难见真情。"

……③

例(1)基于"老鼠、蟑螂、蚊子、苍蝇"危害人类的共同点，将它们概括为"四害"。例(2)将"停下来——想一想——有行动——学到手"(Stop-Think-Do-Learn)概括为培育学生问题解决能力的"四项行动准则"。例(3)将"举旗帜、聚民心、育新人、兴文化、展形象"概括为"五项使命任务"。例(4)将"张家港精神""昆山之路""园区经验"概括为"三大法宝"。例(5)将"每个成功男人背后总有一个女人在支持他""企业家的另一半必须有牺牲精神""男人有钱就变坏，女人变坏就有钱""患难见真情"概括为商界情感"四大定律"都是基于语义的相同点来进行的，即提取每一项的种属意义或类型意义。这是语义数概的主要形式。

语义数概还有另外一种形式，即概括的是每一项之间的关系。如：

---

① 中国电力建设集团有限公司党委课题组.履行"五项使命任务"推进世界一流企业建设[J].思想政治工作研究,2019(10).

② 李华红.学习苏州"三大法宝" 赋能海安分公司高质量发展[J].中国农垦,2021(1).

③ 张楠.爱江山更爱美人—解读商界情感四大定律[J].经纪人,2006(2).

(1) 坚决执行国家、集体、个人"三兼顾"政策,走富裕道路。

(2) 这一优惠政策是根据我国经济发展状况,按照国家、集体、个人利益三兼顾原则作出的部署。

(3) 中国交建按照"一体两翼"经营机制,成立了海外事业部代表集团进行统领统筹,是"一体"的实现形式,中国港湾和中国路桥两家子公司发挥"两翼"平台优势,形成融合发展的生态系统,以组合优势统筹全集团近40家企业协调有序"走出去",打造集团海外业务的利益共同体和生命共同体。①

(4) 诗词歌赋中蕴藏着华夏文明数千年文脉风骨,乘着海量阅读的东风,2015年,学校开始打造"阅读—演讲—诗教"三位一体的语文教学体系。每节语文课都有"课前三分钟演讲",每周开设一节古典诗词创作必修课。②

(5) 在课堂教学中,湖口中学推行"预习案、探究案、训练案"三案一体的导学案模式,将知识问题化、问题层次化,使之成为学生自主合作探究的线路图。③

(6) 多年来众多农村电商的蓬勃发展,沉淀下了宝贵的发展经验,并形成了具有中国特色的农村电子商务"一体两翼"发展模式,即以"农民创业就业"为主体,以"电商平台赋能"和"政府支持帮扶"为两翼的发展模式。④

(7) 要解决家庭经济困难生物质、精神、能力等方面的贫困问题,高校应把资助工作与育人工作相结合,以家庭经济困难学生内在需要为出发点,在财力和素质支持的"双线资助"基础上,建构以经济帮扶为基础,意志磨练为支撑,能力提升为核心的三位一体的"立体式"资助育人工作模式。⑤

(8) 加强劳动教育是党和国家结合新时代社会发展的需要提出的新的教育理念,新时代专业育人、文化育人与实践育人三位一体的职业院校劳动教育新模式有利于劳动教育融入高职教育中。⑥

(9) 本文以医学院校为例,以习近平新时代中国特色社会主义思想为指引,按照"不忘初心、牢记使命"主题教育要求,引导广大党员发扬革命传统和优良

---

① 吕亚鹏.中国交建"一体两翼"海外品牌架构优势[J].中国市场,2020(36).
② 邹杰锟,黄可慧,王佳奕.书山学海辟新径 语文课堂展新貌[N].语言文字报,2021-1-20(6).
③ 李秋文.打造乡村教育新高地[N].语言文字报,2021-1-20(7).
④ 张丽群,顾云帆,高越.农村电子商务"一体两翼"发展模式演变[J].商业经济研究,2020(21).
⑤ 黄帅,等.立德树人视域下"解困·立志·强能"三位一体高校资助育人模式研究[J].高教学刊,2021(3).
⑥ 葛珊,童红兵.新时代专业育人、文化育人与实践育人三位一体的职业院校劳动教育新模式探讨[J],中国培训,2021(1).

作风,构建以党风廉政建设为统领的机关作风、师德师风、医德医风、学德学风的"五位一体"作风建设体系。①

(10) 教育评价改革"牵一发而动全身",它需要基于制度顶层设计思维,从教育评价改革的系统性规定与结构性要求出发,着力构建以结果评价、过程评价、增值评价、综合评价为核心的"四位一体"功能互补的教育评价新体系。②

(二) 数字概括的功能与运用

数字概括是对原型的抽象概括,通过简短的数字式短语来替代原来的表达,可以收到简洁明了之功效,便于言说、便于记忆,也便于传播。

一种理论、一个事项、一种说法、一种观点、一种模式等等的宣传、推广往往需要简洁明了的抽象概括,因为这样才便于理解、便于记忆、便于称说与宣传。数字概括具有如此之功能,因而常见于理论、事项、说法、观点的宣传、推广、流传中,例如中医的"四海理论"的概括。四海理论出自《灵枢·海论》,它是中医理论的重要组成部分。四海首见于《灵枢·海论》篇,其曰:"人有髓海,有血海,有气海,有水谷之海,凡此四者,以应四海也。"闻名世界的福建省福州市国家5A级旅游景区"三坊七巷"就是著名的数字概括("三坊"是衣锦坊、文儒坊、光禄坊,"七巷"是杨桥巷、郎官巷、安民巷、黄巷、塔巷、宫巷、吉庇巷),三坊七巷为国内现存规模较大、保护较为完整的历史文化街区,是全国为数不多的古建筑遗存之一,有"中国城市里坊制度活化石"和"中国明清建筑博物馆"的美称。2009年6月10日,三坊七巷历史文化街区获得文化部、国家文物局批准的"中国十大历史文化名街"荣誉称号。再如"五福临门""六畜兴旺""岁寒三友"等词语的家喻户晓应该也有数字概括方法使用的功劳。

运用数概方法,必须注意适时、适当,应坚决避免不分场合、不分语体的滥用。

---

① 袁佺,舒畅,关宏远. 新时代高校"五位一体"作风建设机制构建[J]. 渤海大学学报, 2020(6).

② 刘海峰,李木洲. 构建"四位一体"功能互补的教育评价新体系[J]. 中国考试, 2020(9).

十九、分章列条——"分列":辞规之十九

以章节分列、条项分列的方式来记述、说明,这种修辞方式叫"分章列条",简称"分列"。

这种用章节、条款式篇章、语言形式来记述、说明事要的分章列条常见于各类著作、学位论文、法律规章等。

(一) 分章列条的类别

分章列条主要有以下几种形式。

1. 章节式

分章、节记述、说明。这是最常见、最基本的形式。这其中也有各种不同的形式,有的有章有节,有的有章无节,有的在章节之上还有编或篇等。有的章、节、编、篇等取名,有的无名。学术专著、大学教材等分章节(包括编、篇)撰写极其普遍,无需举例。其他如长篇文学作品等,分章(文学作品常规不分节)撰写也很常见,如:

陈忠实的长篇小说《白鹿原》共有十四章,用"第 01 章……第 14 章"标示,只分章,没有节,章亦无名。

路遥的长篇小说《人生》共有二十三章,分上篇和下篇,上篇包括第一章至第十三章,下篇包括第十四章至第二十三章,分篇、章,没有节,篇、章亦无名。

许辉、苗秀侠的长篇小说《农民工》(黄山书社,2010)分十五章,章有名,虽然没有分节,但有类似的内容(文学化表述)。如其第一章目录为:

第一章 出门
张如意的脚脖子被麦棵扎疼了
当张如意接到刘国庆的信
在张老集去郑城的路上
遭遇二五眼

2. 条款式

分章、节、条记述、说明。这是法律、规章最典型的表达形式。一般说来,法律条文复杂些,规章制度简单些。复杂的可能包含编、章、节、条、款、项、目等多

个层次,开头常有"总则",结尾常有"附则",中间的章节根据法规内容有所变化。简单的则常常只分条,有的分条、款两个层次。如:

(1) 序言

……

第一章　总纲

第一条　中华人民共和国是工人阶级领导的、以工农联盟为基础的人民民主专政的社会主义国家。

社会主义制度是中华人民共和国的根本制度。中国共产党领导是中国特色社会主义最本质的特征。禁止任何组织或者个人破坏社会主义制度。

……

第三章　国家机构

第一节　全国人民代表大会

第五十七条　中华人民共和国全国人民代表大会是最高国家权力机关。它的常设机关是全国人民代表大会常务委员会。

……(《中华人民共和国宪法》)

(2) 第一章　总则

第一条　为了保障因工作遭受事故伤害或者患职业病的职工获得医疗救治和经济补偿,促进工伤预防和职业康复,分散用人单位的工伤风险,根据《中华人民共和国社会保险法》《中华人民共和国职业病防治法》和国务院《工伤保险条例》等法律法规的规定,结合四川省实际,制定本条例。

第二条　四川省行政区域内企业、事业单位、社会团体、社会服务机构、基金会、律师事务所、会计师事务所等组织和有雇工的个体工商户(以下称用人单位)应当参加工伤保险,为本单位全部职工或者雇工(以下称职工)缴纳工伤保险费。职工个人不缴纳工伤保险费。

……

……

第六章　附则

第四十五条　以下人员可以参照本条例参加工伤保险,具体办法由省人民政府社会保险行政部门会同有关部门制定:

(一)已经达到或者超过法定退休年龄且未依法享受职工基本养老保险待遇的人员;

(二)由学校统一组织、实习单位按规定支付劳动报酬的年满十六周岁的参加实习工作的在校学生;

(三) 在毕业实习期间的医学生和在住院医师等规范化培训期间的医学在读研究生；

(四) 参加住院医师等规范化培训的社会学员；

(五) 其他可以参照本条例参加工伤保险的人员。

……

第四十九条 本条例自 2020 年 9 月 1 日起施行。本条例施行前受到事故伤害或者患职业病的职工,其工伤保险相关问题按照职工受到事故伤害或者被初次诊断(鉴定)为职业病时的有关规定处理。(《四川省工伤保险条例》)

(3) 第一条 为了落实城市公共交通发展规划,加强城市公共交通基础设施建设和管理,合理配置和利用城市公共交通基础设施资源,根据法律、法规的有关规定,结合本市实际,制定本办法。

第二条 本办法适用于本市市区范围内公共交通基础设施的规划、建设、使用和管理。

……

第二十一条 违反本办法规定,有下列行为之一的,由交通运输主管部门责令改正,并处 500 元以上 3000 元以下罚款；造成损失的,依法承担赔偿责任；构成犯罪的,依法追究刑事责任：

(一) 损坏、侵占公共汽电车客运服务设施的；

(二) 擅自改建、迁移、拆除、占用、关闭公共汽电车客运服务设施的；

(三) 覆盖、涂改公交站牌的。

……

第二十七条 本办法自 2021 年 1 月 1 日起施行。(《长春市城市公共交通基础设施管理办法》)

例(1)《中华人民共和国宪法》采用章、节、条款式。例(2)《四川省工伤保险条例》采用章、条款式。例(3)《长春市城市公共交通基础设施管理办法》采用单纯条款式。

(二) 分章列条的功能与运用

恰当地运用分章列条,无论是著作、学位论文等的章节划分,还是法律规章的章节、条款的排列,都有条理清晰、脉络分明、结构严谨的功用。分章节是著作(包括文学作品)、学位论文等的重要篇章特征；分章节、列条款是公文,特别是法规类公文的重要篇章特征,分条表达的方法,是确保公文条理性、简明性的主要手段。

运用分章列条,一般的章节划分需要注意其内在的逻辑关系,讲究层级的明晰。分条的具体方法一是形成条项,先后排列;二是分条标号,依次表述,包括分章立题、分章列条、分条列款。

二十、核实撇除——"撇除":辞规之二十

用否定语撇开容易与主体相混或相似的事物、现象,并指出主体的本质,使接受者对所表达的事物有深刻的认识、准确的理解,这种修辞方式叫"核实撇除",简称"撇除"。这个辞规是陆文耀先生从张弓先生建立的辞格撇语中分化拟建的。①

核实撇除包括四个成分:主体、易混体、主体本质和关联词语。主体是要表达的事物、现象,易混体是与主体即要表达的事物、现象容易相混淆的事物、现象。主体本质是和主体事物紧密相连的重要事物、关键事物、不可分离的事物,关联词语有两类,即"不是……而是……""不是……是……"和"是……而不是……""是……不是……"等。如:

(1) 他们不是靠哪个人成长起来,而是书!②

(2) 赌资是组成赌博罪之物,而不是赌博罪的对象。行为对象与行为孳生之物有别。③

例(1)要表达、要强调的对象,或者说主体事物是"他们的成长",表达者在表达时先用否定词语"不是"撇开容易与之相混的事物"某个人",再来肯定、强调"他们的成长的本质事物"——"书",这样就充分表达了"他们的成长所依靠的对象"是什么,使人印象深刻。例(2)要表达、要强调的对象,或者说主体事物是"赌资",表达者先行肯定其本质为"赌博罪之物",再撇开容易和它相混淆的事物"赌博罪的对象",这样表达,能使接受者对赌资有个非常明确的认识。

---

① 陆文耀. 略说辞规"撇除"[J]. 营口师专学报,1989(2).
② 王朔. 千万别把我当人[M]. 昆明:云南人民出版社,2004.
③ 北京大学 CCL 语料库.

(一) 核实撇除的类别

从撇开方式看核实撇除有两种类别：一是先撇开后肯定，二是先肯定后撇开。

1. 先撇开后肯定

先用否定语撇开和主体相似或容易相混的事物、现象，然后肯定主体的本质。如：

(1) 依据承担义务人的范围，可以分为绝对权和相对权。绝对权又称对世权，所要求的义务的承担者不是某一人或某一范围的确定的人，而是一切人，如物权、人身权等。相对权，又称对人权，所要求的义务的承担者是一定的个人或某一集体，如债权、损害赔偿权等。①

(2) 这不是勇敢，而是愚蠢。②

例(1)所要表达的事物是"绝对权又称对世权，所要求的义务的承担者"，表达者先撇开与之容易相混的事物"某一人或某一范围的确定的人"，再肯定主体的本质"一切人，如物权、人身权等"。例(2)所要表达的事物是"这种行为"，表达者先撇开与之相似，容易相混的事物"勇敢"，再肯定主体的本质"愚蠢"。又如：

(3) 一种有效的制度不是哪个天才制定的，而是在实践中不断完善的。③

(4) 他不是要了解他们的感情，而是消灭它。④

(5) 那不是一种口述，而是一篇毫不刻意却充满真情的动人文章。⑤

(6) 教育不是简单地传授科学技术知识，而是担负着创造新的科学技术知识的任务。⑥

先撇开后肯定最常见的形式是一次否定，一种否定，即用一个否定词语来否定一种容易相混的事物，比如以上诸例都是这样。除此之外还有其他的形式，如：

(7) 不，不是也许，而是一定。⑦

---

①③⑥ 北京大学 CCL 语料库.
② 张平. 十面埋伏[M]. 北京：人民文学出版社，2009.
④ 皮皮. 比如女人[M]. 上海：上海文艺出版社，2010.
⑤ 安顿. 绝对隐私[M]. 北京：北京出版社，2001.
⑦ 张洁. 世界上最疼我的那个人去了[M]. 北京：人民文学出版社，2006.

(8) 不,她甚至不是母亲,而是一个推心置腹的朋友。①

(9) 你现在不是战士,也不是班排干部,而是代理连长,你要为全连队着想。②

(10) 不是酸,不是"贫",而是一种说不出来的"味儿"。③

(11) 我不是急躁,也不是逞什么英雄,而是觉得走出这一步至关重要。④

(12) 结果,站在盛唐的中心地位的,不是帝王,不是贵妃,不是将军,而是这些诗人。⑤

(13) 道明寺不是一座建筑垃圾,也不是一座香火缭绕的寺庙,更不是一座废墟。道明寺是一个台湾男孩的名字,我第一次在车上听到女中学生津津乐道时,总把道明寺与少林寺搞混了,以为又出了一个什么花心和尚。⑥

例(7)和例(8)是两次否定,例(9)～(11)是两次、两种否定,例(12)和例(13)是三次、三种否定。这些多次、多种否定,也就是多次、多种撇开容易相混淆的事物,突出强调意味更重,让人印象更加深刻。

2. 先肯定后撇开

先肯定主体的本质,再用否定语撇开和主体相似或容易相混的事物、现象。如:

(1) 她觉得自己向往的是新生活,而不是幻想。⑦

(2) 推广普通话,即推广民族共同语,是为了消除方言之间的隔阂,而不是禁止和消灭方言。⑧

例(1)主体事物,即要表达、强调的事物是"她觉得自己向往的",表达者先肯定其本质"新生活",再用否定语撇开与之容易相混淆的事物"幻想"。例(2)用先肯定后撇开的方式强调表达推广普通话的本质,使人对此概念或曰行为的理解更准确。再如:

(3) 在符合其他国际法规则的条件下,承认是承认者的自主行为,而不是一

---

① 张洁.爱,是不能忘记的[M].北京:作家出版社,1997.
② 杜鹏程.保卫延安[M].石家庄:花山文艺出版社,1995.
③ 戴厚英.人啊,人[M].广州:花城出版社,1980.
④ 柳建伟.突出重围[M].北京:人民文学出版社,1998.
⑤ 余秋雨.文化苦旅[M].上海:东方出版中心,2001.
⑥ 谷未黄.道明寺[N].羊城晚报,2002-4-21.
⑦ 罗广斌、杨益言.红岩[M].北京:中国青年出版社,1961.
⑧ 北京大学CCL语料库.

项法律义务。因此,它也被视为主要是一种政治行为。①

(4) 谁都知道,他们来是为了安抚,而不是安慰。②

先肯定后撇开最常见的形式是一次肯定,一种肯定,一次、一种否定,比如以上诸例都是这样。除此之外还有其他的形式,如:

(5) 这是真正的人民战士和英雄,是千锤百炼出来的英雄,而不是仅仅立了一两次功的英雄;这样的英雄,只要在内心上不失去和人民,和党,和自己部队的联系,不失去信仰力,是无论放到什么地方去都不会被毁灭的。③

(6) 宽容是指宽阔的心胸有巨大的容纳能力,而不是指其他,特别不是指苟且的机巧。④

(7) 其实还可以再补充两句,是扭曲而不是变态,是凶残而不是异常,是灭绝人性而不是人格障碍。⑤

例(5)是两次、两种肯定,一次否定。例(6)是一次肯定,两次、两种否定。例(7)是先肯定后撇开的三次连用来强调表达。

(二) 核实撇除的功能与运用

核实撇除能够在肯定与否定的对比中强调突显所要表达的主体事物。核实撇除"一般表示认真态度,表示实事求是的精神"。它在形式上采用否定词语撇开和主体事物相似、容易相混的事物,再用肯定的形式指出主体的本质,"这样就使主体特别明朗豁亮,并使听读者对所表现的事物有深刻的认识,有准确的理解。"⑥运用核实撇除需要注意所撇除的确实是和主体相似或易混的事物,唯有如此才能真正让表达对象鲜明突出。

---

① 北京大学 CCL 语料库.
② 冯骥才. 一百个人的十年[M]. 北京:中国文联出版公司,2008.
③ 杜鹏程. 保卫延安[M]. 石家庄:花山文艺出版社,1995.
④ 张炜. 柏慧[M]. 北京:人民文学出版社,2010.
⑤ 张平. 十面埋伏[M]. 北京:人民文学出版社,2009.
⑥ 张弓. 现代汉语修辞学[M]. 石家庄:河北教育出版社,2014:177.

二十一、回说补述——"回补":辞规之二十一

回说补述由许钟宁先生拟建,他称之为常规语格①。需要说明的是最早对回说补述这种表达方式做深入系统研究的学者应该是李胜梅教授②。

在言语表达过程中,为了使观点的阐述更全面、准确、客观而对自己前述话语进行回溯补充评述,这种修辞方式叫"回说补述",简称"回补"。

回说补述由前后两个部分通过回说自述短语"话说回来"衔接组成,基本形式为:前项+回说自述短语("话说回来")+后项。前项是所表达的主要观点,后项是换一个角度的补充说明,或换一个立场提出的不同看法。回说自述短语"话说回来"的变化形式主要有"话又说(讲)回来""话说(讲)回来了""话又说(讲)回来了"等。如:

(1)对外,作为一个证据的记录。这一点我们审计师不如律师,律师的工作底稿是律师事务所的财产,审计师的工作底稿也是这么声称的,是会计师事务所的财产,但审计师的工作底稿会被法律要求检查,而律师的就不用,据说是为了保护委托人的隐私。这里还是因为,律师可以堂而皇之地声称他是站在委托人一头为委托人利益服务的,委托人也是付钱的人;而审计师就不能完全站在公司一头,最终审计师是为社会公众服务的,但又是由公司买单。"谁是审计师的客户?"这是关于这个行业的一个哲学问题。话说回来,由于工作底稿有对外这一用途,所以书写上就要注意论述全面和前后一致,不能偏激;要掌握分寸,知道哪些该写,哪些不该写。③

(2)说老实话吧,我才尽不才尽,能不能写出作品,全是我自个儿的事,反过来我也不能专为别人的评价活着,不论别人对我有多高期待,如果说我每次开口或动笔之前,都要先想到让所有的人获得满足,那我这么活也太累点了吧?话又说回来了,我写完一篇东西,别人认为不好,我也非得马上跟着认为不好?我还不至于这么脆弱吧?我总得有自己心里的衡量标准。④

例(1)前项表达了说话人的主要观点:我们审计师不如律师,律师的工作底

---

① 许钟宁.二元修辞学[M].上海:复旦大学出版社,2012.
② 李胜梅."话说回来"的语用分析[J].修辞学习,2004(3);李胜梅.修辞结构成分与语篇结构类型[M].北京:文化艺术出版社,2006.
③④ 北京大学CCL语料库.

稿是律师事务所的财产,审计师的工作底稿也是这么声称的,是会计师事务所的财产,但并不一样,话语带有不满情绪。通过"话说回来"连接,后项换个角度补述,避免了可能出现的偏激。

例(2)通过"话又说回来了"引出后项,舒缓了前项的语气,使前项的语气和态度显得不片面,令表达更全面、更客观。

一、回说补述的类别

1. 前项否定回述

前项表述的意思是否定的,或者说是带有否定性的评价,后项表示一定程度的与之不同的意见,从而降低前项否定的程度。如:

(1) 郝有才一辈子没有什么露脸的事。也没有多少现眼的事。他是个极其普通的人,没有什么特点。要说特点,那就是他过日子特别仔细,爱打个小算盘。话说回来了,一个人过日子仔细一点,爱打个小算盘,这碍着别人什么了?为什么有些人总爱拿他的一些小事当笑话说呢?①

(2) 从地主阶级的立场看,毛晋是败家子,他把万贯家财变成了满屋雕版。清初康熙年间,他的后人又把这些雕版劈来烧茶煮饭,也很难说不是不肖子孙,或可称为"扫四旧"或"读书无用论"者的"先驱"。话说回来,毛晋对中国古代出版事业的贡献是巨大的,对于保存和发展中国古代文化的功绩是不可忽视的。②

例(1)前项是对郝有才的否定性评价:"一辈子没有什么露脸的事""爱打个小算盘",用"话说回来"关联回述,后项提出与前项相对的意思,降低了否定的程度。例(2)前项表示否定的意思,后项换个角度作肯定性评价,客观、辩证、全面。再如:

(3) 蒋介石比你怎么样?800万呀!你王国炎那脑袋算个甚?不过话又说回来了,再大的势力也怕窝里坏哇。就像你这么个人,不管你多有气力,多有本事,怕就怕你自个身上有了病。用不着别人再怎么你,你自个就垮了。你说是不是这个理?③

(4) "你们没有考虑加工吗?"

"县里的淀粉厂和酒精厂,因为规模太小,效益不好,都停着呢。几年前,我

---

①② 北京大学 CCL 语料库.
③ 张平.十面埋伏[M].北京:人民文学出版社,2009.

们就在省里立了项,想搞个5万吨的酒精厂,可以多消化些玉米,可是直到现在也没筹够钱。话说回来,在玉米供过于求的情况下,玉米的加工品就肯定有销路吗?"①

2. 前项肯定回述

前项表述的意思是肯定的,或者说是带有肯定性的评价,后项表示一定程度的与之不同的意见,从而降低前项的肯定程度。如:

(1) 有些MM要说了,你说得轻巧,快乐真有那么容易获得就好了!其实,我自有独门妙招!不是别的,就是看喜剧!我特别爱看喜剧片,百看不厌,有时还没到高潮就已经开始乐翻天了。《东成西就》和《大话西游》是我最爱看的,大家还记得那个让人捧腹的法国老头吗?他是世界喜剧大师路易斯•德•菲奈斯,他的电影系列让人在快乐之余,还能欣赏到法国美丽的风景且学习到法国女性优雅的装扮。所以,如果你心情不好,那就看喜剧吧,超级见效!不过话说回来,从喜剧里找乐子,多多少少有些被动,属于菜鸟级。真正"重磅级"快乐大法,还要算是冥想!没错,就是让你安安静静坐在那儿,空想!②

(2) 我不在乎,因为我反正被人议论惯了,只要我自己干干净净的,你爱怎么议论就怎么议论,想怎么查就怎么查。但话说回来,一个人再豁达,再想得开,也不愿意一天到晚被人议论,被人查来查去吧! 相信你也一样。③

例(1)前项从正面述说保持愉快乐观的重要方法就是看喜剧片让自己快乐,用"不过话说回来"折回后观点有所变化:"真正'重磅级'快乐大法,还要算是冥想",这样一来可降低前项的肯定程度,强化后项所述的重要,同时体现出自己观点的独到。例(2)前项表达了自己的豁达,不在乎别人的议论、调查,但后项意思与之相反相对,如此,可降低前项一定意义上的夸张程度,使表达更平和、更客观。再如:

(3) 拉拉笑道:"听你的意思,似乎有点偏向李坤嘛。你还是喜欢要一个肯下死力给你卖命干的吧。"陈丰不肯承认:"我有那么势利吗?"拉拉认真地说:"这怎么叫势利呢? 这叫专业——驱动绩效的能力确实是销售类岗位的头一条要求。可话说回来,现在我们不是招销售代表,是招销售经理,他自己一个人做指标的能力强还不够,他还得影响力好,让全组的人都服他,愿意跟着他一起把指标做出来。"④

(4) 我小的时候馋啊。可最馋得慌的,就是饺子,特别馋那一口一个肉蛋

---

①②③ 北京大学CCL语料库.
④ 李可. 杜拉拉升职记[M]. 西安:陕西师范大学出版社,2007.

的。那饺子,一咬嗞嗞直冒油,真香啊！那是四岁那年,我转到了祖父屋里,见那屋点了两支自制的蜡烛,照得亮堂堂的,父亲和叔伯们正为分家轮着抓纸球球,拿到手打开来看看,那上面写着什么家具,这家具就归谁。大人们让我替父亲抓一个,打开一看,是白面箩。大家都说:"这孩子将来有福气,是个吃白面的主。"从那以后,连晚上睡醒的时候都把眼睛睁得圆圆的,那就是在想这码事儿。可话说回来了,那些年,一年也吃不上几顿面;在农村,肉在平时更是见不到,想又有啥用啊！①

二、回说补述的功能与运用

回说补述前项是所表达的主要观点,后项是换一个角度补充说明,或换一个立场提出不同看法,给前项的表达留有回旋的余地,可起到对前项语气的舒缓作用,前项与后项合起来,可使表达的意思更全面、更准确、更客观,使表达少一些片面、偏激、主观,并且使表达更辩证,从而提升言语表达的合适性与可接受程度。如:

(1) 事实证明,不靠父母靠自己、自立自强闯世界的人,十有八九能取得成功,为社会和人民作出应有贡献。话说回来,不靠父母靠自己,并非不听长辈的忠告和经验之谈。长辈的教诲,往往是年轻人前进的方向盘和指南针。这同依仗父母权势财富是完全不同的两回事,两者不可混淆。②

例(1)前项是肯定不靠父母靠自己,鼓励年轻人自强自立,为了避免误会,后项提出不能忽视长辈的忠告和经验之谈。回说补述的运用使表达更合适,更辩证。

就话题的展开而言,"话说回来"所起的作用,不在于转换话题,而在于使同一话题向纵深发展。"话说回来",表示话语信息结构不是线性向前发展,而是回溯到这个话题的开头,再引出一个平行的话语单元。所连接的前项和后项这两个话语单元,是围绕同一个话题的,共同构成一个更大的话语单元。不过,少数情况下,"话说回来"也会引出相关的另一个话题,一个相关的次要的话题。如:

(2) 因此那一天起,我就再也不肯去保姆家,一定要上幼稚园,这就开始了我的求学生涯。……不过,话说回来,保姆也真可怜,只请一天假,就丢了一份工作。③

---

①② 北京大学 CCL 语料库.
③ 李胜梅."话说回来"的语用分析[J]. 修辞学习,2004(3).

主要话题是"我"上学的开始;顺便说及一个相关的次要的话题:"我"的保姆因此失去工作。

"话说回来"具有篇章建构功能。用标记话语"话说回来",将前后两项之间的语义联系揭示出来,增加了话语的前后语义连贯性。"话说回来"将前项和后项组合起来,从前项的开始到后项的结束,构成了一个完整的相对独立的话语单元。

"话说回来"的前面常常出现表示转折的词,如:"不过、当然、但是、然而","话说回来"所联系的是后项与前项的对立统一,前项是语义重点,是主要的观点和评价,后项是次要的、补充性的看法。前项和后项之间重在二者之"合"。而"不过"等转折词联系的偏项和正项,重在二者的"转"的关系。

回说补述主要用于观点的表述,经常运用于摆事实讲道理阐明自己的观点时,即表达者对某一个话题有不同的看法,其看法与别人的看法不一致需要阐述时,一般不出现在叙述事件时。

回说补述经常运用于口语语体以及书面语体之中的政论语体、科学语体。

二十二、沿用反击——"沿反":辞规之二十二

借用对方的话语或借用对方的逻辑、理由、观点等来反讥或反驳对方,让对方作茧自缚,这种修辞方式叫"沿用反击",简称"沿反"。

(一) 沿用反击的类别

沿用反击根据反击方式的差异大致可以分为三类:沿用话语、沿用结构、沿用逻辑。

1. 沿用话语

沿用话语就是直接借用对方的话语,有两种形式:一为紧接式,一为间隔式。

紧接式,指紧接对方所言,把对方所说的话语拿过来作为反讥或反驳对方的武器。请看黄宗英的报告文学《大雁情》中的一段对话:

"老秦五一年上大学,这是土改后的结论吗?"

"这次运动我们又外调了,地主出身是肯定的。"

"那为什么老秦说,政府没给他父亲戴地主帽子?"

"人总是要为自己辩护的。"他说。

"人总是要为自己辩护的。"我说。

老秦在单位受到不公正的待遇,而且被硬说成是地主出身。作家黄宗英据理指出这样做毫无根据。这位干部说"人总是要为自己辩护的",显然这里"人"特指"老秦",是说老秦在为自己辩护。黄宗英采用沿用反击法把这话重复了一遍回敬对方,此时"人总是要为自己辩护的"之"人"则指"这位干部",是说这位干部在为自己辩护。像这种紧接式沿用反击,可谓针尖对麦芒,具有强烈的讥讽性。

间隔式,指在适当的时机把对方曾说过的话拿过来作为反讥或反驳对方的武器。间隔式沿用反击多数具有报复、讨老账的味道。有句俗语叫作"君子报仇十年不晚",这话既是一时失败者的心理安慰,也是一时失败者复仇的备忘录。间隔式沿用反击有点类似于这种"君子报仇",此时对方向我进击,等到适当的彼时我方再援用对方的武器进行还击,使对方自食其果,搬起石头砸自己的脚。如:

据说清朝有位姓马的科举迷,屡试不中。有一次开考时,家里穷得叮当响,妻子劝他不要再考了,他不听,典当了一些东西,然后进京赴试。到了发榜那一天,报喜的人跑到他家。他以为是向他报喜,因此更衣易冠,命令妻子为自己穿靴,而且得意洋洋地问妻子"如何?"谁知靴子还没穿好,便有人说摸错门了,中举的是沈家。这时,妻子反讥丈夫说:"如何?"一句话说得丈夫无言以对。

这里妻子就是运用间隔式沿用反击法来反击丈夫的,针锋相对,有很大的反击威力。

2. 沿用结构

依照对方的话语结构,建构出一个与对方话语结构相同,但语义相反的观点来反击对方,也可称之为同构意悖法。如:

(1)古希腊曾经流传着这么一个故事:在雅典有位年青的演讲家,他能言善辩,四处奔波,到处发表演讲,雄心勃勃地猎取着功名利禄。有一天,他父亲跟他说:"孩子,这样下去不会有好结果的。说真话吧,富人会恨死你;说假话吧,贫民不会拥护你。可是既要演讲,你就得或讲真话,或讲假话,所以不是遭到富人的憎恨,就是遭到贫民的反对啊!"儿子听了笑着反击父亲说:"爸爸,我会有好结果的。因为如果我说真话,那么贫民们就会赞颂我,如果我说假话,那么富人们就会赞颂我。虽然我不是说真话就是说假话,但不是贫民们赞颂我,就是富人们赞颂我啊!"

这个例子中青年所使用的反击方法就是同构意悖法。他的话语构造与对方相同,但语义相反。再如:

(2) 方瑜走在一条泥泞的道路上,突然陆尔豪驾着摩托车经过,将泥水溅了方瑜一身,他根本没有道歉,扬长而去。

"神经病!"方瑜自然而然地骂道。

陆尔豪听后拐了回来,强词夺理:"我走这条路是我倒霉,你溅了一身水是你倒霉,我们各倒各的霉,你干吗骂我神经病?"

方瑜立刻回击:"我走这条路溅了一身水是我倒霉,你走这一条路挨骂是你倒霉,我们各倒各的霉,你干吗找我的麻烦?"①

这种从形式结构上的以子之矛攻子之盾的同构意悖法,有时可以取得比从内容上反击更有效、更直观的效果。

3. 沿用逻辑

沿用对方的理由,即沿用对方的论点、论据或论证方式来反击,常用语用话语标志"照你这么说""依你这么说"等来关联、明示。如:

(1) Angela:"死者死于飞针,这就是在你家搜出来的作案凶器。"

戴依依:"这是普通的缝衣针,谁家没有?"

Angela:"你曾经蝉联女子飞镖冠军,会飞镖就一定会飞针!"

戴依依:"照你这么说,会飞镖就等于会飞针,那会踢足球就是会大力金刚腿喽?"Angela:……②

(2) 三个人相继沉默。

郭城宇思虑片刻,问池骋:"会不会是你爸?"

池骋目光一定,脑中突然浮现那间锁着的卧室。

姜小帅皱了皱眉,"他爸是怎么知道他俩之间的事的?"

"他爸眼线遍布整个京城,池骋整天和吴所畏同吃同住,他又有前科,他爸能不明白怎么回事么?"

"照你这么说,他爸早就该知道了才对,怎么现在才采取行动?何况他爸就算知道了,也不该利用这种方式吧?直接叫过来训一通不完了么?"

例(1)Angela"会飞镖就一定会飞针"的观点是错误的,所以在戴依依按照她的逻辑推导出荒谬的结论时只能无言以对。后来事实证明,罪犯并不是戴依依。例(2)"他爸眼线遍布整个京城,池骋整天和吴所畏同吃同住,他又有前科"

---

① 电视剧《烟雨蒙蒙》,中华电视公司 1986 年出品.
② 喜剧影片《不二神探》,北京光线影业有限公司 2013 年出品.

与他爸知道他俩之间的事并没有必然联系,郭城宇的说法有漏洞,因此姜小帅依其论证方式进行推理,得出不一样的结论,凸显了郭城宇说法的错误,郭城宇无法反驳。

(二) 沿用反击的功能与运用

沿用反击主要在于以子之矛攻子之盾,反击能量巨大,可以让对方难以招架。

运用沿用反击法,需要注意两点:第一,贵在沿用自然。当沿用对方话语反击时,要注意有合适的语境,能合乎逻辑地沿用。如没有合适的语境会显得不伦不类,或只是简单的重复,毫无反击力。第二,此法具有强烈的讥讽性和报复性,而此种强烈的讥讽性和报复性的产生是由于和对方面对面的直接交锋,直言相对所致。如果不是和对方面对面的直接交锋,则收不到此种效果。其实此时已经由沿用反击法演变为一般的引用了。

运用同构意悖法的难点,是迅速地构造出与论敌相反的语意填入与论敌相同的结构。解决这个问题的可行方法是与论敌逆反思考,从一果多因或一因多果等角度入手,去寻找有利于我方而不利于对方的语意。如上文举例中的青年就是从一因多果的角度与父亲逆反思考的。在运用同构意悖法时我们不必考虑自己所使用的结构是正确还是不正确,是有效还是无效,只要与论敌的结构相同,便可收到反击对方的效果。因为使用此法的目的主要在于"破",不在于"立",即在于破坏论敌的阵势,不在于建设自己能够成立的结论。

第四章 消极修辞(辞规)研究的新探索

一、辞规研究的再思考

当代辞规研究有两个"需要"特别值得重视,一是需要继续沿着辞规理论原来的"功能、结构、方法"的思路前行,二是需要新的研究理念、新的方法、新的理论阐释。从深化、发展的角度来说,第二个"需要"比第一个"需要"更重要。

(一)需要继续沿着辞规理论原来的"功能、结构、方法"的思路前行

继续沿着辞规理论原来的"功能、结构、方法"的思路前行,就是继续从"功能、结构、方法"相统一的角度,用"功能、结构、方法"相统一的方法,或者说原则进行辞规的拟建工作,最终建立起较为完善的现代汉语辞规系统。

沿着原来的路子继续前行在当代依然必要,因为辞规的拟建工作远没有像辞格一样可以暂告一个段落(其实辞格的拟建仍需要继续进行,因为不同时代的语言运用有不同时代语言运用的特点,应该有新的修辞方式、方法的产生),还有一部分重要的辞规,尤其是通行范围广、可存在各种语体的通用辞规还没有拟建,更不用说运用于专门语体之中的专用辞规的拟建了,所以,原来的路子还要继续走下去。

沿着原来的路子继续前行除了继续拟建辞规之外,还需要整理、拓宽以往的一些研究。比如,对不同学者拟建的异名同实的、纠缠不清的等等具体辞规需要继续进行类聚性整理;在现有研究基础上考察辞规的综合运用规律,像兼用、套用、连用等问题。再如,从两大分野理论出发分化没有什么艺术魅力的所谓"辞格"为辞规,比如将舛互看作辞规比当作辞格可能更合适。舛互是指对某

一事物既全部否定又部分肯定，或者既全部肯定又部分否定的修辞方法。这种方法能够产生衬托、强调所肯定或所否定部分的作用，常常能使表述更准确严密，在法律法规的表述中比较常见，如："任何组织或者个人不得以丑化、污损，或者利用信息技术手段伪造等方式侵害他人的肖像权。未经肖像权人同意，不得制作、使用、公开肖像权人的肖像，但是法律另有规定的除外。"（《民法典》第一千零一十九条）"处理个人信息的，应当遵循合法、正当、必要原则，不得过度处理，并符合下列条件：（一）征得该自然人或者其监护人同意，但是法律、行政法规另有规定的除外；（二）公开处理信息的规则；（三）明示处理信息的目的、方式和范围；（四）不违反法律、行政法规的规定和双方的约定。"① 又如，按照吴士文先生所制定的《修辞常规方式学》大纲的要求来完成编写工作无疑是相当重要的沿着原来的路子继续前行的工作。

沿着原来的路子继续前行要改变原来只以归纳概括出具体辞规为根本目标（辞规拟建之初在所难免）的研究取向，要从宏观和微观角度深入研究辞规。例如，要深入研究辞规的研究方法，辞规、辞风的制约因素，辞规、辞风的分类标准等等；深化具体辞规的研究，多角度、全方位观察每个辞规，立足语言运用研究具体辞规的语言形式、语言标记，存在的机制、原理等，比如顺序铺陈，是辞规，那它就要有不同于写作学、辞章学上的东西，得有作为辞规的自己的东西，或者说角度、内容。这就需要深入探求顺序铺陈的语言标记及其背后的机制、原理。再比如，换述是一个辞规，其实就是换一种说法，换一种表达，那么换述的本质是什么？为什么要换一种说法？它只有原拟建者所说的三种形式吗？像"这个树欲静而风不止啊，或者说无风树也摇哇。②""这是个连傻瓜都能遵循的逻辑，或者说是个简单的傻瓜式的思路。③"能不能看成选言式换述？等等，这些都值得进一步研究。

需要注意的是，沿着原来的路子继续前行不是说不需要有新的探求，恰恰相反，必须要有新的探求，更需要有一些当代的新走法。比如 20 世纪后期的辞规拟建基本没有通用和专用辞规的概念与认识，其实通用辞规和专用辞规的认识能够有助于我们深化消极修辞是积极修辞的基础，消极修辞是最基本、最常用的修辞手段等等认识。通用辞规不仅存在于消极修辞现象中，也能够存在于积极修辞现象中，或者说通行于消极修辞和积极修辞之间，这不正是体现了消极修辞是积极修辞的基础，是修辞的基础，是最基本、最常用的修辞手段吗？像

---

① 《中华人民共和国民法典》第一千零三十五条．
② 冯骥才．一百个人的十年[M]．北京：中国文联出版公司，2008．
③ 王朔．我是你爸爸[J]．收获，1991(3)．

顺序铺陈就可以说是一个通用辞规,那么分章列条是否可以看成通用辞规？什么是通用辞规？什么是专用辞规？已经拟建的辞规中哪些是、哪些不是通用辞规？这些问题值得探究。又如,大家通常认为辞规"在一般语体中都可应用",而辞格"一般地说它只能应用在特定的语体之中,而且某些修辞方式往往只适用于某一语体"①,一般并不深究这种认识,可如果深究一下则问题就会来了：什么叫辞规"在一般语体中都可应用"？是说所有的辞规都能够运用于所有或者绝大多数语体吗？这个问题如果做肯定回答无疑不符合实际,如果做否定回答,那实际情况该是什么样子呢？说辞格"一般地说它只能应用在特定的语体之中,而且某些修辞方式往往只适用于某一语体",什么叫"一般地说它只能应用在特定的语体之中,而且某些修辞方式往往只适用于某一语体"？是说所有的辞格或者说绝大多数辞格只能存在于某些(极少数)或某个语体中吗？这个问题如果做肯定回答无疑不符合实际(如比喻、排比之类辞格能够通行的语体就非常多,适用范围非常广泛),如果做否定回答,那实际情况该是什么样子呢？这些问题和上述问题关联度极高,当然也值得探究。可以说,通用辞规、专用辞规等等问题很值得当代辞规研究用当代的新方法去解决(辞格也有通用辞格、专用辞格的问题,也需要研究、解决)。再有,当代辞规的拟建一定会受到当代语言学以及其他学科理论的影响,其阐释方式或许都会有些许变化,这在本次增订中已有不少的体现。

（二）需要新的研究理念、新的方法、新的理论阐释

1. 新的研究理念

当代的辞规研究有三种理念值得遵循。

第一,辞规不只是技巧、方法,也是行为。辞规研究者多遵循辞规是方法、技巧的理念,原有的辞规研究,包括具体辞规的拟建都是在这种理念的支配下进行的。我们认为辞规是方法、技巧,是修辞的方法、技巧,是一种消极修辞的方法、技巧,但也是行为,是修辞行为,是一种消极修辞行为。辞规的研究可以从技巧、方法的研究转向行为的研究,也就是说将辞规看作一种修辞行为,从行为的角度来研究辞规。比如可以研究辞规行为的具体规则,可以研究辞规行为模式、辞规行为适应的场合,等等。这或许能够给我们一种启示,即也可以从修辞行为的角度建立起现代汉语辞规的规律、规则系统。

---

① 吴士文.修辞格论析[M].上海：上海教育出版社,1986：143-144.

第二,辞规不只存在于单部语篇之中,也存在于会话之中。原有对辞规的认识多建立于静态文本分析(单部语篇),忽视,甚至撇开了会话。我们认为会话之中也有辞规,如果立足于会话,立足于动态的会话行为分析,辞规、辞规的研究一定会是另外一番样子吧。比如,从引发、应答等角度观测辞规、研究辞规问题会不会能够给我们带来新的启发、新的认识?本章对"怎么称呼你?""你才×呢""就这样吧"等的探讨就基于这样的理念、认识而进行的。本次增订增加了"提问""追补""回补""沿反"等辞规也是基于这种思考。

第三,注重从词句层面进入语篇层面考察。辞规需要从词句层面考察,也需要从段落、篇章层面考察。原有的辞规研究也注意到了段落、篇章问题,但远远不够。当代的辞规研究需要作为一种研究理念,将辞规从词句层面带入篇章层面来观察,比如,有的辞规只在词句层面(如追补、撤除、否环等),有的辞规却可以进入段落篇章(如聚焦、回补、分承、概细、引语等)。这就启示我们应该研究辞规与篇章设计,研究辞规对语篇建构的作用以及如何建构等等问题。比如辞规引语的语篇建构功能就很值得研究,像引经据典的文章、商榷反驳文章、鉴赏文章、论著评论等等其篇章建构显然都离不开引语。此外还应该研究典型消极修辞语篇的语篇建构问题、辞规与辞格的融合问题,考察辞规与辞格联合运作的机制、功能、结构等问题。

2. 新的方法、新的理论阐释

辞规研究,尤其是具体辞规的拟建一直受到积极修辞研究模式的影响,主要以分类、定性为主,方法概括有余而功能、结构,尤其内在机制原理揭示不足,应该说研究不够深入。近年来,有一些学者,如沈家煊、陆俭明、郑远汉、陆丙甫、张伯江等先生开始倡议修辞研究(当然包括消极修辞研究)要跟语言学基础理论研究相结合,并强调重视机制原理的探索。

沈家煊先生曾说过:"修辞学要研究什么是'适度'或'恰当'的表达方式……篇章中句式的选用也有个'恰当'问题……修辞学要研究这个修辞效果究竟是怎么达到的?它背后的机制是什么?我觉得,修辞学研究可以而且应该跟认知心理的研究结合起来。"[①]陆俭明先生认为"语言事实告诉我们,消极修辞方面也确实有开拓的空间,特别是如果我们能从新的视角去思考用词选句等方面的一些问题,可能会对消极修辞获得新的认识"。他从语言信息结构的视角以及语义和谐律的视角探索与分析了某些修辞现象。[②]郑远汉先生认为"应该重

---

① 沈家煊.谈谈修辞学的发展取向[J].修辞学习,2008(2):9.
② 陆俭明.消极修辞有开拓的空间[J].当代修辞学,2015(1):2.

视消极修辞的研究,更需要探讨如何研究;仅着眼于修辞的要求或效果来研究消极修辞,难免空泛和就事论事,需要立足于语言单位和信息结构的语义特点、语用功能,对语言构造的同义形式的语义、语用差异进行比较分析,这是消极修辞研究的重要内容",他还就修辞的同义形式中的同义句式研究提出了指导性建议:"比较分析同义句式,必须将结构、语义、语用结合起来,首先得明确哪些结构可以变换为同义句式,哪些不能"。① 张伯江先生认为"研究消极修辞可以从不同的角度切入,远至汉外译文对比,近至比勘作家的自我修改,都是有效的办法"。② 关于消极修辞研究要吸收当代语言学的研究成果陆丙甫先生说得最为详尽,他说:

由此可见,消极修辞研究跟语法研究结合,需要吸收当代句法学的研究成果。随着汉语句法研究的深入,一些语法学者提出语法研究必须紧密联系并借鉴语用和修辞的分析。其实这种联系应该是双向的。修辞研究,特别是消极修辞研究,也需要主动借鉴语法研究的成果。考虑到语法研究的蓬勃发展而修辞研究相对滞后,修辞研究对语法研究的借鉴,可能更为迫切。

具体地说,首先就是消极修辞要吸收当代语言学中关于语言信息结构的研究(陆俭明,2017),以及与其密切相关而范围更大的语用、篇章研究。有关的文献很多,其中不少实际上解释了消极修辞现象,虽然一般都被看作语法研究的深化而不看作消极修辞研究。其实,这些研究所强调的语境作用,不正是消极修辞的"各有所宜"这一"创造性"问题吗?

其次,消极修辞还必须结合当代语言学中关于语言结构效能的研究。这方面的研究,较早期的有 Payne(1992),后继的研究集中反映在 Hawkins(1994,2004,2014)一系列著作中,其中提到的"直接成分数/次数之比"(IC-to-word Ratio)、"形式最小化"(Minimizing Forms)、"在线处理最大化"(Maximizing On-line Processing)、"直接成分尽早识别原则"(Early Immediate Constituents)、"依存常规化准则"(Principle of Conventionalized Dependency)、"总域差"(Total Domain Differential)等,都跟消极修辞效果的功能解释有密切关系。这方面我国语言学者尚未给予足够重视,在心理学界偶尔有一些研究文献。

当代语言学这些领域的研究,都可以用来解释语句的"清通度",帮助我们把原本"只可意会,不可言传"的消极修辞的机制原理明确表达/阐述出来。

事实上,我们可以根据消极修辞所用到的关于语言结构效能的原理,为以

---

① 郑远汉. 消极修辞的研究[J]. 当代修辞学,2015(6):23.
② 张伯江,郭光. 消极修辞的灵活度[J]. 当代修辞学,2019(3):2.

往消极修辞现象的分类提供更明确的标准,乃至提出新的分类。①

作为消极修辞的主要内容,辞规的研究无疑也需要吸收当代语言学及相关学科的研究成果,运用当代语言学及相关学科新的理论、方法来研究、阐释辞规现象与问题。将句法学、语用学、篇章语言学、会话分析、认知心理学等等相关理论、方法运用于辞规研究中无疑会为辞规研究助力,不仅能深化辞规的研究,还可以拓展辞规的研究空间。例如,辞规引语的篇章建构问题如果只运用传统的修辞学理论来解释肯定远远不够,无疑需要运用篇章语言学理论、互文理论等新的理论来阐释,唯有如此,才有可能使研究深入,或更加深入。

以上关于辞规研究的这些理性思考是以下几方面新探索的理论基础。

二、两种典型消极修辞文本的语篇建构

(一) 纪要的语篇建构

纪要,又称之为会议纪要,是用于记载、传达会议主要情况和议定事项的一种行政公文。1987年2月国务院办公厅印发的《国家行政机关公文处理办法》首次将会议纪要立为行政机关法定公文文种(在这之前,纪要实际早已在机关、团体、企事业单位使用),它明确规定:"传达会议议定事项和主要精神,要求与会单位共同遵守、执行的,用会议纪要。"1993年修订的《国家行政机关公文处理办法》将会议纪要的适用范围界定为"记载和传达会议情况和议定事项",在表述上增加了该文种的"记载"功能。2000年8月国务院发布的《国家行政机关公文处理办法》对会议纪要的界定与1993年的相同。2012年4月中共中央办公厅、国务院办公厅联合发布的《党政机关公文处理工作条例》将"会议纪要"改为"纪要",将其适用范围调整为"记载会议主要情况和议定事项",只提"记载",未言"传达"。② 其实作为一种行政公文,纪要是对会议的目的、要求、基本情况、主

---

① 陆丙甫,于赛男.消极修辞对象的一般化及效果的数量化:从"的"的选用谈起[J].当代修辞学,2018(5):16-17.
② 戴盛才.浅析纪要写作应注意的五个问题[J].应用写作,2013(7):17.
何世龙.纪要的功能嬗变与其盖印和行文方式[J].应用写作,2013(10):17.

要精神和决定事项的归纳整理,"以便上传下达,统一认识,进而推动工作的开展"。① 换言之,纪要既有"记载"功能,又有"传达"功能,只是这种"传达"更多的是在一定范围内的传阅与贯彻执行。

纪要从语体角度而言属于公文事务语体,具有语篇构建的规约性、程式性与规范性的特点。本书以纪要(主要是行政会议纪要、非学术性会议纪要)为研究对象,运用篇章语言学理论,从五个方面探究纪要的语篇建构特点,企望为消极修辞的研究做新的努力。

1. 纪要的语篇推进词语与语篇建构

语篇推进词语是指参与语篇建构,能够扩展语篇,促使语篇延伸、发展的词语。这种词语能推动语篇进程,在语篇建构中发挥着重要的作用。例如"说"就是个典型的语篇推进词语,它能促使语篇运动、发展。伴随着"说"的宾语的长短(外在的语言形式的),或者说"说"的内容的多寡(内的语言内容的)而使语篇呈现出延伸长短的差异:

(1) 他继而还用很欣赏的口气说,推荐乡贤是一个很不错的创意,值得推广哦!②

(2) 他接着说:"我初步理了一下,现在我们有四项工作要做:首先,要保证能进得了港,靠得了码头。但现在我们还不知道靠哪个码头,所以要多做几手准备,亚丁、荷台达、马萨瓦、穆卡拉和吉布提五个港口进出港航法、靠泊方案都要做。而且还要做最困难的打算,没有引水、拖船、带缆,这项工作由周副长牵头,有的港口没有资料,要向国内提需求,立即发资料。第二,是防御,要确保我舰的自身安全,各种武器处于待发状态,雷达和光电设备全时高强度戒备,这项工作由张副长负责。第三,由高副政委负责码头安全警戒和登舰人员的身份识别、安检、行李上舰。第四,由纪副长负责登舰人员的食宿、卫生、安全等工作。政委,你看看还有什么?"③

例(1)"说"的内容少,语篇延伸小;例(2)"说"的内容多,语篇延伸大。但所起作用一样,即都推动了语篇的发展。

纪要作为一种独立的公文事务语体具有一批有别于其他公文事务语体的习惯用语,或者说区别性固定用语,常见的有"会议认为""会议指出""会议决定""会议强调""会议要求""会议同意""会议确定""会议明确"等。这些词语有两个特点:第一,以"会议"作为表达主体。纪要虽然也有"与会代表认为""代表

---

① 顾铭新,毕可军. 当代公文基本知识(十一):怎样写会议纪要[J]. 新长征,2006(8):43.
② 廖静仁. 何处觅乡贤[J]. 当代,2021(3).
③ 黄传会. 大国行动[J]. 人民文学,2019(4).

们指出""×××部长强调""×××主任指出"等以人作为表达主体的表达,但更多的却是以会议作为表达主体的表达,这是纪要这种法定公文文种表达主体特殊性的表现。有人认为"会议指出""会议认为""会议决定""会议听取了""会议讨论了"等表达是"采用拟人的写作手法"。① 我们认为这种看法是不正确的。因为作为公文的纪要以会议作为表达主体,并没有将会议当作人,并没有将会议人格化,所以不能看作拟人手法的运用。其实以会议作为表达主体的表达方法应该是借代:用"会议"代"出席会议的人"。用"会议"作为表达主体能充分凸显纪要反映的是与会人员集体意志与意向,体现用会议来决定、决策、决议的特征。第二,用来陈述的动词为有宾动词。有宾动词顾名思义就是可以带宾语的动词,带宾语的特点使得这些词语自然成为语篇推进词语。

纪要这类习惯用语中的动词不仅可以带宾语,而且这个宾语可以是句子,或者句群,甚至语段。如:

(1) 会议指出,当前我县的棚改工作时间紧、任务重、进展滞后,必须以强有力的措施加以推进,迎头赶上。开展棚改"百日攻坚"活动是在当前形势下加快推进棚改工作的一项重要举措,非常及时且必要。(《江西黎川县人民政府2017年第七次常务会议纪要》)

(2) 会议认为:

近年来,在县委、县政府的高度重视及食安委各成员单位的共同努力下,全县上下坚持"以人为本",把食品安全作为社会民生的头等大事来抓,一举通过了省级食品安全示范县验收,全县食品安全工作迈上了新台阶。但随着社会的发展,党中央、国务院特别是习总书记对食品安全工作提出了许多新要求,为了适应新形势、新要求,进一步加强各级党委和政府对食品安全工作的领导,不断健全食品安全责任体系,全面提升食品安全治理能力,有效保障人民群众食品安全,有必要对党委、政府食品安全责任进一步明确。(《陕西省乾县人民政府2018年第13号常务会纪要》)

例(1)的动词"指出"控制了一个句群作为宾语,例(2)的动词"认为"控制了一个语段作为宾语。从篇章语言学角度来说,这里的"指出""认为"就是管领词,它们有自己的控制范围,推动了语篇的发展,从而形成了"管界"这种篇章现象。

纪要这类习惯用语中的动词的使用具有一定的趋向性,或者说规律性。夏骥的研究表明②:"会议认为",常用于对研究事项作出的具有前瞻性、权威性的判断。"会议指出",常用于指出某项工作的基本情况或重要意义,或兼而有之。

---

① 闻君,倪亮,朱军.行政公文写作及范例全书[M].北京:北京工业大学出版社,2008:92.
② 夏骥.如何写好政府常务会议纪要[J].秘书工作,2017(7):15.

"会议要求",常用于对某项工作本身提出的直接而具体的要求。"会议强调",常用于对某项工作提出的延伸性要求,或是对具体要求中的某个片段予以加强。"会议决定",常用于对重大事项作出的决策部署。"会议确定",常用于对人、财、物以及各项标准等可量化的事项,以及具体的工作任务等予以明确。夏骥同时认为这"六种方式只是一种大致的分类,并没有严格的区分界限,不少情况下可以通用,具体的运用还要考虑整个纪要的谋篇布局。同时,也不是每一个议题的撰写都会用到所有的方式,应根据具体情况加以选择"。① 换言之,"会议认为""会议指出""会议决定""会议强调""会议要求""会议同意""会议确定""会议明确"等等这类纪要常用的固定用语在具体纪要语篇中的具体选择体现了整个语篇布局谋篇的宏观设计。

纪要这类习惯用语以"会议"作为表达主体,从叙述角度来看,就是将"会议"作为整个语篇叙述的起点,即语篇话题,同时也就是将"会议"作为观察点,即将"会议"作为整个叙述的视域,这种视域可称之为语篇视域,这种视域也是建构篇章的重要的因素。正如刘大为所言,"篇章是一个极其复杂的现象,许多不同类型的因素交叉其中,共同将篇章建构起来。……视域就是这样一种结构因素,它的实质在于从不同的来源向篇章的形成提供认知资源,其中每一种来源,都反映了一种类型的认知主体的观察和体认。"②唐青叶认为,"语篇的建构需要对语篇主旨、意图等信息进行选择和组合,并统摄语篇的总体连贯。"③显然,以"会议"作为语篇视域,是从更高的层面来制约语篇的衔接与连贯。纪要这类习惯用语中的动词"认为、指出、决定、强调、要求、同意、确定、明确"等等表现的是与会者的集体意志和意向,大致可以归为意向动词。按刘大为的观点,意向动词是指语义上指向一个心理过程的动词。"由于人的心理过程与外部事件的这种联系通常被称之为意向性,这类动词便可称之为意向动词,它所指向的心理过程就是意向过程。一个意向过程由意向方式和意向内容(外部事件)组成,表现为语言形式就是一个意向动词控制着一个句子宾语。"④纪要中的这类意向动词出现于具体语篇时必定带有宾语,这个宾语可以是一个或一组事件。这类意向动词及其宾语的组合形成一个更高层次的事件表述。这种事件表述深化了语篇,推动了语篇的发展。

总之,纪要常用的固定用语作为语篇推进词语,从两个方面参与纪要语篇

---

① 夏骥. 如何写好政府常务会议纪要[J]. 秘书工作,2017(7):16.
② 刘大为. 意向动词、言说动词与篇章的视域[J]. 修辞学习,2004(6):6.
③ 唐青叶. 语篇语言学[M]. 上海:上海大学出版社,2009:155.
④ 刘大为. 句嵌式递归与动词的控制功能[J]. 语言研究,2002(4):19.

的建构:一是通过意向动词联系宾语形成事件表述,动词的及物性延伸扩展了语篇,成为支撑语篇的重要因素;二是通过"会议"作为语篇话题凸显纪要语篇视域,构建语篇的视域结构,统领语篇的总体连贯。

2. 纪要的语篇推进句类与语篇建构

纪要语篇从句类角度而言其建构基础是陈述句,体现断言性言语行为;建构特色是祈使句,体现指令性言语行为。纪要通常可以分为两类:一类为办公会议纪要,"主要用来反映党政机关、人民团体、企事业单位的领导机关开会研究问题、部署工作的情况,其作用是为机关单位工作的开展提供实在的指导和具体的依据";一类为专项会议纪要,包括各种交流会、座谈会、研讨会等,"它是通过对涉及有关工作的重要方针、政策和理论原则问题的交流、讨论情况的纪实,给人们以深刻的启发,给工作以宏观的指导"。① 第一类纪要显而易见具有行政约束力,因为它明确要求与会单位与相关部门以此为依据展开工作,落实会议的议定事项。第二类纪要经领导机关批转后同样具有行政约束力,因为它也要求贯彻执行会议精神、确定的事项。纪要的行政约束力表现在纪要的行文特点上就是多指示性,表现在语言上就是祈使句的大量运用,由此祈使句成为纪要语篇推进的最为典型的标志性句类。

从语用角度观察,祈使句是要求别人做或者不要做某事,据此我们可以将祈使句分为两种:肯定祈使句和否定祈使句。肯定祈使句功能在于要求别人做某事,而否定祈使句的功能在于要求别人不要做某事。纪要高频运用的是肯定祈使句,较少运用否定祈使句。例如陕西省人民政府办公厅作为文件(陕政办发[1998]11号)转发的《省农业综合开发联席会议纪要》(1997年12月9日,王寿森副省长主持召开)的第四个事项:

四、强化资金管理,确保投入效益

1. 足额落实配套资金。各级财政配套资金要按规定比例列入年初预算,并继续完善农业发展基金的管理,拓宽资金渠道,保证配套资金足额落实。

2. 加强财政有偿资金管理。从1998年起,国家立项项目的省财政配套资金中的有偿资金比例由50%调整为30%。省立项目比照执行。各级财政部门必须切实加强有偿资金的项目管理,对使用有偿资金的项目逐级报送评估意见和保证按时还款的承诺报告(以正式文件上报),落实还款措施。

3. 保证资金及时到位。各级财政要继续完善农业综合开发资金专户管理

---

① 闻君,倪亮,朱军.行政公文写作及范例全书[M].北京:北京工业大学出版社,2008:90.

制度,建立以专户核拨为中心的报账核销制度。按项目进度及时拨付资金,不得长时间滞留资金,更不得将专户资金挪作他用。

4. 加强检查监督,保证投入效益。各级财政、审计、监察部门要加强对资金使用的监督检查。每年要有重点地确定几个地县进行全面检查,保证资金专款专用,提高资金使用效益。

这段纪要文字,除"从1998年起,国家立项项目的省财政配套资金中的有偿资金比例由50%调整为30%。省立项目比照执行。"这两句外,其他从标题到各段首句,到阐释文字都是祈使句。这些祈使句除"不得长时间滞留资金,更不得将专户资金挪作他用"两句是否定祈使句外,其他都是肯定祈使句。

纪要是用公文形式表现出会议的内容,其目的是统一认识、部署工作,在表述上必然多用"要""加强""坚持""抓紧""必须"等指令性词语和"要"字句、"必须"句等指令性语句。纪要所记载的议定事项需要相关单位贯彻落实、遵守执行,大量带有要求、命令祈使意义与祈使语气的祈使句的运用,正是这种需要的情理体现。如:

(1) 会议强调,要在满足技术规定要求的前提下合理增加机动车及非机动车停车位;对调整地下车库与现状建筑安全间距问题,建设单位要抓紧开展技术论证并尽快提出可操作的论证报告;对该项目涉及违规问题,要按照相关法律规定予以处理,处理到位后再予审批项目规划调整方案。(新乡市自然资源和规划局《2018年第2次规划委员会会议纪要》)

(2) 认清形势,进一步增强抓好安全生产工作的责任感和使命感。全县各级各部门必须警钟长鸣,树立安全发展理念,弘扬"生命至上、安全第一"的思想,……(《陕西省乾县人民政府2018年第13号常务会纪要》)

例(1)"会议强调"的三项内容都用"(NP)+情态动词'要'+VP"句式,即"要"字句表述,体现的是要求性语义与语气。例(2)用"NP+副词'必须'+VP"句式,即"必须"句表述,体现的是命令性语义与语气。

纪要中的祈使句从祈使意义来说主要是要求意义,较少使用命令意义,极少使用请求意义。我们随机抽样的100则纪要中使用命令意义的有9例,使用请求意义的只有1例:广西壮族自治区人民政府办公厅印发的桂政办发〔2001〕22号文件《关于研究百色右江河谷亚热带现代农业实验区建设项目规划有关问题的会议纪要》有一处使用了请求祈使,即纪要主体第三部分的具体要求:"根据此次会议讨论形成的意见,请自治区计委、财政厅、农业厅协助百色地区尽快组织力量修改项目清单和项目申报表,以便区直有关部门及时分头上报国家有关部门",其他皆为要求意义。纪要三种祈使意义的使用频率排序为:要求>命令＞请求。这三种意义,从与其紧密相连的祈使语气来说,有强弱之别。命令,祈使语气最强;要求,祈使语气强;请求,祈使语气弱。纪要少用命令式祈使句,多选择要求性祈使句,表明纪要文种不是直接以命令行事,发布强制性行政措施,而是从情理上来说明相关单位与人员完成纪要祈使行为的必要,不带有必须无条件服从的语用意义,体现的是一般的行政约束力,适切纪要的意图与主旨。

纪要祈使句的使用还有一个重要的特点,即不用祈使语气词。现代汉语可以出现在祈使句中的语气词不多,大致有"吧、啊、呢、的、了"及其变体。它们经常运用于口语语体中,相对而言书面语体较少运用。我们认为,纪要祈使句不用语气词,跟语气词可以缓和祈使句的语气这个功能有关。用了,会削弱祈使句的语力;不用,更显庄重严肃、直接有力,更能展现话语的支配力量、权势力量。

总之,纪要祈使句的高频运用,从意义(要求、命令祈使意义)、语气(祈使语气)两个方面指向语篇意图与主旨,形成语篇合力,推进语篇,有力推动纪要语篇的建构。

3. 纪要的修辞方式与语篇建构

纪要追求的是表达的准确明晰,而不是形象生动,所使用的修辞方式主要是消极修辞方式,如排名有序、概述细说、明域确延、列举分承、约义明语、面中显点等,积极修辞方式中的排比、反复、对比等少数引导类辞格也常用。这其中有的修辞方式,如排名有序等主要用于词句之间,不用来组段成篇或联系整个篇章。我们知道,每一则具体的纪要都要运用排名有序的修辞方式,因为每一则纪要都需要记下参加会议者,那么哪个在前哪个在后,就有个顺序的问题。纪要涉及的人名排序为无标记排序,它遵循排名有序修辞方式中人名无标记排序的最基本原则,即按尊先卑后排列,此外还有按机关职权排列、按主客之别排列、按时间先后排列等等的不同。排名有序不参与篇章设计,只在词句之间起作用。而排比、反复和概述细说、列举分承等修辞方式却常用来组段成篇或联系整个篇章,成为纪要极其重要的篇章设计方式。

排比、反复作为纪要语篇篇章设计方式主要表现在用排比、反复贯穿于段落,联系整个篇章。这种贯穿于段落,联系整个篇章的形式只有一种首同式:在段落开头采用结构相同或相近的句式。比如在阐述会议精神时,常用"会议认为""会议强调""会议指出""会议提出"等作为段首的语句;在表述会议决议时,常用"会议决定""会议要求""会议号召"等作为段首的语句。这样的安排,从语篇的布局来说其实是用首同式排比和反复的方式结构语意,设计篇章。运用首同式布局谋篇一方面能使段落层次分明,另一方面还可以更好地突显主旨。

(1) 会议认为,……。当前和今后一个时期,破产审判工作总的要求是:

一要发挥破产审判功能,助推建设现代化经济体系。……。

二要着力服务构建新的经济体制,完善市场主体救治和退出机制。……。

三要健全破产审判工作机制,最大限度释放破产审判的价值。……。

四要完善执行与破产工作的有序衔接,推动解决"执行难"。……。(《全国法院破产审判工作会议纪要》)

这是这则纪要主体结构的第一部分,具体阐述破产审判工作总的要求时每段段首运用结构相同的句式(VO+VO),用排比的方式结构篇章。

(2) 会议认为,……。

会议认为,……。

会议认为,……。

会议认为,……。(江西省《全省加快生猪发展促进早稻转化座谈会纪要》)

这是这则纪要的主体结构部分,每个自然段开始都有"会议认为",通过反复方式结构篇章。

概述细说、列举分承是两种消极修辞方式,也是纪要常见的篇章设计方式。人们在说写时,常常对人和事物的行为、性状、数量等先作概括交待,然后具体细说,这种修辞方式便为概述细说。其中概括交待部分谓之"概述体",具体细说部分谓之"细说体"。两者结合,既准确简洁,又具体有力。如:

于剑副校长就下一步的工作提出三点要求:

一、进一步提高对财务管理、预算执行重要性的认识。……

二、深刻剖析预算执行难的深层次原因。……

三、长短结合,加快预算执行进度。……(中国民航大学《2018年度预算执行工作专项推动会会议纪要》)

此例是用概述细说修辞方式来结构篇章,概述体提出三项项量("三点要求"),细说体依据概述体已定的项量逐项细说,从而使得表述条理分明。

当表达主体在写说时采用先在前面提出几件事、几个思考点、几个认识点,再在后文中按照前面提到的次序,一一分别承说的方式作为篇章的修辞构思,则就是用列举分承修辞方式进行布局谋篇。纪要用列举分承建构语篇的也较为常见。如:

徐荣凯副秘书长强调,要加强领导,做好规划,细致工作。

加强领导,首先,……第二,……第三,……

作好规划,要做好三个结合。第一个结合是……第二是……第三是……。

徐荣凯副秘书长最后还强调了在住房搬迁、安置过程中要细致工作,周密安排,真正做到好事做好,让青年教师满意。(《京津地区部委属高校筒子楼改造工作汇报会纪要》)

纪要先列举徐荣凯副秘书长强调的三项内容:"加强领导,做好规划,细致工作",然后再按照前面提及的次序分别分段说明,从而使得表达条理清楚,简洁严谨。

4. 纪要语篇的推进结构

语篇的推进结构常见的有信息结构、主述结构、话述结构和启承结构,"之所以称为推进结构,是因为这些结构有两个共同的特点,这些结构都是由前后两部分组成,如信息结构是由旧信息和新信息组成,主述结构是由主位和述位组成,话述结构是由话题和陈述组成,启承结构是由启后性和承前性部分组成;第二个特点是这些结构经常可以往下推进……"。[①] 就纪要来说最值得研究的是其启承结构。

启承结构是纪要较为典型的语篇推进结构,有标记启后性是其重要的语篇表现。纪要启承结构启后标记主要有如下四类。

"纪要如下"类启后标记。 纪要一般只有开头和主体两部分,开头主要介绍会议概况,然后用"纪要如下"类启后标记启后,引出语篇的主体部分,由此形成纪要如下所示的语篇结构:

开头(时间、地点、人物、事件)+"纪要如下"+主体(议定事项)

(1) 在第五届全国人民代表大会第四次会议期间,万里副总理主持召开了治淮会议,参加会议的有:河南省刘杰、李庆伟,安徽省张劲夫、孟富林,江苏省许家屯、惠浴宇,山东省秦和珍、朱奇民,国务院杜星垣,国家计委宋平,财贸小组王磊,水利部钱正英、李化一,淮委李苏波、王祖烈等。

现将会议讨论和商定的事项纪要如下。(《国务院治淮会议纪要》,1981-12-12.)

(2) 2018年3月29日下午,市规划委员会在市行政办公大楼三楼常委会议室召开第二次会议,会议由市政府市长王登喜同志主持,市政府副市长王天兴同志及规划委员会成员参加会议。现将会议主要内容纪要如下:(河南省新乡市自然资源和规划局《2018年第2次规划委员会会议纪要》)

(3) 2018年10月13日上午9时30分,城阳村社区党委书记袁波友在社区

[①] 徐赳赳.现代汉语篇章语言学[M].北京:商务印书馆,2010:431.

四楼东会议室主持召开社区"两委"工作会议。街道党工委副书记曹永章,社区党委、居委会成员,批发市场三大经营区域总经理,社区各工作组组长,社区居委会主任助理,社区工青妇兵负责人参加会议,社区、批发市场办公室工作人员列席会议。现纪要如下:(青岛市城阳区《城阳村社区会议纪要》)

这三则纪要都以"纪要如下"开启下文,引出纪要主体,而且例(2)(3)同时用冒号强化启下功能。

"纪要如下"类启后标记是个集合,包括"纪要如下""现纪要如下""现将会议讨论和商定的事项纪要如下""现将会议主要内容纪要如下""现将会议情况纪要如下""现将有关事项纪要如下""现将会议讨论和决定的事项纪要如下""现将会议研究的有关事项纪要如下""主要内容纪要如下""会议形成的决议纪要如下""现特将会议情况议定事项作如下纪要","会议讨论、决定事项如下""会议议定事项如下"等。这其中使用频率最高的是带"纪要如下"字眼的惯用表达。

我们随机抽样100则纪要,其中有国务院及其部委的会议纪要,也有省市县区街道办事处等的会议纪要,有高校及高校二级学院的会议纪要,有长有短,统计发现在开头和主体之间使用"纪要如下"类启后标记的有91则,使用率高达91%。可见"纪要如下"类启后标记是纪要语篇推进结构的重要因素。

序数类启后标记。纪要序数类启后标记包括三类词,一是基数词,如"一、二、三……";二是序数词,如"第一、第二、第三……";三是代词,如"首先、其次"。序数类启后标记与后边成分组合成启承结构,推进语篇发展。例如:

经会议研究,形成如下意见:一是同意按公共管理与公共服务设施用地性质办理批次建设用地规划选址;二是向规划编制科出具总规动态更新工作联系单,对该地块规划用地性质动态更新为公共管理与公共服务设施用地。(湖北宜昌市规划局《规划业务会会议纪要》)

这里"一是"为启后语,"二是"为承前语,"一是……"与"二是……"形成启承语篇结构。

推进词语类启后标记。上文讨论的纪要语篇推进词语本身带有启后性,自然可以和后续成分构成启承语篇结构。值得注意的是,公文事务语体中的其他文种在发文事由与发文事项之间常用一句话或者一段话来承上启下,纪要则常用"纪要如下"类语句过渡下文,或者直接用"会议认为""会议指出""会议决定""会议强调""会议要求""会议同意""会议确定""会议明确"等发端实现自然过渡,在过渡的同时推进语篇向前延展。

标点类启后标记。纪要标点类启后标记主要是冒号,有时用到分号等。如:

会议明确:(一)"东兴路地质灾害点"规范表述为"东兴路棚改片区"。(二)将黎滩河北岸纳入本次棚户区改造房屋征收范围;房屋征收实施牵头单位增加县水利局。(江西黎川县人民政府《2017年县政府第七次常务会议纪要》)

此例冒号、分号皆为启后标点,冒号提示下面将解释"会议明确"的内容,分号提示下面部分的内容和分号前面部分的内容是平列的。

5. 纪要语篇的层次结构

一个语篇由若干个词句、段落组合而成,这若干个词句、段落绝不会是一盘散沙,而是相互之间存在着有机联系,它们通过内在的语义逻辑关系和外在的语言形式指向表达的中心。正是内在的语义逻辑关系和外在的语言形式的合力造就出具有连贯性与整体性的语篇。

语篇具有层次性,不同的具体语篇具有不同的具体的层次结构,如李白的《静夜思》和王维的《红豆》是不同的具体语篇,二者具有不同的具体的层次结构。但是同类型的不同的具体语篇常也可以抽象出相同的概括的层次结构。就纪要来说,一个具体的纪要所记载的会议内容是不一样的,所采用的具体的言语形式也是有差异的,都有自己的层次结构,然而,不同的具体的纪要却可以抽象出共同的层次结构类型,亦即可以从个性的现实体中概括出共性的抽象体。

纪要主要由开头和主体两部分组成,上文我们将纪要的语篇结构概括为:
开头(时间、地点、人物、事件)+"纪要如下"+主体(议定事项)

由此可见,纪要语篇层次结构从最高层次来说,是解说关系。"纪要如下"句联系开头辅助结构段和主体核心结构段。主体核心结构段是对开头辅助结构段概述内容的阐释,因而二者为解说关系。纪要开头辅助结构段是对会议基本情况的简要概述,它提供一个已经实现的情况;开头辅助结构段成分之间多为承接关系,或目的关系。纪要主体核心结构段可以由一个,也可以由多个结构段组成。主体核心结构段可能只是一个结构段,但绝大多数情况下是多个结构段的联合。一个结构段的,其结构成分之间的语义关系不一;多个结构段的,其结构段之间的语义关系或为承接关系,或为并列关系。总的来说,主体核心结构段是对会议主要精神、议定事项所做的概述,或分项概述。如:

(1) 2018年9月29日,开发区党工委委员、滨海临港产业区管理中心主任李建民在管委会六楼第一会议室主持召开化工园区认定部门动员会议,研究确定化工园区认定推进工作相关问题。纪要如下:

鉴于省化工专项行动办近期将就我区化工园区申报认定工作重新征求相关省直部门意见,会议要求,与会相关部门单位要高度重视化工园区申报认定工作,尽快至市直省直对口部门再次汇报,协调省直对口部门出具对我区化工园区认定的支持性意见,全力保障化工园区认定工作顺利推进。

出席:……(人名略)(东营经济开发区管委会《化工园区认定部门动员会议纪要》)

这是一则极其简略的纪要,其语篇层次结构第一层关系即为解说关系:主体部分是对开头部分所说"研究确定化工园区认定推进工作相关问题"的具体解说。第二层关系1:开头辅助结构段两个分句之间为承接关系;第二层关系2:主体核心结构为因果关系("会议要求"之前为因,之后为果)。

(2) 2018年8月30日下午,县委副书记、县长陈翔在县政府六楼第二会议室主持召开了县政府第41次常务会议。纪要如下:

一、会议观看了《"媒体聚光镜"光碟》,通报了有关情况

二、会议审议了县安委办提请的《关于请求部署迎接全省安全生产交叉检查的请示》

三、会议传达学习了省住建厅《关于落实省委巡视组等部门对房屋建筑和市政基础设施工程招投标问题整改要求的通知》

四、会议审议了县城建局提请的《南昌县沿江片区城市设计方案》

五、会议审议了县财政局提请的《南昌县县直机关培训费管理办法》《关于明确和调整县直机关差旅费有关管理规定的通知》

六、会议审议了县委农工部提请的《2018年南昌县高铁、铁路沿线房屋美化整治改造工程实施意见》(《南昌县人民政府第41次常务会议纪要》)

这也是一则极其简略的纪要,但它代表了纪要的主要形式或者说典型形式。其语篇层次结构第一层关系为解说关系。第二层关系:主体核心结构为并列关系(六个会议事项的并列)。

综上,纪要语篇层次结构模式可概括如下:
开头辅助结构段(a,//b):/　主体核心结构段(a,//b,//c)
　　　承接(目的) 解说　　　　　并列　并列

(二) 公布令的语篇建构

1. 命令(令)与复合体公文

命令(令)是具有发布权限的国家行政机关等对下发布的具有强制性、指挥性的法定通用公文。命令(令)作为一种通用公文文种由来已久,其源头可以追溯至商周时期。命令(令)从古至今其适用范围在不同时代往往有所不同。中华人民共和国成立70年来,随着国家层面出台的公文处理办法的几经变化,命

令(令)作为通用公文文种也历经几次变化。1951年,由国家政务院发布的新中国第一个《公文处理暂行办法》中,命令的适用范围为"颁布法律、条例、通则、决定、规定、办法或任免、嘉奖、惩戒、通缉、赦免以及指挥行政等"。1957年《国务院秘书厅关于公文名称和体式问题的几点意见(稿)》中将"命令"和"令"作为两个文种,它们的适用范围相同,主要用于"发布法律、法令和行政法规;规定重大的行政措施;任免国家机关工作人员;授予国家的勋章和荣誉称号,嘉奖对于国家有功的人员"。1981年国务院办公厅发布的《国家行政机关公文处理暂行办法》在"命令"和"令"的基础上增加了"指令",专门用于发布经济、科研等方面的指示性和规定性相结合的措施或要求。1987年,国务院办公厅颁布了《国家行政机关公文处理办法》,将"命令"和"令"合并为"命令(令)",命令体文种又有了"命令(令)"和"指令"两类。1993年,国务院办公厅对《国家行政机关公文处理办法》进行了修订,删去了"指令"文种,只保留"命令(令)"一种。2000年,国务院办公厅发布了新的《国家行政机关公文处理办法》(国发〔2000〕23号),规定"命令(令)"的适用范围为:"依照有关法律公布行政法规和规章;宣布施行重大强制性行政措施;嘉奖有关单位及人员。"2012年4月16日,中共中央办公厅、国务院办公厅联合印发《党政机关公文处理工作条例》,确定了15个党政公文文种,"命令(令)"是其中之一,它"适用于公布行政法规和规章、宣布施行重大强制性措施、批准授予和晋升衔级、嘉奖有关单位和人员"。[①] 根据《党政机关公文处理工作条例》,命令(令)文种主要类型可以分为四种:公布令、行政令、任免令和嘉奖令。

所谓复合体公文,是指一份公文由两件或两件以上公文组成,但只用一个文头、文尾,一个标题,一个公章的印发、转发或批转类公文。复合体公文在文本结构上明显由两部分构成:"前一部分是'印转语',它类似'按语',一般说明被印转文件的名称、拟制机关、会议通过或生效日期以及有关的执行要求等;后一部分则是加印上去的被印转文件。这两部分都是公文主要、核心信息的载体。这类复合体公文以通知、通报、命令居多,有时还有决定、函等文种。"[②]命令(令)四种主要类型中公布令为复合体公文,行政令、任免令和嘉奖令为单体公文。本节探讨复合体公文公布令的语篇建构。

2. 复合体公文公布令的语篇建构

公布令是指用于公布法律、行政法规、规章的命令(令)。按照我国现行政

---

① 韩高峰.行政公文"命令(令)"的历史渊源及其流变探析[J].广东行政学院学报,2014(2):23-26.

② 何世龙.复合体公文写作中的常见错误[J].应用写作,2006:5-12.

治体制、行政体制与法律体制,"法律、法规、规章及一般规范性文件通常不独立行文,需要依附一定的载体,即公布令、公告、通知。法律由国家主席令发布;行政法规由总理签署的国务院令公布;部门规章应当经部务会议或委员会会议决定,由部门首长签署命令公布;地方政府规章应当经政府常务会议或全体会议决定,由省长或自治区主席或市长签署命令公布;而宪法必须以全国人民代表大会的名义,用公告发布施行;一般规范性文件用通知发布。"[①]作为公布法律、行政法规、规章的载体,公布令自然成为复合体公文。也就是说,随"令"发布的法律、行政法规和规章,就同"令"一起成为一份复合体公文。如例(1):

中华人民共和国国务院令

第708号

《生产安全事故应急条例》已经2018年12月5日国务院第33次常务会议通过,现予公布,自2019年4月1日起施行。

总理 李克强
2019年2月17日

生产安全事故应急条例
第一章 总 则

第一条 为了规范生产安全事故应急工作,保障人民群众生命和财产安全,根据《中华人民共和国安全生产法》和《中华人民共和国突发事件应对法》,制定本条例。

第二条 本条例适用于生产安全事故应急工作;法律、行政法规另有规定的,适用其规定。

第三条 国务院统一领导全国的生产安全事故应急工作,县级以上地方人民政府统一领导本行政区域内的生产安全事故应急工作。生产安全事故应急工作涉及两个以上行政区域的,由有关行政区域共同的上一级人民政府负责,或者由各有关行政区域的上一级人民政府共同负责。

县级以上人民政府应急管理部门和其他对有关行业、领域的安全生产工作实施监督管理的部门(以下统称负有安全生产监督管理职责的部门)在各自职责范围内,做好有关行业、领域的生产安全事故应急工作。

县级以上人民政府应急管理部门指导、协调本级人民政府其他负有安全生产监督管理职责的部门和下级人民政府的生产安全事故应急工作。

乡、镇人民政府以及街道办事处等地方人民政府派出机关应当协助上级人

---

① 倪丽娟. 文书学[M]. 3版. 北京:高等教育出版社,2014:101-102.

民政府有关部门依法履行生产安全事故应急工作职责。

  第四条 生产经营单位应当加强生产安全事故应急工作,建立、健全生产安全事故应急工作责任制,其主要负责人对本单位的生产安全事故应急工作全面负责。

  第二章 应急准备(略)
  第三章 应急救援(略)
  第四章 法律责任(略)
  第五章 附 则

  第三十四条 储存、使用易燃易爆物品、危险化学品等危险物品的科研机构、学校、医院等单位的安全事故应急工作,参照本条例有关规定执行。

  第三十五条 本条例自2019年4月1日起施行。

  这是一则关于《生产安全事故应急条例》的公布令,是典型的复合体公文。其文本结构由两部分组成,第一部分为公布语:《生产安全事故应急条例》已经2018年12月5日国务院第33次常务会议通过,现予公布,自2019年4月1日起施行。第二部分为法规文本:被公布的行政法规《生产安全事故应急条例》全文。两部分结合形成令号第708号的"中华人民共和国国务院令"这个复合体公文。

  由此,公布令结构可以概括为:公布语＋法规文本。公布语主要交代公布对象、公布依据、公布决定以及执行要求,作用相当于引语、按语。比如上例《生产安全事故应急条例》为公布对象,"2018年12月5日国务院第33次常务会议通过"为公布依据,"现予公布"为公布决定,"自2019年4月1日起施行"为执行要求。法规文本是被公布的法律、行政法规、规章,如例(1)的"生产安全事故应急条例"全文。这里需要注意的是很多人所说的公布令指的就是公布语这一部分,而将随公布令发布的法律、行政法规、规章只当作公布令的附件,不作为公布令的组成部分。这种认识是错误的。《党政机关公文处理工作条例》第二章"公文格式"第九条中对"附件"的解释为"公文正文的说明、补充或者参考资料",是正文的附属,显然随公布令发布的法律、行政法规、规章不是正文的附属,而是正文的重要组成部分,这从例(1)公文编排形式也可以看出。再从言语行为角度来说,公布语实施的是一种宣告行为,这种宣告行为完毕,因发布主体的权威性,标志着被公布的法律、行政法规、规章按照要求的时间在其适用范围内开始施行,受令者必须无条件服从和执行,做到"令行禁止"。毋庸置疑公布对象的具体内容,即被公布的具体的法律、行政法规、规章是本次公布的重点内容,因为公布令的目的就是通过公布行为来实施具体的法律、行政法规、规章,从而从某一或某些方面规范人们的行为,以保障社会的有序运行。由此可见,随"令"发布的法律、行政法规、规章不是处于附属地位的附件,恰恰相反,应是公布令的关键内容,和公布语紧密相连、不可分割,也是公布令的重要组成部分。我们认为公布令文本不只是一般人所说的公布令本身,还应包括随"令"的法规文本(具体的法律、行政法规、规章文本,以下统称法规文本)。公布令若只有法规名称,而无法规内容,接受者只能知道这部法规颁布了、施行了,但无法了解这部法规的具体内容,也就无法知法、守法、执法。从普通民众的角度来说知法才能更好地守法,从司法的角度来说只有知法,认知法规具体条文才能执法。公布语和法规文本的结合既能使受令者明了法规的颁布施行信息,也能使受令者明了法规信息,从而达到知法、守法、执法的目的。我们认为公布语和法规文本的组合才构成完整的公布令文本。

从语篇角度来说,一个公布令文本主要由两个紧密相连的语篇组合而成,第一个语篇为公布语语篇,也就是通常所说的公布令。公布语语篇也可以称为行为描述语篇:通过、公布、施行行为的展示,通过、公布是被公布的具体的法律、行政法规、规章合法资格的获取行为,是施行行为实现的前提、保障。"通过"行为在公布令发布前已经完成,"公布"行为在公布令公布后完成,"施行"行为开始于公布令要求的施行时间。公布语语篇通常比较短小,几个方面的内容一般情况下并不各自成段,而是篇段合一,所以常被称为"一段式篇章",如例(1)中华人民共和国国务院令。但也有极少数稍微复杂一点的公布令其公布语语篇不是一句话表述的篇段合一的"一段式篇章",而是用两句话构成两个段落的"两段式篇章"。如例(2):

中华人民共和国主席令

第四十八号

《全国人民代表大会常务委员会关于修改〈中华人民共和国节约能源法〉等六部法律的决定》已由中华人民共和国第十二届全国人民代表大会常务委员会第二十一次会议于 2016 年 7 月 2 日通过,现予公布。

《全国人民代表大会常务委员会关于修改〈中华人民共和国节约能源法〉等六部法律的决定》对《中华人民共和国节约能源法》、《中华人民共和国水法》、《中华人民共和国防洪法》、《中华人民共和国职业病防治法》、《中华人民共和国航道法》所作的修改,自公布之日起施行;对《中华人民共和国环境影响评价法》所作的修改,自 2016 年 9 月 1 日起施行。

中华人民共和国主席　习近平
2016 年 7 月 2 日

全国人民代表大会常务委员会关于修改《中华人民共和国节约能源法》
等六部法律的决定(略)

也有少部分公布令公布语部分只有公布对象、公布决定、执行要求,而无公布依据,其实此时的公布依据是隐含的,如例(3):

中华人民共和国国务院令

第 716 号

现公布《国务院关于在线政务服务的若干规定》,自公布之日起施行。

总　理　李克强
2019 年 4 月 26 日

国务院关于在线政务服务的若干规定(略)

公布令文本第二个语篇为施行对象语篇,即客体语篇:经过批准得到认可,并公布、开始施行的对象,也就是在完成公布行为之后开始施行之时即为合法的必须执行的具体的法律、行政法规、规章语篇。客体语篇随不同的法律、行政法规、规章文本的不同而有所不同,如"×××法""×××办法""×××决定""×××条例""×××规定"等,一般为并不完全相同的多层次、多段式语篇结构。不过这些法律、行政法规、规章文本有个共同的特点,那就是通过分条立项(若干条文)的方式来建构语篇。

行为与对象,或者说行为与客体紧密相连,由此形成的行为描述语篇和客体语篇从内容到形式相互配合、相互补充,组合成公布令语篇。

公布令的语篇建构,从互文理论看,其实为互文性语篇建构。"互文理论认为语篇构成离不开文本将其他文本纳入自身,'每一篇文本都联系着其他若干篇文本';……文本参互的方式决定了文本结构的格局。"①公布令语篇将法规语篇纳入自身,从而形成公布语正文本与法规语副文本文本互参的语篇结构方式,亦即互文性语篇。

从语篇意义和地位而言,公布令公布语语篇是主语篇,或者说主篇章、主文本、正文本;法规语篇是副语篇,或者说客篇章、副文本;标题也是副语篇,或者说副文本。"副文本与主文本(正文本)是语篇范畴中一对相辅相成的概念,副文本是物理形态上和语义内容上依附、穿插、区隔、映射于主文本,对主文本意

---

① 祝克懿.互文:语篇研究的新论域[J].当代修辞学,2010(5):2.

义的生成与理解起积极或消极作用,使语篇成为语篇的文本要素。"[1]公布语语篇作为公布令正文本,提供公布令概括的说明信息:第一,公布对象名称,即所公布的法律、行政法规、规章的名称;第二,公布依据,即所公布对象的合法资格的取得依据:何时何机关批准或何会议通过;第三,公布决定与执行要求。公布决定与执行要求采用公布令习惯用语"现予公布,自××××年××月××日起施行""现予公布,自公布之日起施行"等。客体语篇是公布令副文本,提供公布令具体的核心信息:被公布的法律、行政法规、规章全文。被公布的法律、行政法规、规章如果还带有附件,那么这附件也是副文本。公布令互文语篇的层级关系如下:

第一层为标题副文本与主文本的互文关系。

公布令标题由发文机关+文种,即发令机关名称或机关领导人职务+"令"构成。如:"中华人民共和国国务院令""中华人民共和国主席令"。公布令标题与主文本之间存在语义概括与被概括的互文关系,与主文本建立起互涉结构空间,从而实现与主文本的互文,参与语篇整体意义的建构。如例(1)标题"中华人民共和国国务院令"标示了发文机关为中华人民共和国国务院,公文文种为命令(令),体现出了发布的权限与权威,与正文本一起共同建构这则关于《生产安全事故应急条例》公布令的整体意义。

第二层:公布语篇与法规语篇的互文关系。

互文性讲求在文本间的关系中建构文本的意义,在互文性观念提出者克里斯蒂娃看来"互文性不是单一文本的问题,它必然牵涉到其他文本,文本之间是一种互为指涉的关系"。[2] 公布令公布语篇和法规语篇的正文本与副文本之间具有互为指涉的关系,亦即互文性,正文本所述的通过、公布、施行的对象话语和副文本话语同指,互为指涉,副文本是正文本意义的延续与丰富,是正文本意义的深化与具体化。如例(1)正文本公布语语篇通过、公布、施行的对象为《生产安全事故应急条例》,副文本话语也是《生产安全事故应急条例》,副文本提供的是具体的生产安全事故应急条例全文,即为正文本中名词性成分"生产安全事故应急条例"的指称内容,是正文本意义的具体化。

公布令语篇前部的公布语篇和后部的公布对象语篇(法规语篇)呈现的互文关系为解释关系。"解释关系指的是篇章互文中常见的一种'详细—简略'关

---

[1] 王志军.互文语篇理论视域下的语篇副文本系统研究:以学术著作语篇副文本系统为例[J].当代修辞学,2018(3):26.
[2] 王燕子.互文关系与文本意义的建构[J].西南农业大学学报:社会科学版,2012(10):123.

系,也就是主篇章中的成分'略',客篇章中的成分'详','详'对'略'起到一种解释的作用。"[①]公布语语篇与法规语篇的互文关系具体表现为:后部具体的法律、行政法规、规章是对公布语语篇中所述公布对象的阐释,后者为详:法律、行政法规、规章全文,如例(1)的生产安全事故应急条例的五章三十五条全文;前者为略:法律或行政法规、规章的名称,如例(1)的"《生产安全事故应急条例》"。总而言之,所有的公布令都采用这种略详式互文建构语篇。

需要说明的是,如例(3)这种极少数公布令互文语篇的层级关系与上文所论稍有不同,但其公布语篇和法规语篇互文关系本质还是一样的。

中华人民共和国国务院令

第 644 号

现公布《国务院关于修改〈全国年节及纪念日放假办法〉的决定》,自 2014 年 1 月 1 日起施行。

总理 李克强
2013 年 12 月 11 日

国务院关于修改《全国年节及纪念日放假办法》的决定

国务院决定对《全国年节及纪念日放假办法》作如下修改:

将第二条第二项修改为:"(二)春节,放假 3 天(农历正月初一、初二、初三)"。

本决定自 2014 年 1 月 1 日起施行。

《全国年节及纪念日放假办法》根据本决定作相应修改,重新公布。

全国年节及纪念日放假办法

(1949 年 12 月 23 日政务院发布 根据 1999 年 9 月 18 日《国务院关于修改〈全国年节及纪念日放假办法〉的决定》第一次修订 根据 2007 年 12 月 14 日《国务院关于修改〈全国年节及纪念日放假办法〉的决定》第二次修订 根据 2013 年 12 月 11 日《国务院关于修改〈全国年节及纪念日放假办法〉的决定》第三次修订)

第一条 为统一全国年节及纪念日的假期,制定本办法。

第二条 全体公民放假的节日:

---

① 徐赳赳.现代汉语互文研究[M].北京:北京师范大学出版社,2018:251.

（一）新年，放假1天（1月1日）；

（二）春节，放假3天（农历正月初一、初二、初三）；

（三）清明节，放假1天（农历清明当日）；

（四）劳动节，放假1天（5月1日）；

（五）端午节，放假1天（农历端午当日）；

（六）中秋节，放假1天（农历中秋当日）；

（七）国庆节，放假3天（10月1日、2日、3日）。

第三条 部分公民放假的节日及纪念日：

（一）妇女节（3月8日），妇女放假半天；

（二）青年节（5月4日），14周岁以上的青年放假半天；

（三）儿童节（6月1日），不满14周岁的少年儿童放假1天；

（四）中国人民解放军建军纪念日（8月1日），现役军人放假半天。

第四条 少数民族习惯的节日，由各少数民族聚居地区的地方人民政府，按照各该民族习惯，规定放假日期。

第五条 二七纪念日、五卅纪念日、七七抗战纪念日、九三抗战胜利纪念日、九一八纪念日、教师节、护士节、记者节、植树节等其他节日、纪念日，均不放假。

第六条 全体公民放假的假日，如果适逢星期六、星期日，应当在工作日补假。部分公民放假的假日，如果适逢星期六、星期日，则不补假。

第七条 本办法自公布之日起施行。

这则第644号中华人民共和国国务院令比起一般的公布令语篇多了一个层次的副文本语篇，即：

国务院关于修改《全国年节及纪念日放假办法》的决定

国务院决定对《全国年节及纪念日放假办法》作如下修改：

将第二条第二项修改为："（二）春节，放假3天（农历正月初一、初二、初三）"。

本决定自2014年1月1日起施行。

《全国年节及纪念日放假办法》根据本决定作相应修改，重新公布。

不过，其公布令语篇主副语篇的互文关系与其他公布令语篇主副语篇的互文关系本质上是一样的。

三、会话引发语"怎么称呼?"

会话分析理论告诉我们对答有四个重要的特征:"① 由两个或两个以上分属不同话轮的连续语句组成;② 这些语句分别由两个或两个以上的人说出;③ 语句的顺序是固定的,即引发语在前,应答语在后;④ 引发语和应答语相互关联,引发语对应答语的生成和选择有一定的制约作用,即引发语发出后,应该引发相应的应答语。"[①]特征④"一方面表明引发语对应答语的生成有强制力,即引发语发出后就期待有相应的应答语生成,否则就是一种结构上的缺失。另一方面,表明应答语的生成不是随意的,而必须在引发语所容许的几种应答语之内进行选择,否则将会被认为是不恰当的。"[②]比如,告别时一方说"再见",另一方也说"再见",是恰当的,可如果另一方的应答是"那人不漂亮""苹果是圆的"之类,则不恰当了,因为它们不是"再见"这个引发语所容许的应答语。"怎么称呼?"是汉语对答结构"询问——回答"类型中十分常见的引发语,那么它所容许的应答语有哪些?或者说和它相对应的应答方式有哪些?其出现情境、会话结构位置、会话功能如何?等等,本节拟对这些问题做些讨论,希望能为充分揭示汉语会话规律以及汉语修辞规律等提供有意义的借鉴。

(一) 会话引发语"怎么称呼?"及其变体形式

刘虹曾将汉语对答的类型概括为 15 种[③],"询问——回答"是其中的一种。"怎么称呼?"及其应答语属于"询问——回答"这种对答结构的一种具体的话语表现形式。

从会话分析角度来说,"怎么称呼?"是汉民族不熟悉的人之间交际想了解对方姓名等背景信息时比较常见的询问语。如:

(1)肖科平隔着门缝看见李缅宁带个女的回来,立刻坐不住了。她对小孩儿们说:"你们先吹哆来咪发嗦,我听听你们音准不准。"然后赶着来到李缅宁房

[①] 刘虹. 会话结构分析[M]. 北京:北京大学出版社 2004:104.
[②] 刘虹. 会话结构分析[M]. 北京:北京大学出版社,2004:105.
[③] 刘虹. 会话结构分析[M]. 北京:北京大学出版社,2004.

间,一脸是笑,对韩丽婷十分热情:"来啦? 李缅宁你快给人家倒茶。我那儿有苹果,你拿几个来给她削了皮吃——怎么称呼?"

她不时拿眼上上下下打量韩丽婷,见她其实是姿色平常的女人,更加亲切了。韩丽婷不知这位是干吗的,以为是李缅宁的女性血亲,于是也客气:"来了,姓韩。""噢,小韩。我姓肖,肖邦的肖,肖飞买药的肖。"(王朔《无人喝彩》)

作为"询问——回答"的引发语,"怎么称呼?"在日常会话中有多种变体形式,常见的如:

① "怎么称呼啊?"
② "怎么称呼你(您)?"/"怎么称呼你(您)呢?"
③ "你(您)怎么称呼?"
④ 礼貌询问词语"请问"+"怎么称呼?"/"怎么称呼你(您)?"/"怎么称呼你(您)呢?"/"我该怎么称呼你(您)?"/"你(您)怎么称呼?"
⑤ 称呼("大哥、先生、太太、师傅、同志"等等)+"怎么称呼?"/"怎么称呼你(您)?"/"我该怎么称呼你(您)?"/"你(您)怎么称呼?"

这里的称呼可以是泛亲属称谓,如"大哥"、"兄弟"等等;也可以是社会称谓,如"先生"、"同志"等等。

⑥ 称呼("大哥、先生、太太、师傅、同志"等等)+请问+"怎么称呼?"/"怎么称呼你(您)?"/"怎么称呼你(您)呢?"/"我该怎么称呼你(您)?"/"你(您)怎么称呼?"

"怎么称呼?"前加"请问"、泛亲属称谓或社会称谓在传递理性信息的同时,凸显了礼貌、情感因素。

"怎么称呼?"通常都是用疑问语气提出,属常规的询问,有时也可以用陈述形式提出,这种方式不如常规的询问那般直接,相对而言其询问婉转些。如:

(2) 谢谢太太,您帮了我们这么大忙,还不知道该怎么称呼您呢。
(3) 你看,聊了半天,还不知道怎么称呼你呢。

"怎么称呼?"的变体形式多种,言语交际中运用哪种表达式,要考虑对方的外部特征(如性别、穿着打扮、大致的年龄等)、交际环境,以及交际中了解到的相关信息等因素进行选择。

(二) 会话引发语"怎么称呼?"出现的情境与会话结构的位置

了解对方是汉语会话深入化的重要表现,陌生人交际知晓对方的姓名常常是了解对方的第一步。然而汉文化不鼓励与陌生人搭讪交谈,对小孩的教育常常是远离陌生人,不和陌生人说话。初次见面,一般场合的陌生人交际,或者说偶遇性交际,汉文化的特点是不主动向对方说出自己的姓名,而是隐藏个人信息,保护自己。陌生人交际常见的言语行为不是主动介绍自己,而是首先查询对方。因此不知对方姓甚名谁,想知道以便于具体称谓对方、进一步交谈之时,便会出现"怎么称呼?"这个引发语。而且这个引发语一般不会出现在会话的开头,而是出现在会话过程的某个时点上:招呼、搭讪、寒暄、攀谈之后,或者说一定的交流之后。也就是说在一般情况下,人们并不是一开口就直接询问对方的姓名等背景信息,而是在会话过程的某个时点上,才会有"怎么称呼?"这样的询问。例(1)王朔《无人喝彩》片段中的肖科平虽然看到前夫带回来个女子,心情很不平静,急于想了解对方,但也还是在招呼之后才说出"怎么称呼?"。这既是言语交际的礼节问题,也是对汉语会话结构规律、修辞规律的遵循。下例更为典型:

(1) 快走到小屯里,他找个叉巴道,准备绕过村去。朝北一蹚,离村半里来地,正好有条东西笔直的大道,道上还走着一个浑身是土的庄稼人。他紧走了几步,等前面的人一扭头,才看清这人三十来岁,于是,就很和气地问道:"借光!大哥,这是上大冉村去的道吗?"

那个人把脚步放慢,扭头瞅瞅他:"是啊,你到哪去?""我想进城,你是哪村的?"刘太生急走两步撵得和他并了肩。

"就是这村的。听语音你也是当地人哪?"

"是啊。我家在南乡,唐河沿上。你做什么活去?"刘太生就跟他闲聊起来。

"咳!我正浇着园,听说孩子放牲口把驴放跑啦,我去找一找。你这是打哪里来?进城干什么去?"他好像对刘太生的打扮感到奇怪,总是用眼角偷偷地打量他。

"家里老娘病了,到白城、白团接先生,都出门啦。想到大冉村再碰碰。不行,就豁着个钱进城请一位。"刘太生看到老乡的眼神有些不对,就漫天撒谎地说了一下。接着他又说:"怎么? 大哥,你看我这穿戴有点……"

"嘿嘿,没有什么。"

"我常春前秋后地进山赶个牲口。这穿戴还是在山里制买的呢! 只说家来换换季,没承想老娘病了,只好再将就几天!""咱是老乡,说真的,你这穿戴就是有点扎眼。哎,你常上山里去,那边八路多不?"庄稼人的最后一句话,说得声音很低,也很亲切。

"嗯?"刘太生又打量对方一下,觉得没什么问题,也就顺话题小声地说:"嗬! 可多着哪! 一进山,咱冀中的十八团二十四团都在,净是老乡。"

"十八团? 我兄弟还在上头呢! 你不进山啦? 要去,捎个信该多好! 我娘净念叨。他在二营六连,指导员姓曹,叫曹天池,是个细高挑,白净子,说话山西口音。"

"没有今朝有明日,多会儿进山,一定找你。大哥,你怎么称呼?"

"我叫何殿福,俺们老二叫何殿禄。你进村一打听,都知道。"

"行呵! 只要我进山,这事儿很容易,就在小祝泽过路,不用绕脚就把事问了、办了。"两人越说越投契,越谈越合辙。刘太生也就从侧面问了一句:"何大哥,咱这边有没有八路军?"①

这里八路军刘太生与村民何殿福的言语交际属典型的偶遇性陌生人交际。此次交际从刘太生的问话:"借光! 大哥,这是上大冉村去的道吗?"开始。刘太生用了向陌生人询问的客套话"借光",并使用了泛亲属称谓"大哥",使得自己的询问客气、礼貌、亲切,为和谐交际奠定了基础。一番攀谈之后,或者说随着交谈的深入,刘太生想进一步了解对方,于是在话轮交接到自己,说完"没有今朝有明日,多会儿进山,一定找你"时,很自然抛出想了解对方姓名等背景信息的会话引发语:"大哥,你怎么称呼?"而当对方以"我叫何殿福,俺们老二叫何殿禄。你进村一打听,都知道"作为应答语,刘太生便了解到了对方的姓名以及何家老二等相关背景信息,接下来的交谈称谓就方便了:从概括的泛称"大哥"变换为具体的称谓"何大哥",从而使交谈更加顺畅、更加融洽,也使交谈更加深入。此段会话典型地展现了会话引发语"怎么称呼?"的出现情境:想进一步了解对方时,以及在汉语会话结构中的位置:会话过程中的某个时点。

---

① 冯至.敌后武工队[M].北京:解放军文艺出版社,2009.

(三) 会话引发语"怎么称呼?"的会话功能

我们先讨论和"怎么称呼?"非常接近的一组会话引发语:"贵姓啊?""你叫……""你叫什么名字?""你是谁?",在此基础上明了会话引发语"怎么称呼?"的会话功能。

用"贵姓啊?"目的是通过了解对方的姓氏来称谓对方。其得体的回答是"免贵,姓×"。答"免贵,姓×","免贵"对应了对方的情感信息:对方对自己的礼貌、尊敬,"姓×"对应了对方的理性信息:询问自己姓什么。逊色一点的回答是只对应对方的理性信息(忽视了情感信息)的直接回答"姓×"或"我姓×"。有时面对"贵姓啊?"也可回答"敝姓×","敝"是谦辞,切合汉民族贬己尊人的礼貌原则。引发语"贵姓啊?",其应答语极其封闭,得到的只是对方姓什么的信息,提供称呼对方的背景信息量小。

用"你叫……""你叫什么名字?",得到的是对方的姓名信息,其应答语也是极其封闭,其应答语特别清楚明了:说出姓名即可,提供称呼对方的背景信息量同样小。如:

(1)"同志,你打仗怎么那样刁?"

"跟鬼子打仗,不刁棒点还行?!"

"我看过打仗的书,听过打仗的故事,就没有见过真杀实砍的。你今个算是叫我开眼啦!就是妖魔鬼怪碰到你,也得吓得蒙了台。<u>同志,你叫什么名字?</u>"

"<u>我叫刘太生。</u>"(冯至《敌后武工队》)

用"你是谁?",身份确认意味重,应答至少要提供姓名等较为完整的信息,该表达式较为直接生硬,不够礼貌。如:

(2)吴:我找过,上吊吊到一半地震了,楼塌了,腿砸折了!现在阴天下雨还疼呢!

白:那你就……(一时语塞,哭着拿头砸柱子)大哥,你还有什么办法没试过?

(吴走到桌边准备喝酒)

白:干什么呢!

(白摊出手来,吴放下酒杯,掏出银子给白)

白:喝吧。

吴(连喝两杯酒,坐下):<u>你怎么称呼啊?</u>

白:<u>小的姓白。</u>

吴(吃惊地站起来)：你就是传说中的盗圣白玉汤？

白(同样惊讶地后退，四下看看，压低声音)：你怎么知道的？人家都管我叫白展堂！ 你是谁？

吴：姓吴。

白：叫什么？

吴：名守义。①

"贵姓啊？""你叫……""你叫什么名字？""你是谁？"几种形式其应答语都较为具体、明确，封闭性强，引发语对应答语制约性强，而"怎么称呼？"其应答语相对开放些，引发语对应答语制约性相对来说弱些，应答者更具有应答的主动权，可只回答一个姓，也可回答一个全名(完整的姓名)，还可以在此基础上附加一些身份信息，如：职务、住址、单位、职业等。例(2)中吴守义问白展堂"你怎么称呼？"，白展堂只告知姓白，然而白展堂问吴守义"你是谁？"时，吴守义只告知姓吴，白展堂却不满足，仍然进一步问其名，由此亦可知"你怎么称呼？"与"你是谁？"等的应答语有异。

概而言之，"怎么称呼？"与"贵姓啊？""你叫……""你叫什么名字？""你是谁？"之类的表达式，其使用目的、表达功能不同。"贵姓啊？"需要得到的是姓氏信息，"你叫……""你叫什么名字？"需要得到的是姓名信息，"你是谁？"需要得到的是姓名等身份确认信息，而"怎么称呼？"需要得到的是多种可以选择的信息：可以是姓氏信息，也可以是姓名信息，更可以是在姓氏信息、姓名信息基础上附加的其他身份确认信息，换言之"怎么称呼？"包容了"贵姓啊？""你叫……""你叫什么名字？""你是谁？"之类的表达式。如：

(3) 刘茂林没有坐，他觉得来的这个土头土脑的人，说话气挺粗，也就减了三分锐气，话语稍放缓和些："好吧，只要我办得到，尽量地办。你贵姓？怎么称呼？"他的嘴里虽然在说话，心里却翻来覆去地想："不论是谁，只要有两人拿枪在房上一压，底下有多少家伙，也难施展……"

"我叫韦青云，东王庄的。抗日救国的道理，刘先生比我知道的多。总起来，一句话，我们要打鬼子，枪不多；你家有枪，请拿出来，让我们用它抗日去。"②

例(3)中刘茂林连问了"你贵姓？""怎么称呼？"这两个问题，但韦青云并未回答"你贵姓？"，而是针对"怎么称呼？"回答了自己的姓名(这自然蕴含了自己的姓氏信息，间接回答了"你贵姓？")，并提供了是哪儿人的身份信息。由此可

---

① 《武林外传》剧本.

② 冯至. 敌后武工队[M]. 北京：解放军文艺出版社，2009.

见"怎么称呼?"包容了"你贵姓?"等表达形式的话语信息内容。

汉语交际中的称谓受"'长幼序、尊卑不同'和'亲疏不同、内外有别'"这两大反映着人伦规范的伦理观念的制约①,是建立在对对方姓名、职业、职务、身份地位、亲属关系等认知的基础之上的,生人交际缺乏正确称谓对方的认知条件,因而"怎么称呼?"的问语便自然产生。"怎么称呼?"目的是让对方提供称谓他的相关信息(或直接告知如何称谓他),以便通过这种相关信息的提供找到对对方的恰当称谓,从而融洽情感,建立恰当的联系,以恰当的会话方式展开会话,深化会话。总而言之,祈求提供称谓认知要素(或告知称谓),就是会话引发语"怎么称呼?"的会话功能。

(四) 会话引发语"怎么称呼?"的应答语及其应用

"怎么称呼?"的应答语有多种,可以选择的回答有多个,但最基本的应答形式只有四种。

第一种形式:姓(我姓)＋×

×为具体的姓氏,如:吴、李、王、刘、陈、谢、欧阳。

言语形式为"姓吴","我姓吴"之类。

第二种形式:直接报出姓名

或者前加"你(您)好"等礼貌言辞,言语形式为"我叫×××","你(您)好,我叫×××。"

第三种形式:我叫×××,叫我××好了。

如,"我叫陈海东,叫我小陈好了"。

第四种形式:我叫×××＋简单介绍自己的身份信息

我叫×××＋根据对对方的暂时认知、初步认知,推测对方所需,提供相关身份信息,例如:"也是无为人,一院的医生,在法院工作,××的父亲",等等。

言语形式如"我叫马良海,是名医生","我叫苗培玲,这里的实验中心主任"。

第三种形式和第四种形式便于别人称谓,这两种应答语,特别是第三种应答语,直接告知如何称谓,避免了对方某些时候寻找合适称谓的踌躇、艰难,尤其切合"怎么称呼?"的真意所在。

"怎么称呼?"可以选择的应答语有多种,引发语发出者或者说询问者用这

---

① 姚亚平. 现代汉语称谓系统变化的两大基本趋势[J]. 语言文字应用,1995(3):97.

种句式询问能使对方依据自己的目的灵活回答,让对方更具有会话的主动权。不过有时引发语发出者的真正目的若是对方的身份信息,而不是简单的姓或姓名,此时制约性弱,相对来说自己就处于被动地位了,极有可能达不到自己的真正目的。

对于"怎么称呼?"的应答语,我们可以从两个角度来观察:

1. 从应答者角度看

目的角度。应答者如果不介意引发语发出者知道自己的姓名,一般可直接回答自己的姓名(如"我叫王玲")或姓×名×(如"我姓唐,名振亚")。如果不想让引发语发出者知道自己的姓名,则可直接回答"我姓×",让对方称呼自己"小×,或老×",或以职业相称,如"×老师、×医生",等等。不过主动告知对方如何称呼自己勿忘遵循礼貌原则,如:

主持人:怎么称呼?

出租人:姓栾,栾先生。

"先生"是个尊称,出租人用"尊己"的词语称谓自己,让别人称呼自己"栾先生"非常不妥,因为它和汉民族贬己尊人的人际交流礼貌原则相违背。

年龄、辈分、关系角度。当引发语发出者的年龄比应答者大、辈分比应答者高时,应答者应该谦卑些,应该注意礼仪和尊重之情,可以回答"我姓王,(或我叫××),您直接喊我小王就行了"、"您叫我小×就行了"、"领导您好,我叫××,您叫我小刘就好"之类,这样无形间拉近了与长者、长辈的距离,给对方谦逊、识礼之感。

回答同辈或年龄相仿的人时,应答者可以直接回答"我叫××";"叫我××就行了",如"喊我小亮(昵称)就行了",等等,较为正式的场合还可以加上全名,如"我叫王亮,你可以喊我小亮"之类。

回答晚辈、年龄比自己小者,应答者可以面带微笑,语气亲切地说"可以喊我小亮哥""我姓王,叫我王姨吧"之类,让对方知道应答者辈分的同时,又觉得应答者和善可亲。

总之,既要体现出年龄、辈分、关系差异该有的礼仪,又要通过自己的回答让引发语发出者明了该怎么称呼自己。

2. 从引发者角度看

"怎么称呼?"的应答语有多种,应答者可以选择的回答有多个,这其中相对引发者而言有如意、不如意应答。

如意应答,就是满足了自己的交际所需,即根据对方提供的相关信息,能恰当称呼对方。不如意应答,就是对方信息不足,无法恰当称呼对方。无疑第三种形式属如意回答,第四种形式一般来说也属如意回答。第一种形式和第二种形式则不然,有的时候引发语发出者根据特定的情境信息,或临时获悉对方的某个、某些信息,在了解了对方的姓氏信息、姓名信息后能恰当称呼对方,但有时对对方一无所知,也无法依据特定的情境信息,依照第一种形式和第二种形式就无法恰当称呼应答者了。也就是说,类似"我姓王""我姓王,我叫王海波"的应答对引发者而言有时并非最佳,因为前者是对"姓什么",后者是对"叫什么名字"的回答,引发者有时依然不知如何称呼应答者。应答者只告诉引发者一个姓,或者一个名,如果引发者知其职业、职务什么的通常还可以比较轻易地称谓之,如"张老师(医生、局长)",可是如果不知其职业、职务等,往往只能很概括地用通称称之"张同志、张先生、张女士"什么的,如果不是这么概括地泛称,则可能形成交际障碍。可是汉语较严格意义的通称或曰泛称(指一般不严格区分被称呼者的年龄、职业、身份等,在社会上广泛使用的称谓语)又很少,"大体算起来汉语中的通称不过以下几个:同志、师傅、朋友、先生、小姐、女士、太太。但是,它们并不像英语中的'gentleman'和'lady',这两个词是几乎可以完全不看受话人的年龄、身份、婚否等条件的,只要能分出男女就可以使用而不会有不稳妥之处的。而汉语的通称则被给予了太多的限制:'同志'的政治色彩太强,经过了文化大革命的'洗礼'只适用于政界与官场了。'师傅'从工人中来,又回到工人中去,始终脱不去'劳动人民'的外衣。'朋友'则带上了江湖的味道,不是'良民'所习用的。至于'先生、小姐'之类,由于其从出生就带着贵族气,使它们不能为广大的普通民众所接受"。① 所以,引发者有时只能猜测、试探着称谓对方,希望选择到一个符合应答者的实际身份、得到应答者认同的称谓语,不过,这往往是相当不容易的。

中央电视台综艺节目《了不起的挑战》有一期中有这样一个场景:

尼格买提:"首长好!"

首长:"你好!"

尼格买提:"您怎么称呼?"

首长:"免贵姓顾。"

尼格买提:"顾、顾排长。"

---

① 凌凤. 让我怎么称呼你,陌生人?——生人称谓问题浅析[J]. 哈尔滨市经济管理干部学院学报,2004(3):77-78.

首长:"指导员。"

这位指导员面对"您怎么称呼?"的回答"免贵姓顾",是不符合汉语会话结构规律、不符合汉语会话修辞的,因为别人没有问你"贵姓啊?"而是问你"怎么称呼","免贵"无从谈起,这个回答是典型的所答非所问。从会话分析角度而言,"免贵姓顾"是引发语"贵姓啊?"的应答语,而不是"您怎么称呼?"的应答语。只是"您怎么称呼?"的应答语可以是只答姓,所以这位指导员有了这样的"迁移性"错答。其实尼格买提对这个问题的期待回答不仅包括姓氏,还应有身份、职务等信息。如果这位指导员回答"我姓顾,是这里的指导员",或者"我姓顾,你可以称呼我为顾指导员",就会避免后面关于排长的猜测了,从而使交际更顺畅地进行下去。这里只说姓氏的回答相对尼格买提来说,就只能是不如意回答了。

"你怎么称呼?"这个会话引发语使用的目的是为了获得受话人的相关身份认知信息,从而正确、恰当地称谓对方,以便更好地交流。所以一般来说应答者应该结合自己的身份、交际情景等,尽量提供给引发者便于称呼自己的信息。

通常认为称呼的功能有两个:第一,定位功能。反映说者和听者的话语角色、社会关系;第二,情感功能。反映说者对听者的肯定或否定的心理反应,或者说情感态度。因此称谓别人,需要了解些别人的背景信息,一无所知往往不好称谓;从情感态度方面而言,太冷淡、太亲热、太谦卑都不好,所以常常有个选择的问题。面对"你怎么称呼?"的询问,应答者回答得越具体(类似于极其简单的自我介绍),引发者越好称谓你,告知如何称谓那当然就更好了,这也是引发语发出者所真正需要的。

四、构式"你才×呢"

构式"你才×呢"属于应答句式。所谓应答句式是指只用做应答句或在应答句中有特定意义和用法的句式。"与应答词语句不同,应答句式可以而且必须前加、后加或中加句子成分。这种依托引发句生成的有标记的应答句式数量并不少,但又相对封闭,可以列举,形成一个具有理论价值和应用价值的类聚。"①构式"你才×呢"就是应答句式类聚的样本。对此构式,尹世超(2008)、唐雪凝(2011)等都做了些讨论,本节在他们研究的基础上作进一步探讨。

(一) 构式"你才×呢"的原型与变体

1. 原型

构式"你才×呢"其实是个集合,它包括了:"你才×呢""你才×""你才是×""你才是×呢""您才×呢""你××才×呢""你××才是×呢"等等表达格式。"你才×呢"最为典型,使用频率也最高,因此我们将其当作原型,其他形式则当作变体。如:

(1) 秀才:幼稚,相当的幼稚。

豆豆:是是是。

小贝:你才幼稚呢。②

(2) 队员:队长,你一天不吃不喝的,是不是想马兄弟呢?

赵震天:你才想呢!③

(3) 大嘴(感动状):兄弟,啥话不说了,全在心里。

秀才:这种心情就像当年的八戒离开高老庄。

大嘴:可不是。(忽觉不对)你才八戒呢。④

(4) 2015年3月26日晚,崔永元参加了由复旦大学新闻学院组织的"新闻大讲堂",并发表题为《班门弄斧转基因》的演讲。在演讲的提问环节,崔永元与复旦大学卢大儒教授发生了口舌之争,其中有这样的对话:

……

卢:你今天是来讲转基因的,你不讲转基因,我还会和你争论吗?

崔:莫名其妙!

卢:你才莫名其妙呢!

例(1)~(4)应答句"你才×呢"通过复述引发句中的关键词语、焦点词语(应答者不认可的词语,需要否定的词语),以其人之道还治其人之身。例(1)~(4)"你才×呢"中的"×"是直接重复对方话语中的词语,其语形和对方的相同,这种形式的最为常见;"×"也可以是应答者对对方话语中不认可词语的内容概

---

① 尹世超.应答句式说略[J].汉语学习,2008(2):15.
②④ 《武林外传》剧本.
③ 电视剧《地雷英雄传》第3集.长城影视2015年出品.

括,并非是不认可词语的直接重复,其语形和对方的不同,如:

(5) 叶宇飞:你一个通共分子,怎么能证明?

何琳:你血口喷人,你才是共产党!①

2. 变体

构式"你才×呢"从结构上说,包含有主体部分和陈述部分,其变体形式可以是陈述部分的变化,也可以是主体部分的变化。

着眼于陈述部分。构式"你才×呢"的变体形式有"你才×""你才是×""你才是×呢""你才真正是×"等表达形式。如:

(6) 郭芙蓉:掌柜的,哎,你也开始化妆了? 哇,通红两腮,你好像猴子屁股啊。

佟湘玉:你才好像猴屁股,你还是猴头猴脑猴爪子。②

(7) 李大嘴:知道怕就行了啊,以后说话注意一点儿,别老没大没小,不知道轻重。

佟湘玉:你才不知道轻重,这都多少天了,一顿像样的饭都没做过,你到底想干啥?③

(8) "老陈,少说废话,否则我叫你傻瓜了!""傻瓜? 你才是傻瓜! 你懂得什么叫终生不渝的友谊吗?"④

(9) 白眉:且慢,且慢,且慢! 我来是提醒你们一件事儿啊。

掌柜:提啥醒嘛?

白眉:你手里牵的那个小姑娘,她是个妖孽。

(掌柜的、秀才松手)

小贝:你才是妖孽呢!⑤

"你才×呢"构式陈述部分"×"从语法属性来说可以是谓词性词语,如例(6)"好像猴屁股";例(7)"不知道轻重",也可以是名词性词语,如例(8)"傻瓜"、你(9)"妖孽";从信息内容来说为应答者不认可的引发句中的内容,其语词形式为引发句中的相关词语(不认可的词语)。

着眼于主体部分。构式"你才×呢"其主体部分原型成分为"你",变体成分有:"你妈""你他娘的","对方姓+职务""你+对方的称谓""您"等。如:

(10) 这是他第一次抢劫,略显紧张的他不断重复着:"小姐,打劫。"突然他

---

① 电视剧《反击》第21集.上海新文化传媒集团股份有限公司等2013年出品.

②③⑤《武林外传》剧本.

④ 王晓波.绿毛水怪[M].长春:时代文艺出版社,2009.

看到路口站着一个女人,鼓足勇气他走上前:"小姐……"话还没说完女人扇了他一耳光:"你妈才是小姐!"他吓得哆哆嗦嗦地说:"对,对不起,打,打劫。"女人又扇了他一耳光:"你妈才是大姐!"

(11) 窘子狼:站在别人的角度想一想,如果是日本人的话,……

牧良逢:你他娘的才日本人呢,……①

(12) 关静山:"说到头儿还是七老爷财大气粗!小本经营的来这么一下子就倒闭了,七万两啊!我这军需官还得靠您这大财主啊!"

景琦:"别开玩笑了,关旅长才真是财大气粗呢!"②

(13) 20世纪30年代的老电影《女儿经》中两位女性的对白:

甲(蝴蝶扮演):多年不见,你越长越漂亮了。

乙(徐来扮演):英姐姐,您才更漂亮呢。

构式"你才×呢"因主体形式的不同,会导致附加意义和情感色彩的不同。例(5)、(6)因"你妈""你他娘的"而使句式带上了骂詈色彩,例(7)的"关旅长"是"对方姓+职务"形成的称谓,因间接指示,淡化了由原型"你"而带来的强烈的否定意味。此处"关旅长"也可以说成"你关旅长"或"关旅长你"这个同位结构形式,作用相同。而例(13)用敬称"您"更是弱化了该句式的否定意味。

(二) 构式"你才×呢"的基本特征

构式"你才×呢"基本特征可以概括为以下四方面:

隐性否定应答。"你才×呢"是对引发句所做的否定性应答,不过形式上并不带否定词,因此是隐性的否定。"你才×呢"隐含着"我不×",它是对引发句蕴含的"接受者是×"的否定。如:

(14) 野山青:你说像咱俩这样不起眼的人……

一枝梅:你才不起眼呢,……③

此例引发句蕴含着"一枝梅是不起眼的人",一枝梅不认可此,回击对方"你才不起眼呢",这句应答隐含着"我一枝梅可不是不起眼的人",这个隐含是一种否定。

申辩性应答。通过表申辩、辩驳语气的副词"才"强调"我不×","你×",构成具有申辩、反驳意味的应答。上例"你才不起眼呢"这句应答表层含义是"你

---

① 电视剧《狼烟遍地》第8集.浙江横店影视制作有限公司等2013年出品.
② 电视剧《大宅门》.中央电视台影视部等2001年出品.
③ 电视剧《野山鹰》第24集.原石文化传媒股份有限公司等2015年出品.

野山青是不起眼的人",其深层含义,同时也是真意所在却是"我一枝梅可不是不起眼的人",其深层含义是一种申辩、一种反驳。语气词"呢"稍稍舒缓了辩驳的生硬性。

对比性应答。"你才×呢"蕴涵着否定与肯定的对比,一种语形表达否定与肯定两种对立的意义,即:我不×,你×。"你×"是显性的,直接呈现于话语形式表层,"我不×"是隐性的,隐藏于话语形式的背后,二者形成一种对比。"我不×,你×"从语用角度而言也可以说表达的是两种认知、两种态度,这两种认知、两种态度是不相容的析取关系,肯定"你×"可以推导出否定的"我×",即"我不×",如此"你才×呢"蕴涵着如下的语用推理:

要么你是×,要么我是×。(前提:隐含)
你(才)是×。(前提:呈现)
所以,我不是×。(结论:隐含)
这种语用推理大体可用数理逻辑表达式刻画为
(p∨q)∧¬(P∧q)
P

¬q

由此亦可见,"你才×呢"的形成本质上是语用推理在特定话语形式上凝固的结果。

回述型应答。通过"你"、通过"才×"将应答者不认可的语义内容("×")反弹给对方。如上例应答者将不认可的语义内容"不起眼"反弹给了引发句表述者"你"(野山青)。

据此我们可以认为构式"你才×呢"为回述型申辩对比性隐性否定应答句式。

(三)"你才×呢"的构式义、表达功能及其运用

1. "你才×呢"的构式义

"你才×呢"构式关键成分为语气副词"才"和第二人称代词"你"。"才"为表达式的固定成分、共有成分,表示申辩、辩驳语气,激切的态度。"你"为表达式的半固定成分(上文展示的"你"的变体形式其实是"你"的部分引申、延伸,指向的依然是与我对立的对方)、共有成分,指称引发句表述者,以此构成应答者与引发句表述者"我"与"你"的对立,也就是拉开应答者与引发句表述者的人际

距离或者说心理距离。清代文康著《儿女英雄传》中的一个实例为"你"的作用作了精彩的注释。该书最精彩的部分要数十三妹何玉凤大闹能仁寺了。能仁寺是一座凶庙,寺中僧人专门干那杀人越货、奸淫妇女的勾当。安公子误入能仁寺,十三妹匆匆赶来相助,与该寺的王八媳妇(一个为寺中恶僧做帮凶的四十多岁的胖女人)有了这样的几句对话:

"要提起人家大师傅来,忒好咧!……"

"天天的肥鸡大鸭子,你想咱们配么?"

那女子(十三妹)说道:

"别咱们!你!"

"别咱们!你!"干脆利落地将自己与对方划清了界限,一个"你"字构筑了彼此的人际范围,形成了彼此的人际距离:你是那种人,我不是!胡适先生对"别咱们!你!"特此评论说:"这四个字多么响亮生动!"①

在会话过程中,应答者不认可引发句相关内容,用"你才×呢"表达式,通过"才"进行申辩、反驳,通过"才"与"你"、表达式变项"×"的组合隐性否定引发句相关内容,通过与应答者对立的第二人称"你"回述引发句相关内容于对方。如:

(15) 吕秀才:(笑)得了吧,谁不知道你郭芙蓉坏呢。

郭芙蓉:你才坏呢。②

会话中郭芙蓉不认可吕秀才对自己的评判:坏,以"你才×呢"将自己不认可的评判"坏"返还给对方("你坏"),通过辩驳做了否定性应答("我不坏")。

由此我们将"你才×呢"基本构式义概括为:回述否定,其含义为"我不是×,你是×"。"你才×呢"基本构式义"回述否定"其实是对"谁是×?"问题的回答,即"你说我是×,我不是×,你是×。"有时应答句式"你才×呢"还会有个前引句"你说谁是×?""谁是×?"等可以作此旁证。如:

(16) ……

乔燕:梁樱桃作风有问题。

梁樱桃:你说谁作风有问题?你才作风有问题呢。③

(17) 我当然不去,我说:"文成,你是夏家的后人,你可不敢干这地痞流氓的事!"文成说:"谁是流氓?你才是流氓!你不去了拉倒,但你要坏我们的事你小

---

① 胡适.书评序跋集[M].长沙:岳麓书社,1987.
② 《武林外传》剧本.
③ 电视剧《与狼共舞(二)》,第10集.江苏艺星影视文化传播有限公司 2014 年出品.

心着!"①

当然这种回述否定有强否定和弱否定之别,这和"你才×呢"表达式的所属类型有关,详见下文的讨论。

唐雪凝将"你才×呢"基本构式义概括为"否定",和我们的概括有所不同。她认为"从构式上看,'你才×呢'强烈的否定义正是来自'你'。"②她援引张新华③的论述加以论证:"你"是强指示词,其功能包括两方面:一是唤起对方,二是与之对话,二者构成"你"的对话性。从文化心理看,"你"作为第二人称直指对方,有"直接指斥"作用,"你"直称对方是不礼貌的。而且"你"的作用在对话中是唤起受话与之对话。这个"唤起"即吕叔湘先生所说的"直接指斥",因为用"你"唤起,有指着鼻子的突兀,是不礼貌的真正原因。④我们认为唐雪凝的观点不完全正确:第一,"你才×呢"不都是表达强烈的否定义,也有表达弱否定义的;第二,构式的否定义跟"你"有关,跟"才"也有关,构式成分共同作用的结果,不是某一个成分使然。

2. "你才×呢"构式的表达功能及其运用

对"你才×呢"构式表达功能的认识现有的研究较为一致。尹世超认为"这种应答句反驳对方关于听话人带有负面意义的话,说对方才如他自己所说的那样"。⑤ 唐雪凝认为"你才×呢"的引发句"对应答人有指责甚至诬蔑等不利预设,应答人以此句式予以反驳从而进行否定"。⑥ 我们认为"反驳对方关于听话人带有负面意义的话""反驳指责甚至诬蔑等不利预设",表现强烈的否定态度是"你才×呢"构式的重要表达功能,而非唯一表达功能。尹世超、唐雪凝等所论其实只涉及"你才×呢"构式的一种类别,也是主要类别:回诘式表达式。"你才×呢"构式还有另外一种类别:回誉式表达式。这种回誉式表达式不是对"负面意义的话""不利预设"的反驳,表现强烈的否定态度,恰恰相反,它是对有利于自己的话语、称赞性话语的回应,表现比较弱的否定态度。类别不同,表达功能有异。

回诘式表达式及其表达功能与运用。回诘式"你才×呢"表达式是对对方

---

① 贾平凹.秦腔[M].北京:人民文学出版社,2019.
②④ 唐雪凝.应答句式"S才×呢"论析[J].云南师范大学学报(对外汉语教学与研究版),2011(2):42.
③ 张新华."你这个NP!"的表达功能研究[J].世界汉语教学,2005(4).
⑤ 尹世超.应答句式说略[J].汉语学习,2008(2):18.
⑥ 唐雪凝.应答句式"S才×呢"论析[J].云南师范大学学报(对外汉语教学与研究版),2011(2):41.

关于自己带有负面意义话语的回击辩驳。所谓负面意义话语也可以理解为贬斥性话语。当意识到对方的话语对己有贬斥性评断,用"你才×呢"直接重复引发句中不认可的词语(包含贬斥性意义的词语),作回击性回驳,将贬斥性评断态度强硬、语气强烈地返还给对方。如:

(18) 郭芙蓉:算了算了,这小妮脾气大。

吕轻候:没念过书都这样。

莫小贝:你才没念过书呢!①

"没念过书"往往意味着没文化、没教养、没礼貌等,这对莫小贝来说当然是贬斥性评断,她反感这个评断,或者说不认可这个评断,所以用"你才没念过书呢!"直接将它返还给吕轻候,语气强烈。需要说明的是这种"贬斥性评断"的认识源自表达者特定情境下的特定认识,不一定就是语言的真正贬斥意义的反映。如:

(19)"是是,我发现了。"元豹捏搓着太阳穴说。"冒昧问一句,你是会员吗?"白度蓦地停住,回头盯着元豹,爆发:"你才是会员呢。"②

有时在"×"前加"是、真、真正"等强化返还的贬斥性评断,如:

(20)"我就看不惯咱们的生活方式!没有本事没能耐过上好日子就罢了,还口口声声地说什么'平实',无聊!""你才是真正的无聊!"男人重重地甩出一句话,摔门而出。(《读者》合订本,北大语料库)

(21) 因为有了好消息,如意一下活泛起来,说,丽芳,年咱都没过好,没酒没菜的,只吃速冻水饺,我对不起你,咱干脆出去好好吃顿饭庆贺一下,也把四清明英叫着。刘丽芳抿嘴一乐说,看你,一得意就翘起来了。如意说,你说流氓话喽。丽芳脸一红,打他一拳说,你才是真流氓!③

值得注意的是回诘式"你才×呢"表达式一般都是对对方关涉自己带有贬斥性话语的回击辩驳,但有时贬斥性话语并不是关涉自己,而是关涉他人的。这种"他人"或者说第三者是应答者认同的,或者临时认同的、暂时认同的,因此可以认为应答者此时与第三者是临时或暂时组成的"我方"。此时的"你才×呢"和平常的"你才×呢"本质上并没有什么不同,所以我们不加区别。如以下两例:

(22)(冬菊准备嫁给土匪头子林振海,其真实目的是争取他,李彪和王一刀由此产生的对话)

---

① 《武林外传》剧本.

② 王朔.千万别把我当人[M].昆明:云南人民出版社,2004.

③ 徐辉,苗秀侠.农民工[M].合肥:黄山书社,2010.

李彪:冬菊她是想为抗日做点事。

王一刀:美人计啊。

李彪:你才美人计呢。①

(23)祝无双:"他怎么会是这样子的人。我是瞎了眼了,他到底有什么好的?"

莫小贝:"人家不光有学问,还有大智慧,大智慧。"

祝无双:"哦,叫个小孩子来英雄救美,这就是大智慧?吃错药了。"

莫小贝:"你才吃错药了。"

祝无双:"你……"②

回诘式"你才×呢"表达式是一种强否定。对方的话语,对方话语的中的关键字眼强烈地刺激了表达者,令表达者不满,让表达者生气,惹恼、惹怒了表达者,此时表达者用此表达式还击,将对方归类于对方设定的类别。情感激烈、情绪激动之时,可能还会演变为骂詈。如:

(24)陆小虎气呼呼地说:你来干什么?俺现在看见老万家的人就来气!万福笑笑:等一会儿你就没气了!陆小虎恶狠狠地说:你才没气了呢!老子有的是气!③

万福来给陆小虎送礼:陆小虎喜欢的毛料中山装,所以说"等一会儿你就没气了"——不生气了。可"没气了"又是"死了"的委婉语,所以刺激了陆小虎,他于是拈出对方的话语"没气了",用"你才没气了呢"回击对方。

上文我们说了主体部分为"你妈""你他妈""你他娘"等变体形式,因这些变体形式本身就是国骂,更增添了表达式的骂詈情感。如:

(25)窖子狼:我在,他死了。

牧良逢:你他娘的才死了呢,……④

近年来颇为流行的表达式"你才是×,你全家都是×",其中"你才是×"因"你全家都是×"的配合强化了表达式的骂詈情感。2006年热播的章回体古装情景电视喜剧《武林外传》中的莫小贝因别人说了句"莫小贝你是个早熟的孩子!"她立即回了句:"你才早熟!你全家都早熟!"这就从一般的不满演变为骂人了。

回诘式构式"你才×呢"的运用属冲动者的行为。其使用有性格差异,一般

---

① 电视剧《锄奸》第5集,辽宁七星影业有限公司2010年出品.

② 《武林外传》剧本.

③ 叶炜.福地[J].人民文学,2016(2).

④ 电视剧《狼烟遍地》第12集.浙江横店影视制作有限公司等2013年出品.

来说快人快语、直率任性、大大咧咧的人,犟脾气的人,说话没大没小、不知轻重的人好用。电视剧《野山鹰》中的女主角野山鹰和客栈老板一枝梅都是快人快语、直率任性、大大咧咧的人,犟脾气的人,因此好用此表达式,如:

(26) 苏海棠:"现在可是人赃俱获。"

野山鹰:"什么赃啊,你才赃呢!"①

(27) 团长:我告诉你别胡闹了!

野山鹰:你才胡闹呢!②

(28)(一枝梅要背自己的心上人野山青)

二师兄:光听说过猪八戒背媳妇,没听说过媳妇背猪八戒。

一枝梅:你这个兔崽子,你才猪八戒呢。③

《武林外传》中的莫小贝是个幽默搞怪的角色,说话没大没小、不知轻重,也好用这个表达式。

回诘式构式"你才×呢"运用于一致关系(平等关系),因刺激而生气,几乎于吵架、拌嘴,已无礼貌性可言;运用于权势关系中,以弱势对强势,无尊卑、上下、长幼,更是失礼。回诘式构式"你才×呢"偶尔因斗嘴而生趣,近乎于调情,属信息重复、废话不废了,如:

(29) 吕秀才:啊?(笑,剥)你真坏.

郭芙蓉:我坏?我通过这次这件事儿,(笑)我觉得你也挺坏的。

吕秀才:(笑)得了吧,谁不知道你郭芙蓉坏呢。

郭芙蓉:你才坏呢。

吕秀才:你才坏。

郭芙蓉:你更坏。

吕秀才:你更坏。

郭芙蓉:你坏你坏(扔了玉米)你最坏!

吕秀才:你坏你坏没人比你坏!

郭芙蓉:呀,看来你还真是觉得我很坏啊?

吕秀才:是这样的呀,女不坏男不爱。

郭芙蓉:什么意思啊?

吕秀才:你坏嘛,我才喜欢你啊。④

---

① 电视剧《野山鹰》第11集.原石文化传媒股份有限公司等2015年出品.
② 电视剧《野山鹰》第15集.原石文化传媒股份有限公司等2015年出品.
③ 电视剧《野山鹰》第20集.原石文化传媒股份有限公司等2015年出品.
④ 《武林外传》剧本.

回诘式"你才×呢"是不恪守礼貌原则的,因为它不给对方留面子。"Brown 及 Levinson 指出,面子实际上是一系列只有他人才能满足的想法和希望。面子可分为两类,一类是消极面子(Negative Face),即不愿被对方反驳的希望,一类是积极面子(Positive Face),即希望得到对方的同意、认可或赞许。"①回诘式"你才×呢"为直接反驳,直接不认可对方,表现的是不礼貌的态度。如果用于权势关系,用"你"称呼对方更是强化了这种不礼貌。曹禺名作《日出》中有一个人物叫李石清,他本是大丰银行的小职员,后来大丰银行总经理潘月亭把他提升为银行襄理,但他当上襄理后就有些狂妄了,对潘月亭直呼其名"月亭",把"您"改为"你"了,语气上缺乏礼貌和尊敬。后来潘月亭解除了李石清的襄理职务时对他说:"你以后没事可以常到这儿来玩玩。以后你爱称呼我什么就称呼我什么,你叫我月亭也可以;称兄道弟,跟我'你呀我呀'地说话也可以;现在我们平等了。"可见,李石清用"你"称呼,抹杀了两人之间的等级地位差别,令潘月亭不快。

回诘式"你才×呢",语气生硬,带有攻击性,是典型的顶嘴形式。因为是直接重复对方的话语,所以辩驳力量不强,缺乏智慧含量。它不是以理服人,更多的是释放不快的情绪,敢于表达不满而已。因此要慎用此表达式。

在五届奥运比赛中,获得了 11 枚金牌、4 枚银牌、1 枚铜牌,创下 30 多项世界纪录,被《卫报》称为"英国最伟大的残奥运动员"的谭妮,曾经接受英国记者采访,记者问了她这么一个问题:"你坐在轮椅上,一定觉得自己是一个悲剧吧?"这是一个让人生气的问题,可谭妮没有像莫小贝一样来个"你才觉得自己是一个悲剧呢!"或"你才是个悲剧呢!"她的回答是一个同构意类的反问:"你作为一个记者,一定觉得自己是一个悲剧吧?"这个反问很有智慧:你不会觉得自己是一个悲剧,我和你一样也不会觉得自己是一个悲剧。含蓄委婉,不像"你才觉得自己是一个悲剧呢!"或"你才是个悲剧呢!"过于直白、生硬,无礼。这里她为什么不回答"你才觉得自己是一个悲剧呢!"或"你才是个悲剧呢!"这或许跟她的涵养、性格等极有关系。

回誉式表达式及其表达功能与运用。回誉式"你才×呢"表达式常见的形式为"你才是×(呢)",是对对方肯定性、积极性话语,或者说称赞性话语的礼节性否定。应答者将有利于己的话语回敬(回报对方的敬意)对方,做回誉性应答,这是一种弱否定。如:

---

① 陈融.面子·留面子·丢面子:介绍 Brown 和 Levinson 的礼貌原则[J]外国语,1986(4):17.

(30)甲:你是一位真正的科学家。

乙:你过奖了,你才是真正的科学家!

(31)……,你是一员虎将,我在你身上看到中国革命胜利的原由,看到世界无产者必然摧毁这个旧世界的巨大力量。许世友说,我只会猛打猛冲,你才是一个文武全能的帅才。巴卢库说,有一天我请你到我们那里去指挥战争……①

(32)在新加坡总统慈善画展开幕式上,姚笛被邀为上宾。当主办人将姚笛介绍给王鼎昌总统时,姚笛笑着说:"总统也是指挥家。"王总统忙说:"你才是真正的指挥家。"一番对白,引起了在场众多贵宾惊讶的目光。②

(33)分手那天,曾荣苟口称"老师",他俩对曾荣苟说:"你才是我们的老师哩!"③

以例(30)来说,甲称赞乙是一位真正的科学家,同样作为科学家的乙面对这种称赞他不能采用西方人好用的接受称赞并表示感谢的策略,因为他与甲都是中国人,必须采用我们中国人好用的否认和自贬的策略来回应称赞,否则就不得体了。乙运用了"你才是×呢"表达式,意即:我不是真正的科学家,你是真正的科学家,否定、自贬自己,同时将称赞返还对方,话语非常得体。当然,此时应答者并不真正否定自己,此时的否定只是一种礼节性的否定,我们称之为"弱否定"。这种弱否定是一种谦逊,这种对别人称赞的反应切合我们汉民族卑己尊人的传统文化精神,是符合礼貌原则的。例(31)~(33)亦如此。

回誉式"你才×呢"表达式常在"×"前加"是、真、真正"等强化自己与对方的差异,以使否定更为合情合理,如例(32)。

回誉式"你才是×呢"构式义能否与回诘式一样概括为"回述否定"?答案是肯定的。原因如下:

第一,回誉式和回诘式一样,×源自表达者,构式通过"你"与"才"将×反弹给对方("你是×"),具有回述性。

第二,回誉式和回诘式一样,否定自我("我不×"),肯定对方("你是×")。作为对称赞的应答,"你才是×呢"表达式采取的是否定自我进入"×"类,或作为"×"类别成员的资格,强调对方才能进入"×"类,或作为"×"类别成员的资格,究其实正是通过否定而自贬,从而达到尊他的目的。有时在表达式之前出现否定词语,如"不、不不不、不敢当",或"哪里、哪里哪里、惭愧、过奖了"等带有否定意味的词语,这也证明了"你才是×呢"表达式具有否定义的特点。如:

---

① 朱开印《巴卢库和许世友的友情》,北大语料库.
② 杜建成《拿指挥棒的亿万富翁》,北大语料库.
③ 《人民日报》1994年第4季度,北大语料库.

(34) 甲:你是我们单位的大能人啊!

乙:不不不(不敢当),你才是我们单位的大能人呢!

(35) 甲:你真是一个好男人,

乙:不,在你面前我自愧不如,你才是好男人!

似乎例(13)中乙面对甲的"多年不见,你越长越漂亮了"的应答:"英姐姐,您才更漂亮呢"没有否定自己"越长越漂亮"或"漂亮",只是降低了承认"漂亮"的程度,其实着眼点放在"您才更漂亮呢",乙依然还是否定自己属于"更漂亮"这个类,对方才是进入这个类的人,对方才更漂亮! 只有这样解释,才切合"当受到恭维时,中国人常选择'不接受''非同意'方略"这种汉文化语用意向。① 同样,属于回诘式的例(21)"如意说,你说流氓话喽。丽芳脸一红,打他一拳说,你才是真流氓!"丽芳说的"你才是真流氓",并不是降低自己作为"流氓"的程度(承认自己是流氓),而是用此构式表达自己不是流氓(不归入"真流氓"类),对方是流氓(归入"真流氓"类)的意义。

回誉式构式"你才是×呢"可用于一致关系,也可用于权势关系。一般来说多运用于一致关系,慎用于权势关系,因为,该表达式其实也是一种互相肯定:你对我的赞美,我对你的赞扬。一致关系是平等的,相互赞美、相互赞扬是合理的,也是合礼(符合礼貌原则)的。然而权势关系是不平等的,强势对弱势,"自上而下"的赞扬、赞美常常被理解为表扬;弱势对强势,"自下而上"的赞扬、赞美通常被理解为"奉承"。"表扬从本质上讲是不对称的,它使讲话者居高临下地评判他人的表现"。② 因此有时用回誉式构式"你才是×呢",将赞美的言辞"×"奉还给对方却成了失礼行为,因为那个赞美的言辞"×"适合于对方与你,而不适合于你与对方。如,长辈对晚辈说:"你很聪慧,将来一定很有出息。"晚辈回誉说:"你才很有出息呢",这不符合晚辈的角色身份,失礼了。

(四) 结论

"你才×呢"基本构式义为回述否定。作为一种应答句式,其类别不同,表达功能亦有差异。其第一种表达式:回诘式是对别人关于自己的贬斥性话语的回击。贬斥性话语行为是对自己的侵犯,是对自己面子的伤害,是不礼貌的言语抑降行为,因此应答者也采取不礼貌的言语抑降行为,以"你才×呢"求得心

---

① 贾玉新. 跨文化交际学[M]. 上海:上海外语教育出版社,1997:372.

② 李艺."赞扬"语的礼貌性及其对交流双方权势关系的影响:中英博士生与导师在学术场合语言交流的比较研究[J]. 南开语言学刊,2003:117.

理的平衡。其第二种表达式:回誉式是对别人肯定性、积极性话语的礼节性否定,是对对方礼貌的言语行为的积极回馈,或者说礼貌性回馈,切合卑己尊人的汉民族传统文化精神。正如有人所言:"一般情况下,如果说话者的言语行为是礼貌扬升抑降,那么,听话者的反应也同样是礼貌扬升抑降,反之,如果说话者的言语行为是不礼貌扬升抑降,那么,听话者的反应也同样是不礼貌扬升抑降。"①"你才×呢"两种表达式所反映的正是这样的言语交际规律、修辞规律。

五、会话结束语"就这样吧"

会话是一种合作性的言语交际行为,其结构包括开端、主体、结尾三个部分,每个部分都有其自身结构要素,都有自身需要遵循的规则。就结尾来说,一个完整的结尾通常由会话结束信号语、前置收尾语和收尾语三个部分组成。邵敬敏认为"会话过程中无论有一方或各方同时产生了结束会话的动机,总有一方会率先发出会话该结束的信号,另一方则作出回应——认可或是反对。能起到结束信号作用的话语方式很多,例如示意关于这次谈话的主题已经讨论得很充分,对这次谈话作简单的归纳,提醒对方或声明自己某个活动的时间已到,对今后的活动作出安排(如邀请对方)等。""结束信号语发出之后,会话在正式结束之前,往往还有一个过渡阶段,它是通过前置收尾语来实现的,目的是在礼貌上提供时间上的缓冲,让对方考虑是否还有话要说,希望在结束会话上与对方取得一致。典型的前置收尾语有'就谈到这里吧''下次再聊'等。对方可以附和,也可以重复对方的话。如果真正还有话说,就会引出一个新的主题来。""收尾语的发出是会话正式结束的标志,一般是由各方交换道别语、叮嘱语组成,例如'再见''多保重'等。"②汉语典型的前置收尾语较多,除了上举之外,还有"就这样吧""今天就到这儿吧""这事就这样定吧"等,本节从语用修辞视角对"就这样吧"的使用做些分析。文中语料除特别标明外,大都来自北京大学 CCL 电子语料库。因为前置收尾语和收尾语都属会话的结尾语,在非完整的会话结尾中可合二为一,为方便起见本节将"就这样吧"称作会话结束语:用来结束会话的用语。

---

① 王虹,束定芳.言语平等关系与心理平衡结构:兼论社会权势关系中的礼貌扬升抑降现象与平等关系[J].外国语,1994(3):5.

② 邵敬敏.现代汉语通论[M].2版.上海:上海教育出版社,2007:274.

（一）语篇表现

作为会话结束语，"就这样吧"在日常会话中有其变体形式：就这样、那就这样、那就这样吧，等等。如：

（1）临走，他握紧老洪的手，说："就这样吧！老弟的话，我听着就是！"①

（2）好吧，就这样。②

（3）"那就这样，以后你们有什么问题可以找我"。③

（4）有什么情况随时向我报告，黄厅长的口气稍稍和缓了一些，他说，那就这样吧，朱县长，此事重大，你还是小心为妙啊。④

（5）主持人：欢迎你。

听众：嗯，我想为我婶婶点首歌。

主持人：给婶婶点首歌，婶婶平时待你是不是特别不错啊？

听众：嗯。

主持人：啊，嗯，你想点播什么？给她说点什么？

(0.1)

听众：嗯，问她过年好嘛.

主持人：过年好，还有呢？

(0.1)

听众：幸福美满吧。

主持人：嗯，好，想好歌曲和旋律了吗？

听众：嗯，《年华》吧。

主持人：《年华》，嗯，我尽量满足你的要求，好不好？

听众：嗯，好的。

主持人：那就先这样，好吧？

听众：好。⑤

"就这样吧"及其变体形式"就这样""那就这样""那就这样吧"等在话语节奏、语气等方面稍有不同。

---

① 知侠.铁道游击队[M].北京：人民文学出版社，2000.
② 王朔.浮出海面[M].北京：三联书店，2014.
③ 王朔.千万别把我当人[M].昆明：云南人民出版社，2004.
④ 季宇.县长朱四与高田事件[J].小说选刊，2013(1).
⑤ 于国栋.会话分析[M].上海：上海外语教育出版社，2008：33.

比较而言,"就这样"与"就这样吧","就这样"与"那就这样","就这样吧"与"那就这样吧",每组后者比前者节奏更舒缓些,语气也更和缓些。

"就这样吧"常与"好""行"等同现,即出现于"好""行"等表示赞许、同意或结束等语气的词语之后,预示会话结束。如:

(6) 秀芬说:"好,就这样吧,我去找村支部书记商量一下,晚上就开始这村的工作,明天就到别的村去。"①

(7) "好了,就这样吧。"②

(8) 好了,那就这样吧,5分钟后我在门口等你。③

(9) 她笑,说行,就这样。④

(10) 行,今天就这样吧,改天我们再聊。

"就这样吧"预示结束会话,常见的是祈使的语气,如上面的实例。有时也可以是商量性的疑问的语气,如:

(11) 那就这样?⑤

(12) 王华欣微微点了点头,刹那间,他眼里像是爬了很多蚂蚁……片刻,他扭过身来,看了看赵修贤,说:"老赵,那就这样吧?"⑥

用祈使语气,虽然通过语气词"吧"降低了要求结束会话的直接性,但有时用商量性的疑问语气效果更好,因为用商量性的疑问语气更能凸显结束会话的协商性,更能体现出对对方的尊重。这种征求对方意见的前置收尾形式更好地展示了会话的合作性,善待了对方的情感。正如刘虹所言"结束会话是合作行为,假如一方想结束谈话,并且坚持这样做,而对方不同意时,那么另一方会受到伤害,或产生被冷落的感觉,因为以这种方式结束谈话不是协商的结果,而是强加的。"⑦而用商量性的疑问语气来结束会话,正可以避免直接结束会话可能造成的唐突性与由此可能带来的对对方的伤害、冷落。例如例(12)中"那就这样吧?"是向对方征求意见,商量着结束此次交谈。这种言语方式更容易造成会话双方的心理相容,使会话在良好的氛围中结束。

从语篇分布来说,"就这样吧"承接上文语境,常用于一番话(话轮)的开头、结尾或中间,可以独立成句,也可以充当句子成分;有时有后续成分,有时没有。如:

---

① 雪克.战斗的青春,北京:人民文学出版社,2005.
②③⑤ 张平.十面埋伏[M].北京:人民文学出版社,2009.
④ 杨少衡.啤酒箱事变[J].中篇小说选刊,2008(6):55.
⑥ 李佩甫.羊的门[M].北京:华夏出版社,1999.
⑦ 刘虹.会话结构分析[M].北京:北京大学出版社,2004:174.

（13）就这样吧，明早天一亮就叫玉珊——不，叫春玲，她的嗓子高——给你广播一下，叫大家看看，这就是我们老八路的本色！①

（14）又听赵青说："那就这样吧，老葛，给你这包药，如果用不上就开枪。……"②

（15）辜幸文像是没听明白似的打量着罗维民，良久，才说："……那好，暂且就这样吧。"③

（16）……沉吟一下，点点头："嗯——你讲的也有道理。就这样吧。"④

（17）他恼怒地瞪了杨清民一眼，没好气地说：我真不明白你天天干什么呢？就这样吧，没什么大事就赶快把人放了，秦部长两口子都找到我家里去了。⑤

（18）张所长说："都是打工的，就要互相体谅，老李啊，我还是那句话，你怎么能跟黄大姐吵呢。你得懂得尊重妇女嘛！好了，就这样吧。老李，你先回去吧。"⑥

（19）江湖看看手表："就这样吧。你们回去自己想办法吧。我们要继续排练了。"⑦

（20）今天就这样吧，好不好？⑧

"就这样吧"在例（13）、例（14）中处于话轮的开头，在例（15）、例（16）中处于话轮的结尾，在例（17）、例（18）中处于话轮的中间。在例（19）中它独立成句，在例（20）中充当句子成分——做句子的谓语。

"就这样吧"在会话中有时有后续成分，有时没有，如：

（21）好，就这样吧。⑨

（22）元家少东家会意一笑，随之站起道："好说，就这样吧。"⑩

（23）……又向他们两个人说："就这样吧！家里还有客人，我回去了！明天早上我再来请你们！"⑪

（24）"那就这样吧，有事打招呼，啊？"⑥

---

① 冯德英.迎春花[M].沈阳：春风文艺出版社，2003.
② 雪克.战斗的青春[M].北京：人民文学出版社，2005.
③⑧ 张平.十面埋伏[M].北京：人民文学出版社，2009.
④ 权延赤.红墙内外[M].呼和浩特：内蒙古人民出版社，2001.
⑤ 谈歌.城市警察[J].小说林，1996(2).
⑥ 谈歌.升国旗奏国歌[J].中篇小说选刊，2008(4)：119.
⑦ 王朔.懵然无知[J].都市文学，1992(2).
⑨ 姚雪垠.李自成（第一卷）[M].北京：中国青年出版社，1999.
⑩ 电视剧《乔家大院》.
⑪ 赵树理.三里湾[M].北京：人民文学出版社，1964.

(25)"就……就这样吧,"她努力掩饰自己的依依不舍,低低地说:"我走了。"①

例(21)、(22)没有后续成分,预示会话结束干脆利落。例(23)～(25)有后续成分,预示结束会话信号发出之后,或对结束会话进行解释,或申言其他,体现自己或对对方的情感、态度。

(二) 语用修辞功能

会话结束语是会话的一方向对方发出的结束会话的暗示。"一个话题基本谈完,经过一段沉默后,会话一方会突然说出'好''行',然后一般是带有总结性和评论性的话语。"②这是预示结尾的常见的言语方式,"就这样吧"就是其中之一。由此亦可见"就这样吧"语用修辞功能主要在于预示结束会话,即向对方发出结束会话的暗示,作为正式结束会话的缓冲。但是如果无后续成分,其地位有时会上升,由预示转化为正式,即由预示结束会话标志转化为正式结束会话的标志。如:

(26)"……这里也没有多少事情。大姐的身体不大好,你多照顾她就行了,好,就这样吧。"谈话就这样结束了。我马上告退出来随邓大姐到客厅。③

(27)小兰不耐烦了,"就这样吧。"④

例(26)、例(27)中"就这样吧"无后续成分,其作用就是作为结束会话的信号,这种情形在不等位会话中尤其如此。处于优势的一方在会话过程中抛出此语,即表明了正式结束会话的态度。

"就这样吧"作为会话结束语其语用修辞功能如上所说主要在于预示结束会话,或者说作为预示结束会话的标志。从这个角度而言它有点类似于话语标记,但有所不同。

学术界对话语标记的认识不完全相同。刘艳丽概括了话语标记的 5 个基本特征,"即① 功能上具有连接性;② 语义上具有非真值条件性,即话语标记的有无不影响语句命题的真值条件;③ 句法上具有非强制性,即话语标记的有无不影响语句的句法合法性;④ 语法分布上具有独立性,经常出现在句首,不与相邻成分构成任何语法单位;⑤ 语音上具有可识别性,可以通过停顿、调值高低来

---

① 琼瑶. 鬼丈夫[M]. 广州:花城出版社,1996.
② 刘虹. 会话结构分析[M]. 北京:北京大学出版社,2004:171.
③ 张佐良. 周恩来的最后十年[M]. 上海:上海人民出版社,1998.
④ 柳建伟. 突出重围[M]. 北京:人民文学出版社,1998.

识别。"①卢英顺认为"从句法上看,话语标记语并不属于某一特定的句法范畴。从词类的角度看,有的属于连词,有的属于叹词,有的属于动词性的;从语法单位的角度看,有的是词,有的是短语。话语标记语的这一特点,使得它作为一个整体,在功能上具有多样性的特点。""话语标记语的两个重要特点是句法上的非强制性和语义上的非真值条件性。""它们在句法和语义方面都不是必需的"。② 例如作为话语标记的"这样吧"就是如此,其意义虚化,不与相邻成分构成任何语法单位。

本节所讨论的"就这样吧"作为预示结束会话的标志,有时其语义是虚化的,不与相邻成分构成任何语法单位,可以省略,省略以后,也不会影响句子的结构和命题意义。这个时候,或者说这种用法的"就这样吧"符合话语标记的典型特征,可以看成话语标记。如:

(28) 王光荣发现乔国盛走神儿了,他急忙问:"国盛啊,你听清楚了吗?你得想办法先把读书的户口上上啊。"……他一心不在焉地说着话,一边突然想起什么似的,匆匆地抬起手腕看看表,果断地说:"就这样吧,国盛啊,我还有个会,咱们下来再说?好不好?"

乔国盛能说什么?他只能点头:"好,好,那你先忙,下来再说。"③

(29) "炭厂里正缺一个管帐先生,政委对外就叫管帐先生吧!李正同志又会写会算,前些时我对外谈过准备请个管帐先生哩!"老洪说。老周和李正都点头,认为很好。老周笑着说:"晚上结帐,也正是进行教育的好时候!"谈到这里,店里的老大娘,忽然掀开门帘,探头进来说:"街上敌人在清查户口了!"

"这里不能久待!"老洪说,"就这样吧,李正跟我一道去陈庄炭厂,老周你回去吧!"④

例(28)、例(29)"就这样吧"只是作为预示结束会话的标志,意义虚化,可以省略,属于话语标记。但"就这样吧"有时在句子中承担着一定的句法、语义功能,不可以省略,否则就会影响句子的结构和命题意义。这个时候,或者说这种用法的"就这样吧"不符合话语标记的典型特征,不属于话语标记,比如上文的很多实例就是如此。

由此可见,作为会话结束语的"就这样吧"和一般话语标记不同,其中的"这样"虚化程度不一,有时意义还较为实在,仍然具有指示功能:指示前述内容。

---

① 刘丽艳. 作为话语标记的"不是"[J]. 语言教学与研究,2005(6):25.
② 卢英顺. "这样吧"的话语标记功能[J]. 当代修辞学,2012(5).
③ 谈歌. 升国旗奏国歌[J]. 中篇小说选刊,2008(4):113.
④ 知侠. 铁道游击队[M]. 北京:人民文学出版社,2000.

所以"就这样吧"在预示结束会话语用修辞功能的基础上,在一定的语境作用之下,又派生出同意、决断、逐客、妥协、冷淡等等其他语用修辞功能。

同意。"就这样吧"既充当预示结束会话的标志,又是对某种意见、行为或事情的赞同。如:

(30)"张副,东城你去吧。"他再次提醒张子清,这回语气比较温和,"拜托了。"

张子清没有说话。

李龙章说,这也不全是他个人的意见。会议之前他往北京去过电话,把灾情和抗灾安排报告了在北京学习的市委刘书记,谈到调张子清管东城区。刘完全同意。

张子清点头,说就这样,市长不必多说。

会议匆匆结束。①

(31)……陈聪急忙辩解,说哪里啊,跟着张副市长,从来都是勇气倍增。好久没跟张副一起工作,确实特别想一起上山。只是眼下很紧张,真是不敢离开。

张子清笑了笑,说知道了,紧张个啥,就这样吧。②

例(30)张子清所说"就这样",既是对调自己去管东城区这件事情的态度:同意,又是和市长李龙章交谈结束的前置收尾语。例(31)"就这样吧"亦如此。

决断。"就这样吧"既充当预示结束会话的标志,又是对相关事情做出的决定。如:

(32)"你看怎么搞法?"李正冷静地问。

"照彭亮那个办法扒车进去怎样?"

"车次的时间摸不准,没有把握;同时这次搞,还要带几个本地队员进去,一方面带他们打出个信心;同时他们也熟悉内部的情况。他们有的不一定会扒车,上车的人多也不方便,我看明天逢大集,四乡赶集的人一定很多,我们借着赶集混进去。"

"好!就这样吧!"

李正认为这是到临城的第一仗,对新参加的本地队员影响很大,所以他找老洪和王强谈,一定要打得有把握。③

(33)呼国庆一锤定音:"县里财政紧张,等不及了,就这样吧。"④

例(32)"就这样吧"既是铁道游击队政委李正对此次军事行动做出的决断,

---

①② 杨少衡.多来米骨牌[J].中篇小说选刊,2008(2):54.
③ 知侠.铁道游击队[M].北京:人民文学出版社,2000.
④ 李佩甫.羊的门[M].北京:华夏出版社,1999.

同时也是对此次会话结束的暗示。例(33)"就这样吧"亦如此。

逐客。"就这样吧"既充当预示结束会话的标志,又是催促对方离开的委婉语。如:

(34) 等到他汇报完,好一阵子了,辜幸文才抬起头来:

"还有什么……"

"……没有了。"罗维民愣了一愣,他根本没有想到辜政委听了他的汇报,会显出这么一副无动于衷的样子。尤其是在他汇报时,辜政委的头就几乎没有从他跟前的材料上抬起过。

"好了,我知道了。"辜政委的头又埋进了材料堆里,随即便发出了逐客令,"那就这样吧。"

罗维民本想再说点什么,但想了想什么也没能说出来。末了,只好说:

"那我走了。"

"走吧。"①

(35) 于是,他就用打发人的语气说:"好,好,就这样,就这样吧。你们要是真不要了,就卸下来吧,我让他们试一下。"②

例(34)辜政委说"那就这样吧",是逐客令,既是结束会话,更是促使对方离开。例(35)"好,好,就这样,就这样吧"是说话人对别人的打发,也是会话结束的前置标志。

妥协。"就这样吧"既充当预示结束会话的标志,又是对有关人事的让步。如:

(36) 黄毛大叫,不——!脸上道道暗紫的伤痕几乎跳起来,那是我的地,我就要在那儿种。

霍品说,没错,那是你的地。

黄毛叫,我不同意!

霍品问,不同意?

黄毛说,死也不同意!

霍品站起来,说那就这样吧。霍品似乎妥协了,他的话绵软无力,这不是霍品,至少不是进门前的霍品。③

例(36)中,村长霍品被乡长逼迫,几次做工作要征集黄毛等村民的土地,因太廉价,村民不同意。这次交谈,黄毛依然态度坚决,霍品有愧于对方,为了避

---

① 张平. 十面埋伏[M]. 北京:人民文学出版社,2009.
② 李佩甫. 羊的门[M]. 北京:华夏出版社,1999.
③ 胡学文. 逆水而行[J]. 中篇小说选刊,2008(1):16.

免冲突或争执,用这句"那就这样吧",是结束谈话,也是对对方的妥协:地不让,算了。

冷淡。"就这样吧"既充当预示结束会话的标志,又是不热情、不亲切、不关心的情绪表达。如:

(37) 突然感觉妻子特别没劲了。一时没有了跟她说话的兴趣,就淡淡道:就这样吧,今后这种事你少管点。麻烦不麻烦啊?①

(38) ……老孟说,分手吧。杜雨的脸彻底僵了,但还是问,你不肯原谅我?老孟冷冰冰地说,分手吧。杜雨的眼泪流出来。

两人没再说话。……老孟生怕自己做出什么举动,他站起来,说,就这样吧。

杜雨抓了包就走,但没拿那个纸包。②

例(37)"就这样吧"缺少情感,交谈在寡情中结束。例(38)一句"就这样吧",冰冷的语气,使交谈在生分中结束,它既是对两人关系"分手"决断的重申,又是会话结束的预示标志。

总之,"就这样吧"的语用修辞功能就是预示结束会话。其一定语境作用之下衍生出的"同意、决断、逐客、妥协、冷淡"等其他语用修辞功能,并非是其自身固有的功能,而是特定语境所赋予的功能。

"就这样吧"为何具有预示结束会话的语用修辞功能?其原因大概在于:第一,就本意而言,"这样"有回指作用:回指前述内容;第二,"就"有限制范围作用:限制"这样"所指范围。这两方面相结合,强化了对前述内容、行为的展开控制。由此,在会话过程中"就这样吧"由限制前述内容、行为,逐渐演变为限制前述言语行为,进一步演变为预示结束会话行为。

(三) 使用者身份

会话过程中,会话者的角色关系可能是平等型的,也可能是不平等型的。平等型是指会话双方在某一方面具有共同点或一致性,双方在等位的关系中进行交往,如同事关系、同学关系、同辈关系、同乡关系、夫妻关系、战友关系等。不平等型是指会话双方在某一方面(如社会地位、辈分、年龄、财富等方面)存在差异,一方居于优势(如社会地位高些、辈分高些、年龄大些、财富多些,等等),

---

① 谈歌.城市警察[J].小说林,1996(2).
② 胡学文.轨迹[J].中篇小说选刊,2008(3):25.

另一方居于劣势,双方在不等位的关系中进行交往,如上下级关系、师生关系、雇主和雇员、求助与被求助的关系等等。不平等型关系又称为"权势关系"。作为暗示会话结束语,"就这样吧"的使用有角色身份的差异:运用于不平等型角色关系时,权势角色优先。如果弱势角色贸然运用此预示结束会话,有抢夺话语权之嫌,是失礼行为。因为社会赋予了权势角色的话语权,即在通常情况下所具有的话语主动权或者说话语控制权。权势角色常常在人际交往过程中对整个会话行为起控制作用,"话语推进中的话语角色选择、进入、推出、转换和其他话语角色干扰的排除与认可,以及一定时空段上的会话主题的选择与转换,在多数情况下要受权势话语角色的制约。"①江结宝认为:"一般情况下,尊者掌握着话语主动权,这包括提出话题,转换话题,对于话题做出结论等。卑者需要更多的忍耐、更多的倾听,应该避免争抢话语主动权,就是说不要冒昧提出话题,不要无端打断谈话转换话题,也不要擅自对于所讨论的问题做出结论性的判断。"②前置收尾语"就这样吧"带有总结色彩,是对会话结束的总结,其使用受社会角色规范的制约,倾向于会话权势角色。

曾有位即将毕业的大学生应指导老师之约到老师办公室交毕业论文修订稿。指导老师热情地接待了他,并与之就论文及相关问题进行了交谈。当交谈出现间歇时,这位大学生对指导老师说"就这样吧,我走了。老师再见。"分析起来这位大学生的话语虽不乏礼貌的言词(如"老师再见"),但却失礼了。为什么呢?因为他抢夺了结束交谈的主动权,换句话说此次交谈按常规而言,他不具备首先结束谈话的话语权。本来师生关系属不平等型的社会角色关系,依社会角色规范的要求,优势角色较之劣势角色具有结束交谈的优先权。这位大学生没有意识到这一点,角色认知产生偏差,一句"就这样吧"无形中在未得到对方认可的情况下抢夺了结束交谈的优先权。如此则违背了社会角色规范的要求,失礼行为也就产生了。如果这位大学生确实因为某种原因(如有事、交谈话题枯竭,等等)要结束这次谈话,可用符合自己角色身份的语言,即角色语言提出中断交谈的愿望(这换一个角度也可以认为是得到优势者——老师的认可而结束谈话)。比如,这位大学生在交谈出现间歇时想结束交谈的话,可以用诸如"××老师,我还有一些事要马上去办,如果没有其他事,我想先走一步,行吗?"这类话语来表述。这类话语属学生这种角色"允许说的话",是角色语言,既不失礼,又能达到目的。③再如:

---

① 陈汝东.社会心理修辞学导论[M].北京:北京大学出版社,1999:196.
② 江结宝.言语交际论稿[M].北京:线装书局,2007:83.
③ 高群,胡习之.这样结束交谈失礼了[J].演讲与口才,2003(9).

(40) 梁局长看看表,就站起身:就这样吧,我抽时间去公安局找找。你们也别太指着我这块云彩下雨啊,……①

(41)"你们不要急,你们的心情能理解,我们再研究一下,好吧,今天就这样吧。"大家站起来握手告辞。②

(42) 王强沉思了一下,就眨着小眼说:"就这样吧! 为了你们的安全起见,还是委屈你们一下吧。"③

例(40)~(42)中发出预示会话结束语者无一例外都具有优势身份,符合社会角色规范的要求,没有不妥之处。相反,如果例中弱势身份者用"就这样吧"来预示结束会话,则不妥当了。

不仅日常会话如此,机构性会话(如节目主持人和嘉宾、观众、听众的会话,会议主持人与发言者,等等)亦如此,"就这样吧"的使用归之于主持人、主持者等,因为机构赋予了节目主持人、会议主持者等的话语主动权。如:

(43)[交通指南:2001/11/8/1](指:指路者;问:问路者)

01 指:……好,我们现在来接听的是一位(徐)先生的电话。

02 你好(徐)先生。

03 问:(××)。

04 指:你好。

05 问:(×主持)你好。

06 指:你好。

07 问:我想从人民广场到这个哈密路(××××)。

08 指:嗯。

09 问:(××××)。

10 指:嗯直接坐九百二十五路,925。

11 问:925 人民广场是吗?

12 指:对。一部车就到了啊。

13 问: 啊,好,谢谢。

14 指:一部车就到了。

15 问:啊,谢谢。

16 指:就这样再见。

---

① 谈歌. 大厂[M]. 天津:百花文艺出版社,1997.
② 张佐良. 周恩来的最后日子[M]. 上海:上海人民出版社,1998.
③ 知侠. 铁道游击队[M]. 北京:人民文学出版社,2000.

17 问:再见。①

　　这是某电台一个歌曲点播节目中的一段对话。这段对话是机构性谈话,因为主持人拥有广播电台赋予她的机构性权利,所以她把握着整个会话的开始、进行与结束,而且谈话的话题基本上由其把持。此处,主持人用"就这样吧"来预示会话结束,很恰当,因为符合社会角色规范要求,反之,如果"就这样吧"出自那个听众之口,就不妥当了。

　　刘虹认为"如果会话参与者之间有地位的差异,那么发出预示结尾信号的一般是地位较低的一方。"②这话说得不准确,至少总结式预示结尾语的运用相反,如本节所说的"就这样吧"。

　　(本节与高群教授合作)

---

① 刘运同.会话分析概要[M].上海:学林出版社,2007:93.
② 刘虹.会话结构分析[M].北京:北京大学出版社.2004:172.

结　　语

　　辞规是消极修辞的核心,是与辞格相对的无魅力可言的具有特定模式的常规的修辞方式。

　　辞规与辞格一样,在很大程度上是原型范畴。它并不是通过某一共有特征而形成的聚合系统,而是通过如维特根斯坦所说的"家族相似性"的原则而组织起来的类聚系统。辞规作为一个类,是因为每个辞规都和其他一个或几个辞规有一些"家族相似性"。辞规正是以环环相扣的方式通过"家族相似性"而联系起来形成类聚系统的。

　　辞规存在着典型成员与非典型成员之别。这有两个层次的问题:宏观上(辞规与其次范畴)与微观上的(次范畴与其样本)。从宏观的角度来说,有些辞规与其他辞规有较多的相似性,成为辞规的典型成员(典型的次范畴辞规),如"列举分承";而有些辞规与其他辞规相似性较少,成为辞规的非典型成员(非典型的次范畴辞规),如"称谓合体"。从微观上说,在某一辞规的内部也并非绝对同质,往往存在着典型的成员(较好的样本)和非典型的成员(较差的样本)的不同。

　　辞规与辞格之间具有模糊区域。作为修辞方式,它们都具有模式性或规律性。作为修辞方式的两极对立,它们又必然具有区别性。辞规与辞格的区别主要表现在是否具有魅力可言,使用成分是否具有变异性上。应该说辞规与辞格的典型成员会在艺术魅力的有无、变异性的有无上形成对立,然而它们各自非典型成员的存在又决定了二者会有这样或那样的交叉,或者说会有这样或那样的模糊区域,造成中介现象。例如"倒装""节缩"等就是如此。

　　同样辞规与辞规之间因各自内部非典型成员的存在,也会形成中介现象。辞规与辞风之间因意风的存在,也会有边缘区域。

　　辞规是个原型范畴,这就决定了辞规与非辞规,辞规与辞规之间其典型成员因对立而区别,其非典型成员却因相似而有瓜葛。因此,对待辞规现象,对典型成员应采用"非此即彼"观,对非典型成员(或曰边缘成员)应采用"亦此亦彼"

观,即应采用辩证的思维方法。而且研究辞规应重视对典型成员的研究,也应该重视对非典型成员的研究,二者相结合解释相关修辞现象会更加科学、合理、圆满。

消极修辞是修辞的半边天,然而它缺少生动、形象的艺术魅力,人们对之过于冷淡,加上以往的研究角度与方向都有偏差,因此消极修辞一直得不到青睐。吴士文先生的辞规理论的提出使消极修辞的命运有了些许改变。我们觉得应该有更多的人来关注辞规理论,应该有更多的人来研究常规的修辞方法,消极修辞应该有更加美好的明天!

本书对吴士文先生的辞规理论作了一点阐释。这种阐释是建立在我对修辞的认识,对消极修辞、对辞规的认识以及对辞规的拟建基础之上的,因而不单是"注经解经",更多的是"因经而生文",这也就是"前言"中我所说的既是"六经注我",更是"我注六经"的意思。读者各位不难发现有不少地方我们的观点与吴先生有些不同,如吴先生认为辞格(包括辞规)是严密而有序的系统,我们则认为辞格、辞规在很大程度上是原型范畴;再如对"辞趣""辞风"的认识也有不少差异,等等。因而也可以说本书既是对吴士文先生辞规理论的阐释,也是我对消极修辞的模式——辞规的系统、全面的认识。

吴士文先生的辞规思想主要体现在《"修辞方式"的系列化》一文(《修辞格论析》一书中的有关内容是此文的移植),稍显单薄。我们又从吴士文先生发表的其他文章、著作中提炼了相关的认识,将吴先生对辞规的看法上升到"理论"高度,称之"辞规"理论,妥当与否,敬请各位专家学者指正。

当然,本书所说的"辞规理论"主要是其创立者吴士文先生的思想,但它也包含了众多辞规研究同道们的思想,如陆文耀、王希杰、潘庆云、姚汉铭、周世烈、尹日高、汪启明、李玉琯等先生或直接表达对辞规的理论认识,或拟建辞规间接表达对辞规的理论认识,本书都有选择地加以吸取,融入了"辞规理论"之中。

本书应用篇根据我对辞规的看法,介绍了二十二个辞规,算是对理论篇所涉理论的事例说明。在选择所介绍的辞规时,我深深感到,学者们拟建的四五十个辞规还需要经过一番经心的梳理,才能做到吴士文先生所强调的"系列化"。

20世纪80年代后期到90年代初期,辞规研究同仁们在吴士文先生的带领和组织下,集体攻关,曾"形成了修辞学的一道亮丽的风景线"(袁晖先生语)。然而吴先生远去,这道"亮丽的风景线"已悄然消失。我们希望修辞学界同仁能继续集体攻关,以完成陈望道、吴士文等先生所未竟的消极修辞的研究事业。

结　语

　　陈望道先生在《修辞学发凡》的"结语"中说"……但有许多地方,看了前人的脚迹,实可省却我们自辟蹊径的烦劳。我们生在现代,固然没有墨守陈例旧说的义务,可是我们实有采取古今所有成就来作我们新事业的始基的权利。而且鸟瞰一下整个的修辞景象,也可以增加我们相当的知识和能力,免得被那些以偏概全或不切不实的零言碎语所迷惑,于写说也非丝毫无补。"[①]本书的写作目的也有陈先生所说的意思。假如我们对辞规研究所作的鸟瞰能为消极修辞,包括辞规的进一步研究提供一些有价值的参考,那么我们也就感到非常欣慰了。

---

① 陈望道.修辞学发凡[M].上海:上海教育出版社,1979:283.

附录一　汉语言运用的审美追求与汉语的特点

语言是民族的。任何一种民族语言与别的民族语言都存在着共同的东西，但也都会或多或少地存在着不同的东西，亦即特点。民族语言特点的形成，受到很多因素制约，如该民族赖以生存的自然环境与社会环境，该民族所浸润的文化特质、思维方式、心理特征、审美观念等等。我们认为一个民族语言的特点与该民族的审美观念、审美意识以及表现于语言运用（言语行为）中的审美追求有着千丝万缕的联系。

就汉语而言，汉民族在运用汉语来交流思想、传递信息、表达情感的同时，汉民族的审美观念必然有意或无意地注入其中。当汉语运用过程中种种有意或无意（特别是有意）的审美追求，形成种种集体审美趋向、集体审美无意识，并经过代代相传，就会逐渐形成汉语某些美学特征鲜明的特点。我们认为汉语某些特点的形成可以追溯到汉人语言运用的审美追求。比如汉民族崇尚简约、含蓄，表现在语言风格上孜孜追求简约美与含蓄美。"文贵简，言尚省""简为文章尽境"①"事以简为上，言以简为当"（《文则》）②"语贵含蓄"③"文贵远，远必含蓄"④"语贵脱洒，不可拖泥带水"⑤，这许许多多的论述都显示了汉人对语言风格上简约与含蓄的美学追求。汉语句法成分的省略极多（有别于西方语言）与这种审美追求极有关联。

汉语言运用的审美追求有众多表现，因而汉语言运用的审美追求与汉语特点的关系也就错综复杂。本文只讨论汉语言运用在语言形式上表现出来的一种鲜明的审美意向：追求对称与均衡与汉语某些特点之间的关系。

---

①④ 刘大櫆. 论文偶记[M]//刘大櫆,吴德旋,林纾. 论文偶记　初月楼古文绪论　春觉斋论文. 北京：人民文学出版社,1998.
② 陈骙. 文则[M]. 北京：人民文学出版社,1998.
③ 姜夔. 白石道人诗说[M]//姜夔. 白石诗词集. 北京：人民文学出版社,1959.
⑤ 严羽. 沧浪诗话[M]. 北京：中华书局,2014.

前人与时贤在论述汉文化的特质时都特别强调汉文化尤其注意和谐、有序,讲求对称与均衡的特征。这种对对称、均衡的特别追求与崇尚表现在汉人的哲学观念、建筑意识,文学与艺术等各个方面(这些方面有关论述很多,本文从略)。表现在美学意向上,汉民族特别崇尚对称与均衡之美。这种对称、均衡的审美意向孕育了汉语言运用上强烈的对称、均衡的审美追求。比如汉人偏爱对偶句,汉语言运用中对偶句丰富多彩。对偶句作为汉民族喜闻乐见的一种语言形式,无论是文人拈须还是平民言实;无论是亭客楹联,还是书报标题;从文学艺术到生活用语,可以说几乎无所不能,无处不有。汉民族对对偶的偏爱正显示了汉民族语言运用上的上述审美追求。再如,汉语言运用中常见的顶针、回环、排比、对照等修辞手法的使用都是对对称、均衡等审美意识的认同与强化。

再从汉人的语感来说,下面这两段文字,虽然语义、语法上并无毛病,但读起来拗口,听起来别扭,原因就在于它们背离了汉语言运用讲求对称、均衡的审美意识。

(1)"反串"的必须是自己行当以外的角色,"扮演"无这个限制。(符淮青《现代汉语词汇》)

(2)影片《泪痕》,歌颂两位县委书记:一位是活着的金县新来的县委书记朱克实,一位死去的是金县原县委书记曹毅。

例(1)中"无"与"这个"配合,显得不平衡,"无"是一个音节,"这个"为两个音节,音节搭配不协调。另外,从语体色彩上看,"无"书面语色彩重,"这个"口语色彩重,语体色彩配合也不协调。如果将"无这个"改为"无此"或"没有这个"就均衡、和谐了。例(2)中"一位是活着……"和"一位死去的是……"语序不对称,读起来别扭,产生不了美感。此处"一位死去的是……"宜改为"一位是已经去世的……",这样语序对称,也就谐和畅达了。

语感是对已往以及当今使用语言的群体对该语言的某种或某些认识的感性体验。"语言的运用,可以整齐的地方就尽量让它整齐,这是汉语古往今来的一贯趋势"。[①] 正因为这种对对称、均衡的审美追求,才养育了汉人以对称、均衡为美而以破坏对称、均衡为丑(有特殊表达效果的,有意识的破坏除外)的审美语感意识。

语言艺术大师们对言语作品的修改,也透露出汉民族语言运用强烈的追求对称、均衡、整齐的审美意识。倪宝元先生对名家改笔有很多独到的研究,他曾

---

① 章熊.语言和思维的训练[M].上海:上海教育出版社,1993.

说过:"作家改笔中,有不对称的改为对称的,也有对称的改为不对称的,但最常见的还是不对称的改为对称的。为了追求语言的对称美,作家在作如下的努力:一、增添词语以求对称……二、删减词语以求对称……三、改换词语以求对称……四、调整结构以求对称……"①请看倪先生举过的例子:

(1) 原句:他们所反对的是奸臣,不是天子,他们所打劫的是平民。②

改句:他们所反对的是奸臣,不是天子,他们所打劫的是平民,不是将相。

改句增添了"不是将相",就使"他们所反对的……"和"他们所打劫的……"完全对称。所增添的"不是将相",结构上跟"不是天子"对称,内容上作"是平民"的补充。

(2) 原句:弄堂里没有一个人影,也没有灯光。③

改句:弄堂里没有人影,也没有灯光。

改句删去"一个",使"没有人影"与"没有灯光"对称。

汉民族的这种强烈的追求对称、均衡的审美意识经过一代一代使用者们的传承、实践、强化,慢慢渗透于汉民族语言之中,形成一种审美积淀,由个体的言语行为、言语成品的审美特征转变为群体的民族语言的审美特征。

汉民族语言运用在语言形式上显露的执著的对对称、均衡的审美追求造成或强化了汉民族共同语在语音、语汇、语法各个层面上的众多特点。

一、汉语言运用对称、均衡的审美追求积淀为汉语语音层面上的四个音节两个音步的特点

吕叔湘先生说:"不得不承认,2+2的四音节是现代汉语里的一种重要的节奏倾向。"④现代汉语四字格式特别多,类型也不一致(见下文的论述),但语音段落一般都是两个音步。如:

a. 彩色粉笔　　口是心非
b. 狗咬耗子　　利令智昏
c. 一衣带水　　贫下中农
d. 李副教授　　考研究生
e. 少先队员　　电视机厂

---

① 倪宝元.汉语修辞新篇章[M].北京:商务印书馆,1992.
② 鲁迅.流氓的变迁[J].萌芽,1930,1(1).
③ 巴金.雨[M].上海:上海良友图书印刷公司,1956.
④ 吕叔湘.现代汉语单双音节问题初探[J].中国语文,1963(1).

f. 老弱病残　　婚丧嫁娶

这几组例子,只有 a 组的语意段落与语音段落一致,即都是 2+2,其他几组语意段落与语音段落均不一致。b、c、d、e、f 组语意段落分别为:1+1+2,1+2+1,1+3,3+1,1+1+1+1,但它们的语音段落都是 2+2。

汉语为什么会有这种四个音节两个音步的特点?我认为原因主要有两个:第一,汉语词语以双音节化(其实这也是一种对称)为主要特征,双音节归并为一个音步已深深积淀于汉人的社会心理。第二,四音节词语归并为两个音步,念起来顺口、节奏感强,显得对称、均衡,与人们世代相袭传承的美学评价相符合,可以说这种特征正是人们潜意识中的讲求对称均衡的审美追求所致。

需要说明的是汉语中三音节词语也不少,如,事物的命名:自行车、发电机、美加净、洗洁精;惯用语:拍马屁、打秋风、老油条、敲门砖、马大哈;等等。现代汉语中的三音节词语也是两个音步,只不过有的念成(1+2),有的念成(2+1),但一个音节与两个音节念时所占时值基本相等:(1+2)式前面音节稍拖,后面两个音节稍快,(2+1)式前面两个音节念时稍快,后面一个音节稍拖,形成一种音节强迫对等律。这种三音节语词两个音步所造成的音节强迫对等律,也是汉语特别追求对称、均衡而造成的韵律特点。

二、汉语言运用对称、均衡的审美追求与汉语语汇层面上多四字格的特点

汉语里的四字格,即四音节词语特别发达。我国最早的诗歌总集《诗经》以四言为主,汉民族语汇宝库中的成语亦以四音节为主。启蒙读物《百家姓》《千字文》以及古往今来对人物和诗文的评语也偏爱四言。现代的小说、电影、戏剧等往往也喜欢用四字命名,如《在水一方》《似水年华》《陈毅市长》等。

从使用的角度来说,四字格有固定形式,如成语,更有大量的偶发形式。

从表现形式来说有大量的非重叠形式,如"万马奔腾""博大精深"等,也有大量的重叠形式,如"研究研究""高高兴兴"等。

汉语四字格表现能力极强,使用频率极高。下面只以 AABB 式四字格为例作些说明。汉语中 AABB 式四字格异常丰富,从词性角度说有:

数词式:三三两两、千千万万。

量词式:条条块块。

代词式:卿卿我我。

区别词式:男男女女、老老少少。

副词式：陆陆续续、时时刻刻。
象声词式：哼哼唧唧、嘻嘻哈哈。
动词式：闪闪烁烁、偷偷摸摸。
形容词式：大大小小、漂漂亮亮。
名词式：方方面面、花花草草。
这其中以动词式、形容词式、名词式最多。

语言是个开放的运动的符号系统，存在着有着强大生命力的类化现象。受已有AABB格式的诱导、类推，现代汉语中有很多AABB的偶发形式，很多不能按此方式重叠的动词、形容词、名词也可见其形式，如：

（1）他拾一根沾着露水的树枝，朝门鼻子上一插，便放放心心，松松快快地撒开了腿……①

（2）文文弱弱的她，长着一头如瀑般的黑发，平淡而随意。

（3）灵敏度极高的记者们迅速把他的这句话译成各种文字，传播到地球上的角角落落。

为什么汉语AABB式重叠方式（其中有的属构形，有的属构词）极多，我认为原因有三：一是语言类推的惯性，二是表意的需要，三是美学追求。AABB为四音节两个音步，读起来形成重轻加重轻的格式，音节匀称、节奏和谐，认同于汉民族语言运用追求对称、均衡的审美意向。②

汉语四音节格式特别丰富，这种语汇层面上的特征形成与对称、均衡的审美追求极有关联。如上所述，四字格是两个音步，这样语音上成双成对，节奏匀称，能给人以强烈的形式美感。

三、汉语言运用对称、均衡的审美追求积淀为汉语词汇层面上反义词以音节对等为常态的特点

反义词所表示的意义是相反相对的。词语的反义关系本属语义范畴，因而在有的民族语言语汇中，构成反义组系的词语并不特别强求音节多寡相一致，比如英语。但汉语则不然，构成汉语反义组系的词以音节数目对等为常态，一般要求音节数目相同，如：

呼—吸　旱—涝　公—私　好—坏

---

① 茹志鹃.寻觅[J].上海文学，1982(12).
② 胡习之.试论现代汉语名词重叠[J].阜阳师院学报，1995(1).

顺境—逆境　喧闹—寂静　大众化—特殊化

阶下囚—座上客

而像"小"与"伟大","大"与"渺小";"甜"与"苦涩","苦"与"甜美",等,虽然语意上存在着反义关系,但由于音节数目不相等,则构不成反义词,而"大"与"小","伟大"与"渺小","甜"与"苦","甜美"与"苦涩"则是公认的反义词。

凌冰等编《实用反义辞典》[①]收反义词语近 3000 对,以双音为主,也有少量单音、四音的,它们都是音节对等的。

那么,汉语反义词为何以音节数目对等为常态呢? 我们认为这与汉语运用的审美追求:追求对称、均衡美极有关系。因为反义词在语言实践中经常被用于排偶句中,常用来对举或对比,如:

（1）冬日衣皮毛,夏日衣葛希;春耕种,形足以劳动,秋收敛,身足以休息。[②]

（2）贱为泥巴,却贵为珍品。

低贱的取之不尽,高贵的得之不易。

朱光潜先生说:"用排偶既久,心中就无形中养成一种求排偶的习惯,以至观察事物都处处求对称"。[③] 由于汉人这种求"排偶""求对称"的习惯,反义词用来对举、对比时,如果音节数目多少不等,极易失衡,造成不和谐,形成人们的心理失落,而音节数目对等则造成一种均衡、整齐的美,与整个民族的审美意向吻合,从而得到整个民族的认可,外化为反义词以音节对等为常态的特点。

另外,汉语反义词在结构方式上以构词方式一致为常态,如:

胆壮（陈述）—心虚（陈述）　肥大（联合）—瘦小（联合）

宏观（偏正）—微观（偏正）　入席（支配）—出席（支配）

升高（补充）—降低（补充）

冷冰冰（尾部重叠）—热乎乎（尾部重叠）

汉语反义词在语体色彩上以语体色彩一致为常规。如:

公—母（通俗,口语）雄—雌（典雅,书面）

这两个特点的形成也都与汉语运用追求对称美、均衡美的审美意向有关。因为假如构词方式不一致,语体色彩不相同,用于排偶句中,用来对举、对比时,就会破坏那种对称与均衡的美,有悖于整个民族共同体的审美观念。

---

① 埮冰,等.实用反义辞典[M].北京:科普出版社,1991.

② 庄子.庄子[M].北京:中华书局,2010.

③ 江南.中国传统思维方式与汉语修辞[J].徐州师院学报,1995(1).

四、汉语言运用对称、均衡的审美追求积淀为汉语语法层面并列结构成分以结构、功能的对应为常规的特点

并列结构的构成成分呈线性排列状态,以结构、功能相同为美,因为结构相同,功能一致,给人以对称、均衡的美感,而且几个相同因素的重复对称能表现出较强的节奏,体现出谐和的韵律美。如:

(1) 这样,人类的生存与发展,国家的兴盛和衰亡,就不能不受到地理环境的影响和制约。

"人类的生存与发展"和"国家的兴盛和衰亡"为并列结构,作为并列结构的构成成分,它们结构相同,都是偏+正(A+B)的形式,而且语法属性也相同,都是名词性的,因而对称、均衡,给人以美感。但下面的例句与汉人语言运用执著的求对称、均衡的审美意向相悖,显得别扭,因而曾有人作为病例提出来修改:

(2) 比喻是一种历史悠久,广泛使用的修辞手法,……

例(2)中"历史悠久"是主谓结构,而"广泛使用"是偏正结构,结构不同,并列在一起显得不和谐,如将"广泛使用"改为"使用广泛"(主谓结构)就和谐了。

五、汉语言运用对称、均衡的审美追求积淀为汉语语法层面双音节动词、形容词肯否重叠的一种特别的形式

汉语动词、形容词有一个重要的语法特征,即可用肯定和否定相重叠的方式表示疑问,如:

动词　　　　　　　形容词
走　走不走?　　　美　美不美?
应该　应该不应该?　漂亮　漂亮不漂亮?
运用　运用不运用?　吉利　吉利不吉利?

动词、形容词单音节的只有一种肯定否定重叠形式,双音节的则除了有上举的这种 AB 不 AB 式外,还有另一种特别的形式,即 A 不 AB 式。AB 不 AB 式可用于书面语,也可用于口语;A 不 AB 式只用于口语。可以说 A 不 AB 式是因为一种审美追求而形成的 AB 不 AB 式的变化形式。如:

动词
支持　支持不支持?　支不支持?
赔偿　赔偿不赔偿?　赔不赔偿?

形容词

美丽　美丽不美丽？　美不美丽？
温和　温和不温和？　温不温和？

根据我们的考察，凡是能够用 AB 不 AB 形式肯否重叠表疑问的双音节动词、形容词，在口语中都存在着 A 不 AB 的形式。

为什么口语中产生了这种某种意义上说破坏了词的结构完整性（AB 为一个合成词，A 只是一个词素，不是词）的 A 不 AB 形式呢？因为 A 不 AB 式比起 AB 不 AB 式节奏匀称、和谐上口。A 不 AB 为 2＋2 式语音段落，韵律整齐匀称，呈现出重轻重轻的节奏形态，说起来顺口。我们认为 A 不 AB 式的产生固然与语言运用追求经济有关，但最重要的原因还是在于汉语运用特别偏爱对称、均衡这种审美意向。

六、汉语运用对称、均衡的审美追求与汉语的偏义结构

汉语中存在着不少偏义结构，从词、短语，到句子都有。这种偏义结构语意偏向一方，另一方不表义，只起凑足音节构成对称词语或者凑足结构构成对称句式的作用。

偏义结构包括三种类别：偏义复词、偏义短语、偏义句式。

偏义复词古人与时贤论述较多，一般认为它是一种复合词，其特征在于：从形式上看两个词素是并列的，但实际上是只取其中一个词素的意义作为这个复合词的意义，另一个词素只是作为陪衬，起凑足音节的作用。如：

（1）文帝且山崩时，戒太子曰："即有缓急，周亚夫真可任将兵"。[1]

（2）鼓之以雷霆，润之以风雨。[2]

例（1）中"缓急"为偏义复词，"缓"为陪衬。例（2）中"风雨"为偏义复词，"风"为陪衬。

现代汉语中也有为数不多的偏义复词。如：

国家、质量、人物、窗户、睡觉、干净

如果溯本求源，可以说偏义复词是汉语由单音节词占优势向双音节词占优势的发展过程中产生的语言现象。我们认为偏义复词的产生与汉语运用的审美追求有关，因为一个音节为单，有了这个不表义的音节作陪衬，就使得词形从

---

[1] 司马迁.史记[M].北京：中华书局，2019.
[2] 易经[M].北京：中国文史出版社，2003.

单变双,适合汉人求对偶、求匀称的审美意向。

偏义短语指一种特别的短语,这种短语其中一部分表意,另一部分只起凑足音节的作用。如形容人体力疲劳不堪时,我们好用"人困马乏"这个成语,在此其实只有"人困"之意,"马乏"只起凑足音节的作用。

这种偏义短语的产生与语言的变化、言词的转义有关。从表意的角度说去掉这些不表意的成分也行,但缺少了一种对称与均衡的美。由于这种对称与均衡的追求,人们并不因追求经济而去掉无意的成分。

偏义句式指一种对仗式的比兴句式,常用于民歌(如陕北的信天游)和俗语。如:

(1) 人不可貌相,海水不可斗量。

(2) 幸福劳动造,红花汗水浇。

(3) 多吃无滋味,多话不值钱。

(4) 画虎画皮难画骨,知人知面不知心。

从信息传递角度而言,例(1)(2)信息中心在前句,后句只是陪衬,例(3)(4)反之,信息中心在后句,前句是陪衬。虽然去掉这种陪衬句并不影响表意,但没有这种表意作用并不重要的陪衬句,就没有了对称、均衡美,也就少了一种和谐美。可能有人要说这种陪衬句强化语意,但我认为这种陪衬句主要作用不在于强化语意,而在于营造一种对称、均衡的美。

伍铁平先生曾说:"现在人们常常谈论汉语的特点,这种为了凑音节而构成的偏义词和偏义成语或短语才是汉语的特点,在英、德、法、俄语中都是十分罕见的。"[①]

我们认为偏义结构的存在和汉语言运用执著的对称、均衡的审美追求密切相关。为了追求对称、均衡,虽然增加了这些羡余性的语词、句式,但我们并不觉得这些衬词衬字、陪衬性句式繁冗多余,反而觉得有了它们才有了匀称与和谐。因为这其中的美学意蕴正与汉人一贯的审美意向切合。

(原载《济宁师专学报》1998年第2期,后被苏教版高中语文教材:普通高中课程标准试验教科书·语文《语言规范与创新(选修)》作为课文改动收录)

---

① 伍铁平.从"菜篮子"的运用和"菜"的词源看社会对语言的影响[J].修辞学习,1990(2).

附录二　学术界对初版《辞规的理论与实践》相关评介摘录

一、宗廷虎《新世纪的春雷——2001年与2002年修辞学专著评述》,台湾《中文》季刊2003年第1卷第1-2期;华东修辞学会、复旦大学中国语言文学研究所编《修辞学研究》(第十辑),上海文化出版社,2004年6月第1版,第220页。

3. 对陈望道消极修辞理论的继承和发展

消极修辞一向是修辞学研究中的薄弱环节。上世纪80年代后期,吴士文兼任《营口师专学报》"修辞学研究"主编时,曾组织一批学者在该学报上连续发表他称为"辞规"(即消极修辞)的研究成果,仅拟建的"辞规"即有五十多种。但吴先生于1996年去世后,这一工作便告中断。当年曾参与这一研究的胡习之,在《辞规的理论与实践》(中国文史出版社,2002)一书中,对辞规理论作了较为全面、系统的评述和总结,提出了不少富有独创性的见解,揭示了辞规的理论基础、特征及与辞格的差别,并引进了"原型范畴"理论。这些探索有助于消极修辞理论的深化与完善。

二、潘悟云,邵敬敏主编《二十世纪中国社会科学·语言学卷》,上海人民出版社,2005年9月第1版,第271页。

在以后的很长时间里,仍有一些学者坚持着这方面的研究,如胡习之的《辞规的理论与实践》,在原有的基础上,把"辞规"的研究推向系统和深入。

三、黎运汉、盛永生主编《汉语修辞学》,广东教育出版社,2006年8月第1版,第42-44页。

1977年至2005年是中国现代修辞学的繁荣时期。70年代末,汉语修辞学开始复苏。从70年代末到2000年,汉语修辞学出现了勃勃生机。这一时期,有人称之为"繁荣期",有人称之为"革新期"。

这期间比较有代表性的修辞论著有:郭绍虞《汉语语法修辞新探》(1979)、郑颐寿《比较修辞》(1982)……胡习之《辞规的理论与实践》(2002)……

四、蒋严《关联理论的认知修辞学说》(上),《修辞学习》2008年第3期,第8页。

我们还想谈谈推理语用学与辞规研究的关系。关联理论对基础修辞研究的贡献是从意义理解的角度入手的,进而又对意义的准确表达提出了语用上的要求。这种做法可以与近年来发展起来的辞规研究互相补充。吴士文、胡习之等学者创立的几十个辞规是对消极修辞研究的重要发展,不但充实了消极修辞的内容,还对汉语语篇的形式分析作了开拓性的贡献。

五、徐建华、关新《新闻标题修辞论》,吉林文史出版社,2009年7月第1版,第237页。

陈望道先生在《修辞学发凡》中把积极修辞分为辞格和辞趣,辞趣包括辞的意味、辞的音调、辞的形貌。辞的形貌运用,实际就是通过字体形状的变化来增饰语辞的表达效果。吴士文先生在上世纪80年代也把修辞方式分为一般性修辞(消极修辞)和特定性修辞(积极修辞),后者包括"辞格"和"辞趣",而前者则有"辞规"与"辞风"与之对应。辞风指的是音节对称、字形清楚、标点正确。胡习之先生也认为:语辞的运用有意、音、形三个方面,因而有意趣、音趣、形趣三种,与之相应,也该有意风、音风、形风三类。①

六、刘凤玲、邱冬梅《修辞学与语文教学》,暨南大学出版社,2010年7月第1版。

我们赞同后者的观点,消极修辞客观存在于言语活动中,只是人们对其总结、研究不像研究积极修辞那样重视,但这并不等于消极修辞的规律不存在和不重要。正如上面学者所说,"消极修辞并不消极",它是人们运用语言进行交际的最基本、最常用的修辞手段,是值得我们下大力气去研究的一块领地。可喜的是,胡习之在吴士文等人研究的基础上,总结了辞规的规律和技巧,并出版了第一本关于消极修辞规律的专著《辞规的理论与实践》,填补了研究消极修辞的空白,为消极修辞的研究开了一个好头。(第5页)

胡习之的《辞规的理论与实践》(2002)也对辞趣进行了卓有成效的研究。主要表现在以下两个方面:一是更明确地论述了辞趣与辞格的界限,他认为"言语活动中存在着大量的有一定的艺术魅力,但又不具有明显的模式性或规律性,即一时难以看作辞格的修辞现象",就是辞趣现象,这显然抓住了辞趣与辞格区别的关键,虽然这里承接了谭永祥的观点,但比谭先生更明确了;二是对辞趣的三种类型即意趣、音趣和形趣的定义较为科学和全面,如他对意趣的定义

---

① 胡习之.辞规的理论与实践[M].北京:中国文史出版社,2002.

是:"凡是侧重于语辞的意义,形象生动,富有艺术魅力而又不具有明显的规律性或模式化的积极修辞都可归入辞的意味(意趣)。"这样给"意趣"下定义,既抓住了实质,又通俗易懂。可见,胡先生的辞趣研究很有参考价值。(第370页)

七、何永江《经济学方法论与学术论文写作》,中国经济出版社,2011年9月,第1版,第431页。

第三节 学术论文写作的修辞论证
一、修辞的理论认识
....
陈望道将修辞分为消极修辞和积极修辞两种。消极修辞是采取抽象的、概念的、理性的表达方法来说服读者,如用词正确、语意明确、文理通顺、结构妥帖、繁简适当、语言平易等;积极修辞是采取具体的、体验的、感情的表达方法来感动读者,如比喻、夸张、借代、摹状、对偶、排比等(吕景先,1958)。胡习之在《辞规的理论与实践》(中国文史出版社,2002年)中对消极修辞的理论基础、特征及差别进行了阐述,深化和完善了消极修辞理论。

八、许钟宁《二元修辞学》,复旦大学出版社,2012年10月第1版,第267页。

继吴士文先生在辞规理论创立与辞规方式拟建方面的卓越贡献之后,胡习之所著《辞规的理论与实践》,又为熠熠生辉的辞规理论的研究涂上了浓墨重彩的一笔,是辞规修辞研究的集大成之作。其谨严的理论构架,完整的理论阐述,精选的辞规范式,必定有力地促使辞规成为修辞方式系统的重要成员而牢固地确立其语格修辞领域"半边天"的地位。

九、倪素平、丁素红《现代汉语实用修辞学》,南开大学出版社,2014年5月第1版,第110页。

继陈望道之后,1986年,吴士文在《修辞格论析》中,专门探讨了辞趣,他认为应当从形式出发区分辞格和辞趣,由于辞趣是纯形式的东西,因此将意趣排除在辞趣的研究范围之外,……1992年,谭永祥在《汉语修辞美学》中也深入探讨了辞趣,他首次给予了辞趣一个较为明确的定义。……谭永祥丰富和发展了辞趣学说。

此后几十年间,有部分学者如胡习之、刘凤玲、戴仲平等在这一领域积极开拓,在进一步阐明辞趣的含义,辞格与辞趣的界限、探讨辞趣的下位分类等方面都进行了有益的探索。例如胡习之,他认为辞趣是"在言语活动中存在着大量的有一定的艺术魅力,但又不具有明显的模式性或规律性,即一时难以看作辞格的修辞现象。"①

十、陆丙甫、于赛男《消极修辞对象的一般化及效果的数量化:从"的"的选用谈起》,《当代修辞学》2018年第5期(总209期),第13-14页。

胡习之(2002:8-163;2014:180-396)对吴士文消极修辞理论有所丰富、发展,根据功能、结构、方法、系统是特定还是一般,将不具有明显规律性或模式化的修辞现象分别归入辞趣或辞风,将具有明显规律性或模式化的修辞现象分别归入辞格或辞规。

十一、张伯江、郭光《消极修辞的灵活度》,《当代修辞学》2019年第3期(总213期),第13-14页。

80年代以后,对消极修辞的关注多了起来,吴士文(1982,1986)提出消极修辞的两个下位层次"辞规""辞风",强化了消极修辞的规律性。之后有多位学者对消极修辞的研究有新的发展和突破,如潘庆云(1991)、胡习之(2002,2014)等。

---

① 胡习之.辞规的理论与实践[M].北京:中国文史出版社,2002:98.

附录三 初版书评两则

辞规理论的系统化和科学化：
读胡习之《辞规的理论与实践》

周春林

（南京大学中文系，南京 210093）

中国现代修辞学在其奠基之作《修辞学发凡》理论的影响下，得到了长足的发展，特别是对积极修辞的研究尤为突出，取得了丰硕的成果。但对消极修辞的研究，真正展开有系统而又有规模的研究则是在 20 世纪 80 年代后期至 90 年代初期以吴士文、陆文耀、胡习之等人的集体攻关而逐渐展开的，直到 1995 年才告一段落。这一时期是中国修辞学史上的又一道亮丽风景线，改变了过去修辞学研究中积极修辞一枝独秀的畸形发展状况。胡习之先生是消极修辞理论的建设者之一，在这一时期自始至终都参与了辞规理论的建设和研究工作。他的专著《辞规的理论与实践》（中国文史出版社，2002 年 3 月）对我国的辞规研究勾勒出了一个较为清晰的轮廓，也为辞规的进一步研究提供了较有价值的参考。胡习之先生在该书中详细阐述了辞规的理论框架，可以说是对上个世纪初陈望道先生所提出的两大分野理论的完善和系统化，是对吴士文先生辞规思想的深化与发展，也可以说对改变陈望道先生在《修辞学发凡》中留下的遗憾——积极修辞和消极修辞不成比例地畸形发展的状况有所改观。我们可以预言，在 21 世纪初，胡习之先生所建构出的这样一个系统的辞规理论，无疑是给中国修辞学的发展注入了新的活力和理论营养，同时也提供了新的理论视野和研究"触角"。拜读之后，我认为该书具有以下几个特点：

一、理论框架缜密，注重思辨和创新

本书分为"理论篇"和"应用篇"两大部分，在理论篇中，胡习之先生对辞规理论的修辞理论基点、修辞观、哲学基础、辞规的特征及与辞格的差异、辞格与辞规的转化等方面,都作了深入的理性分析和系统论证。

当然,本书所说的"辞规理论"虽然继承了吴士文等先生的修辞思想,但其中不乏作者的一种批判精神——继承中也有扬弃,在前人研究成果的基础上,融入了自己的理性思考,正如作者所说,不单是"注经解经",更多的是"因经生文",本书的辞规理论是前人智慧的结晶,在坚持两大分野理论的前提下对前人的辞规理论进行了系统的理论建构,书中体现出了作者的一个缜密的修辞理论框架。作者的辞规理论是建立在陈望道先生的两大分野理论基础之上的,因此作者认为加强辞规理论研究的必要性及目的:一是完善修辞理论体系,二是全面分析言语事实,三是揭示言语生成的技巧。消极修辞的研究对象为常规的语言表达,或者说常规的修辞现象,即零度修辞现象,研究范围包括标点符号、音节(字)、词语、句子、句群、段落和篇章。辞规是消极修辞的各种格式、模式,辞规与辞格一样,在很大程度上是原型范畴。另外,作者从辩证统一的角度论证了辞规与辞格之间存在思维、结构特征、表达效果上的异同,以及二者之间的相互转化和中介现象。特别是作者从思辨的角度认为:任何语言现象从组织结构来说有语法,从表达方法来说有修辞。若辞格的使用已成为习惯,使用频率极高,则失去了其较为明显的修辞效果而成为常规说法,因此,辞格便转化为辞规。作者认为辞规与辞格在组织结构上差异最小,辨别依据则是考虑它们的表达效果:辞格有魅力,而辞规则无魅力可言。作者提出从"方法"的角度来研究消极修辞,即用功能、结构、方法相统一的方法来研究。

作者将消极修辞理论的建构与积极修辞的研究成果进行比较,建立了一套相反相成的消极修辞理论体系,比如积极修辞有辞格和辞趣,辞格有回环、设问、较物,辞趣有意趣、音趣、形趣;与之相对应的消极修辞则有辞规和辞风,辞规则有否全回环、提问、比较,辞风则有意风、音风、形风。作者从思维的角度论证了辞规是人的思维过程中抽象思维为主的思维特征在语言上的反映形式。

以上这些提法和认识在修辞学专著中是相当新颖别致的。有些提法据笔者所知,很多方面是作者的首创。比如从思维的角度认识消极修辞和积极修辞的对立与统一;辞规与辞格的中介现象及用原型范畴理论来辩证地分析很多复杂的修辞现象等。这些真知灼见离不开作者自己的创新精神。本书虽然是对吴士文先生所倡导的辞规理论"作一点阐释",但作者并不是一味地"注经解经",而是"因经生文","我注六经"。比如吴士文先生认为辞格(包括辞规)是个严密而有序的系统,而作者认为辞格、辞规在很大程度上是原型范畴;再比如对"辞规"、"辞趣"和"辞风"的认识也有不少差异。如吴士文先生将"辞的意味(意趣)"从辞趣中排除出去,而作者则认为不应当从中排除出去。

二、研究视角新颖

作者从认知科学中引进原型范畴化理论来辩证地分析辞格和辞规之间的中介现象,这是作者突破以往的研究范式,从另一个新的角度来辩证观察、分析和解释很多复杂的修辞现象。作者认为辞格、辞规在很大程度上是原型范畴。以往的辞格与辞规的归纳、分类工作和语法学上的词类划分一样,基本上是以经典的范畴理论为逻辑背景的,因此不可避免地产生矛盾,尤其是对修辞现象的划分与归属产生了很多争论不休的情况,难以找到一个合理的满意的答案,因此作者认为辞规和辞格在很大程度上是原型范畴,它们都是根据"家族相似性"的原则组织起来的多元的、模糊的类聚系统,这就决定了辞规和辞格的典型成员之间的相互区别与对立,因而宜采用"非此即彼"的观点,而对于非典型成员却因相似而有瓜葛,存在"亦此亦彼"的现象,因而宜采取"亦此亦彼"的辩证观点来对待。再比如辞规与辞风之间因意风的存在,也会有这种中介现象。这里,胡习之先生从另外一个视角科学地、合理地分析了修辞中的中介现象,特别是对于辞格、辞规的划分与归类有了一个科学的理论指导,有助于修辞系统的科学化。

三、基础扎实,体用结合

作者在"理论篇"中对消极修辞的来龙去脉都进行了全面而详细的介绍、述评和总结,尤其是对辞规理论的修辞观、哲学基础、思维基础、理论基础等方面作了更深入的分析和探讨。作者在文中夹叙夹议,并不对前人的理论一味盲从,述而不作,而是采取一种辩证的观点"择善而从",能够发展和改造他人的修辞理论,最终融入到自己的理论框架中,他在处理复杂的修辞现象时,往往能够多角度地综合考虑,决不流于机械和单一。作者史论结合,见解新颖独到而富有哲理思辨性,具有很强的修辞理论色彩,这当然离不开作者扎实的理论素养。

作者在"应用篇"中根据辞规理论,精选了十个辞规,其中"面中显点""否全回环""约义明语"则是作者自己所创建的,这也体现了胡习之先生"体用结合,不尚空谈"的治学思想。另外他也吸纳了吴士文、王希杰等先生所创立的其余七个辞规,他在介绍这七个辞规时也加进了自己的理解,并非全盘照抄,而是根据自己的辞规理论而有所变更。

上面我们简单介绍了胡习之先生的《辞规的理论与实践》的主要特点,特别是他对辞规理论的系统建构,尤为值得学界注意。该书的出版,可以说对我国修辞理论建设中的畸形发展状况有所改变,有利于消极修辞和积极修辞走上共同发展的道路,该书在某种意义上也可以说是填补了中国修辞学史上没有消极修辞理论专著的空白。

(本文原刊于台湾地区《中文》季刊 2003 年第 3 期)

《辞规的理论与实践》评介

徐 静

(南昌大学文学院, 南昌 330047)

《辞规的理论与实践——二十世纪后期的汉语消极修辞学》(中国文史出版社,2002)(下称《辞规》),是胡习之先生多年修辞研究成果的结晶。作为研究汉语消极修辞方式——辞规的第一本专著,此书全面、系统地介绍、评述了辞规理论的主要内容以及十几年来辞规研究的历程。论述中的一些观点角度新颖、见解独到,笔者读后受益匪浅。本文拟就此书的内容、研究方法及理论成果,谈谈个人的一孔之见。

一

陈望道先生在《修辞学发凡》中明确提出"两大分野"学说,把积极修辞和消极修辞视为修辞现象的两大纲领,从而确立了修辞学的科学体系。[①] 但是消极修辞并没有受到应有的重视,很长一段时间,修辞学的研究就近似于辞格的研究。直到 20 世纪 80 年代,吴士文先生提出与积极修辞中辞格、辞趣相对应的辞规、辞风概念,并倡导消极修辞研究,从而建立了几十个辞规,取得了一定成绩。不过这种研究主要还是侧重于具体辞规的拟建以及个案的分析,辞规理论的探索还不系统。

而《辞规》一书对辞规的研究,不仅体现在辞规的拟建上,更侧重于理论的探索和阐释。全书共分理论篇和应用篇两大部分。理论篇着重阐述辞规理论的主要内容及其十几年来的研究成果。作者首先从辞规理论的出发点、修辞

---

① 陈望道.修辞学发凡[M].上海:上海教育出版社,2001.

观、哲学基础、思维基础以及修辞理论基础几个方面,充分论证了辞规理论的客观性、合理性、必需性,接着又结合辞规与辞格、辞规与辞趣、辞风等方面层层剖析,步步揭示辞规的特征,并总结概括出了辞规的定义,即认为辞规是与"辞格相对的""无魅力可言的具有特定模式的常规的修辞方式。"我们知道辞格的研究成果是比较大的,然而关于辞格的定义却很模糊。但本书作者能从辞规自身的区别性特征出发定义辞规,这有利于人们对辞规的清晰把握和鉴别。作者对20世纪80年代开始的消极修辞研究的总结和评述,可以说是贯穿于对辞规理论和应用的介绍阐述过程中的。在有选择地继承、发展他人研究成果的同时,又就辞规的研究方法以及辞规拟建中应注意的问题提出了自己的看法。尤其值得一提的是针对辞规研究的现实,作者指出在辞规拟建中应注意类聚的系统性。在应用篇中,作者根据自己对辞规的认识,并结合前文的辞规理论在已建立的50多个辞规中择取了10个加以分析、介绍,作为对纯理论的说明、补充,使全书内容更充实、丰满。

二

在介绍评述辞规理论及其研究的过程中,作者自觉地运用了一定的原则和方法,体现出其一定的研究特色。

(一)坚持系统的观点以及"功能、结构、方法"相统一的方法论原则

"两大分野"学说的提出使得修辞学的科学体系得以建立。作为消极修辞方式的辞规、辞风与辞格、辞趣一样都是构成修辞学这一体系的要素,它们互相联系、不可分割。因而作者对辞规理论的阐释不是仅仅局限于辞规,就辞规谈辞规,而是坚持系统的观点,把辞规放在修辞方式这一体系中,从辞规理论的基础出发,通过区分辞规与辞格,阐述辞格与辞规的中间现象及其转化,辞规与辞趣、辞风的联系与差别等方面,全面展示辞规理论的主要内容。

在方法上,克服了以往的"以功能为纲"的方法,而从系统观出发,像研究积极修辞一样,从方法、功能、结构角度总结具体辞规的规律模式,使修辞方式系列化,便于人们了解和把握。如应用篇中第一个辞规——"面中显点"的拟建便体现了这一原则和方法的应用。作者从语言材料的结构着眼,明确指出"面中显点"由"个体(点)","集体(面)","和""及""特别是"等连词(或其他特殊连接方式)三部分组成。并根据三者的不同排列次序,把"面中显点"分为"由点及面"和"由面及点"两种形式。然后结合具体的语言实例,全面、细致地具体分析"点""面"的表述及其特定的修辞功能。在论及辞趣与辞风时,作者同样提出根

据功能、结构、方法、系统是一般还是特殊的标准,把不具明显模式化或规律性的修辞现象归入辞趣和辞风,而其中辞趣包括富有情趣的音、形、义,不具情趣的则属于辞风。

(二) 史论结合的阐释方法

尽管消极修辞的研究起步较晚,然而从 20 世纪 80 年代后期到 90 年代初这段时间里,消极修辞研究取得了一定成果,形成了"修辞学的一道亮丽的风景线"。作为第一本系统研究辞规的专著,本书一方面通过对辞规理论问题和应用问题的介绍和阐释,全面展示了十几年来消极修辞研究的进程。书中所谈及的辞规理论是作者总结吴士文、王希杰、陆文耀等人及作者自己对辞规的认识和看法(其中以吴士文先生的思想为主),并使之上升到理论高度而形成的。在介绍这一理论的过程中,作者通过辞规理论的修辞观、哲学基础、思维基础等方面来揭示辞规的内在特征;同时又通过比较相对事物、发现事物相对的一面,进一步认识研究对象,如通过阐述辞规与辞格的差别、辞格与辞规的转化、辞格与辞规的中介现象、辞规与辞趣等问题,使辞规理论更科学、更全面。另一方面,作者把阐释的基点建立于自己对消极修辞、辞规的认识以及对辞规的拟建基础上的。就消极修辞、辞格与辞趣、辞规与辞风等问题都提出了自己的看法。书中不时可见创新的"闪光点"。正如作者在引言中所说的:"其阐释过程既是一个'六经注我'的过程,更是一个'我注六经'的过程。"这样的阐释方法逻辑性强、形式灵活,使读者能对辞规理论及其研究的脉络有一个全面系统的了解,并对以后辞规理论的发展动向有了清晰的认识和把握。

(三) 重视理论与语言事实的结合

修辞学理论是牢牢扎根于语言事实基础上的。作者在理论篇中阐述辞规理论的主要内容时,列举了各类作品中的实例加以分析、研究,并总结其规律,挖掘语言现象背后的深层原因,从而生发出具体的学术理论。以实例为基础阐释理论,不仅使得文章内容生动充实,而且通过这些大量具体、生动的实例使论证深刻透彻、层层深入,具有较强的逻辑性和科学性。

当然,理论研究的最终目的,还是为了指导人们的实践。研究语言运用规律的修辞学,目的就是指导语言的应用。作者在应用篇中依据前述的辞规理论,从十几年来拟建的 50 多个辞规中选择了 10 个加以介绍,以此作为对前文理论的印证、说明。在介绍每一辞规过程中,作者同样是结合语言实例加以分析、研究的,进而总结出这一辞规的定义、特点、分类及功能。这样的论述方法一定程度上减少了辞规研究与辞格研究的不平衡性,使得辞规研究和表述的方式与辞格相一致,以便人们更系统地认识和接受辞规这一消极修辞方式,同样还为以后的辞规研究提供了很好的范式。

三

胡习之先生多年以来一直从事修辞学研究，尤其关注辞规的建设，并且在这方面做了可贵的探索和创新。这一点在《辞规》一书中就有所体现：

继承、发展了陈望道、吴士文等先生的消极修辞思想，率先对辞规理论的出发点、修辞观、哲学基础、修辞理论基础等问题进行了较全面、系统的分析、概括，为消极修辞提供了更充实的理论依据。

陈望道先生在《发凡》中指出"修辞对写说的缘分最浅"。胡先生认为这是由于长期以来，修辞学研究侧重于静态分析，从而导致了修辞方法的研究更适合于阐释性作品分析，而对写说的指导作用则退居其次。由此带来了整个修辞学的缺陷。然而，修辞实际上是一种写说行为和过程，揭示言语的生成技巧也必然是修辞学的一项当仁不让的职能。因此总结出辞规理论的出发点有三个：一是完善修辞方式理论体系，二是全面分析言语事实，三是揭示言语生成技巧。

反对区分辞格与辞规"主要还是考虑它的结构"的观点。认为二者最大的区别在于有无艺术魅力，其次是使用成分是否具有变异性，而在组织结构上的差别是最小的。根据这一标准，作者把《发凡》中所列的"节缩"，"感叹"等辞格归入辞规。并判断吴士文先生概括的辞规"事象升华"[①]和缪树晟先生概括的辞规"譬解"[②]都应归入积极修辞的范畴。

吴士文先生认为辞的意味存在于辞格和辞趣之中，为了修辞系统的严谨性，把"辞趣"限制在"音趣"和"形趣"两个范围内，而把"意趣"排除在外。对此，作者有不同看法，他认为有无辞的意味并不是辞格与辞趣的区别，辞格之所以是辞格，关键在于它的意义或形式上具有一定的规律性或模式化。而辞趣却没有。

引进原型范畴理论分析辞格与辞规，认为它们很大程度上属于原型范畴，即不是通过某一共有特征而形成的聚合系统，而是通过如维特根斯坦所说的"家族相似性"原则而组织起来的类聚系统。它们都存在着典型成员和非典型成员之别。并且认为辞规与非辞规之间其典型成员因对立而有不同，其非典型成员因相似而有联系。

---

① 吴士文.修辞格论析[M].上海：上海教育出版社，1986.
② 缪树晟.穷猿奔林，岂暇择木：譬解[J].营口师专学报，1995(2).

关于"辞风",作者也提出了不同意见。他认为,像"辞趣"一样,"辞风"不能被限制在"纯形式"范畴内。语辞的运用有意、音、形三个方面,因而辞趣有意趣、音趣、形趣三种。与之对应,辞风有意风、音风、形风,意风也应包括在辞风之内。

以上评议不可能尽括此书的优点和特色,限于篇幅,在此不一一说明。综观全书,作者思维严谨,思路清晰,论述逐层推进,鞭辟入里,为我们勾画出了十几年来辞规研究的整体轮廓,同时也为以后辞规研究提供了方法论上的指导,给人以深刻的理论启迪。

(本文原刊于《中华学术论坛》2003年9月,总第六期)

参 考 文 献

一、论文

［1］ 邸巨.试论消极修辞和积极修辞及其关系［M］//中国修辞学会.修辞学论文集:第1集.福州:福建人民出版社,1983.
［2］ 杜高印.试论修辞的两大分野［M］//中国修辞学会华东分会主编.修辞学研究:第2辑.合肥:安徽教育出版社,1983.
［3］ 高群.对消极修辞问题的几点思考［J］.修辞学习,2004(1).
［4］ 胡习之.面中显点［J］.营口师专学报,1988(2).
［5］ 胡习之.同词异述［J］.营口师专学报,1990(1、2).
［6］ 胡习之.试论"否全回环"［J］.营口师专学报,1995(2).
［7］ 胡习之.再论辞规"排名有序"［J］.阜阳师范学院学报,2013(1).
［8］ 李胜梅."话说回来"的语用分析［J］.修辞学习,2004(3).
［9］ 李玉琯.列举单承［J］.营口师专学报,1991(3、4).
［10］ 李玉琯.辞规中的被动主受［J］.丹东师专学报,1996(4).
［11］ 陆丙甫,于赛男.消极修辞对象的一般化及效果的数量化:从"的"的选用谈起［J］.当代修辞学,2018(5).
［12］ 陆文耀.试拟一种辞规:提问［J］.营口师专学报,1989(1).
［13］ 陆文耀.略说辞规的"引语"［J］.营口师专学报,1988(2).
［14］ 陆文耀.略说辞规"撇除"［J］.营口师专学报,1989(2).
［15］ 陆文耀.关于一般性修辞方式拟建工作之我见［J］.营口师专学报,1989(3).
［16］ 陆文耀.口语中的辞规"补失"［J］.营口师专学报,1989(4).
［17］ 潘庆云."消极修辞"研究大有可为［J］.淮北煤师院学报,1991(1).
［18］ 沈卢旭.关于建设辞规的几个问题的意见:给吴士文教授的信［J］.延边大学学报,1993(3).
［19］ 思鸣.八十年代消极修辞研究述评［J］.营口师专学报,1992(3).

[20] 孙新运,董仁.辞规"排名有序"再探[J].辽东学院学报,2011(2).
[21] 唐厚广,车竞.20世纪辞规研究的回顾与思考[J].社会科学辑刊,2011(5).
[22] 田甜.消极修辞之辞规的认知心理机制探析[J].阜阳师范学院学报,2010(2).
[23] 田甜.消极修辞之形风的分类及认知心理机制浅探[J].毕节学院学报,2010(12).
[24] 田甜.消极修辞之音风探析[J].阜阳师范学院学报,2011(1).
[25] 田甜.认知心理视域下的修辞学两大分野研究[D].宁波大学,2011.
[26] 汪启明.换述[J].修辞学习,1987(2).
[27] 汪树福.辞趣漫谈[M]//中国修辞学会华东分会.修辞学研究:第5辑.南昌:江西教育出版社,1991.
[28] 吴士文.建立辞规,完善修辞方式的系统[J].营口师专学报,1989(2).
[29] 吴士文.辞规中的"以例解义":"例解"[J].营口师专学报,1989(2).
[30] 吴士文.关于"辞规"建设进程的报告[J].修辞学习,1992(6).
[31] 吴士文.修辞中的排名有序:"名序"[J].修辞学习,1994(3).
[32] 姚汉铭.顺序铺陈:修辞辞规之一[J].营口师专学报,1991(1).
[33] 尹日高.辞规中的"概述细说"[J].营口师专学报,1989(4).
[34] 袁晖.试谈辞格的特点[M]//复旦大学语言研究室.《修辞学发凡》与中国修辞学.上海:复旦大学出版社,1983.
[35] 袁毓林.词类范畴的家族相似性[J].中国社会科学,1995(1).
[36] 张德明.试论"修辞两大分野"的理论基础[M]//复旦大学语言研究室.《修辞学发凡》与中国修辞学.上海:复旦大学出版社,1983.
[37] 郑文贞.明确对象,加强消极修辞的研究[M]//复旦大学语言研究室.《修辞学发凡》与中国修辞学.上海:复旦大学出版社,1983.
[38] 周世烈.明域确延[J].营口师专学报,1992(3).
[39] 祝克懿.互文:语篇研究的新论域[J].当代修辞学,2010(5).

二、著作

[1] 曹德和.内容与形式关系的修辞学思考[M].上海:复旦大学出版社,2001.
[2] 曹德和.安徽大学汉语言文字研究丛书:曹德和卷[M].合肥:安徽大学出版社,2013.
[3] 陈光磊.修辞论稿[M].北京:北京语言文化大学出版社,2001.
[4] 陈建民.汉语口语[M].北京:北京出版社,1984.
[5] 陈望道.修辞学发凡[M].上海:上海教育出版社,1979.
[6] 复旦大学语言研究室.陈望道修辞论集[M].合肥:安徽教育出版社,1985.
[7] 复旦大学语法修辞研究室.语法修辞方法论[M].上海:复旦大学出版社,1991.
[8] 复旦大学语言研究室.《修辞学发凡》与中国修辞学[M].上海:复旦大学出版社,1983.

[9] 高群.修辞论稿[M].合肥:黄山书社,2012.

[10] 高万云.汉语修辞方法论研究[M].长春:吉林教育出版社,2020.

[11] 胡习之.汉语语言学及应用语言学研究[M].兰州:甘肃人民出版社,2006.

[12] 胡习之.核心修辞学[M].北京:中国社会科学出版社,2014.

[13] 黄民裕.辞格汇编:增订本[M].长沙:湖南出版社,1991.

[14] 霍四通.中国现代修辞学的建立:以陈望道《修辞学发凡》考释为中心[M].上海:上海人民出版社,2012.

[15] 刘凤玲,邱冬梅.修辞学与语文教学[M].广州:暨南大学出版社,2010.

[16] 刘虹.会话结构分析[M].北京:北京大学出版社,2004.

[17] 李胜梅.修辞结构成分与语篇结构类型[M].北京:文化艺术出版社,2006.

[18] 李胜梅.比喻关系词与比喻句式研究[M].北京:科学出版社,2018.

[19] 卢明森.思维奥秘探索[M].北京:北京农业大学出版社,1994.

[20] 卢英顺.认知图景:理论建构及其运用[M].上海:学林出版社,2017.

[21] 卢英顺.语言问题新探索[M].上海:上海社会科学院出版社,2020.

[22] 倪宝元.大学修辞[M].上海:上海教育出版社,1994.

[23] 倪祥和,乐玲华.汉语论集[M].合肥:安徽大学出版社,2014.

[24] 宋振华,吴士文,张国庆,等.现代汉语修辞学[M].长春:吉林人民出版社,1984.

[25] 谭永祥.汉语修辞美学[M].北京:北京语言学院出版社,1992.

[26] 谭永祥.修辞新格:增订本[M].广州:暨南大学出版社,1996.

[27] 谭学纯,濮侃,沈孟璎.汉语修辞格大辞典[M].上海:上海辞书出版社,2010.

[28] 王力.汉语史稿[M].北京:中华书局,1980.

[29] 王培基.修辞学专题研究[M].西安:陕西人民教育出版社,1994.

[30] 王希杰.汉语修辞学[M].北京:北京出版社,1983.

[31] 王希杰.修辞学通论[M].南京:南京大学出版社,1996.

[32] 吴士文.修辞讲话[M].兰州:甘肃人民出版社,1982.

[33] 吴士文.修辞格论析[M].上海:上海教育出版社,1986.

[34] 吴士文.修辞新探[M].沈阳:辽宁人民出版社,1987.

[35] 徐赳赳.现代汉语篇章语言学[M].北京:商务印书馆,2010.

[36] 许钟宁.二元修辞学[M].上海:复旦大学出版社,2012.

[37] 袁晖.比喻[M].合肥:安徽人民出版社,1982.

[38] 袁晖,郭其智.公文语言学纲要[M].西安:陕西人民教育出版社,1998.

[39] 袁晖.二十世纪的汉语修辞学[M].太原:书海出版社,2000.

[40] 袁晖.安徽大学汉语言文字研究丛书:袁晖卷[M].合肥:安徽大学出版社,2013.

[41] 张弓.现代汉语修辞学[M].石家庄:河北教育出版社,2014.

[42] 张敏.认知语言学与汉语名词短语[M].北京:中国社会科学出版社,1998.

[43] 郑庆君.话语语言研究新探[M].长沙:湖南教育出版社,2003.

[44] 郑子瑜,宗廷虎.中国修辞学通史[M].长春:吉林教育出版社,1998.

[45] 祝克懿.新闻语体探索:兼论语言结构问题[M].福州:海风出版社,2007.

[46] 祝克懿.多学科视野中的当代修辞学[M].上海:复旦大学出版社,2016.

[47] 宗廷虎,邓明以,李熙宗,等.修辞新论[M].上海:上海教育出版社,1988.

[48] 宗廷虎.中国现代修辞学史[M].杭州:浙江教育出版社,1997.

[49] 宗廷虎,李金苓.汉语修辞学史纲[M].长春:吉林教育出版社,1989.

初 版 后 记

　　1987年秋,我在复旦大学中文系"现代汉语助教进修班"学习时读到了吴士文先生的《修辞格论析》和《修辞新探》。我深为吴先生"修辞方式系列化"的设想,特别是其中关于消极修辞的模式,即"辞规"的设想所吸引,对"辞规"产生了浓厚的兴趣。后来在宗廷虎先生主讲的"修辞学研究"课程结束时,我便以《面中显点:谈一种辞规》这篇文章作为作业交给了宗先生。没想到,这篇小文得到了宗先生的肯定,并推荐给了时任《营口师专学报·修辞研究》栏目主编的吴士文教授。吴先生很快来信告之"大作拟发于《营口师专学报》修辞专栏88年第二期。……欢迎你写这方面的文章,大家共同把'辞规'建立起来。……"

　　1988年夏从复旦学习回来,我对辞规的思考仍未间断。1989年的下半年写了《同词异述:修辞方式系列探讨之二》(该文后发于《营口师专学报》1990年1、2期合刊)并寄给了吴士文先生。吴先生于10月24日回信"《营口师专学报·修辞专栏》欢迎你写'辞规'稿件,而且多多益善。如愿在这方面下工夫,我高兴得很。……你们学校修辞基础雄厚,望组织起来,集中力量攻关,以期三五年内有突破性的进展。"但后来由于某些原因,我的学术兴趣有所转移,只断断续续写了几篇有关辞规的文章。

　　1997年深感消极修辞的研究因吴士文先生的病逝而显得冷冷清清,因而写了《关于消极修辞的模式:辞规》一文(后发表于《阜阳师院学报》1998年第1期、《宁夏大学学报》1998年第4期),文章脚注中我写下了"谨以此文悼念吴士文先生"的文字(我院学报刊载时删去了这句话,令人遗憾)。2000年10月底在黄山召开的华东修辞学会第11次年会上,袁晖教授赠我一本《二十世纪的汉语修辞学》。袁先生大作对消极修辞,特别是对辞规研究的评述,公正、客观,令辞规研究者不胜快慰。当我读到"吴士文等的'辞规'研究"一节中的"如果说,辞格研究是他在前人和时贤的研究成果的基础上,潜心探索取得了引人注目的成绩,那么辞规研究则是他带领和组织一支队伍从20世纪80年代后期到90年代初期集体攻关而形成了修辞学的一道亮丽的风景线"时,心灵受到震撼,突然产生要写一本全面评述、概括"辞规"及其研究的著作的想法。经过一年多的努力，终于有了现在这本《辞规的理论与实践：二十世纪后期的汉语消极修辞学》的小书。

  感谢宗廷虎教授。我对消极修辞、对辞规的思考可以说是起源并受益于在复旦大学学习时宗先生等开设的"修辞学研究"课程。

  感谢倪祥和教授。当年大学毕业时，倪先生把我留在身边，十几年如一日，在学术上给了我许许多多具体的关心、指导与鼓励，使我更加坚定自己的研究方向。去年我们几位先生的学生给先生祝寿时，我用了"教诲如春，师恩似海"这两句话，以表达对先生的感激之情。近来倪先生身体不太好，但还是欣然为本书作序，并审读了书稿，提出了很多宝贵的意见，因此书中有些缺点和错误得到了及时的改正。书中可能还有一些缺点和错误，但那或许是我的愚钝、固执，或许是我的学识不足的缘故了。

  感谢身边的各位朋友。他们的时时关注，使我不敢懈怠，小书才能较快写成。

  辞规研究的倡导者吴士文先生离开我们已经五年多了，谨以此书纪念吴士文先生。

胡习之
于颍州西清河畔
2002年2月5日

后　　记

袁晖先生在评述吴士文先生对中国修辞学的贡献时说："80年代以来，吴士文对中国修辞学的贡献集中在两个方面：积极修辞方面的辞格和消极修辞方面的辞规。如果说，辞格研究是他在前人和时贤的研究成果的基础上，潜心探索取得了引人注目的成绩，那么辞规研究则是他带领和组织一支队伍从80年代后期到90年代初期集体攻关而形成了修辞学的一道亮丽的风景线"。（袁晖《二十世纪的汉语修辞学》，书海出版社，2000）2000年10月当我读到这段文字时心灵曾受到强烈的震撼，因为当年我深为吴士文先生"修辞方式系列化"的设想，特别是其中关于消极修辞的模式，即"辞规"的设想所吸引，对"辞规"产生了浓厚的兴趣，积极参与了吴先生组织领导的辞规研究工作，并对辞规研究作过一些理性思考，对这段经历怀着深深的眷念。也正因为此，后来我用了一年多的时间完成了《辞规的理论与实践：二十世纪后期的汉语消极修辞学》的小书。2002年3月，这本小书作为山东大学博士生导师徐传武教授主编的"中华学人丛书"的一种，由中国文史出版社出版发行。小书出版后，不少前辈学者和同辈学者给予了热情评介，2006年小书还获得"2001—2004年安徽省社会科学文学艺术奖"著作三等奖。

随着对辞规问题的继续思考，也随着不断有相识或不相识的同仁、朋友索要小书，几年前我曾萌发增订此书、重新出版此书的念头，只是后来工作岗位变动，繁杂之事更多，只得放弃了想法。去年始，闲暇日增，又想起了这件事，于是集中精力去做，现在终于完成了增订工作。

本次增订删去了初版书名的副标题；在理论篇修正了个别看法，补充了一些史料，深化了一些论述，并增写了"21世纪（2001—　）辞规研究简述"一节；在应用篇增加了12个辞规："正面释义""提示聚焦""追加补救""分章列条""沿用反击""被动主受""顺序铺陈""提出疑问""列举单承""数字概括""回说补述""核实撤除"（其中"正面释义""提示聚焦""追加补救""分章列条""沿用反击"5个由我近年拟建还没有公开发表过）的阐释说明，对原来的10个辞规（"面中显点""约义明语""否全回环""以例解义""引用言语""概述细说""明域确延""排名有序""列举分承""换言述义")除我拟建的3个,即"面中显点""约义明语""否全回环"改动较小外,其他7个都作了较大的增删改动;在初版理论篇和应用篇之外,增加了一章"消极修辞(辞规)研究的新探索",此外,还增加了附录二、附录三。本次增订从篇幅而言,增加了十五六万字。

感谢各种公开发表和出版的对本书初版的评价,本书的增订也缘起于各种评价的激励和鼓舞。

感谢倪祥和先生、宗廷虎先生、陈光磊先生、王希杰先生、袁晖先生以及谭学纯教授、祝克懿教授、曹德和教授、郑庆君教授、李胜梅教授、高群教授等对我相关研究的支持与帮助。小书初版时我近"不惑",而今已近"耳顺",一路走来得到了许多先生、朋友的提携、鼓励、关爱、关心,对此我始终铭记于心,并作为继续前进的动力。

胡习之

于阜阳师范大学萃贤苑

2022年2月7日